苏曼殊研究

黄轶 主编

吉林人民出版社

图书在版编目(CIP)数据

苏曼殊研究 / 黄轶主编. --长春：吉林人民出版社，2022.11
ISBN 978-7-206-19360-6

Ⅰ.①苏… Ⅱ.①黄… Ⅲ.①苏曼殊(1884-1918)–人物研究 Ⅳ.①K825.6

中国版本图书馆 CIP 数据核字(2022)第 206977 号

苏曼殊研究

SU MANSHU YANJIU

主　　编：黄　轶
责任编辑：孙　一　　　　　　　封面设计：书香力扬
出版发行：吉林人民出版社(长春市人民大街7548号　邮政编码：130022)
印　　刷：长春市华远印务有限公司
开　　本：170mm×240mm　1/16
印　　张：22.5　　　　　　　　字　　数：450千字
标准书号：ISBN 978-7-206-19360-6
版　　次：2022年11月第1版　　印　　次：2023年3月第1次印刷
定　　价：79.00元

如发现印装质量问题，影响阅读，请与出版社联系调换

《苏曼殊研究》编委会

主　任：谢建三　许晟劼
副主任：黄　轶　唐晓虹
编　委：谢建三　许晟劼　黄　轶
　　　　唐晓虹　卢卫平　钟建平
　　　　刘承伟　周少群　赵冠舒

苏曼殊与河合仙
摄于日本宫田幸太郎照相馆（1907）

前　言

黄 轶

　　苏曼殊是晚清民初著名的文学家、翻译家、画家和佛学家，对中国文学现代转型、中外文化—文学交流都有重要贡献。他交游广泛，与晚清革命一代、与新文化运动一代多有交集，尤其与陈独秀、章太炎、柳亚子、鲁迅等交谊颇厚，不仅在晚清文坛和译坛独树一帜，对五四知识分子、新青年的影响也非常深远，更是《新青年》杂志第一篇创作小说的作者。

　　百年来有关苏曼殊的学术研究成果非常繁多，但除了柳亚子主编《苏曼殊全集》（北新书局 1928 年初版，北京书店 1985 年影印本）收录了早年文学界一些回忆和研究文章、柳无忌将柳亚子 1926—1940 年间所著有关文章编为《苏曼殊研究》（上海人民出版社 1987 年出版）外，一直没有较为权威和全面的苏曼殊研究文献面世。这不能不说是苏曼殊研究界和热爱苏曼殊之读者的一个遗憾。

　　由广东省珠海市香洲区社会科学界联合会和珠海市香洲区文学艺术界联合会组织筹划、珠海市香洲区苏曼殊文学院承办，并委托本人主编的《苏曼殊研究》，在对百年来苏曼殊研究资料进行系统辑录的基础上，严格遴选其中在当时对推动苏曼殊研究有价值的文献，按照"生平与交游""文学翻译研究""文学创作研究""文学史论类"几个部分，力争编纂一部有学术分量和品位的苏曼殊研究资料，期望对推动海内外的苏曼殊研究以至南社研究、晚清民初文化转型研究有所裨益。

当然，研究资料的分类只是相对的。例如 1980 年任访秋先生《苏曼殊论》一文对重新打开苏曼殊研究局面影响很大，可放在"史论类"，但文中涉及苏曼殊生平资料较多，因此收入"生平与交游"，囿于当时资料所限，文章个别处与事实略有出入，但足以呈现 20 世纪 80 年代初苏曼殊研究冷落几十年后重开新局的情状。

本着"百家争鸣"的原则，编选者注意辑录不同观点的论文入册，以求呈现苏曼殊研究的全貌；在努力呈现百年来苏曼殊研究每一重要阶段代表性成果的基础上，对年轻一代学者运用新理论、新方法的新创获予以充分关注，以期打开苏曼殊研究更多的学术路径。

需要特别说明的是，因为字数所限，这本资料选编无论如何也无法将优秀成果悉数收录，遗珠之憾在所难免，尤其是这些年研究苏曼殊的博士、硕士学位论文中颇有一些优秀之作，割爱之感时时在心；同样原因，柳亚子编《苏曼殊全集》、柳无忌编《苏曼殊研究》中的相关文章亦不再重复辑入。为了弥补缺憾，编选者整理了两篇"附录"，即《苏曼殊作品集目录》和《苏曼殊研究资料目录汇编》，方便读者查阅。在此，向成果入选的专家深表谢忱，也向未能辑录入卷的研究者表达敬意。

目 录

生平与交游

苏曼殊论 ································· 任访秋 / 002
苏曼殊年谱 ································· 马以君 / 013
苏曼殊：中西文化冲突下的选择 ················· 邵迎武 / 047
苏曼殊是鲁迅的朋友 ················· ［日］增田涉 / 058
刘半农与苏曼殊的交往始末 ····················· 朱 洪 / 060
慷慨论交廿七年
　　——论南社领袖陈去病与苏曼殊的交往 ········· 赵 霞 / 065

文学翻译研究

狂飙中的拜伦之歌
　　——以梁启超、苏曼殊、鲁迅为中心探讨清末民初文人的拜伦观
··· 余 杰 / 074
对"意译"末流的抵制
　　——苏曼殊译学思想论 ······················· 黄 轶 / 097

现代诗歌翻译的"独行之士"
　　——论苏曼殊译诗中的"晦"与价值取向 ………… 廖七一 / 104
《曼殊外集》的编与译 ……………………………… 朱少璋 / 115
诗学的钳制：苏曼殊文学翻译变脸考辨 …………… 黄元军 / 122

文学创作研究

文化冲突·二元人格·感伤主义
　　——苏曼殊与郁达夫比较片论 ………………… 袁凯声 / 138
苏曼殊诗画的禅佛色彩 ……………………………… 黄永健 / 149
苏曼殊诗歌创作的中国传统与日本意象 …………… 陈春香 / 156
"五四"新小说与苏曼殊资源 ………………………… 钱　雯 / 168
格雷马斯符号学视野下的"抒情小说"
　　——以苏曼殊的小说为中心 …………………… 唐　珂 / 184
现代佛教文学批评视域中的苏曼殊 ………………… 谭桂林 / 200

文学史论类

中国现代作家的浪漫一派 …………………………… 李欧梵 / 220
苏曼殊研究的三个阶段 ……………………………… 柳无忌 / 235
苏曼殊与五四浪漫文学 ……………………………… 杨联芬 / 250
文学革命与苏曼殊之文坛境遇 ……………………… 敖光旭 / 261
古典抒情主义的没落
　　——再论苏曼殊与五四文学革命的关系 ……… 陈志华 / 273
还原起点：现代文学肇端于南社 …………………… 黄　轶 / 285

附录一　苏曼殊作品集目录 ……………………… 黄　轶 / 299
附录二　苏曼殊研究资料目录汇编 ……………… 黄　轶 / 301

生平与交游

苏曼殊论

任访秋

一

苏曼殊（一八八四——一九一八）字子谷，又名玄瑛（曼殊是他削发后的法号），广东中山县人（原名香山县）。父苏杰生，为旅日华侨，曾任日本横滨英商万隆茶行买办。嫡母黄氏，居原籍。生母为日人若子（家人称为"贺哈嚓"，日语"才若"——オリカツ），原为杰生的下女，生曼殊后，不到三个月，即离开苏家。曼殊为其父所纳妾河合仙所抚养（文公直《曼殊大师传》），因而曼殊终身认河合仙为亲母。

一八九四年，中日爆发战争，曼殊随他的父母返国。不久，因其父家道中落，于是令曼殊跟他的母亲又去日本。一八九九年曼殊十六岁，入横滨大同中学读书。一九〇一年，凭借他的亲戚林氏的资助进入东京早稻田大学，次年转学于振武学校，习初级陆军。

曼殊开始参加革命活动，在一九〇二年，由大同中学时同学冯自由介绍，加入了留日革命人士组织的青年会。该会宣言，以实行民族主义为宗旨。不久又参加拒俄义勇队和军国民教育会。由于他的表兄林紫垣反对，曼殊不听，因而表兄停止了对他的资助。此后，曼殊生活无着，被迫返国。回国后即削发为僧，易名曼殊。后到上海与革命人士陈独秀、何靡施、章行严等往来，并为《国民日日报》助理编辑，与陈独秀合译法人嚣俄的小说《惨世界》。

后曾往来于苏州、长沙、芜湖、江宁等地，担任学校教职。

一九〇六年再至东京，与章太炎、刘申叔夫妇住在一起，所著《梵文典》成书后，曾请章刘二人作序。所译英诗人拜伦的诗篇，也曾请太炎为他润色，同时并为太炎主编的《民报》和刘申叔主编的《天义报》撰稿。曾在《民报》上发表《岭海幽光录》和译的小说《婆罗海滨遁迹记》。在《天义报》上发表《梵文典自序》《秋瑾遗诗序》《画谱自序》等。曼殊精于绘事，刘申叔夫人何震曾拜他为师，并曾辑印《曼殊画谱》行世。后刘申叔夫妇变节，入端方幕府，为清廷侦探，党人中有人疑曼殊亦与其事，曾投函警告。太炎听说后，发表《书苏玄瑛事》，为他申辩。文中极称曼殊品格高洁，说："广东之士，儒有简朝亮，佛有苏玄瑛，可谓厉高节，抗浮云者矣。"最后还说："玄瑛可诬，乾坤或几乎息矣！"

辛亥革命后，党人多已飞黄腾达，但曼殊不涉足仕途，仍以卖文教书为活。他深愤袁氏当国，政治日趋腐败，过去个人对革命的期望，成为泡影，因而不免感伤愤激，流于消极颓唐。有时或为朋辈所邀，亦曾涉足娼寮，但不过逢场作戏，虽姹女盈前，始终不一破其禅定。

此后，曾倾全力于小说的创作，先后在国内外各报章杂志发表中短篇小说，如《断鸿零雁记》《天涯红泪记》《绛纱记》《焚剑记》《碎簪记》等。一九一八年因患肠胃病，入上海广慈医院，终于不起，于五月二日卒，年三十有五。遗著后由其生前挚友南社创始人柳亚子及其公子柳无忌纂辑为《苏曼殊全集》行世。[以上根据：（一）冯自由《苏曼殊之真面目》见《革命逸史》初集；（二）文公直《苏曼殊大师传》见《苏曼殊大师全集》；（三）柳无忌《苏曼殊年表》见《苏曼殊全集》卷一。]

二

曼殊是一位杰出的画家兼诗人，他的作品也同王摩诘一样，是诗中有画，画中有诗。

曼殊的诗近百首，从内容上看，所抒发的绝大部分是身世之感，其次是家国之感。

曼殊是一个极富于感情的作家，由于遭遇不偶，所以他常说："思维身世，有难言之痛。"因而才决然削发，遁迹空门。但他并不同于一般的僧侣，在寺院里参禅打坐，诵经念佛，脱落世事，断绝尘缘，而仍然和现实社会中的友朋亲故相往还，特别在他青少年时期，他曾遇到一些妙龄女子，对他无限钟情，如调筝人以及雪鸿等。他对她们的青睐，不能不为所动。但根据他的初衷，已不可能接受她们的爱情，因而在思想感情上，产生了强烈的矛盾和痛苦。而这种矛盾和痛苦，正是他那些缠绵悱恻、幽怨哀婉的诗篇产生的根源。在他的这类篇什中，往往表现出当爱情在自己心湖里泛起波澜时，总是用佛法作为解除个人痛苦与矛盾的手段。即如《寄弹筝人》：

禅心一任蛾眉妒，佛说原来怨是亲。
雨笠烟蓑归去也，与人无爱亦无嗔。

生憎花发柳含烟，东海飘零二十年。
忏尽情禅空色相，琵琶湖畔枕经眠。

另外在《本事诗》中反映出他同爱他的女子之间的感情，已达到了相当深邃的地步，如：

桃腮檀口坐吹笙，春水难量旧恨盈。
华严瀑布高千尺，未及卿卿爱我情。

碧玉莫愁身世贱，同乡仙子独销魂。
袈裟点点疑樱瓣，半是脂痕半泪痕。

但由于他已出家，已不可能再同她结合，所以在诗中写出自己无可奈何的怅恨：

乌舍凌波肌似雪，亲提红叶索题诗。
还卿一钵无情泪，恨不相逢未剃时。

这些作品的产生，不少在辛亥革命之后。由于当时袁氏当国，镇压革命党人，曼殊目睹国事的蜩螗，而又看不见光明的前途，所以不免与南社其他作家一样都流于消极颓唐。这些篇什不过是借以排遣自己无限的忧愤的情怀而已。

另外由于他孑然一身，四海为家，所以诗中时时流露出无限的孤苦寂寞、漂泊流浪的感伤情绪。即如《题拜伦集》："秋风海上已黄昏，独向遗编吊拜伦。词客飘蓬君与我，可能异域为招魂。"又如《过若松町有感示仲兄》："契阔死生君莫问，行云流水一孤僧。无端狂笑无端哭，纵有欢肠已似冰。"都说明一个富于感情的诗人，但却要作断绝尘缘、泯灭五情的比丘，这是多么的不可能。但曼殊以最大的克制力，来抵御外缘的侵袭。表面上似乎是行云流水，悠闲自得，可是心灵深处的苦痛，又使他不能不发露出来，这就表现为"无端狂笑无端哭"的样子，像是一个精神上有毛病的人，而实际上这正是他思想感情的如实写照。

其次是他的家国之感，曼殊在晚清是一个具有高度民族思想与爱国思想的作家。这些思想表现在他的各种创作中，诗歌当然也不例外。即如《以诗并画留别汤国顿》："蹈海鲁连不帝秦，茫茫烟水着佛身。国民孤愤英雄泪，洒上鲛绡赠故人。海天龙战血玄黄，披发长歌览大荒。易水萧萧人去也，一天明月白如霜。"诗中歌颂了鲁仲连和荆轲，真是慷慨激昂悲壮豪放，令读者感发兴起。与这篇风格相近的，还有《耶婆提病中末公见示新作伏枕奉答兼呈旷处士》："君为塞上鸿，我是华亭鹤。遥念旷处士，对花弄春爵。良讯东海来，中有游仙作。劝我加餐饭，规我近绰约。炎蒸困羁旅，南海何辽索。上国亦已芜，黄星向西落。青骊逝千里，瞻乌止谁屋？江南春已晚，淑景付冥莫。建业在何许？胡尘纷漠漠。佳人不可期，皎月照罗幕。九关日以远，肝胆竟谁托。愿得趋无生，长作投荒客。竦身上须弥，回顾无崖崿。我马已玄黄，梵土仍寥廓。恒河去不息，悲风振林薄。袖中有短书，思寄青飞雀。远行恋俦侣，此志常落拓。"这篇诗大似阮嗣宗的《咏怀》，它写于一九一〇年。当时曼殊对革命形势估计不足。就在这年，革命军在广州起义失败，党人行刺摄政王不成而被捕，日本帝国主义吞并了朝鲜，设朝鲜总督。他眼看革命无望，祖国很可能成为朝鲜之续，所以才发出"上国亦已芜，黄星向西落。青骊逝千里，瞻鸟止谁屋？建业在何许？胡尘纷漠漠"的慨叹。

曼殊的诗，绝大部分为七绝，而言情篇什居十之九。诗中有"猛忆定庵哀怨句"（《京居杂诗十九首》）同《集义山句怀金凤》，即说明他是深受定庵、义山影响的。至于集中豪放之作，自系受英诗人拜伦的影响。惜乎在这方面，他没有作进一步的发展，这应该说是与他的平生遭遇和个人气质有关。而他的享年不永，也是他的诗歌未能有着进一步地发展的原因。

三

曼殊从事小说创作，是在辛亥革命后。他于一九一二年发表具有自传性的中篇作品《断鸿零雁记》。一九一四年，有《天涯红泪记》；一九一五年，有《绛纱记》和《焚剑记》；一九一六年，有《碎簪记》；一九一七年有《非梦记》。这些都是短篇，共约十万余言。它们都揭载于国内外的著名报刊，如《太平洋报》《民国杂志》《甲寅杂志》《新青年杂志》等。后来有的单行本发行，有的列入小说集中。到了二十世纪二十年代，柳亚子父子编印《苏曼殊全集》，因而风行海内，对青年读者影响极大。过去评曼殊小说的，颇不乏人，但新中国成立后论者还属寥寥，因而有重新给以估价的必要。

曼殊小说从内容上看，表现个人身世之感的《断鸿零雁记》，可以说最突出了。柳亚子根据它写曼殊的传记。冯自由曾反对亚子的这种看法。我觉得把小说看作完全是历史事实，自然是错误的。但要说它纯粹是虚构，也是不正确的。即如篇中写"余"回东京省母，和他的姨表姐静子一段爱情关系，证之以他所写的诗篇，如《为调筝人绘象》《寄调筝人》《调筝人将行属绘金粉江山图题赠二绝》《东居杂诗十九首》等都足以证明，小说中的静子，绝非纯属子虚。又如其他短篇中，如《绛纱记》中所说的"有广东人流落可叹者，依郑氏外馆度日，其人类有疯病，能食酥糖三十包"，也是写他自己的。

至于其余的几篇，大抵写青年男女的恋爱悲剧，如《绛纱记》《焚剑记》《碎簪记》《非梦记》等。至于构成悲剧的原因，不外乎新旧思想的矛盾。从晚清西方资本主义的民主思想传入中国，婚姻自由在一部分接受新思潮的青年男女中已深有影响。但是做长辈的，仍然恪遵"父母之命，媒妁之言"的封建陈规，两者发生了矛盾，于是造成了悲剧。如《碎簪记》中主人公庄湜，他的叔婶为他定了大家闺秀莲佩，而他的好友又给他介绍了自己的妹妹灵芳。庄湜心中所属意的乃是灵芳，而非莲佩。但他叔叔是一个具有浓厚封建道德观的老先生，认为不通过长辈的许可而私订婚姻，是"蛮夷之风，不可学也"。但庄湜已经接受了灵芳的信物玉簪。当他叔父知道这件事后，非常恼火，一次碰到灵芳，他就像《茶花女遗事》中阿芝的父亲，对茶花女晓以大义，让她和自己儿子断绝关系一样。他也让灵芳自己碎其给庄湜的信物玉簪，并对庄湜的挚友怒斥庄湜道："此人不听吾言，狂悖已甚。烦汝语彼，吾已碎其玉簪矣。此人少年任情，不知衒女不贞，衒士不信，古有明训耶？"其结果为庄湜病死，两女均自杀。作者在篇末道："今兹庄湜、灵芳、莲佩之情缘既了，彼三人者或一日有相见之期，然而难也。"

出身于封建家庭的青年，一则由于在世界观中还残存有封建思想的余毒，认为长辈之命不可违。其次是社会的舆论。三是在经济上不能独立，还需要仰赖前辈的遗产。所以在婚姻上不能自主的时候，只能走殉情这条路。因此在那个过渡时期的小说中所反映的种种婚姻悲剧，是完全符合当时的现实实际的。

在曼殊这些作品中，时时流露出民族思想与爱国思想的激情。如在《断鸿零雁记》中，开卷第一章，开头即写"百越有金瓯山者，滨海之南，巍然矗立"，下边写出"有海云古刹在焉"。由此联系到宋末遗事，"相传宋亡之际，陆秀夫既抱幼帝殉国崖山，有遗志遁迹于斯，祝发为僧，昼夜向天呼号，冀招大行皇帝之灵"，下边写后人的传说与自己的感怀，"故至今日遥望山巅，云气葱郁，或时闻潮水悲澌，尤使人欷歔凭吊，不堪回首"。

第十二章，作者又借"余"的表姐静子之口，评述明亡后逃往日本的朱舜水的遗事。说："朱公以崇祯十七年，即吾国正保元年，正值胡人猖披之际，子身数航长崎，欲作秦庭七日之哭，竟不果其志。迨万治三年，而明社覆矣。朱公以亡国遗民，耻食二朝之粟，遂流寓长崎。以其地与平户郑成功诞生处近也。"最后说："公目清人腼然人面，疾之如仇。平日操日语至精，然当易箦之际，公所言悉用汉语，故无人能聆其临终垂训，不亦大可哀耶！"

朱舜水高度的民族气节，深为后人所景仰。鲁迅在去仙台读书时，一次曾中途下车，展望他的丘墓。作者在小说中忽然插入这一段话，充分表现了他对朱舜水的景慕之情。

小说第二十六章引澹归和尚贻吴梅村的诗："十郡名贤请自思，座中若个是男儿？鼎湖难挽龙髯日，鸳水争持牛耳时。哭尽冬青徒有泪，歌残凝碧竟无诗。故陵麦饭谁浇取？赢得空堂酒满卮。"作者借主人公"余"愤慨地说："当日所谓名流，忍以父母之邦委于群胡，残暴戮辱，亦可想而知矣。澹归和尚固是顶天立地一堂堂男子。呜呼！丹霞一炬，遗老幽光，至今犹屈而不申，何天心之愤愤也！"他深愤国人之不觉悟，未能早日推翻异族统治，光复祖国河山，其情感之真挚，不自觉地流露在字里行间，这是我们读曼殊小说时决不应忽视的。

曼殊的小说还反映了戊戌政变后，清政府镇压维新派的情况。《绛纱记》中写梦珠的未婚妻秋云，自述其遭遇道："先是有巨绅陈某，欲结缡吾族，先君谢之。自梦珠出家事传播邑中，疑不能明也。有谓先君故逼薛氏子为沙门，有谓余将设计陷害之。巨绅子闻之，强欲得余，便诬先君与邝常肃通。巡警至吾家，拔刃指几上《新学伪经考》，以为铁证。以先君之名登在逆籍，先君无以自明，吞金而没。吾将自投于井，二姐秋湘闻之，携余至其家，以烛泪涂吾面，令人无觉，使老妪送余至香港，依吾婶。"

这里提到的邝常肃，即康长素（有为）的谐音。《新学伪经考》，为康的著作。名登逆籍，即曾参加过康梁师弟所组织的"强学会""保国会"的人。实际当时列名于这两个会的，不一定都参加了康梁等的变法运动，但是只要有人揭发，即难幸免。

《焚剑记》中反映出晚清社会的混乱情况，人民在水深火热之中，遭受深重的灾难。里边写两个青年女子，由于受到家庭逼迫，出走逃亡，在路上经受了种种的遭遇。二人以灰炭自污其面为乞妇状，旬日至东馆西约十里，日将西坠，有军将似留学生，策马而至，见二女勒马欲回，二女拜跪马前求食。军将笑以手探鞯，举一人腿示女曰："吾侪以此度日，今仅余腿，尔曹犹欲问鼎耶？"真是惨不忍睹。当时由于乱离与灾荒，许多村落已无人烟，小说中写主人公的经历与所见："二女昏然如醉，生抱之登小舟，沿流而下。已二日，舍舟登陆，憔悴困苦，不可复言。村间烟火已绝，路无行人，但有死尸而已。此时万籁俱寂，微月照地，阿蕙忽牵生手，一手指丛尸中，悄语生曰：'此尸蓬首挺身欲起，或未死也。'生趋前向尸曰：'子能起耶？'尸曰：'苦哉！吾被弹洞穿吾肩，不知吾何罪而罹此厄也？汝二人慎勿前去，倘遇暴兵，二女宁不立为齑粉？暴兵以半日杀尽此村人口。此虽下里之民，然均自耕而食，自织而衣，素未闻有履非法者。甚矣！天之以人为戏也。'"

很显然，在晚清，广东一再发生革命暴动事件，清廷进行镇压，迁怒于人民群众，于是有洗劫农村的残酷暴行。这与国民党对苏区，日寇对抗日根据地，实行三光政策，前后如出一辙。像这样从侧面反映辛亥革命前后，革命与反革命的斗争激烈情况，在同时期小说中，还是不多见的。

不过，曼殊小说中也存在不少问题。首先，由于他的世界观是唯心主义同虚无主义的，所以在内容上充满着世事多变、人生无常和感伤颓唐的情绪。作品中的男女主人公，如《断鸿零雁记》中的"余"，以及《绛纱记》中的秋云、玉鸾，《非梦记》中的燕生，最后结局都以遁入空门、为僧为尼而告终。这对广大读者，是会产生不小的消极影响的。

在创作方法上，作品中所反映的现实生活，以及主人公的思想情绪和遭遇，的确是符合中国辛亥革命前后社会的真实情况的。但作品中的故事情节、人物际遇，往往出于作者虚构。其中最大缺点即某些事态，是不符合人物性格，或现实生活发展逻辑的。

曼殊的小说，全部题材都是男女爱情同婚姻问题，而且也都是以悲剧而告终。五四运动后鸳鸯蝴蝶派的作品，不少源于曼殊，到后来渐趋恶滥。所以有人把他也列入这一派中。周作人在他的《答芸深先生》的信中，认为这是在宣统、洪宪之间的一种文学潮流，一半固然是由于传统的生长，一半则由于革命顿挫的反动，自然倾向于颓废，原是无足怪的。只因旧思想太占势力，所以渐益堕落，变成《玉梨魂》一类的东西。文学史如果不是个人爱读书目的提要，只选中意的诗文来评论一番，却是以叙述文学潮流之变迁为主，那么正如近代文学史不能无视八股文一样，现代文学史中就不能拒绝鸳鸯蝴蝶派，不能不给它一个恰当的位置。曼殊在这派里，可以当得起大师的名号。却如孔教的孔仲尼，给他的徒弟带累了，容易被埋没了他的本色。（《苏曼殊全集》卷五附录下）周作人从时代背景上说明鸳鸯蝴蝶派产生的根源，以及曼殊在这派作家中应占的地位，是值得读者参考的。

另外曼殊小说，一方面继承了《聊斋》《红楼梦》的传统，另一方面也受西方文学，如当时风行一时的《茶花女遗事》和《迦茵小传》的影响不小，所以鸳鸯蝴蝶派也并非纯然国产。

四

曼殊的散文因受章太炎、陈独秀、柳亚子等的影响，表现了革命的思想，如《秋瑾遗诗序》。此文虽短，但却表现出无限哀婉愤激同仰慕之情。试看其开头的一段话：

死即是生，生即是死。——秋瑾以女子身，能为四生请命，近日一大公案。秋瑾素性，余莫之审，前此偶见其诗，尝谓女子多风月之作，而不知斯人本相也。秋瑾死，其里人章炳麟序其遗诗，举袁公越女事，嗟夫！亡国多才，自古已然。

特别在一九一三年，袁氏镇压二次革命的时候，曼殊站在革命党的一边，发表了《讨袁宣言》，备陈袁氏的罪恶，申明二次革命的意义，表示个人的决心。文章开端在引了拜伦《哀希腊》的诗句之后，接着抒发个人的激愤之情，他说：

呜呼！衲等临瞻故国，可胜怆恻！自民国创造，独夫袁氏，作孽作恶，迄今一年，擅操屠刀，杀人如草，幽蓟冤鬼，无帝可诉。诸生平等，杀人者抵。人讨未伸，天殛不遄，况辱国失地，蒙边夷亡，四维不张，奸回充斥，上穷碧落，下极黄泉，所造共和国，不知今安在也！独夫祸心愈固，天道愈晦，雷霆之威，震震斯发，普国以内，同起讨伐之师。衲等虽托身世外，然宗国兴亡，岂无责耶？今直告尔，甘为元凶，不恤兵连祸结，涂炭生灵，即衲等虽以言善习静为怀，亦将起而褫尔之魄，尔谛听之！

此外，曼殊还写了些书札，从文艺的角度上看，的确是冷隽飘逸，读起来令人不由想起东坡同山谷的尺牍，往往是信手拈来，而情趣盎然，意态横生。

五

曼殊在翻译方面，诗有汉译英和英译汉两种，他曾辑为《文学因缘》一书问世。另外他还和陈独秀合译法国大作家嚣俄的《惨世界》（现译作雨果的《悲惨世界》）。因系与别人合译的，这里不多评论，只略论其译诗。而译诗只论其对英人拜伦诗的译作。

曼殊认为诗是很难译的，由于语言不同，用这国文字来译另一国的诗歌，就很难把作品中的意境和声律之美，完全表达出来。他说：

先是在香江读 Candlin 师所译《葬花诗》，词气凑泊，语无增减。若法译《离骚经》《琵琶行》诸篇，雅丽远逊原作。夫文章构造，各自含英，有如吾粤木棉、素馨，迁地弗为良，况诗歌之美，在乎节族长短之间，虑非译意所能尽也。（《文学因缘·自序》）

但是他还是用汉文译了英诗，同时又把中国许多诗篇译为英诗。在英国诗人中他尤其酷嗜拜伦的作品，他所喜爱的原因，一是由于他的身世与拜伦有相近之处，所以特别有着同感。如："丹顿拜伦是我诗，才如江海命如丝。朱弦休为佳人绝，孤愤酸情欲语谁！"（《本事》）但是更重要的则是拜伦提倡自由和反抗的精神，给曼殊的影响最大。在中国，最早译拜伦《哀希腊》中部分章节的，为梁任公的小说《新中国未来记》。由于当时中国正在进行反满革命，拜伦因曾帮助希腊进行独立战争，所以当时不少革命者，都曾醉心于阅读他的诗篇，企图从中吸取力量。正如鲁迅在《杂忆》中所说的：

其实那时 Byron 之所以比较为中国人所知，还有别一原因，就是他的助希腊独立。时当清的末年，有一部分青年的心中革命思想正盛，凡有叫喊复仇和反抗的，便容易惹起感应。

曼殊当时之盛推拜伦，当亦与此有关。不过他的译诗太受古诗的局限，所以那种激昂慷慨的情调，未能得到充分的表达。正如鲁迅对他的评论："但译文古奥得很，也许曾经太炎先生润色的罢，所以真象古诗，可是流传倒不广。后来收入他自印的绿面金签的《文学因缘》中，现在连这《文学因缘》也少见了。"（《坟·杂忆》）由于曼殊虽然盛赞拜伦，但一则所译的篇数寥寥无几，加上译文的古奥，所以在文坛上的影响是远不及他的创作的。

　　综观以上的论述，曼殊在中国近代文坛上是个奇人，也是一个才人。不论诗歌小说同散文，都有其独特的风格，闪耀着天才的火花。特别是他的革命思想同感情，在他的作品中往往于不自觉中流露出来，这更是值得重视的。可惜的是他在思想上受到佛家唯心主义与消极出世思想影响较深，尤其在辛亥革命后，袁世凯当国，镇压革命党人和进步人士，当时南社诗人大半看不到政治的前途，因而走上消极颓唐，用醇酒妇人来排遣苦闷的道路。曼殊当时也未能免，在创作上借艳体诗篇来发抒自己无可奈何的情怀，而在小说上，也写了不少带悲剧色彩的恋情作品，这些对青年读者的影响未免是消极的。加上他寿不永年，所以在艺术上也未臻于成熟，因而在小说中难免出现一些不符合生活逻辑的描述。特别是由于他开其端，后人扬其波，形成了弥漫文坛、影响恶劣的鸳鸯蝴蝶派。因而后来论者，追溯根源，对曼殊也深有微词。在今天重新评价曼殊的作品，应该本着历史唯物主义的精神，实事求是地对他的作品进行分析评价，在晚清文学史上应该给他以一定的地位，而不应一笔抹杀，把他与后来的鸳鸯蝴蝶派等量齐观。

一九七九年十二月十日改定

【原刊《河南师大学报》1980 年第 2 期】

苏曼殊年谱

马以君

1884年（光绪十年甲申）一岁

9月28日（八月十日）午时，生于日本横滨云绪町一丁目五二番地。

名戬，号子谷，小字三郎。别号和笔名有，曼殊、曼、三、苏湜、玄瑛、阿瑛、瑛、苏非非、非非、博经、南国行人、行行、沙鸥、雪蝶、雪、阿难、春蚕、印禅、名心印、林惠连、苏文惠、糖僧、燕影生、燕影子、燕子山僧、燕、泪香、郭璞、王昌、宋玉、玉、孝穆、汪玄度、栾弘、沨、昙鸾、阿昙、飞锡、W. L. Lin、shaisghor、Meandgu、Djelaiara Vrhara，以及宗之助、宗三郎、河合三郎、遣凡等。

籍贯广东省广州府香山县恭常都戎属司白沥港良都四图五甲（今广东省珠海市前山区南溪乡沥溪村苏家巷）。

祖父苏瑞文（1817—1897），名仕昌，号蔼堂，经营进出口业起家。时在沥溪。

祖母林棠（1825—1908），南溪乡人。生二子（杰生、德生）。

庶祖母容氏（1847—1918），溪村人。生三子（明生、镛甫、朝勋），三女（彩霞、彩屏、改）。时在沥溪。

父亲苏杰生（1846—1904），一作"洁星"，名胜，又名朝英，字仁章。1862年赴日本横滨经商，初营苏杭匹头，后转营茶叶，常往来于中日之间。1882年任横滨英商万隆茶行买办。时居山下町三五番地。

嫡母黄氏（1849—1926），南溪乡人。1866年嫁杰生，生二子（煦亭、焜），一女（燕）。时在沥溪。

大庶母河合仙（1849—1928），一作"藤氏"，日本人。家人称"亚仙""活仙"。1873年嫁杰生，无生育。时在横滨。

生母河合若（1866—?），家人称"贺哈喙"（日文"オ若オソヵ"），日本人，河合仙胞妹。1883年从乡下逗子樱山到横滨苏宅助理家务。杰生与她私通，怀孕后生怕家人发现而另赁屋于日本街云绪町一丁目五二番地给她居住。生一子（戬）。

二庶母大陈氏（1868—1940），石岐园山箕乡人。1884年4月至横滨嫁杰生。生五女（惠玲、惠芳、惠芬、齐、慧珊）。

三庶母小陈氏（1873—1897），香山人。1891年至横滨嫁杰生。无生育。

大兄苏煦亭（1875—1935），名焯，又名子煊，字怀煜。时在沥溪。

二兄苏焜（1878—1883），幼殇。

大姐苏燕（1872—1907），又名"燕""燕燕"。时在沥溪。

二叔苏德生（1852—1903），一作"德星"，名添，又名朝晖，字耀章。时在沥溪。

二婶张氏（1857—905），界涌乡人。生四子（维春、祖饶、维翰、维锵），三女（妙清、妙珍、新）。时在沥溪。

堂大兄苏维春（1877—1913），名海，字怀亮，号静波。时在沥溪。

堂二兄苏祖饶（1881—1882），幼殇。

堂三兄苏维翰（1883—1916），字怀汉，号，又墨斋，又号康镇。时在沥溪。

堂姐苏妙清（1874—?），时在沥溪。

三叔苏明生（1878—1940），一作"明星"，名铎，又名朝佐，字秉章。时在沥溪。

四叔苏镛甫（1880—1921），名理，又名朝宗，字达章。时在沥溪。

大姑母苏彩霞（1871—?），时在沥溪。

二姑母苏彩屏（1875—?），时在沥溪。

随生母河合若生活。

大庶母河合仙时来照料。

12月（十一月初），因河合若返回樱山而转由河合仙抚养。河合仙出于对其妹失身于杰生的内疚，且自身向无所出，故视之如己子，精心养育。

1885年（光绪十一年乙酉）二岁

在横滨云绪町随河合仙生活。

襁褓期间，体弱多病。

与河合仙合拍"吾母抚余"照片。

8月8日（六月二十八日），五叔苏朝勋（名权，字衡章）在沥溪出生。

1886年（光绪十二年丙戌）三岁

在横滨云绪町随河合仙生活。

河合仙将其父母从樱山接至横滨同住。

6月12日（五月十一日），长妹苏惠玲（祝龄）在横滨山下町苏宅出生。

嫡母黄氏自沥溪至横滨，与杰生、大陈氏等同住。

1887年（光绪十三年丁亥）四岁

在横滨云绪町随河合仙及外祖父母生活。

与外祖父母为河合若接至东京。取日本名宗之助。

显露绘画天分，"伏地绘狮子频伸状，栩栩欲活"（《潮音·跋》）；"所绘各物，无一不肖"（苏绍贤《先叔苏曼殊之少年时代》）。

与外祖父母合拍照片。

三姑母改在沥溪出生。

1888年（光绪十四年戊子）五岁

在东京与外祖父母随河合若生活。

4月7日（二月二十六日），堂大弟苏维锵（名铿，号澄波）在沥溪出生。

5月28日（四月十八日），二妹苏惠芳（祝年）在横滨山下町苏宅出生。
自东京返回横滨。

1889年（光绪十五年己丑）六岁

在横滨云绪町随河合仙及外祖父母生活。

黄氏、大陈氏见连连生女，深为感叹，杰生告以有子藏于外室，黄氏、大陈氏即催促带之回来。

随杰生回苏宅生活。

堂大妹苏妙珍在沥溪出生。

与惠龄随黄氏及舅舅黄玉章回广东。

在船上索纸笔绘所乘汽船。

回至沥溪，与祖父母、兄姐、叔婶、堂兄弟妹生活。

1890年（光绪十六年庚）七岁

入沥溪简氏大宗祠村塾从苏若泉读书。同学有三叔明生、四叔朝勋、大兄煦亭、堂三兄维翰、长妹惠玲等。

身体羸弱，食量颇少。

性情孤僻，罕与人言。

三妹苏惠芬（名焕）在横滨山下町苏宅出生。

煦亭与界涌陈家女订婚。

1891年（光绪十七年辛卯）八岁

在简氏大宗祠村塾读书。

颇顽皮，尝与维翰于钓鱼岸戽虾之时戏弄煦亭。

三庶母小陈氏至横滨嫁杰生。

堂二妹苏新、堂三妹苏爱在沥溪出生。

1892年（光绪十八年壬辰）九岁

在简氏大宗祠村塾读书。

12月8日（十月二十日），杰生生意不景，营业失败，偕大陈氏、小陈氏，及惠芳、惠芬自横滨回沥溪。

1893年（光绪十九年癸巳）十岁
在简氏大宗祠村熟读书。
被族人为异类，屡遭白眼，以致自伤为日本人。

1894年（光绪二十年甲午）十一岁
在简氏大宗祠村塾读书。
煦亭在沥溪与陈家女结婚。
堂四妹苏兆在沥溪出生。

1895年（光绪二十一年己未）十二岁
在简氏大宗祠村塾读书。
杰生赴上海经营生意，偕大陈氏及惠玲、惠芳、惠芬同往。
煦亭至横滨随表叔林北泉习商业。
9月28日（八月二十日），堂二弟苏维騄（名雷，字怀彦，号松斋，又号康騄）在沥溪出生。
12月（十一月），四妹苏齐在上海出生。

1896年（光绪二十二年丙年）十三岁
在简氏大宗祠村塾读书。
患大病，婶婶预其不治，置之柴房待毙，幸得嫂嫂悉心照料，始得康复。
3月（二月），随二姑母苏彩屏、二姑丈陈献墀赴上海依父亲生活。
受大陈氏刻治。
从西班牙牧师罗弼·庄湘学习中英文。同学有陈国廉等。
祖父瑞文在沥溪为儿子析产，杰生分得苏家巷第二间房子。
堂三弟绮（怀韬）在沥溪出生。

生平与交游　017

1897年（光绪二十三年丁酉）十四岁

在上海，从罗弼·庄湘习英文。

4月（三月），瑞文患病，杰生回沥溪照料。

11月上旬（十月中旬），大陈氏接家信，知瑞文病重，即携惠玲、惠芳、惠芬及有价值的物件回沥溪。

独留上海，食宿转至苏彩屏家。

继续求学，费用由杰生的好友陈钟谱资助。

11月14日（十月二十日），瑞文在沥溪病逝。

11月29日（十一月六日），小陈氏在沥溪病逝。

12月上旬（十一月上旬），堂大兄苏维春自日本返国，路过上海，怜其过冬仅得棉胎，即购毡被相与。

苏维春回沥溪，斥责大陈氏的虐待行为。

1898年（光绪二十四年戊戌）十五岁

初春，奉父命与苏维翰随表兄林紫垣赴日本横滨求学。

食宿在林紫垣家。

3月（二月），入华侨开办的大同学校乙级班学习中文。时校长为徐勤，授业教员有韩述尧、梁文甫、陈荫农、卢湘甫、汤觉顿等，同学有郑宗荣、霍会全、江后笑、梁福起、张文渭、苏维翰、鲍祥、郑伦、柳汝祥、刘梦湖、林铎等。认识的教员有苏汝湘、钟卓京、林默庵、林慧儒、汤铭三、陈恩德、梁文卿、罗昌、周鉴湖、梁君力、劳伯燮、康羽子、陈秀峰、梁雪箴、鲍炽、山田夹，以及桥本海关、长田信藏、饭冢藏之助、新井贞继、河源操子、栗原胜太郎、宫崎民藏、池田市三郎、大和田广寿等。别级同学有冯懋龙、郑贯一、陈晖成、卢藉刚、郑锦等。

经济主要由林紫垣供给。

与张文渭等"同房寄宿"。

间遇苏煦亭，得其接济一二元。

时到大姑丈杨日彰（在太平洋汽船会社任职）、大姑母苏彩霞家。

尝往云绪町探望河合仙。

1899 年（光绪二十五年己亥）十六岁

在横滨大同学校乙级班读书。

时绘小幅画馈赠同学。

堂上举手自认是中日混血儿。

对女性羞怯脸红，绰号"樱开花"。

1900 年（光绪二十六年庚子）十七岁

春，升上横滨大同学校甲级班，学习中英文。同学有李自重等。

常感叹身世飘零。

产生禅念。

林紫垣妻病逝，协助办理丧事。

忽有感触，潜回广东流浪至新会县崖山慧龙寺投赞初大师剃度。

旋行脚至番禺县员冈乡雷峰（虎山）海云寺。

偷食五香鸽子，犯戒被逐，转至广州白云山蒲涧寺。

重返横滨，住河合仙家。

从师学习绘画。

堂六妹苏勉在沥溪出生。

1901 年（光绪二十七年辛丑）十八岁

重入横滨大同学校甲级班读书。

得教员钟卓京赏识。

为教科书绘插图。

兼教美术科。

秋，被选入梁启超举办的夜间中文班学习。

苏煦亭自横滨返沥溪。

1902 年（光绪二十八年壬寅）十九岁

与苏维翰至东京，会同张文渭等筹议升学，初拟投考高等师范学校，后因手续烦冗，仅得苏维翰考入。

与张文渭入早稻田大学高等预科中国留学生部。

每月由林紫垣供给十元。

生活十分艰难，住牛込区榎本町某下宿屋，饭伴白灰，夜不燃灯。

爱读《红楼梦》等书。

得遇"静子"，情意相投。

受戏剧家坪内雄教导，尝往帝国剧场观看其演的莎士比亚名著《丹麦国王子咸烈德》（今译《王子复仇记》或《哈姆雷特》）。

深秋，得冯懋龙（自由）介绍加入"青年会"，结识叶澜（清漪）、秦效鲁（毓鎏）、张继（溥泉）、陈由已（独秀）、蒋方震（百里）、周宏业（伯勋）、汪荣宝（衮父），以及吴绾章等。

参加兴中会活动。

冬，认识廖仲恺、何香凝、黎仲实、朱执信、胡汉民等。

苏煦亭至神户经商。

五妹苏慧珊（德西）在沥溪出生。

1903 年（光绪二十九年癸卯）二十岁

春，易名"苏湜"，改入振武（成城）学校学习初级陆军技术，与刘三（季平）同学。

4 月下旬（四月初），参加"拒俄义勇队"，结识陈巢南（去病）等。

5 月 2 日（四月六日），在锦辉馆参与改"义勇队"为"学生军"的商议。

5 月 3 日（四月七日），被编入学生军甲区队第四分队，结识蓝天蔚、刘成禺、许寿裳、纽永建、黄兴、林獬及程家柽、费善机、伍仲文、丁嘉墀、翁巩、俞大纯、陈天华等。

5 月上旬（四月中旬），到讲习所参加操练。

5 月 11 日（四月十五日），参加"学生军"改名的"军国民教育会"。

与廖仲恺、黎克实、朱执信等遵从孙中山关于"注意训练军事人才，为将来发动武装斗争做准备"的指示，组织牛込区的留学生黄兴到大森练习手枪、步枪的射击技术。

遭林紫垣干预，断去经济供给。

生活转由汪大燮资助。

决计弃学归国，投身国内正在兴起的第一次革命高潮。

"静子"蹈海殉情。

求冯自由写一介绍信往香港访陈少白（韶石）。

临行，绘画赋诗留别汤觉顿。

撰伪遗书寄林紫垣，声言船抵上海即投海自尽。

与吴佚书、吴绾章兄弟偕一男孩乘日轮"博爱丸号"回国。苏维翰、张文渭冒雨相送。

9月（七月），抵上海，即转苏州，与吴佚书、吴绾章、王薇伯日夜奔走，组织毓元学堂的退学生创办吴中公学社，任英文和体育教员，结识包天笑（教中文）、黄颂林（兵式），以及祝心渊（秉刚）、朱梁任（君仇）等，学生有蓝公武（志先）、王公之等。

好绘画，学作诗。

为包天笑绘《儿童扑满图》。

绘《吴门闻笛图》示学生。

与朱梁任、王薇伯、包天笑、祝心渊等到狮子山招国魂。

知陈仲甫（独秀）、张继等在上海办《国民日日报》，即前往新闸新马路梅福里社址拜访，并应聘任英文翻译。结识章行严（士钊）、何梅士（靡施）、谢晃（晓石）、连横（慕韩）等。

发表《敬告日本广东留学生》文于《国民日日报》。

从英文本意译法国嚣俄（雨果）小说《惨社会》，得陈独秀指导和修改。

时求陈独秀教作诗。

9月21日（八月一日），二叔苏德生在沥溪病逝。

10月7日（八月十七日），发表《以诗并画留别汤国顿二首》于《国民日日报》副刊《黑暗世界》。

10月7、8、12日（八月十七、十八、二十二日），连载《女杰郭耳缦》于《国民日日报》。

10月8日（八月十八日），《惨社会》开始连载于《国民日日报》，其中前六回为苏子谷（曼殊）主译。

10月24日（九月五日），发表《呜呼广东人》于《国民日日报》。

从章士钊处得悉黄兴在长沙开展革命活动，"天天嚷要离开上海"（《记陈仲甫先生关于苏曼殊的谈话》）。

趁陈独秀、章士钊外出，骗开何梅士去看戏，窃取章士钊的三十元，留言而去。

沿长江西上，至武昌转湘江至长沙。

11月4日（九月十六日），藉黄兴以三十岁生日请酒为名，与彭渊恂（希明）、周震麟（道腴）、张继、谭人凤、吴禄贞、陈天华、宋教仁等在西区保甲巷彭渊恂家举行秘密会议，创建华兴会。

在明德学堂任教国文，同事有张继（教历史）、周震麟（教地理）等。

转教于经正学掌。

参与筹办湖南实业学堂，任"自在画"讲义编绘。同事有翁巩、张继、谢晓石、杨守仁（笃生）、杨德邻（性恂）、李昭文等；学生有黄钧（梦邈）、刘建烈（克家）、张子仲等。

任教于安徽旅湘中学，结识李光炯、卢仲农等。

奉华兴会派往广东与香港的兴中会联系。

溯湘江入粤，上衡山，宿雨华庵，绘《登祝融峰图》，后载《文学因缘》。

在湘粤边境，舍舟越大庾岭，出小梅关，经南雄、始兴由水路至广州。

为念安绘《茅庵偕隐图》。

抵香港，访陈少白，住中国日报社，结识王秋湄（蓮），遇郑贯一、朱执信。

回广州寻师不遇，转至惠州，虚托南雄府始兴县赵氏子在一破庙拜一老僧为师，得字"遣凡"，法名"博经"，自号"曼殊"。

不堪僧家生活之苦，窃取师父银洋二角，经东莞赴香港，重住中国日报社。

为哥老会龙头杨洪钧、李云彪打抱不平，欲借手枪击杀康有为，为陈少白力阻而辍。

1904 年（光绪三十年甲辰）二十一岁

初春，得亲友资助，自香港赴暹罗，住龙莲寺，逢鞠窣磨长老，蒙以梵学相勉。

应聘于曼谷青年会。

与日本西村澄论绘事，互以画相赠。

体察当地僧侣生活。

受戒于左臂上。

自暹罗赴锡兰，见崦嵫落日，断壁残垣，感触无端。

驻锡于菩提寺。

访表叔林北泉于所经营的杂货店。

自锡兰回香港。

3 月上旬（一月下旬），在新福利源栈遇同乡简世锠。

简世锠回沥溪将晤面情况告苏杰生。时杰生病重，托世锠偕苏维翰往港劝归。

以囊空为借口，坚辞不回。

3 月 15 日（一月二十九日），苏杰生在沥溪病逝。

春末，自香港至上海，访叶澜于国学社。

绘《龙华归棹图》赠少芳。

7 月（六月），至长沙，访秦毓鎏于针线巷。

重任教于湖南实业学堂。

常诵石达开名句"扬鞭慷慨莅中原"。

时绘画自焚，别有心意。

《远山孤塔图》为李昭文夺得存世。

尝与杨珩（玉壶）来往。

绘《岳麓山图》。

堂三弟苏祖傲在沥溪出生。

冬，华兴会在湖南起义计划败露，随党人走避上海，旋以僧人身份掩护匿居杭州白云庵继续从事革命活动。

1905年（光绪三十一年乙巳）二十二岁

在湖南实业学堂，除教图画外，还兼教英语。

将教学用画四五十幅装订成册，卷首题"落花不语空辞树，明月无情却上天"句。

6月（五月），邀学生十数人饮宴于青石街徐长兴牛肉馆。

与优秀学生合影。

暑假，离长沙赴上海，访秦毓鎏，相与嬉游玩乐，常到江南春、海国春、一家春食西餐，夜则坐马车兜风，时亦叫局吃花酒，好征迎春坊妓林某。

尝与陈独秀叙晤。

夏，自上海至杭州。

旋返上海，与刘三至南京。

时与陆达权（守经）、陆灵素（繁霜）兄妹来往。

重晤伍仲文，共同讨论佛教和社会问题。

拜会陈散原（三立）、陈衡恪（师曾）父子。

参与筹办江南阅书报社。住该社北屋。

结识赵伯先（声）、章木良（一民）、周作人（遐寿）等。

与伍仲文游同泰寺，合作五言"联句"。

作《莫愁湖寓望》诗。

入江南陆军小学任英文教员，结识钟海航（镜寰）、柏文蔚（烈武）、石丹生（国柱），以及戴鸿渠等。

协助陶宗南、陶朴青兄弟重译《君制》。

与赵伯先过从甚密，时"按剑高卧于风吹细柳之下""驰骋于龙蟠虎踞之间"（《燕子龛随笔》）。

绘《终古高云图》赠赵伯先。

与刘三游南京名胜。

绘《登鸡鸣寺观台城后湖图》《白门秋柳图》，及纨扇赠刘三。

结识秦淮歌伎金凤。

秋后，至杭州。

绘《泛舟西湖图》寄怀陈独秀。

作《住白云禅院作此》。

绘《剑门图》。

二婶张氏在沥溪去世。

1906 年（光绪三十二年丙午）二十三岁

初春，至长沙，应胡子靖之聘，任明德学堂图画教员，住永福寺。学生有陈果夫等。

继续参加同盟会领导的武装起义活动。

作《晨起口占》《花朝》《春日》诗。

绘《渡湘水寄怀金凤图》。

参加光复会。

夏，随陶成章（焕卿）、龚微生（宝铨）至杭州，住白云庵，从事秘密活动。为浙抚张曾敭侦知，几被捕获。

与陶成章、龚微生逃回上海，应刘师培（申叔）之邀，赴芜湖赭山皖江中学任教。结识邓绳侯（艺荪）、江彤侯（一木）、张伯纯（通典）等。

暑假，至上海，会晤刘三，结识柳亚子（安如）、高天梅（钝剑）、陈陶遗（道一）、朱少屏（葆康）等。

与陈独秀东渡日本。

在东京，结识章炳麟（太炎）、汪东（旭初）等。

访河合仙不遇。

初秋，到须磨海岸送水野氏南归，并绘图以赠。

与同盟会总部联系，奉派回国继续开展革命工作。

8 月下旬（七月初），同陈独秀回上海。

拟访刘三，因病不果。

再至芜湖皖江中学堂。

学校闹风潮，未能上课。

生平与交游　025

作《迟友》诗。

中秋前后,随邓绳侯、江彤侯游南京,摄"白门尘照"留念。

会晤刘三及叶澜、钟海航、仲梁。

绘《莫愁湖图》寄赠刘师培。

绘《绝域从军图》,请刘三书龚自珍(定庵)《漫感》诗于其上,赠赵伯先。

10月5日(八月十八日),返芜湖。

因萍、浏、醴起义在积极酝酿,革命党人备受嫌疑,即随陶成章、龚微生走避上海。

拟入留云寺为僧,不果。

10月21日(九月四日),至杭州,住白话报馆,谋划武装起义。

友人拟留在佛教公所,不允。

10月26日(九月九日),得张曾敭透露,知藩司宝芬密令杭州知府三多究办,即跟从陶成章、龚薇生回上海,住美租界新衙门北首和康里第四弄爱国女校,结识徐紫虬等。

境况窘困,拟东渡日本,又拟南还故乡,均不果。

时到四马路时报馆探望包天笑。

晤刘师培,得邓侯绳赠诗《忆曼殊阿阇黎》。

12月初(十月下旬),迁往八仙桥鼎吉里四号夏寓,即中国同盟会驻沪机关总部。

自学梵文。

12月中旬(十一月上旬),离上海,旋返。

绘画赠邓绳侯。

堂七妹苏社荷在沥溪出生。

1907年(光绪三十三年丁未)二十四岁

在上海,时与高天梅、刘师培来往。

1月6日(丙午十一月二十二日),自上海赴温州。

1月下旬(丙午十二月上旬),自温州返上海。

经济拮据，向陆达权借四十元过春节。

2月13日（一月一日），与刘师培、何震（志剑）夫妇东渡日本东京，住牛达区新小川町二丁目八番地民报社。与章炳麟、陈独秀、葛循叔、章士钊过从甚密。

绘《过马关图》。

作《代柯子柬少侯》诗，发表于1909年6月19日上海《民呼日报》。

致力学习梵文、绘画。

从陈独秀处获得英文底本，译出《梵文典》第1卷，自撰序言及广告，并请得章炳麟、刘师培、陈独秀、何震等为撰序或题诗作偈。同时向邓绳侯索诗，刘三索序。

印度藉法学士波逻罕自美返印，途经东京之机，请为核《梵文典》并题词。

4月25日（三月十三日），发表《猎胡图》《岳鄂王池州翠微亭图》《徐中山王莫愁湖泛舟图》《陈元孝题奇石壁图》《太平天国王夜啸图》于《民报》增刊《天讨》，均有章炳麟题识。

与章炳鳞、张继、刘师培、陶冶公、陈独秀、波逻罕等发起并成立国际性组织"亚洲和亲会"。结识到吕剑秋（复）、罗黑芷（象陶）等。

春末，与章炳麟送波逻罕回印度，并绘《江干萧寺图》相赠。

6月10日（四月二十日），发表《女娲图》于《天义》第1卷。

6月25日（五月十五日），发表《孤山图》于《天义》第2卷。

7月10日（六月一日），发表《秋思图》于《天义》第8卷。

《梵文典》因印人"索价太奢"而出版不遂。

时访陈陶为，遇俞锷（剑华）。

夏，参与周树人（章寿）、周作人、陈师曾、许寿裳、袁文薮（毓麟）等筹议创办《新生》杂志。

7月25日（六月十六日），发表《江干萧寺图》《海哥美尔名画赞》于《天义》第4卷。

拟与章炳麟西游印度，不果。

初秋，在东京大森某料亭（餐厅）与河合仙会面，陈国权应邀当翻译。时河合仙已改嫁一日本商人，住横滨南太町。

时往横滨探望河合仙和榎本荣子（即河合若）。

绘《灵山振衲图》赠河合仙。

作《东来与慈亲相会，忽感刘三、天梅去我万里，不知涕泗之横流也》诗。

寄书三册，《启文》八册、照片三祯给刘三。

与戴鸿渠、吴中俊相遇，"友爱如昔"。

8月（七月），迁往小石川区町二七番瑜伽师地天义报社。

为何震所辑《曼殊画谱》作序，并托名河合仙撰日文序一篇，与章炳麟的《序言》及何震的《后序》同发表于《天义》第5卷。

8月10日（七月二日），发表《秋瑾遗诗·序》及《清秋弦月图》于《天义》第5卷。

为《画谱》事向刘三、高天梅等索序求诗。

绘墨兰、墨梅与伍义伯，作为友人办理入学手续的代价。

9月中旬（八月中旬），从榎本荣子处筹得九十元，拟启程回国。

在长崎旅馆患寒疾，卧病八天。

9月26日（八月二十一日），抵上海，住铁马路爱而近路国学保存会藏书楼。

与陈去病同居一房。

以儿时照片赠陈去病，得其题诗比以"郑延平"。

为陈去病绘《湖上双鬟图》。

与高天梅、朱少屏、诸贞壮（宗元）、黄节（晦闻）、邓实（秋枚）、邓野残（秋马）等过从甚密，时同作"北里之游"。

将《江干萧寺图》转赠周柏年，请沈尹默题诗其端。

向诸贞壮讲述桂伯华及《梵文典》事。

饮食不加节制，时患肠胃病。

积极为藏书楼捐款。

绘《松下听琴图》，请邓秋枚录明末僧人成回《题画》诗于其上。

绘《夕阳扫叶图》赠黄晦闻。

10月30日（九月二十四日），发表《露伊斯·美索尔遗像赞》于《天义》第8、9、10卷合册。

刘三与之戏言娶妇。

10月上（九月初），结识高吹万（燮）。

10月18日（九月十二日），得刘三赞助十五元。

10月20日（九月十四日），应陈去病邀饮，于筵席上会晤妓女梨花馆。

结识妓女花雪南。

偕花雪南送诸贞壮赴南昌。

11月下旬（十月中旬），与包天笑、黄晦闻、邓秋枚、杨千里（天骥）等连日饮宴。

尝赴杭州，于雷峰塔下拾得唐人写经残石，十分珍爱，回上海后，赠与邓秋马。

为邓秋马绘《登峰造极图》。

12月4日（十月二十九日），托请刘三为书"翁山女语"四字，拟助河合仙出版明末屈大均（翁山）《广东新语》的《女语》于日本，不遂后将其大量内容辑入《岭海幽光录》。

寄《国粹学报》《天义》《社会主义讲习会报告》给刘三。

绘《江山无主图》《悼故友念安图》。

12月10日（十一月六日），赴日本东京。

托邓秋枚带日本杂志四册、《天义》第8、9、10合本给刘三。

大姐苏燕在南屏乡病逝。

1908年（光绪三十四年戊申）二十五岁

1月2日（丁未十一月二十九日），寄日本杂志两册给刘三。

自东京转长崎。

住河合仙家。

为榎本荣子绘《潼关图》。

陪河合仙至逗子海滨。

抄编《文学因缘》，为福建友人所见，愿出资刊行。

2月（一月），自长崎至东京，寓神田猿乐町一丁目八番地清寿馆。

绘《万梅图》，拟与《登鸡鸣寺观台城后湖图》《渡湘水寄怀金凤图》等三十多幅画镂入铜版，然后分寄。

发表《洛阳白马寺图》于《河南》第2期。

译《阿输迦王表彰佛诞生碑》，载《文学因缘》。

从E. B. Eastwiek的英译本转译歌德（瞿德）《题〈沙恭达罗〉诗》，载《文学因缘》。

译拜伦《星耶峰耶俱无生》诗，载《文学因缘》。

撰《〈文学因缘〉序》。

患肝跳疾，入横滨病院静养。

托刘三转一照片与柳亚子。

3月（二月），迁往东京鞠町区饭田六丁目二一番地天义报社与刘师培、何震夫妇同住。

时有轻度神经质的表现，如指洋油灯大骂。

拟进真宗大学修习梵文，未果。

访张文渭于神田某下宿屋。

发表《潼关图》于《河南》第3期。

发表《登鸡鸣寺观台城后湖图》《寄钵罗罕图》《卧处徘徊图》《寄邓绳侯图》于《天义》第16、17、18、19卷合本。

与章炳麟合撰《儆告十方佛弟子启》及《告宰官白衣启》，并铅印成合册。

4月10日（三月十日），祖母在沥溪病逝。

4月中旬（三月中旬），因章炳麟与刘师培发生争执，为刘师培夫妇迁怒，即迁往友人家，苦闷至极，产生回广东一行的念头。

肩下生疮，时卧病在床。

王伯龄两次来访。

寄书三册、照片一帧给刘三。

4月25日（三月二十五日），发表《岭海幽光录》于《民报》第20号。

5月（四月），发表《天津桥听鹃图》于《河南》第4期。

6月（五月），发表《嵩山雪月图》于《河南》第5期。

7月10日（六月十二日）、8月10日（七月十四日），连载《娑罗海滨遁迹记》（署南印度瞿沙著）于《民报》第22、23号。

《文学因缘》出版。

蒙章炳麟鼓励努力研究梵文，继续为"亚洲和亲会"服务。

罗浮山宝积寺娑罗到民报社访，不遇。

绘《一顾楼图》赠张倾城。

绘《骑牛涉溪图》赠杨笃生。

8月底（八月初），自东京返上海，住虹口西华德路田中旅馆6号。

欲回广东，并入印度，因病不果。

寄《文学因缘》一册给刘三。

9月上旬（八月中旬）至杭州，住白云庵，结识僧人意周、得山。

绘《古寺蝉声图》赠意周；绘《山水横轴》赠得山。

9月中旬（八月下旬），在韬光庵，怀国伤时，重绘《听鹃图》，并作《西湖韬光庵夜闻鹃声柬刘三》。

接刘三惠借十四元，并为改正所作诗，欣喜至极。

为石丹生绘画，寄请刘三题"楼观沧海日，门对浙江潮"于其上。

9月下旬（八月底），离杭州返上海。

10月7日（九月十三日），应杨仁山（文会）函召往南京祇垣精舍任金陵梵文学堂英文教员，住延龄巷杨公馆。与李晓暾（世由）、陈三立（伯严）等同事。

结识陈封可等。

作《柬金凤兼示刘三》（二首），发表于1909年6月19日《民呼日报》。

作《集义山句有怀金凤》。

夏曾佑（穗卿）自杭州来相见。

时听杨仁山讲经，十分佩服。

10月10日（九月十六日），代杨仁山译印度法护尊者达波磨罗所致的两封梵文信。

遇黄忏华，盛赞杨仁山佛学精深。

任学林工课，每日自八时至十二时。

柏林大学法兰居士来访，讨论翻译问题。

11月12日（十月十九日），赴上海，旋即返南京。

时与刘师培、陈去病、黄晦闻、陆达权、钟海航等联系。

12月10日（十一月十七日），患脑病，在祇垣精舍静养，细听杨仁山详说明末秦淮名妓马湘兰（守真）证果事。

12月下旬（十二月初），自南京至上海。

与柳亚子、刘师培、邓秋枚、朱少屏等重相聚首，拍照志念。

1909年（宣统元年己酉）二十六岁

1月上旬（戊申十二月中旬），离上海赴日本东京，与张卓身、龚微生、罗黑芷、沈兼士等同寓小石川智度寺。

旅居之暇，时出郊游。

作《久欲南归罗浮不果，因望不二山有感，聊书所怀，寄二兄广州，兼呈晦闻、哲夫、秋枚三公沪上》。

转与章炳麟、黄侃（季刚）同住。

好读《温飞卿集》等书。

绘《文姬图》，请黄侃题温飞卿（庭筠）词句于其上，托章炳麟转刘三。

时与陈独秀、邓庆初、邓以蛰等聚会。

结识歌伎百助枫子，来往甚密，将其四款五张照片，书上《题〈静女调筝图〉》诗，并录上倪瓒（云林）《柳梢青》词，分寄包天笑、蔡哲夫、诸贞壮、黄晦闻、邓秋枚。

绘《凤絮美人图》寄黄晦闻。

作《次韵奉答怀宁邓公》诗。

患病，译英·豪易特《去燕》诗，载《潮音》。

倪瓒（云林）《柳梢青》译苏格兰·彭斯《颎颎赤墙靡》诗，载《潮音》，又刊1914年7月10日《民报》第1年第3号。

译拜伦《答美人赠束发毰带诗》示百助枫子，发表于 1909 年 6 月 26 日《民呼日报》。

3 月（二月），分寄日本女星春本万龙照片给蔡哲夫、邓秋枚。

收黄节《曼殊自日本寄画，作"风絮美人"，题"为调筝人绘"，命之曰〈春愁〉，赋此答之》诗。

作《读晦公见寄七律》诗。

收刘三《病中得曼殊日本来书，戏以六言答之》诗（三首）。

作《落日》诗，发表于 1909 年 6 月 19 日《民呼日报》。

以披剃受戒为由，推却百助枫子以身相许的请求。

偕百助枫子游上野公园，作《游不忍池示仲兄》。

作《调筝人将行，出绢属绘〈金粉江山图〉，奉题二绝》，发表于 1909 年 6 月 26 日《民呼日报》。

作《樱花落》诗。

作《过若松町有感示仲兄》诗（二首），发表于 1906 年 6 月 19 日《民呼日报》。

在神田猿乐町二丁目一番地清寿馆与陈独秀唱和，各作《本事诗》十首（见文芷《曼殊上人诗册》），其中《有赠》（春雨），发表于 1909 年 6 月 19 日《民呼日报》。

作《失题》诗（二首）。

作《水户观梅有寄》诗。

作《西京步枫子韵》诗。

得蔡哲夫转赠英吉利莲华女士贻英驻沪领事馆工作人员佛莱蔗的《雪莱诗选》，请章炳麟题词于扉页。

译雪莱《冬日》诗，发表于 1909 年 6 月 19 日《民呼日报》。

作《题〈雪莱集〉》，发表于 1909 年 6 月 26 日《民呼日报》。

作《寄广州晦公》。

5 月初（三月中旬），时与王盛铭过从。

应章炳麟之邀，每日午前赴梵学会为印度婆罗门僧尸密逻任传译二时半。

患脑病。

生平与交游　　033

时与尸密逻来往，拟共译印度诗圣迦梨达奢（kālidāsa）的长篇叙事诗《云使》，因"不能多用心"而不遂。

证得"支那"一语非"秦"字转音，而是"巧智"之义。

译拜伦《去国行》《赞大海》二诗，得章炳麟修改。

与陈独秀、章太炎、桂伯华等议建"梵文书藏"，不果。

译印度女诗人陀露哆《乐苑》诗。

5月下旬（四月上旬），赴长崎访河合仙。

作《淀江道中》诗，发表于1909年6月19日《民呼日报》。

作《过蒲田》诗。

作《过平户延平诞生处》诗，发表1909年6月19日《民呼日报》。

陪河合仙旅居逗子海滨。

8月下旬（七月中旬），自东京返上海。

8月30日（七月十五日），在船上作《拜伦诗选·序》。

在上海，拟访高天梅，不果。

赴杭州访刘三，住白云庵。

值刘师培、何震夫妇公开投靠两江总督端方，同寓雷昭性怀疑与之同流合污，投函恐吓。为表清白，皇然返沪。

访蔡哲夫、张倾城夫妇于徐汇孝友里寓所半行半隐窝，以在雷峰塔所获的《黄妃塔〈华严经〉》残石相赠。

时得蔡哲夫、张倾城夫妇为所绘画题跋。

作《题〈担当山水册〉》。

蒙蔡哲夫介绍，得以结识其妹夫佛莱蔗。

佛莱蔗为《曼殊画册》题英文诗。

赠《登鸡鸣寺观台城后湖图》与佛莱蔗。

佛莱蔗为撰英文《拜伦诗选·序》及《拜伦年谱》。

尝赴安徽。

11月（十月），经陶成章推荐，启程前往爪哇任教。

途经新加坡染疾，为早年英文老师罗弼·庄湘及其第五女雪鸿劝留。

与雪鸿讨论译事，得雪鸿赠以西诗数册。

作《题〈拜伦集〉》诗。

抵爪哇，任噫哒中华会馆所创办的中华学校英文讲师。同事有黄水淇、许绍南（炳衡）、黄红鲟、郑元明、周继藏等。学生有黄火炎、曾金龙、杨琛、黄鸾娘、苏金英、林璇等。

1910 年（宣统二年庚申）二十七岁

在爪哇噫哒中华学校任教。

先后结识魏兰（石生）、丁嵘（载山）、张云雷（烈）、王若愚、李燮和、沈钧业、屠景曾、陈陶遗（道一）等。

不服水土，常患病，十分孱弱，时与"药炉为伍"。

咯血症复发。

与黄水淇一家关系密切，黄母待之如己子，故亦认黄母为义母。

收高天梅自上海寄来《南社丛刻》第 1 集。

时思念高天梅、柳亚子等上海朋友。

春，与黄水淇合拍照片二帧。

到望引拜访张云雷，倾谈竟夕，同榻共卧。

作《步韵答云上人》（三首）。

春末，收章炳麟自日本东京寄来《学林》第 1 卷。作《耶婆提病中，末公见示新作，伏枕奉答，兼呈旷处士》。

拟西入印度，不果。

时咏《桃花扇》名句："福王少小风流惯，不爱江山爱美人。"

托蔡哲夫在上海出版《画册》事得复，然终无刊行。

6 月初，酒醉道中。

6 月 8 日（五月二日），去信高天梅，讨论中西文学及翻译事。

寄《大乘起信论》与塞典堡植物园图书馆。

11 月（十月），接黄晦闻邮来《庚申十月初十夜月中怀曼殊海南》诗，感慨良多。

拟从英文转译印度古典诗剧《沙恭达罗》，未成。

绘《牧童衔笛骑牛图》赠郑元明。

常与许绍南、黄水淇在梦兰达河划船游玩。

1911 年（宣统三年辛亥）二十八岁

绘《莫愁湖图》赠许绍南。

到泗水购文房四宝，计划穷一月之力，绘成尺百幅，然不就。

夏，自爪哇赴日本，在泗水遇张云雷。

作《束装归省，道出泗上，遇故友张君云雷亦归汉土，感成此绝》。

经香港、广州访蔡哲夫、黄晦闻。转道上海，与马小进（骏声）拍照留念。

7月18日（六月二十三日），复罗弼·庄湘信，评论佛学问题。

英译《燕子笺》脱稿，得罗弼·庄湘题词，托其女雪鸿携往西班牙马德里谋求出版。

8月28日（七月五日），抵横滨访河合仙。

8月31日（七月八日），到东京，在图书馆遇费公直（善机），于其寓所书英格兰诗人彭斯诗《颍颍赤墙靡》中英文直幅相赠。

多食生鲍鱼，患腹疾。

至京都，腹疾愈。

暑假结束，返爪哇，仍在噫哒中华学校任教。

与李一民、陈陶遗、龚微生相遇于许绍南家。

力劝许绍南戒酒，与李一民赋诗纪其事。

《断鸿零雁记》连载于《汉文新报》。

与李一民赴望引，车中荷兰人误以为是日本人，然坚认中国人。

10月中旬（八月下旬），闻武昌起义，上海光复，欣喜若狂，即典衣卖书，急谋归国。

得许绍南资助四百元盘川，然到泗水购船票时全部失去。

11月30日（十月十日），蒙魏兰、陈陶遗、沈复生应允，抵港后即派人来接替，然终无音讯。

编有《南洋丛书》。

《潮音》在日本东京出版。

1912 年（民国元年壬子）二十九岁

3月3日（一月十五日），离噫嚱返国，与丁嵘、何莲卿（魏兰夫人）等同行。

至香港，结识平智础。

苏维翰自香山来访，向友人借五百元接济，并拍照留念。

与妹夫陈介卿晤面，"叙谈甚殷"。

绕道广州，访黄晦闻于广雅书院，一醉而重返香港，流连两天，即赴上海。

4月4日（二月十七日），抵上海，"杏花春雨，滴沥增悲"。

寄住柳亚子七浦路寓所，以《潮音·跋》四页、《答庄湘博士书》八页、《去国行》、《哀希腊》译稿四页、照片四张、金佛一尊、石砚一方赠柳亚子。

4月5日（二月十八日），经柳亚子介绍参加南社。

应太平洋报社聘任主笔，与姚雨平、陈陶遗、邓树楠、叶楚伧、柳亚子、李叔同、姚鹓雏、林百举、余天遂、夏光宇、胡朴安、胡寄尘、周人菊、陈无我、梁云松、朱少屏、王锡民同事。

4月7日（二月二十日），发表《南洋话》于《太平洋报》副刊《太平洋文艺集》。

时与柳亚子、叶楚伧等到岭南楼、粤华楼、杏花楼吃花酒、中西菜。痛感袁世凯僭权，国事日非，颇有英雄末路之感慨。

4月9日（二月二十二日），迁往太平洋报社编辑部居住。

4月14日（二月二十七日），与张泉赶杭州，访陈去病于西湖秋社，同游四日。

4月18日（三月二日），返抵上海。

绘《春郊归马图》及《云岩松瀑图》赠邵元冲（翼如）、张默君夫妇。收《曼殊余集·插图类》。

为叶楚伧绘《汾堤吊梦图》，刊《太平洋报》副刊《太平洋文艺集》。

4月20日（三月四日），发表《冯春航谈》于《太平洋报》副刊《太平洋文艺集》。

在孙伯纯寓所重见陈封可。

介绍孙伯纯参加南社。

苏维春自青岛至上海访于太平洋报。

绘《饮马荒城图》托穆弟送香港萧公，代焚化赵伯先墓前。

4月30日（三月十四日），乘筑前丸东渡日本省河合仙，孙伯纯等同行。

其间尝过鞍马山、舞子驿、西京、马关、长崎等地。

于坊间购得欧人诗集四种。

5月12日（三月二十六日），《断鸿零雁记》上卷开始重刊并续载于《太平洋报》。

5月27日（四月十一日），自日本至上海。

交照片两帧给柳亚子，刊于《太平洋报》副刊《太平洋文艺集》，一题为《东海女诗人》，上有题识；一为《东海诗人苏曼殊》。

5月28日（四月十二日），发表《华洋义赈会观》于《太平洋》副刊《太平洋文艺集》。

6月7日（四月二十二日），与孙伯纯分寄《潮音》《文学因缘》给日本东京国立图书馆。自署"汪玄度"。

6月上旬（四月下旬），转赠《室利诗集》给黄侃，希望其能"以微词译其华旨"。

6月9日（四月二十四日），发表《柬法忍》诗于《太平洋报》副刊《太平洋文艺集》。

6月9日至13日（四月二十四日至二十八日），《潮音·跋》连载于《太平洋报》副刊《太平洋文艺集》。

淡利禄，不求闻达，得孙中山评为"率真"。

提议诸宗元出组一党，并联名致函章炳麟，"沮且不与政治事"。此函尝载于某报。

对刘师培不计前嫌，建议找蒯理卿、沈乙庵、张啬庵集资让其往欧洲留学。

6月中旬（五月上旬），与马小进到华泾访刘三、陆灵素夫妇，为绘《黄叶楼图》及扇面一幅。

在上海，绘扇面十余幅赠友，中有赠郑佩宜、郑绣业、朱少屏、姚锡钧等几幅。

6月19日（五月五日），与孙伯纯等东渡日本，在东京千驮谷赁屋而居。

赠所绘《蓬瀛鬘史》给孙伯纯，载《曼殊余集·插图类》。

撰《梵书摩多体文》，请桂伯华题签，然出版不遂。

8月20日（七月八日），接马德利汇来二百五十元，疑为英译《燕子笺》的第一笔稿酬。

8月下（七月中旬），撰《复某君书》寄柳亚子，发表于《南社丛刻》第6集。

9月（八月），苏维春、苏维騛到上海访于太平洋报社，不遇。

10月，游琵琶湖。

10月11日（九月二日），接马德里汇来四百六十元，疑为英译《燕子笺》第二笔稿酬。

10月30日（九月二十一日），自日本启赴回上海，住南京路第一行台旅馆。

拟游苏州、香港、新加坡等地，不果。

时与柳亚子、郑桐荪（之蕃）等征歌选色。

12月13日（十一月五日），抵安庆，任安徽高等学堂教员，与郑桐荪、沈燕谋（一梅）、应溥泉（时）、傅盛君等同事。结识程演生（总持）、易白沙（越村）、周越然等。

时与陈独秀来往。

12月下旬（十一月中旬），患"洞泄之疾"。

1913年（民国二年癸丑）三十岁

1月初（壬子十一月下旬），在安庆安徽高等学堂任教。

绘山水立轴及小画四五幅。

拟与郑桐荪赴上海。

年假，应柳亚子约随郑桐荪回其盛泽家，同行有朱少屏。

相与欢聚数日。

绘扇面数幅赠郑桐荪及其父郑式如。

2月上旬（壬子十二月下旬），与沈燕谋、朱贡三等经苏州至上海，住南京路第一行台旅馆。

与李一民、张卓身游杭州，住西湖图书馆。

自杭州回上海，仍住第一行台。

3月上旬（二月上旬），欲访梅邓尉，不果。

3月20日（二月十三日），请柳亚子、朱少屏、叶楚伧、陈英士在三马路花雪南家吃花酒。

3月下旬（二月中旬），与郑桐荪、沈燕谋至安庆任教。

时与郑桐荪到小蓬莱吃点心。

4月17日（三月十一日），与郑桐荪等游苏州。

5月上旬（三月下旬），与沈燕谋、易白沙赴上海。

自上海转至盛泽半月。

5月下旬（四月中旬），自盛泽至安庆。

6月4日（四月三十日），自安庆赴上海。

6月6日（五月二日），与沈燕谋到盛泽郑桐荪家，筹划编写《汉英词典》和《英汉词典》。

自盛泽至苏州。

7月8日（六月二日），自苏州赴上海治病，住第一行台。

拟东渡日本探望河合仙，不果。

拟游泰山，不果。

自上海赴苏州。

作《吴门》诗十一首，发表于1914年5月《南社》第9集。

7月底（六月底），自苏州回上海。

8月（七月），与平智础游西湖，住白云庵。

遇许天啸，时寻幽访胜，到玉壶春楼吃鸡。

作《南楼寺怀法忍》诗，载11月3日《生活日报》副刊《生活艺府》。

作《何处》诗。

8月22日（七月二十一日），《讨袁宣言》发表于《民立报》。

10月（九月），自杭州返上海，住第一行台。

作《海上》诗八首，发表于1914年5月《南社》第9集。

晤柳亚子，大吃花酒，直至"裘敝金尽为止"。

作《为玉鸾女弟绘扇》诗，载11月3日《生活日报》副刊《生活艺府》。

作《彦居士席上赠歌者贾碧云》诗，载11月3日《生活日报》副刊《生活艺府》。

与程演生交往颇密，时出郊游。

作《碧桃》诗。

11月7日至12月10日（十月十日至十一月十三日），《燕子龛随笔》连载于《生活日报》副刊《生活艺府》。

11月17日（十月二十日），《燕影剧谈》发表于《生活日报》副刊《生活艺府》。

11月中旬（十月中旬），患肠疾，欢场中人时来探望。

12月下旬（十一月下旬），遵医嘱赴日本养病。

作《东行别仲兄》诗，载1914年5月10日《民国》杂志第1号。

12月下旬（十一月下旬），至西京，游琵琶湖。

肠病复发。

时购阅佛经。

堂大兄苏维春卒，得年三十六岁。

1914年（民国三年甲寅）三十一岁

1月（癸丑十二月），自西京至大久保访孙伯纯。

患疟疾。

带病赴牛込区。

经早稻田、追分町，转至大森、热海。

撰《题热海风景片寄明珠眉史》。

回至东京，肠病发作三次，时到顺大堂诊治。

间与龚微生倾谈往事。

2月1日（一月七日），偕陈封可、国香外出游玩。

2月上中旬（一月中下旬），赴国府津。

编纂英文书，疑为《汉英三昧集》。

先后结识徐忍茹、邵元冲（玄中）、田桐（梓琴）、居正（觉生）、邓孟硕（家彦）、萧萱（纫秋）、杨庶堪（沧白）等。

重游热海。

同陈封可登江中孤岛屿。

3月上中旬（二月上中旬），游横滨、羽田、妙见岛、千叶海边、梅屋等地。

作《佳人》诗。

绘《雪蝶倩影》，载《中国近代文学研究》第2集。

3月16日（二月二十日），至东京，专攻"三论宗"。

参观上野大正博览会。

4月上旬（三月上旬），往西京。

作《憩平原别邸赠玄玄》诗，载《民国》杂志第1号。

5月10日（四月十六日），《天涯红泪记》（未完）发表于《民国》杂志第1号。

作《偶成》诗，载7月《民国》杂志第3号。

8月18日（六月二十七日），患痢疾。

与章士钊来往颇密。

8月27日（七月七日），撰《双枰记·序》，发表于《甲寅》杂志第1卷第4号。

《拜伦诗选》出版，日本东京三秀舍印刷，梁绮庄发行。

《汉英三昧集》出版，日本东京三秀舍印刷，东辟发行。

患胃病。

作《东居》杂诗十九首，发表于《南社》第13集。

12月上旬（十月中旬），病愈，迁至居觉生寓所。

拟赴英国吊拜伦墓，赴瑞士山中面壁，均不果。

1915 年（民国四年乙卯） 三十二岁

2 月中旬（一月上旬），游兵库、和歌ノ浦等地。

4 月上旬（二月下旬），游塔ノ泽、环翠楼、强罗、小涌谷。

经宫下返汤本，寓福住旅馆。

4 月（三月），患肺炎。

5 月 4 日（三月二十一日），至东京，寄食城外小庙。

患哆扶斯病，日吸鸦片三分。

为人译书两种。

与陈树人同住。

应邀为冯自由《三次革命军》题词。

7 月 10 日（五月二十八日），小说《绛纱记》发表于《甲寅》杂志第 1 卷第 7 号。

8 月 10 日（六月三十日），小说《焚剑记》发表于《甲寅》杂志第 1 卷第 8 号。

8 月 25 日（七月十五日），入圣路加医院。

寄自题像寄聪弟。

10 月中旬（九月中旬），病将愈，然借贷困难。

10 月下旬（九月下旬），离圣路加医院。

1916 年（民国五年丙辰） 三十三岁

在日本东京。

2 月 15 日（一月十三日），接孙伯纯自北京来信，嘱绘《萧寺图》。

小腹微痛，伏枕观《冷红词》。

2 月 16 日（一月十四日），肠疾略愈。

托香谷典当衣物。

2 月 23 日（一月九日），赴本乡分町。

2 月 24 日（一月二十日），赴青山。

春末，自东京回上海。

初夏，作《碧伽女郎传》。

生平与交游　　043

5月（四月），闻居觉生在山东组成中华革命军护国讨袁，占领潍县、高密等地，即往青岛拜访。

与周然（南陔）、刘白等游崂山。

时与钟志明、萱野长知夫人、周然等搓麻将。

10月（九月），自青岛回上海，寓环龙路四十四号孙文寓所。

访郑桐荪，知沈燕谋自美返回，欣喜无已。

与邵元冲赴杭州住新新旅馆。

往清泰第二旅馆访宫崎寅藏，遇李一民。

与杨沧白父杨太公先后住秋社、陶社。

常与友人游西湖，或荡桨，或垂钓，快慰至极。

结识马一浮。

独寓巢居阁。

撰小说《人鬼记》（疑即《非梦记》）。

11月1日（九月二十四日）、12月1日（十月二十五日），《碎簪记》连载于《新青年》第2卷第3、4期。

狂吸雪茄，滥食饼糖。

收刘半农（复）寄来《新青年》第3期。

与刘半农通信频繁，讨论翻译拜伦作品及拟办拜伦学会。

患脑流病，终日静卧。

三兄苏维翰卒于沥溪。

1917年（民国六年丁巳）三十四岁

1月2日（丙辰十二月九日），在陶社与诸贞壮、林之夏（叶秋）、郑亚青会晤，并至湖上公园摄影留念。

1月下旬（丙辰十二月下旬），自杭州回上海度春节。

时到嵩山路吉盖里高君曼家，与陆灵素等围炉清谈。

2月11日（一月二十日），遇邓孟硕、邵元冲，知有远游，撰《送邓、邵二君·序》，载《国民日报》。

2月中下旬（一月下旬），自上海至杭州。

3月（二月），自杭州回上海。

4月（闰二月），自上海至杭州。

自杭州回上海。

4月下旬（三月上旬），自上海东渡日本，途经长崎、马关、神户。

5月4日（三月十四日），抵东京，住河合仙家。

5月中旬（三月下旬），陪河合仙游箱根。

6月中旬（四月下旬），自日本返上海，住霞飞路宝康里。

与柳亚子时相往返。

对大商垄断，小贩无依，感慨良多。

时与名伶小杨月楼、小如意交游。

《非梦记》脱稿，后刊《小说大观》第12集。

夏末，迁往卢家湾程演生家。

患痢疾。

叶楚伧、邓孟硕等时来探望。

初秋，肠胃病复发，入霞飞路医院。

蒋介石托陈果夫送去医药费。

应蒋介石之邀，移居白尔部路新民里11号其家。

冬，肠胃病加深，痔疮大发，体温甚低，入海宁医院。

程演生来探望时，出示当票求赎，不果。

趁程演生赴北京之机，托带信与陈独秀及蔡子民，欲求公费赴意大利习画之名额。

张卓身来探病，相赠二十元。

丁景梁、周南陔等时来探望。

病略有好转。

私食禁品糖栗，病情复剧。

向友人求一钟表，周南陔以所佩相赠。

交汉英对照稿本两册托周越然印行或出售，不遂。

1918年（民国七年戊午）三十五岁

春，病情恶化，转入金神父路广慈医院。

与居觉生互为邻室。

3月（二月），病愈深，不能起立，日泻六七次。

得柳亚子、章士钊等资助。

写信邵元冲为购美玉，萧纫秋以自藏一枚寄赠。

时思念友人。

4月27日（三月十九日），嘱高剑父致书黄晦闻，谓势将不起。

5月2日（三月二十二日）下午4时，病逝。弥留时仅云："但念东岛老母，一切有情，都无挂碍。"

5月3日（三月二十三日）下午3时，入殓。

【摘自马以君编《苏曼殊文集》（下），花城出版社1991年】

苏曼殊：中西文化冲突下的选择

邵迎武

十九世纪末，西风东渐。随着僵硬的传统闸门的崩裂，中国近代知识者与传统文化结构之间的那种契合关系已不复存在。他们被投入一个多元复合的世界文化结构之中，并在现实的逼迫下，做着艰难的选择——苏曼殊便是其中的一个。

苏曼殊，1884年出生于日本横滨。六岁随嫡母回原籍广东省香山县。由于家道中落和他的"中日私生混血儿"身份，自幼便饱受歧视，萌发出一种朦胧的反抗意识。年甫十五，他东渡日本留学，接受了比较完备的资产阶级教育。初醒人事时，我国资产阶级改良运动已接近尾声。比起同代人来，曼殊受封建主义思想和改良主义思想影响较少。加上他与陈独秀、章太炎、刘师培、柳亚子等一流学者欣慨交心，过从甚密，又深谙中、英、法、梵、日五种文字，能够直接涉猎原著，具备一种较为开放的眼光。较之那些恪守封建传统文化，排斥西学，或以"圣学"的概念范畴去附会西方学说的封建士大夫，曼殊可以说是相当幸运的。但这种"幸运"，同时也意味着曼殊作为一个置身于二十世纪初中西文化大碰撞中的近代知识分子，在寻求文化归宿、实现自我更新的历史任务时，免不了要经受一个必不可少的痛苦蜕变过程。下面我们不妨先将曼殊与传统文化的关系作一考察。

李欧梵在论及曼殊与中西文化关系时，曾经这样认为：由于曼殊"出生国外，没有受到充分的中国文化的教育，使他对中国文化的精神怀着更加强烈的思慕之情"①。此乃知人之论。读曼殊的《燕子龛随笔》，便可感到曼殊对本土文化的深厚感情。但历史似乎并没有为曼殊提供一个在绿荫沉沉的书斋里品味传统文化精微的机缘。在风雷激荡的近代中国，政治必然凌驾于一切之上。从曼殊的行迹看，他在本世纪的政治态度是相当激进的。这种"激进"与"借思想文化以解决问题"——这一源自中国儒家的"整体性思考模式"互为作用，使他匆匆提出全盘反传统的主张。曼殊在1903年创作的肇其进步思想端倪的发轫之作《惨世界》里，便公然声称"孔学"是"狗屁不如的奴隶教训"，声情激越地痛斥皇帝是"抢夺了别人国家的独夫民贼"，甚至对"上帝""神佛""礼义""道德""名誉""圣人""天地""古训"，都统统"不去理会"！这种"血的蒸气醒过来人的真声音"（鲁迅语），宛如在一泓死水中掷进巨石，真的振聋发聩！

必须看到，在任何一种观念背后，必定潜藏着使这种观念得以产生的原动力。曼殊对待传统文化的那种激进态度所产生的"原动力"，来自他的生存意识和忧患意识。诚如梁启超所说："今日之中国，积数千年之沉疴，合四百兆之病疾，盘据膏肓，命在旦夕，非云其命，则一切调摭滋补荣卫之术，皆无所用，故破坏之药，遂成为今日第一要件，遂成为今日第一美德。"② 但是，曼殊的这种由"生存""忧患"所累积而成的"破坏"激情，丝毫未能掩泯其对待传统文化问题上的偏颇。从人类的文化心理构成来看，其中必有与生俱来的机制。皮亚杰的发生认识论，荣格的动力心理学，海德格尔的解释学，乔姆斯基的心理语言学，都曾从不同的角度对此作过阐述。上述理论的一个重要观点，即认为一个人不可能，赤条条来去无牵挂，而是"过去"的产物。作为生命个体，在他出生前就已经重演了人类生命史的全过程；这种人类的文化积淀，为个体后天的生命衍变提供了前提。易言之，一种文化，一旦化为传统，便恒久地沉淀在民族历史的长河中——作为道德规范、价值取向、信仰系统、思维模式、心态结构，你想消除也无法消除。至于文化习俗，则不过是一种残留的表象而已。让我们进一步考察——

---

① Writers. "The Romantic Generationof Modern Chinese Writers, Harverd University, 1973", P69.
② 梁启超：《新大陆游记》，见《饮冰室合集·文集》之五，中华书局1936年，第50页。

曼殊少年时，生活在"重宗法"的广东，社会关系十分复杂，那各种各样的称谓，名目杂多的繁文缛节，本身就构成了一个完整的伦理系统。在那样的生活环境和文化氛围中，难道他真正能够摆脱东方人对人际关系的独特理解与感受？

曼殊对不能"恝然置之"的老母那种一往情深的隔海之思，那种重乡情、重人伦日用的传统观念和感情倾向，难道与儒家那种建立在血缘基础上，以"人情味"的赤子之爱为辐射核心，扩展为对外的人道主义和对内的理想人格的传统毫无关系？

曼殊在爱情与宗教、"灵"与"肉"的剧烈冲突中所表现出的内省倾向和道德忏悔、那种极力规避反理性的炽烈迷狂和愚盲服从的自我意识和行为走向，难道与儒家所一贯主张的"慎独""吾日三省吾身"的治身之道没有一脉相承之处？

曼殊那种"兼济天下"的入世精神和"独善其身"的隐逸思想，难道不是在某种程度上，充当着我国旧知识分子中的"文化代表"的角色？

对于宗教，曼殊既无渴望升入天堂的极其烦躁的期待与追求，亦无对永堕地狱的忧虑和惊惧；既无释迦牟尼的普度众生的奢望，亦不以摧残身心的佛教戒条自律，而仅仅是从智慧上求超度和解脱——惟其能空，故无执着，能无执着，而后心无所往，以维持心理平衡为要旨。这种对宗教的态度亦显然与西方教徒迥然不同。

在绘画上，曼殊不凝于形，不滞于物，注重以神韵见长，融诗心诗境于画境，馨力追求一种无形无迹的韵致；他所使用的那种溶解万象超入灵虚如梦之境的点线皴法，不亦体现了曼殊所特有的那种东方式的艺术气质和美学情趣？

实在无须再加论证了。总之，"自我决定的君主是被过去生活的重量所限制的"[①]，人自身在传统文化中具有不可超越的一面，这一点并不以政治激情为转移。曼殊无视于此，对传统文化采取了一种全盘否定的虚无主义态度，这反映出他非常缺乏对传统文化内部诸层次、诸侧面、诸因素之间的复杂整

---

① （德）兰德曼：《哲学人类学》，费城，1974年，第211页。

合关系进行深入分析的理论准备和相应的理论范畴工具,而仅仅注重政治取向,从而不自觉地把某一面的传统文化当作传统文化的整体加以抨击,这委实是一个在对待传统文化问题上的致命的方法论错误。实际上,所谓传统,只是流驶于无始无终的时间之流的一个"发展进程",只是相对于"过去",并将为"未来"所否定的"现代"意义上的传统。正如伽达默尔所指出的:"理解着传统的进展并且参与在传统的进展之中,从而也就靠我们自己进一步规定了传统。"从这个意义上说,任何一种文化,不论具有多么深厚的历史基础,如果长期凝固、停滞,势必成为历史发展的赘疣,必须不断地在改革和更新的过程中,立足于人类文化发展的远景,审慎地广泛吸取各种外来文化的因子,同时发扬传统文化中的优异成分,才能不断地赋予传统文化以新的生命形式,并在更高的层次上建构新的文化形态。遗憾的是,曼殊对此缺乏清醒的认识,在没有对传统文化进行必要扬弃的情况下,他就匆匆提出全盘否定传统的主张,结果便很容易导致对否定的否定。关于这一点,我们后面还要继续讨论。

下面我们考察曼殊与西方文化的关系。

二十世纪初,我国民族矛盾与阶级矛盾空前激化,资产阶级民主革命浪潮不断高涨,当时倾心革命的中国近代知识者,在反帝爱国浪潮的激荡下,纷纷投身于救亡图存的斗争之中。诚如孙中山先生所指出的:"清廷之威信已扫地无余,而人民之生计从此日蹙,国势危急,岌岌不可终日,有志之士,多起救国之思。"曼殊正是这样一个蒿目时艰而起"救国之思"的有志之士。他在1907年撰写的《拜伦诗选·自序》中,曾慨然写道:"衲语居士:'震旦万事零坠,岂复如昔时所称天国,亦将为印度巴比伦埃及希腊之续身!'此语思之,常有余恫。"寥寥数语,寄意遥深。此亦可视为曼殊接受与译介西方文化的一个重要契机。在二十世纪初,他曾以最积极的态度传播西学,广译群书。先请看曼殊于1907年出版的《拜伦诗选》中的一首译诗:"威名尽坠地,举族供奴畜。知尔忧国士,中心亦以恧。而我独行谣,我犹无面目。我为希腊羞,我为希腊哭。"一种对自由的强烈渴望和民族自尊感,一种对社会"死相"的哀叹和奋袂报国的宏愿,搏跳着夺纸而出。展读之下,足令顽廉懦立,鬼神震惊!

1908 年，曼殊翻译了印度人瞿沙以反对英帝国主义残暴侵略行径为主旨的笔记小说《婆罗海滨遁迹记》。作品痛斥了英国侵略者屠戮印人是因其"不服王化"的无耻谰言，并深刻揭露毒逾暴虎、"尚云王化"的英国殖民统治的罪恶实质是"假卢索（即卢梭——笔者注）浮说，谓人有天赋特权，平等自由，顾日以掠人财产土地为事"，作品还以饱蘸万斛深情的笔墨，再现了"被人监杀无已"的"梵天后裔"那种"不食黄泥，无以残度日"的亡国之苦。最后，作者彰扬"彼认贼作父者"，"决非吾族"的印人揭竿而起，"一日聚六百余人，与大盗奋斗四次"的反抗精神。显然，曼殊是想借助这一译作，激发起国人的"种族之爱"和民族自信。为了破坏"腐败的旧世界"，曼殊极力主张用"狠辣的手段"，为此，他奋笔撰写了《女杰郭耳缦》一文，盛赞美国无政府主义头目的暗杀主张。

　　曼殊还是二十世纪初中外文化交流的创始者之一。他曾先后在日本印行了《文学因缘》（1907）、《潮音》（1911）、《汉英三昧集》（1914）等书，从各种西方原版书中选录编集了一百余首英译汉诗，其涉猎之广，用工之深，立志推尊民族文化之积极，在"汉土末世昌披，文事驰沦久矣"[①] 的二十世纪初，是鲜与匹敌的。

　　曼殊非常热心向中国读者介绍西方文化。《旧约全书》的汇辑人及刊行时间、玛哈默德的生平、《可兰经》的作者、西方的各种文化习俗，他都如数家珍、一一道来。尤为值得一书的是，早在二十世纪初，曼殊已开始注意比较东西方人思维方式、美学情趣以及中英语言音义的某些异同。如"西人以智性识物，东人以感情悟物""牛乳不可多饮，西人性类牛，即此故"，又如："摩诃婆罗多，罗摩延二篇，成于吾国商时。篇中已有'支那'国号，近人妄谓支那为秦字转音，岂其然乎。"在进行中英语比较时，曼殊列举了"费（Fee）、诉（sue）、理性（Reason）、路（road）、爸爸（Papa）、妈妈（Mamma）"等单词，以此证实"英吉利语与华言音义并同者甚多"。同时，曼殊还十分注意中西方美学风格的比较："英人诗句，以师梨（即雪莱——笔者注）最奇诡而兼流丽。尝译其含羞草一篇，峻洁无伦，其诗格合中土义山、

[①] 苏曼殊：《文学因缘·自序》，《苏曼殊全集》（一），中国书店 1985 年，第 121 页。

长吉而熔冶之者。""先是在香江读 Candllin 师所译葬花诗，词气凑泊，语无增减；若法译离骚经琵琶行诸篇，雅丽远逊原作。夫文章构造，各自含英，有如吾粤木棉素馨，迁地弗为良。现歌诗之美，在乎节族长短之间，虑非译意所能尽也。衲谓文词简丽相俱者，莫若梵文，汉文次之，欧州番书，瞠乎其后矣。"上述比较，虽不无粗陋浮浅之处，很难誉之为已发掘到中西文化的深层差异，但也不乏真知灼见，在一定程度上反映出曼殊独特的胸襟、眼光和知识结构。

对于梵文，曼殊亦下过磨精剔砺的研考工夫，他曾这样缕述编纂《梵文典》的契机：

顾汉文梵文作法，久无专书。其现存龙藏者，唯唐智广所选悉昙字记一卷。然音韵既多龃龉，至于文法，一切未详；此但持咒之本，无以了知文义。衲早岁出家，即尝有志于此……非谓佛刹圆音，尽于斯者，然沟通华梵，当自此始。

立志推尊民族文化，"沟通华梵"，永葆人类文明精华，可谓苦心孤诣，劳绩卓著！从现有资料看，曼殊还撰写过《梵书摩多体文》《埃及古教考》《法显佛国记惠生使西域记地名今释及旅程图》《初步梵文典》《汉英辞典》《粤英辞典》；并同章太炎合撰《儆告十方佛弟子启》《告宰官白衣启》、自撰《答玛德利玛湘处士论佛教书》，阐发佛学真谛，历述佛教在中国、日本、印度、欧洲发展的情形，对其前途表示关切。

通过以上分析，我们清晰地看到：在中外文化交流尚处于启蒙阶段的二十世纪初，曼殊确有一种扩大中外文化交流的宏愿，并具有增加翻译品种、改进翻译质量的卓识。在这个意义上，柳无忌先生将曼殊誉为二十世纪初"一个中西文化交流、翻译界的先知先觉"[1]，洵非溢美之词。但是，在对中西文化的选择上，曼殊毕竟主要是着眼于政治取向的（即以急迫的民族革命斗争的需要为圭臬），而没有深入到中西文化深层结构的差异，更缺乏在更高

---

[1] 柳无忌：《苏曼殊研究的三个阶段》，《华南师范大学学报》1984 年第 3 期。

的层次上建构新的文化形态的主动精神,这就难免带有狞厉浮躁、急功近利的色彩。

当然,我们体谅曼殊的苦衷。人,总是要依据自己的气质禀赋、人生阅历、知识结构,尤其是所处的现实环境对文化进行选择和阐释的,曼殊无法推拒他的时代以及他那被欧风美雨吹醒的"现代意识"。但就文化的构成而言,不论是外在和内在的结构上毕竟是多元的集合;而且,任何一种文化因发生环境的不同都决定了它并非绝对完善的。因此,所谓选择,就意味着鉴别和扬弃。具体言之,只有在对传统文化的深刻理解的基础上,才能消化和吸取西方文化;而对西方文化的审视和省察,则又有利于对传统文化的重新观照和反思,最终完成中西文化的融汇。还有一层因素,作为中西文化的媒介人物,置身于两种文化的剧烈冲突中,必须取得心理同构,否则便无法在中西文化的冲突中找到新的连接点。

殊可叹惋的是,这一切竟都被曼殊忽略了!如果说,在辛亥革命前,曼殊的这一"忽略"尚能被政治热情所掩盖的话,那么,及至辛亥革命后,曼殊就不能不为此付出惨重的代价。

历史的逻辑往往富有严峻和嘲讽的双重意味(尤其是对那些对革命抱有罗曼蒂克式幻想的"激进者")。辛亥革命后,曼殊所期待的那个"公道的新世界"并未如期到来,相反,国柄却被袁世凯攘夺,封建沉渣泛起,复古之风复炽,专制阴霾密布,共和徒具虚名。1914年,第一次世界大战爆发,这场亘古未有的吞噬了成千上万生灵的血战,首次揭开了(注意:是欧洲人自己揭开的)隐藏在"自由""科学""繁荣""民主""博爱""人道"等面纱下的西方文化的虚伪性,在客观上向人们昭示出欧洲文化并不是最好的文化模式,而是一种日趋多元的离心的文化。凡此种种,对于曼殊这个对辛亥革命和西方文化均抱有浓重幻想的近代知识分子来说,无疑感到两重失望。人,总是处在社会的一定的情感、感受范围之中,并据此做出诸如政治、道德、伦理等不同的主体反应及主体自身活动的主动性。由于外夷凭陵,曼殊本来就未在感情上与西方文化融为一体,也并不情愿重新审视传统文化。因此,辛亥革命的流产和第一次世界大战的爆发,很快使他产生政治理想幻灭的悲哀和对西方文化的怀疑。这时,曼殊的文学创作已绝少有过去那种"茫茫烟水"的博大雄浑、"易水萧萧"的慷慨悲壮，而往往只是一些沉郁悲怆的音响。组诗《吴门依易生韵》便颇有代表性：

> 碧海云峰百万重，中原何处托孤踪？
> 春泥细雨吴趋地，又听寒山夜半钟。
> 碧城烟树小彤楼，杨柳东风系客舟。
> 故国已随春日尽，鹧鸪声急使人愁！

时代的低气压笼罩在一颗纤敏的心灵上，构成了曼殊创作中的孤独伤感、忧思百结，空茫无寄却又不无萦系的特殊情调。

在小说《碎簪记》中，曼殊批判了西方那种"以赚钱为要义""两美元总比一美元好"的拜金观念："人谓美国物质文明，不知彼辈守财奴，正思利用物质文明，而使平民日趋于贫，故倡人道者有言曰：'使大地空气能买者，早为彼辈吸收矣！'"对人欲横流、道德沦丧的西方社会的极度憎恶之情，溢于言表。对于国内那些"心醉自由之风""皆竟邪侈"的"长妇姹女"，他亦投以鄙夷的目光，谓其"曾游女、市侩之不若，诚不知彼辈灵性果安在也？"举凡这些，都明示出曼殊作为一个极度敏感的中国近代知识者对西方文化的某种叛离。与此同时，曼殊又流露出对封建道德规范和伦理观念的某种眷恋。他一再宣扬"天下女子皆祸水""女子无才便是德"之类的封建思想。对女子就学，他亦极为反感，认为"吾国今日女子，殆无贞操；犹之吾国，殆无国体之可言。此亦由于黄鱼学堂（对女子学堂之蔑称——笔者注）之害"。至若"女子必贞而后自繇""女子之行，唯贞与节，世有妄人，舍华夏贞专之德，而行夷女猜薄之习，向背速于反掌，犹学细腰，终饿死耳"之类的迂腐说教，则俨如出自一个封建卫道士之口——这与当年那个负笈渡海，传播西学，并对封建传统文化大施挞伐的热血青年相比，何啻霄壤！

其实，这本不足为奇。不过是曼殊在文化选择上的某种受挫意识的迂回形式。几千年传统文化的心理积淀，绝非几番欧风美雨所能冲洗净尽。尤其是作为一个中国近代知识者，曼殊是在本国封建社会的经济基础和社会意识形态体系丝毫没有改变的情况下，直接吸取有着几百年积累形成、发展过程的西方文化的，所以，他的思想观念与本国的社会意识、文化传统既保持着深刻的精神联系，又存在着强烈的精神反差。仅从曼殊身上，我们便可窥出：那不是一个透明的晶体，而是一个矛盾的强力场：其中既有屈原血液的某种基因，又有"多余人"的纤敏忧郁自嘲自虐；既有拜伦式的孤傲自负，又有魏晋名士的放荡落拓……尽管他在理智上能够接受西方文化的洗礼，可在感情倾向、思维模式、精神气质、价值取向、信仰系统、生活态度、伦理观念上，始终无法摆脱几千年积淀下来的传统文化的制约。这种张力的撕扯，致使曼殊骚乱不宁，忧思百结。在此，我们不妨具体胪陈一下横亘在曼殊面前的基本矛盾——

首先是抛弃传统和复归传统的矛盾。你要抛弃传统，而传统恰恰是无法分割的东西；你要复归传统，而传统又分明与西方文化发生了时差。

其次是理想和现实的巨大裂痕。曼殊一面欲以民族自尊与自信相期许，一面又负荷着沉重的受挫意识，不得不低首俯心地向对手学习；一方面彰显个性，崇尚自我，一方面又终因无法"破"社会的"死相"，而沉浸于一种"有道理的伤感"（鲁迅语）[1]。

凡此种种为时代所规定的令人困惑的矛盾，折磨着曼殊那颗"不安宁的灵魂"——"人事牵引，浊世昌披，人怀采恨，奈之何哉？" "非速引去" "有呕血死耳"。这确实是曼殊灵魂隐痛的真诚自白，洵非无病呻吟。可是历史的严峻性就在于它并不垂怜于作为生命个体的哀怨和痛苦，只是不断地向人们提出一个又一个新的课题。在此，我们需要进一步探讨的是：面临中西文化的强烈冲击，曼殊究竟是一种什么样的选择心态。

我认为，曼殊虽然对中西文化怀有同样浓厚的兴趣，但在两种文化的冲突中，他由于缺乏一种从历史和理性的高度对中西文化进行整体把握的自觉意志，缺乏一种"将彼俘来"为我所用的主体意识，所以始终不能在两种文化冲突中达到理性认知的心态平衡。这在曼殊晚期的一系列小说中已透出端倪——

曼殊的小说，大抵以"三角恋爱"为其情节的主要构成：一个心绪萧索、情怀抑郁的男子苦苦徘徊在两个妩媚痴情的女子之间（其中一个往往是热烈

---

[1] （日）增田涉：《鲁迅的印象》，钟敬文译，湖南人民出版社1980年，第48页。

聪慧的洋化女性,另一个则是"古德幽光""弱水三千"式的古典女性),陷入难以自拔的困境。男主人公最后只好以逃禅或暴病来"破"红尘——这几乎是曼殊小说的一大典型格局。在曼殊的小说中,男女之间爱情关系的每次变化,也必然是男主人公性格的一次发展(注意:这个男主人公在小说中,总是以"我"的面目出现)。甚至连"美人"的性格也随"我"的情绪变化而转移:当"我"舒心时,"美人"便分外妩媚;当"我"郁闷时,"美人"便谈诗论画;当"我"卧病时,"美人"便倍加温柔体贴;当"我"的"情网已张"时,"美人"便赠送信物,甚至拥抱亲吻……可是唯独,"我"痛苦的时候,"美人"则显得一筹莫展。其实,非但"美人"如此,即使曼殊本人对这种痛苦(这实际上是一种徘徊在两种文化中的痛苦)也同样是一筹莫展的。

显然,在曼殊真气流注的小说中,反映着一个时代一种类型的人的文化失落感,其间渗透着作者深沉的苦闷、迷惘的叹息和无言的忧伤。而这种种"苦闷""迷惘"和"忧伤",正体现出曼殊在中西文化剧烈撞击下,主体意识的丧失——他既没有梁启超那种建立世界文化理想的宏愿,也没有严复那种构筑新的政治结构民族精神、文化心理和价值观念的主动意识,更无鲁迅那种重塑国人的深层文化结构的卓识和哲学意义上的怀疑精神。这就使他始终不能在两种文化的冲突中找到一种新的融合点和立足点,不能重新凝聚起随着传统文化崩散的意识结构,承担起过渡时代所赋予的除旧布新和自我启蒙的双重任务。

曼殊在中西文化面前权衡不定的踌躇心理,还与他那种并不符合文化移植规律的文化移植方法有关。如前所述,曼殊主要是通过文学作品翻译来传播西学的,相对忽略了西方哲学的译介(我们当然不应以此苛求曼殊),但从客观上看,这毕竟是一个重大的失误。就文化的基本结构而言,哲学在文化中是具有核心地位的;哲学一旦形成,文化的其他要素将簇集于它的周围,并予以同化,使整个文化逐渐成为一个趋向成熟的有机系统。尤其是当一种文化传统面临另一种文化形态的强烈冲击的时候,哲学的变革便成为整个文化变革的先导。只有广泛吸取西方哲学的精华,发挥哲学的主动精神,才能做到既坚持民族传统又紧跟世界潮流。易言之,当"历史"唤醒一个人的生存意识时，被唤醒的同时还应当是他的哲学意识、文化意识。可是，日益紧张的民族危机，使曼殊在客观上对此无暇顾及，而传统思维模式的束缚，宗教思想的钳制，又限制了他的思想向更高的哲学境界升华。

总之，由于主客观的双重局限，曼殊无力在中西文化的剧烈冲突中做出符合历史走向的选择，由此衍生出的骚乱不宁、进退失据的心态，又导致了他终因无法对自己的"难言之恫"给予哲学上的观照和超度，而屈从于自身的精神压力。最后只好皈依莲座，以此淡化在中西文化冲突中徘徊的痛苦。曼殊的这一在中西文化冲突下的精神归向，既反映出历史转折的急遽和时代进程的迂曲，也昭示出一个"近代人"走向"世界人"行列的艰难。反思曼殊在二十世纪初中西文化冲突下的选择过程，其间的利弊得失，是非功过，就是在人们普遍热衷于讨论东西方文化的今天，仍能给我们以深刻的启示。

【原刊《徐州师范学院学报》1988 年第 2 期】

苏曼殊是鲁迅的朋友

[日] 增田涉

　　鲁迅说过，他做小孩子的时候，因为读书不太用功，曾受到祖父的斥责。但是，他又说，因为读《西游记》，开始觉得书本有趣，所以读起书来。他还说，祖父由进士而成为翰林是经过国家最高考试的，大概可说是有学问的人吧。他是受过这样的祖父的许多责备的，但是后来他做了教育部的官员，有机会看见部里保管的从前进士的试卷，他从其中发现祖父的文章并把它读了，而那文章并不高明。听了这话，我感觉到那是小孩时受了严厉斥责对于祖父的报复口吻。这儿，也可以看到他那种不服输的性格。

　　因为鲁迅的祖父是翰林，大概是有相当地位的官员吧，所以我在《鲁迅传》的原稿上，说他祖父是翰林出身的大官；他说，不是什么大官，接着把"大官"二字抹去了。听说是在什么地方做知县之类。在他祖父的朋友里，有个称号很长的人，他说着用铅笔写了"仰视千七百二十九鹤斋"十个字给我看。我想：哎呀，是赵之谦！因为我曾经认为赵之谦不仅是在清朝晚年，甚到于是在中国长期历史上的最可尊敬的艺术家（长于书、画、篆刻）；我盼望从鲁迅口里听到关于赵之谦的什么这话之类的东西，虽然问了，可是他却没有什么现成的材料。我当时心里想，对于赵之谦那样的文人，他好像是不太关心的。

　　又一次，他说他的朋友中有一个古怪的人，一有了钱就喝酒用光，没有钱就到寺里老老实实地过活，这期间有了钱，又跑出去把钱花光。与其说他是虚无主义者，倒应说是颓废派。又说，他到底是日本人还是中国人不很清楚，据说是混血儿。我非常感兴趣，混血儿和颓废相综合，就溺于一种好像"有道理的"感伤。我问道，他能说日本话吗？回答说，非常好，跟日本人说的一样。实际上，他是我们要在东京创办的《新生》杂志的同人之一。问那是谁？就是苏曼殊。关于苏曼殊，我曾经读过他的《英汉三昧集》[①]，还从佐藤春夫先生（或者是在佐藤先生家里从神代种亮先生）那儿听到过关于他的事情。这时候，知道了他是鲁迅的朋友却不免有些惊讶。我问了种种关于苏曼殊的话，可是除了上述的浪漫不羁的生活、和章太炎的关系那一些之外，再问不出别的了。但他马上给了我当时出版的、柳亚子编纂的《苏曼殊全集》五册说，读读它罢。因为关于《新生》的事情，在《呐喊》序文里写有，但没有提到曼殊，在其他任何地方，一直都没有看见他提到曼殊，因此他的朋友里有曼殊，就使我特别感兴趣，我贪婪地读了《苏曼殊全集》。特别对他那"数奇"的身世感到有意思，我写完《鲁迅传》之后，就写了《苏曼殊》，送给《文艺》杂志，原稿已经排版了，但不知道什么原因，那杂志不出了。[后来，《文艺》（改造社）的编辑高衫一郎君把那文章的校样还给了当时和《改造》有关系的我]

【摘自增田涉《鲁迅印象》之二十一，见王得后编、钟敬文著译《寻找鲁迅·鲁迅的印象》，北京出版社2002年】

---

① 《英汉三昧集》原名《汉英三昧集》，初刊于日本东京，后有上海奉东书局重印本，为苏曼殊译编的中国古诗英文译集。

刘半农与苏曼殊的交往始末

朱 洪

刘半农和苏曼殊，都是中国近现代文化史上杰出的人物，他们有许多共同的地方，如都是诗人、翻译家、小说家；他们都是反封建的文化战士；他们的命运都非常坎坷。曾经，他们也有过短暂的交往，值得追述。

1916 年底，陈独秀和汪孟邹北上，到北京募集出版股金。临行前，陈独秀委托刘半农校阅苏曼殊寄给《新青年》的短篇小说《碎簪记》。

苏曼殊（1884—1918），香山（今广东中山）人，生于日本横滨。父亲是广东茶商，母亲是日本人。苏曼殊 2 岁在广州长寿寺出家，受具足戒，后到东京早稻田大学学习，著有《梵文典》《汉英辞典》等。这年春天，苏曼殊从日本回到上海，秋天去西湖前的一个晚上，在朋友家与刘半农见过一面。

陈独秀离开后，刘半农给苏曼殊写信，赞扬了苏曼殊的小说，并问其小说中梵语"达吐"的含义。信末，刘半农告诉苏曼殊，准备明春到杭州一游。

12 月 10 日，在杭州的苏曼殊署名"曇鸾"，给刘半农回信说：

来示过誉，诚惶诚恐，所记固属于虚，望先生不必问也。杂志第二本如已出版，望即日赐寄一份，因仲子北行，无由索阅。尊撰灵秀罕俦，令人神往。不慧正如图腾社会中人，无足为先生道也。近日病少除，书《人鬼记》，已得千余字。异日先生如见之，亦不必问也。

"达吐"似尝见诸《梵语杂名》，此书未携归，因不能遽答。西域术语，或神秘之名，即查泰西字书，不啻求马于唐市。

060

尝见先生记拜伦事，甚盛，甚盛！不慧曾见一书名"With Byron in Italy"，记拜伦事最为详细，未知沪上书坊有之否耳？

先生明春来游，甚佳。比来湖上欲雪，气候较沪上倍寒，舍闭门吸吕宋烟之外，无他情趣之事。若在开春，则绿波红栏间，颇有窥帘之盛。日来本拟过沪一行，畏寒而止。匆匆此复。敬叩撰安。

"杂志第三本如已出版"，指12月出版的《新青年》杂志2卷3期。"尊撰灵秀罕俦"，指刘半农写的《灵霞馆笔记·爱尔兰爱国诗人》，该文刊登在《新青年》2卷2期上。"近日病少除，书《人鬼记》"指《非梦记》。"病少除"指苏曼殊患肠道疾病。"With Byron in Italy"，指《拜伦在意大利》一书。"仲子"，即陈独秀。

1916年12月17日，苏曼殊在杭州收到刘半农寄来的两期《新青年》，即2卷3期和4期。2卷4期刊登了陈独秀11月22日北上前写的《为苏曼殊〈碎簪记〉作后叙》：

余恒觉人间世，凡一事发生，无论善恶，必有其发生之理由；况为数见不鲜之事，其理由必更充足，无论善恶，均不当谓其不应该发生也。食色性也，况夫终身配偶，笃爱之情耶？人类未出黑暗野蛮时代，个人意志之自由，迫压于社会恶习者又何仅此？而此则其最痛切者。古今中外之说部，多为此而说也。前者吾友曼殊造《绛纱记》，秋桐造《双枰记》，都是说明此义，余皆叙之。今曼殊造《碎簪记》，复一命余叙，余复作如是观，不审吾友笑余穿凿有失作者之意否耶？

这两期《新青年》杂志上，都刊登有刘半农的文章。2卷3期《新青年》刊登了刘半农的译作《灵霞馆笔记·欧洲花园》，作者是葡萄牙作家席尔洼；2卷4期《新青年》上，刊登了刘半农的《灵霞馆笔记·拜伦遗事》（即《拜伦家书》），在介绍拜伦的文字里，刘半农特意提到苏曼殊："拜伦生平行事，苏曼殊君曾为撰一年表，刊所撰潮音集中，兹不赘。第就鄙见所及，于拜伦文行二事，论述一二。"

苏曼殊和陈独秀一样，是拜伦的一个崇拜者。1909 年，苏曼殊翻译拜伦诗，并写《拜伦诗选·自序》。在新加坡，苏曼殊写《题拜伦集》云：

秋风海上已黄昏，独向遗编吊拜伦。
词客飘零君与我，可能异域为招魂。

在这首诗里，苏曼殊将自己与拜伦同视为天涯沦落之人。接到刘半农第二次来信的当天，苏曼殊署名"玄瑛"，给刘半农写了第二封回信：

惠寄杂志，甚感。《拜伦记》（原译《拜轮记》）得细读一通，知吾公亦多情人也。不慧比来胸脯时时作痛，神经纷乱，只好垂纶湖畔，甚望吾公能早来也。朗生兄时相聚首否？彼亦缠绵悱恻之人，见时乞为不慧道念。雪茄当足一月之用，故仍无过沪之期。暇时寄我数言，以慰岑寂。

顿首顿首。

近见杭人《未央瓦》句云："犹是阿房三月泥，烧作未央千片瓦。"奇矣！有新制望寄一二。

《拜伦记》指刘半农的《灵霞馆笔记·拜伦遗事》。《未央瓦》作者是清初词人彭羡门。"朗生"是刘半农的朋友包天笑的字。

收到苏曼殊的信，刘半农回了明信片。在极短的文字里，刘半农提议成立一个拜伦学会。苏曼殊收到后，于 12 月 25 日在杭州给刘半农写了第三封回信：

来示敬悉，Christmas Card 亦拜领，感谢无量。拜伦学会之事，如藉大雅倡之，不慧欣欢顶礼，难为譬说矣。日来湖上颇暖，不慧忽患脑流之疾，日唯静卧。返沪仍未有期。仲子亦久无书至，正思念之。此间有马处士一浮，其人无书不读，不慧曾两次相见，谈论娓娓，令人忘饥也。如学会果成，不慧当请处士有所赞助，宁非盛事？率尔奉复。敬问著安！

Christmas Card 指耶稣诞日贺片，即圣诞卡；"仲子"即陈独秀，此时还在北京；马一浮（1883—1967），浙江绍兴人，留学日本、德国，回国后蛰居杭州。

因回江阴过年，刘半农没有回苏曼殊的信。从此，两人天各一方，不再往来。

1917 年 1 月 1 日，胡适在《新青年》2 卷 5 期上发表《文学改良刍议》，提出了"文学改良"的八点主张。紧接着，陈独秀在《新青年》2 卷 6 期上发表《文学革命论》，提出了"三大主义"，呼应胡适的文学改革的主张。刘半农也不甘落后，写信给陈独秀，提出改进《新青年》的建议，其中提到苏曼殊："子民秋桐曼殊诸先生，均为当代文士所宗仰，倘表同意，宜请其多作提倡改良文学之文字。"刘半农把苏曼殊和蔡元培、章士钊并列，一是因为他们三人都是陈独秀的朋友和看重的人，再就是因为刘半农很尊敬苏曼殊在文学方面的成绩。

1918 年 5 月 2 日，苏曼殊去世，刘半农悲哀不止。在《悼曼殊》诗里（《新青年》5 卷 6 期），刘半农回忆了两年前在上海的一位朋友家里见到和尚的情景，其诗云：

这一个人死了，
我与他，只见过一次面，通过三次信。
不必说什么"神交十年""嗟惜弥日"，
只觉他死信一到，我神经上大受打击，
无事静坐时，一想到他，便不知不觉说——"可怜"！
记得两年前，我与他相见，
同在上海一位朋友家里。
那时候……室中点着盏暗暗的石油灯，
我两人靠着窗口，各自坐了张低低的软椅，
我与他谈论西洋的诗，
谈了多时，他并不开口，只是慢慢的吸雪茄，
到末了，忽然高声说——
"半农，这个时候，你还讲什么诗，求什么学问！"

生平与交游　063

"通过三次信",即指1916年12月的三次通信。"同在上海一位朋友家里"的朋友,疑为陈独秀或包天笑,因为苏曼殊给刘半农的信,只提到陈独秀(两次)和包天笑(一次);"室中点着盏暗暗的石油灯",说明家境不好,与陈独秀的经济情况也符合。因此,应在陈独秀富山路南口吉谊里21号的家中见面。"谈了多时,他并不开口",指苏曼殊和刘半农的唯一的见面,话并不多。(作者曾见一书描写刘半农与苏曼殊见面,时间在两人通信之后,且见面时,苏曼殊作长篇大论,与实际情形不合。)

1927年2月9日,刘半农整理一年来写的诗,其中有《今朝——理旧箧得曼殊遗简,写五十六字》。苏曼殊去世10年后,刘半农睹物思人,见到苏曼殊给自己的三封遗简,草成小诗云:

他年共话拜伦事,正是秋风剪剪时。
凄绝临歧同一慨:江山如此忍吟诗?
殷勤约我游湖去,人事牵缠竟未能。
剩得今朝一湖水,五更幽咽哭诗僧。

"正是秋风剪剪时",说明苏曼殊与刘半农唯一的一次见面是1916年秋天。"剩得今朝一湖水",指西湖,因为苏曼殊葬在此地。

苏曼殊下葬后,刘半农一直没有去过西湖,因此,也没有机会去扫墓。

后来,1931年4月和1933年夏天,刘半农两次到杭州,便想祭扫一下苏曼殊的墓,刘半农女儿刘小惠曾在《父亲刘半农》一文中说:"听人说苏曼殊的墓地就在这一带,所以我们从小孤山下来后,父亲便想寻找苏曼殊的墓地,然而四处寻遍却没有找到……十余年之后,我再次回国去了杭州,我丈夫在小孤山的坡下面,找到了苏曼殊的墓地,他安然地长眠在那里。"

刘小惠在父亲去世十多年后,终于在山下找到了苏曼殊的墓地,了却了父亲祭奠朋友的一番心愿,也是现代文坛上的一段佳话。

【原刊《江淮文史》2007年第5期】

慷慨论交廿七年

——论南社领袖陈去病与苏曼殊的交往

赵 霞

陈去病（1874—1933），近代著名政治活动家、诗人，原名庆林，字佩忍，江苏吴江人。自幼为吴地文化浸染，始终"倡言革命"，自1903年东渡日本始，先后入光复会、同盟会，自此正式举起革命义旗。1909年11月13日与高旭、柳亚子在苏州虎丘创建中国近代史上规模最大、人数最多的革命文学团体——南社，并在诗文创作与提携后进方面成绩斐然。

苏曼殊（1884—1918），近代著名诗人、作家、翻译家，原名戬，字子谷，法号曼殊，广东香山县人，生母为日本人。南社重要成员，诗风清艳明秀，小说创作名噪一时，虽于红尘之外，却醉心革命，行径独到。

尽管陈去病与苏曼殊在南社中都有着举足轻重的地位，且二人渊源极深，但在苏曼殊频繁地辗转于各国各地、与友人的来往信件中，几乎找不到与陈去病的书信往来。目前可见的《陈去病全集》中，也仅有两封简短信函，无一例外地询问曼殊的行程。与刘季平、柳亚子、刘师培等人相比，陈去病与苏曼殊的交往显得尤为平淡。一位是南社领袖，终生致力于为实现政治思想而奔走呼号；一位虽身为南社成员却另类而游离，南社的二十余次雅集他从未到场。但实际上陈去病与苏曼殊之间却有着书信之外、真挚绵长的友谊。

一、革命志向

二人的相识可追溯至1903年的日本，这一年对于两人的思想经历都带有节点性意义，陈去病东渡日本之后，以霍去病的精神相号召，改名立志，旗帜鲜明地以民族主义为战斗武器，正式走上了革命道路。同年，年仅20岁的苏曼殊转入日本成城学校习武，四月，由留日学生秦毓鎏、钮永建等人发起，五百余名学生在东京集会成立拒俄义勇队，以抵制沙俄毁约、拒不撤退侵占中国东北的军队一事，陈去病与苏曼殊均参与其中，二人自此相识。1930年，在苏曼殊十二周年忌日时，陈去病仍然对当年情景记忆犹新："慷慨论交廿七年，当时犹记在神田（自注：予留学日本始识君于神田，相与组织军国民教育会）。"[1] 可以说，二人最早的相识即是缘于共同的革命理想。

虽然义勇队的成立宗旨是"拒俄御侮"，貌似由外交事件而起的准军事组织，实际上发起者的目的直指民族主义，沙俄事件充当的不仅是导火索，还有着抛砖引玉的历史意义。"揭橥民族主义，留学界中赞成者极为少数，欲图扩张，至为不易，吾人盍赞成惕生（钮永建）组织拒俄义勇队之主张，借此题目结一大团体，以灌输民族主义乎。"[2] 尽管身处海外且有着明确的表面目的，义勇队的发展仍阻挠重重。为避人耳目，1903年5月，拒俄义勇队易名为学生军，依旧被清廷敏锐察觉，为压制海外留学生中的革命势力，清廷开始秘密逮捕回国的学生军成员，同时向日本政府施压。面对内外交困的局面，学生军在改组为军国民教育会的努力再次失败之后，终于在一片叹息声中偃旗息鼓。陈去病选择了回国创办《国民日日报》，撰文作者中，曼殊之名已赫然在列[3]。在相识的几月中，二人完全是由于对清廷窳败的清醒认识与对国家前途的深切忧虑走到了一起，举起了民族主义的义旗。正如吕思勉所言："社会当变动时，本非有所慕于彼而思以竭力赴之之问题；乃皆有所恶于此，而

---

[1] 张夷：《陈去病全集》，上海古籍出版社2009年，第187页。
[2] 冯自由：《革命逸史》，中华书局1981年，第104页。
[3] 张夷：《陈去病年谱》，上海古籍出版社2009年，第40页。

急欲排去之之问题耳。"① 在清末社会剧变的格局下,"反清"这一万恶之所归无疑最具有感召人心的力量与同仇敌忾的功效。

  回国之后的陈去病通过各类文化活动践行革命理想,从办号称"苏报第二"的《国民日日报》开始,同时着手搜集明遗民逸事与反清相关的材料。从 1903 年 8 月至 1907 年底,陈去病参加了很多与政治相关的文化活动,同时也给予了苏曼殊巨大的影响,这是二人相识之后活动最为集中的一个时期,陈去病年长苏曼殊十岁,苏曼殊对于陈去病始终敬重,在书信中以"佩公"相称,这段时期内,苏曼殊的行为路径完全是对陈去病步伐的追随。

  1903 年 9 月,苏曼殊回国,当时陈去病正在编辑旨在反满排清的《陆沉丛书》,苏曼殊与田桐不久之后即有《亡国惨案丛书》问世。1904 年,国学保存会成立,次年,陈去病曾担任其机关刊物《国粹学报》的主撰,住在上海爱尔近路国学保存会藏书楼,在此期间,苏曼殊频繁地来往于东京和上海之间,每每至沪,往往在此落脚,《国粹学报》宗旨是"研求国学,保存国粹",实际上所谓的"国学"仍然有着"保种"的目的和前提,陈去病等人希冀向中国传统哲学思想求得良方以实现民族认同的最终目的,仍然是以民族精神砥砺时人共赴革命。这种潜移默化对于日后苏曼殊的思想变化与价值取向的影响是巨大的。

  1907 年 9 月开始,二人度过了相处时间最长的一段时间,原本预备返回日本的苏曼殊因"舟资未足,故未能定期东渡"②,只得滞留上海,住于藏书楼,与陈去病朝夕相处了三个月,在回忆起这段时光时,苏曼殊显然感到愉悦与怀念,"日与去病先生对床风雨,意极可亲"③。这三个月也是苏曼殊对于遗民精神和民族主义的接受最为直接的一段时间,陈去病此时正花费大量时间和精力整理《明遗民录》,同时着手搜集江浙地方文献,试图倚仗地域文化传承,开掘全新时代意义。受其影响,广东籍的苏曼殊对岭南文献和遗民遗著的搜集也产生了浓厚的兴趣,一度醉心于此。同年 10 月写给刘季平的信中尚有此语:"暇时乞兄为我署'翁山女语'四字(或加'屈'字),各如钱

---

① 吕思勉:《吕思勉遗文集》,华东师范大学出版社 1997 年,第 380 页。
② 柳亚子:《苏曼殊全集》,中国书店 1985 年,第 195 页。
③ 柳亚子:《苏曼殊全集》,中国书店 1985 年,第 195 页。

大，盖家母将以女语付剞劂，流传日本，女语一卷，出屈大均《广东新语》，此系清朝禁书，兄见过否？"① 在之后的岁月里，苏曼殊更是把这种对遗民精神的追慕投注到了对明代陈砖片瓦的搜集和收藏之中，以至于发展成了一种癖好，1910 年在《与高天梅柳亚子书》中，殷切询问陈近况之后，不由抱怨陈去病欠自己的一笔文债："前岁佩公匆匆一别，都不闻动定，忏慧夫人词，何不见寄一册……又前岁佩公许为我题《明故宫瓦当歌》，至今未见惠下，想佩公亦已忘却，或因通书，幸为我寄言佩公也。"向上追溯，不得不说陈去病遗民事迹与清廷禁书的整理对苏曼殊的影响之深。

自 1907 年作别之后，二人始终聚少离多，直至 1918 年苏曼殊去世，在此期间即使碰面不过是朋友相宴、诗酒之乐，然而共同的革命志向却成为两人交往的基础。"一个革命的和尚"（孙中山语）与一个革命的文人尽管常常天各一方，却彼此惦念，渴望重逢，苏曼殊每每与刘季平等人通信，不忘问佩忍先生近况，信中常见："衲前日过沪，日余即返。闻佩公日杪至沪……今冬沪上，必当握手相笑耳。"② 足见二人平淡却真诚的友谊。

二、高洁品格

如果说陈去病在具体的革命理想实践形式方面给予苏曼殊极大的启示与影响，苏曼殊的高洁品质则始终令陈去病赞不绝口。在《为曼殊大师建塔院疏》中，陈去病就始终以"吾师"相称，称其"逐龙虎于风云，随几复通生气"。1921 年，作为苏曼殊身后事具体策划者的陈去病将营葬一事向孙中山请示，为了让孙更加全面地了解这位才华横溢却英年早逝的挚友，陈去病特意作了《将为曼殊卜葬湖上，呈元首六绝》，对苏曼殊的一生及在各个领域中的出色表现有了宏观的呈现，并给予了极为精准的定位与评价，其六言："奚啻从亡似介推，晋文应得有余哀。愿将骏骨千金意，换取绵山寸土来。"这是组诗中用以表明心意又旨在总结的一首，而"似介推"三字不仅表明了苏曼殊不慕名利的高洁志向，同时也成为陈去病对其最真实的肯定。

---

① 柳亚子：《苏曼殊全集》，中国书店 1985 年，第 199–200 页。
② 柳亚子：《苏曼殊全集》，中国书店 1985 年，第 214 页。

作为革命者，价值取向与人生抉择是折射品性的一面镜子，苏曼殊在生活上也许是个看破世俗却贪恋红尘的矛盾体，然而在革命与名利的勾连中，从未见他牵绊于此。他一生都与资产阶级革命派有着血浓于水的关系，他参加过青年会、拒俄义勇队、横滨暗杀团、光复会、华兴会、同盟会、中华革命党，他试图刺杀康有为，发表《反袁宣言》，一系列革命活动背后是他纯粹为了理想而战的动机，是他对名利一以贯之的云淡风轻，这一点在一众朋友笔下娓娓道出："（苏）其间数东渡倭省母，会前大总统孙文，玄瑛乡人也，时方亡命嵎夷，期覆清社。海内才智之士，鳞萃辐辏，人人愿从玄瑛游，自以为相见晚，玄瑛翱翔其间，若庄光之于南阳故人焉。及南都建国，诸公者皆乘时得位，争欲致玄瑛。玄瑛鸿冥物外，足未尝一履其门，时论高之。"①"（苏）凡委肖功利之事，视之蔑如也。虽名在革命者，或不能得齿列……可谓历高节，抗浮云者矣。虽黄节之徒，亦其次也。"② "窃观鼎革之际，一时英俊，各据高位骄人，下焉且奔走权贵，以求升斗之禄。智者如曼殊，独视名利若浮云，优游物外，或以情痴目之，曼殊未尝失其节也。"③ 不论是介推的功成身退，还是严光的终老林泉，再或者是南社之中声望颇高的黄节，友人们的比附与评价无一例外地对于苏曼殊的不慕名利大为钦佩。

与苏曼殊相类似的是，陈去病也有着风云人物之外不折不扣的文人气质，渴望独善其身的生存状态，更有远离庙堂、隐居山林、优游卒岁的愿望。陈去病渴望着这种生活，亦曾吐露心声："顾所深愿者，且晚归去，鱼钓其间，则必将遥吟俯唱，与周君相应和于芦潊之畔。"（《柳溪竹枝词序》）在诗作中也能寻觅到其渴求山林生活的痕迹，且出现次数不少："安得吴淞江上去，绿蓑青笠作渔翁。"（《四十初度，黄海舟中遇雾一首》）"养鱼兼种竹，我独慕陶朱。"（《泛舟碧浪湖，因游道场山，登绝顶骋望》）"斯则我愿具偿君亦足，可以长揖归山邱。躬桑力穑老孙子，天台笠泽同千秋。"（《梦羽生长乡县，醒而异之，书以代简，寄天台山中》）究其根本原因，仍然在于传统的儒家思想影响，陈去病是在传统教育的背景下成长起来的，他的价值观中有儒家"心系苍生，胸怀天下"的情怀，然而文人气质又会使其对远离权力政

---

① 柳亚子：《苏曼殊全集》，中国书店1985年，第153-154页。
② 柳亚子：《苏曼殊全集》，中国书店1985年，第136页。
③ 柳亚子：《苏曼殊全集》，中国书店1985年，第75页。

治、行走于社会生活的边缘地带有着巨大的渴望。这种独属于近代文人的复杂思想，集佛教、儒家、无政府主义、国粹主义、浪漫主义、个性自由、封建荼毒等种种因素于一身，矛盾而统一地体现在了以陈去病和苏曼殊为代表的一众南社人身上。如果说共同的革命志向使二人相识，并成为他们事业和追求上的坚固基石与共同话题，那么这种彼此追慕的高洁志向则更加的私人化，带有更大的性情因素，使二人关系更加融洽与紧密。

三、文人生活

不论革命志向抑或高洁品格，苏曼殊在民族大义面前表现出来的始终是积极向上，然而回归文人生活之后，苏曼殊展现出的是极为自我的真性情，敏感纤弱的情感与不加节制的贪食使得这位待人极诚挚的文人仍有令人不可接近之感。这种极度自我的生活状态往往成为朋友摩擦的导火索，陈去病在《苏曼殊轶事记》中也提到过一段他与刘季平的不愉快：

一夕人静矣，曼殊忽大哭不止。予又惊起问故，君蹙然曰："刘三骂我。"予曰："君何罪乃遭骂也？"曰："刘三前劝我娶妇！并愿为之媒。今日我专托之，渠曰：'和尚乃能娶妇耶？'好友尚复相绐，吾是以哭也。"予曰："和尚娶妇本无是理，渠既戏汝，何遽相信，其讨骂不亦宜乎？夜深矣，盍睡休，勿扰予清梦也。"君乃啜泣，久之始已。明日刘三来，予诟尤之曰："和尚可相戏耶？阿弥陀佛，君太作孽。"

刘季平的玩笑并无恶意，却不小心触到了这位敏感文人的底线，苏曼殊的细腻与心底的矛盾也可见一斑，这段闹剧最终在陈的调停中平息。在朋友间的交往中，陈去病与苏曼殊从未产生过类似的不愉快，更多表现出的是如同兄长般的宽容与开解。

苏曼殊另一个触发点是身世。中日混血的身份在当时使他矛盾和尴尬，无数好友在为曼殊遗诗题序写跋，抑或为其作传时都会对他的生平作详尽介绍，其中不免带有好奇成分，但是曼殊在世时，朋友们从未当面问及此事，曼殊本人也仅在几位密友面前提及过自己的身世。作为挚友，陈去病了解苏曼殊性格中的敏感自卑极大程度上源于此，他用了一种巧妙的方式为苏建立自信。1907年，二人同住藏书楼期间，陈去病有《曼殊自海东还，以童时摄影见贻，兰芽初茁，婉娈可喜，盖方在其母夫人怀抱中也》："正朔天南奉盛明，孤忠唯有郑延平。百年更见田中姁，一样宁馨裹锦绷。"

陈去病用时人极力推崇的民族主义为苏曼殊找到了精神上的契合点，郑延平同样是中日混血，然而这种单纯的血统问题并不影响他成为汉族正统的英雄和"孤忠"，这让苏曼殊极为感动与振奋，甚至让这位情绪化的文人因此也对郑延平多了几分敬重，在回日本之后，路过"儿诞石"时，曾专门前往凭吊，并作有《过平户延平诞生处》："行人遥指郑公石，沙白松青夕照边。极目神州余子尽，袈裟和泪伏碑前。"

在这件事情上，陈去病处理得相当巧妙，这种不动声色的解围与慰藉充分照顾着挚友的情绪，使得苏曼殊更加舒心自在。尽管如此，二人的性格特点及处事方式相距甚远，除却朋友宴乐的诗酒风流，苏曼殊的日常生活中处处充斥着怪诞与癫狂的气息，贪食成为所有朋友笔下的头号轶事。对于此，陈去病更多的是规劝，曼殊不听劝告狂食板栗，致"腹胀欲裂"，陈去病责备他"不听老人言，乃至于是"，继而言"无他，惟按摩而已"[1] 友谊之外，关切之情立现。

近代学者中，有人将苏曼殊的这种暴饮暴食猜测成其自身有意识的自杀行为，对于现实的不满和愤懑无以发泄，只得用这种方式以期尽早离开这个污浊不堪的世界。无论这种推测是否成立，苏曼殊的这种习惯无疑是消极与负面的，这种类似自戕的行径在中国文人身上从不鲜见。陈去病同样将在现实生活中的不如意用醉酒的方式发泄出来，不过更加的节制与理性。最突出的有两次，一次是1920年底的迷楼宴集，柳亚子与陈去病返回周庄探亲访友，在周庄小住，于是某月23日柳亚子邀请陈去病、王大觉和夫人凌惠缥、叶楚伧、费公直及柳亚子从弟柳抟霄、柳率初等人宴集于周庄迷楼，并于24日、28日、29日三聚于此，纵酒吟诗，流连忘返，称得上是一场十足的狂欢盛宴。这次迷楼宴集中创作的作品无一例外地有着苍凉、失落、沉郁的感情基调，隐藏着对于世事的莫大哀愁、对于时代大环境的左右彷徨，社团活动

---

[1] 张夷：《陈去病全集》，上海古籍出版社2009年，第581页。

陷入瓶颈、新文化运动的冲击与文人自我追寻精神净土却不得的失落共同打击着陈去病等人，客观上促成了这场诗酒狂欢。实际上陈去病在四聚迷楼中只参加了前两次就返回了故乡同里，显示了他的节制。第二次醉酒则发生于1924年9月营葬曼殊。褚宗元在《曼殊遗事》中详尽地记录了当时的情况："……葬后，会食于近肆。觉生、佩忍、秋叶皆纵饮，既醉乃命酒不已，历诋时人，泚泚不止。"

这是典型的借酒浇愁，实际上辛亥革命袁世凯窃国之后，对于国事的失望与前途的迷茫就不断出现在这群文人笔下："今之政权，属于军人，且阴操于外人之手（指英人某），既无政治可言，何以有党？"（褚宗元《曼殊遗事》）"和议既成，莽操尸位，党人无所发攄，则群集海上，日夕歌呼饮北里。"（柳亚子《燕子龛遗事序》）局势发展到1924年，只能用混乱来形容，当时的中国大致分为南北政权，北方自1922年4月爆发第一次直奉战争，直系取胜，曹锟在1923年通过有争议选举成为中华民国大总统，直至1924年9月第二次直奉战争再度爆发，北方陷入一片混战。南方的孙中山则据守广东，试图为式微的国民党注入新鲜血液，吸收更多有生力量。1924年1月孙中山对三民主义做出全新解释，并提出"联俄、联共、扶助农工"的口号。至陈去病一干人等9月营葬曼殊之际，正值孙中山欲东山再起的前夜，绝望的情绪蔓延开来，使这几位立场笃定的革命者也不由纵酒抒愤，然而陈去病如同迷楼宴集一样，很快调整心态，积极投身于政治工作之中。1924年9月，陈去病在上海发起组织江苏民治建设会，以便"宣传革命主义，掀起民政运动"[1]，同年11月，陈去病奉命北上接收故宫文物，任检查清宫文物委员。比起老友苏曼殊，陈去病更为现实，有着更加强烈的社会责任感，这无疑是二人最大的区别所在。

从1903年的相识，陈去病、苏曼殊二人共同参加革命团体，办报撰文。在陈去病的影响下，苏曼殊亦视搜集乡邦文献与遗民文献为一大乐事，虽聚少离多，鲜有书信，却彼此惦念，短暂相逢不免对酒当歌，意尽风流。而在曼殊去世之后，陈去病更与一众好友共尽"后逝之责"，为这位一身挂念遁入空门，却不慕名利、追求本心的挚友的营葬付出了最大的努力。

【原刊《河南理工大学学报》2016年第1期】

---

[1] 张夷：《陈去病年谱》，上海古籍出版社2009年，第320页。

文学翻译研究

狂飙中的拜伦之歌

——以梁启超、苏曼殊、鲁迅为中心探讨清末民初文人的拜伦观

余 杰

晚清以降的中国思想文化,与急剧变动的社会政治交相呼应,呈现出潮起潮落、乱石穿空、惊涛拍岸的势态,可用"狂飙"一词形容之。新一代知识分子对崭新的宇宙观、生命观、社会观及文艺观的渴求与本土资源的匮乏形成巨大的反差,迫使他们求新声于异邦。于是,对西洋文学的翻译蔚为大观,数量之大,前无古人。西洋各国中,国力强盛的英、法、德等国尤其为国人所看重。英国文学中,19世纪浪漫派诗人的作品颇受关注。而在英国浪漫派诗人中,对拜伦、雪莱等人作品的翻译介绍,更是重中之重。

丹麦文学史家勃兰兑斯将拜伦的诗歌视作"自然主义的登峰造极",在《十九世纪文学主流》的第四分册"英国的自然主义"中,竟然用整整七章的篇幅来评论拜伦其人其诗,占了全书的近三分之一。他断言:"拜伦的名声已经传播于全世界,并不取决于英国的贬责或是希腊的赞扬。"[1] 勃兰兑斯也许想不到,在遥远的东方古国,拜伦被人们如醉如痴地热爱。处在动荡中的中国人对拜伦的迷狂程度,比起欧洲人来有过之而无不及。从1902年梁启超最早译介拜伦的诗篇到1924年《小说月报》杂志出版"诗人拜伦的百年祭"专号[2],20多年间,拜伦热持续升温。拜伦成为中国青年的精神偶像,拜伦的诗篇在中国青年的口头咏唱、在中国青年的心中铭记。

---

[1] 勃兰兑斯:《十九世纪文学主流》(四),人民文学出版社1984年,第453页。
[2] 1924年4月10日《小说月报》15卷4号。

英国人心目中的拜伦与欧洲大陆人心目中的拜伦差异颇大。同样，中国人心目中的拜伦也迥异于英伦与欧陆。正像美国语言学家本杰明·沃尔夫和爱德华·萨丕尔所指出的那样，不同的语言包含着不同的世界观，因此翻译的过程几乎不可避免存在不同程度的篡改。"翻译的实质是阐释。"① 如果再把聚集镜头转向中国文人内部，他们各自所理解的拜伦，为我们提供了一个角度，一个观察世纪初中国风起云涌的文化思潮的角度。不同的拜伦观背后，隐藏的是不同的价值取向、文化趣味、个人性格及时代氛围。辛弃疾《贺新郎》有云："我见青山多妩媚，料青山见我应如是。"那么，既然当年文人们都眉飞色舞地谈论拜伦，今天我们拿着放大镜探寻昔日的蛛丝马迹，未尝不是一件有趣的事情。

二十世纪之初，介绍拜伦最得力者有三人：梁启超、苏曼殊、鲁迅。梁启超开启风气、苏曼殊系统翻译、鲁迅理论阐发。在具体的操作中，各自的侧重点同中有异、异中有同。"同"的是：通过对拜伦的认识来发现近代意义上的"个人"；不同的是：梁启超强调"民族"的个人，苏曼殊强调"情感"的个人，鲁迅强调"现代"的个人。这是近代中国知识分子"人的觉醒"的三部曲。

梁启超："民族"的个人

《新小说》1902年11月在东京出版。梁启超在《三十自述》中说："惟于今春为《新民丛报》，冬间复创刊《新小说》，述其所学所怀抱者，以质于当世达人志士，冀以为中国国民遒铎之一助。呜呼，国家多难，岁月如流，眇眇之身，力小任重。吾友韩孔广诗云：舌下无英雄，笔底无奇士。呜呼，笔舌生涯，已催我中年矣。此后所以报国民之恩者，未知何如？每一念及，未尝不惊心动魄，抑塞而谁语也。"② 流亡生涯中的梁启超，心境焦虑、紧张而郁闷。巨大的精神压力得以释放，是为磅礴的激情。这一时期，梁启超的

---

① 参阅爱德华·萨丕尔：《语言论》，第十章"语言、种族和文化"，商务印书馆1985年。
② 梁启超：《三十自述》，《饮冰室合集·文集之十一》，商务印书馆1989年，第19页。

文字，因而也就极具感染力，正如黄遵宪所称赞的那样："惊心动魄，一字千金，人人笔下所无，却为人人意中所有，虽铁人亦应感动，从古至今文字之力之大，无过于此者矣。罗浮山洞中一猴，一出而逼妖作怪，东游而后，又变为《西游记》之孙行者，七十二变，愈出愈奇。"①

黄遵宪用"奇"来概括梁启超这一时期的创作情况，是恰如其分的。"奇"之一在于梁启超写出了他一生中唯一的一部小说《新中国未来记》，该作品发表于《新小说》第三期，是梁启超笔耕生涯中的一大异数。"奇"之二在于《新中国未来记》这部小说中夹进大段译诗，译诗恰恰是拜伦的名作《哀希腊》。由此可见，梁启超在 1902 年 11 月之前就已经对拜伦其人其诗有了较为充分的了解，并十分欣赏。于是，在自己首先品尝之后，他把这盘佳肴端到国人的桌子上。《新中国未来记》第四回写黄李二人听见有人歌唱："玛拉顿后啊，山容缥缈，玛拉顿前啊，海门环绕。如此好河山，也应该有自由回照！我向那波斯军墓门凭眺，难道我为奴为隶，今生便了？不信我为奴为隶，今生便了！"两人听了这《哀希腊》中的诗句，便谈论起拜伦的作品来："摆伦最爱自由主义，兼以文学的精神，和希腊好像有夙缘一般。后来因为帮助希腊独立，竟自从军而死，真可称文界里头一位大豪杰。他这诗歌，正是用来激励希腊人而作，但我们今日听来，倒像有几分是为中国说法哩！"②后来，他们发现那歌唱的"原来是二十来岁一个少年中国的美少年"。

拜伦的一生，表现为诗歌创作与政治活动并重，两者相辅相成，澎湃汹涌。而对梁启超来说，他更关心的是后者，他心目中的拜伦是为了帮助弱小民族获得解放的英雄与战士的拜伦而不是作为诗人的拜伦。尽管梁启超是诗界革命的倡导者，但是他对小说的重视显然是超过诗歌的。他把小说推到至高无上的地位，而将诗歌逐出传统文学等级秩序里的神坛。③"诗界革命"的重点在于"革命"而非"诗界"，所以在诗歌领域收获的成果不如预期的时候，梁启超便把目光转向"小说界革命"。这样，我们不难理解他为何将译诗夹

---

① 黄遵宪：《致饮冰室主人书》，转引自《梁启超年谱长编》，丁文江、赵丰田编，上海人民出版社 1983 年第 1 版，第 274 页。
② 梁启超：《新中国未来记》，《饮冰室合集·专集之八十九》，商务印书馆 1989 年，第 45、44 页。
③ 梁启超：《论小说与群治之关系》，《饮冰室合集·专集之十》，商务印书馆 1989 年，第 6 页。

在小说中——他想通过文体的转换来提升拜伦诗歌的宣传力量,假如仅仅是一首诗,人们的关注会少得多,而放在小说中,诗歌的意义才被连带着凸显出来。

梁启超创作《新中国未来记》的时候,也正是他撰写《新民说》的时候。在《新民说》中,梁启超用"群"的概念来明确地指称民族国家的思想。早在1900年前后,梁启超的民族国家主义思想就已经在酝酿之中,他开始撰写相关文章的时候,比陈天华、邹容、杨守仁等新兴革命家早了两三年。作为小说的《新中国未来记》、作为政论的《新民说》和作为学术著作的《新史学》,共同构成了梁启超的"民族国家主义宣言书"。梁启超就是用这样的思路来"网罗"拜伦的。虽然最先就申明"拜伦最爱自由主义",但实际上对"自由主义"的拜伦却轻轻放过,笔锋一转,立刻大肆赞美拜伦参与希腊解放战争的政治行动。拜伦的内心世界是怎样的呢?在梁启超这里出现了一个空白。

日本学者藤井省三认为,拜伦参加希腊独立战争的背景中,有着希腊对西欧所具有的文化意义。戈列克纳将拜伦诗歌的主题解释成"丧失了乐园的时间地狱中人类的世界苦";分析拜伦的希腊观是"传说中人类最能接近欢乐状态的国家"[①]。而梁启超是以一种较为实用的眼光来看待拜伦的,所以在他的实用主义的视野中,当然不可能出现拜伦内心深处"形而上学的不安"。

勃兰兑斯在谈及拜伦的影响时说:"在俄国和波兰、西班牙和意大利、法国和德国这些国家的精神生活中,他如此慷慨地到处播下的种子都开花结果了——从种下龙的牙齿的地方跃出了披盔戴甲的武士。"[②] 他特别强调拜伦对斯拉夫国家的影响,并且有极为精辟的论述:"斯拉夫国家的民众,由于他们一直在暴政的统治下呻吟,天性就趋向于多愁善感,同时他们的历史又使他们养成了反抗的本能,因此他们如饥似渴地抓住本能的作品不放。"[③] 斯拉夫国家,尤其是饱受列强凌辱的东欧各国,在19世纪下半叶到20世纪上半叶的命运,与远在东方的中国"无独而有偶"。勃兰兑斯的这段话,用在中国的身上也是恰如其分的。

---

① 转引自《鲁迅与拜伦》,藤井省三:《鲁迅的比较研究》,上海外语教育出版社1997年,第5页。
② 勃兰兑斯:《十九世纪文学主流》(四),人民文学出版社1984年,第453页。
③ 勃兰兑斯:《十九世纪文学主流》(四),人民文学出版社1984年,第453页。

在这一背景下，梁启超在众多西方文豪中发现拜伦，一方面由于梁启超本人是一名流亡海外的弱国子民，受到歧视后爱国心反弹，因而对拜伦产生强烈的亲近感；另一方面则透露出他对同胞持悲观的看法，希望有拜伦这样的"他者"来拯救同胞于苦难之中，进而建构新型的民族国家。1902年，梁启超的著述中，外国名人的传记有《近世第一女杰罗兰夫人传》《意大利建国三杰传》《匈牙利爱国者葛苏士传》，中国名人的传记则有《张博望侯班定远合传》《皇帝以后的一伟人赵武灵王传》。[1] 外国名人，要么是为民主革命牺牲的女豪杰，要么是为民族解放奋斗的爱国者；中国的名人中，要么是勇于冒险的边疆的开拓者，要么是倡导改革的政治家。梁启超推举这批人物，显然有着明确的现实针对性。在他的眼里，拜伦自然也可以归入以上这类人物。这样，作为人和文人的拜伦消失了，只剩下作为国家民族主义表征的拜伦。

梁启超的拜伦观，充分暴露出他观念中民族国家主义与个人主义的矛盾和冲突。这一矛盾和冲突将体现在几代中国知识分子身上，并且延续整个世纪。

梁启超是现代较早关注个人人格独立和精神自由的启蒙思想家。他在世纪之交就深刻地指出："人之奴隶我，不足畏也，而莫痛于自奴隶于人；自奴隶于人，犹不足畏也，而莫惨于我奴隶于我。庄子曰：'哀莫大于心死，而身死次之。'吾亦曰：辱莫大于心奴，而身奴斯为末矣。"[2] 本来可以在这个问题上进行更深入的阐发，但他的思路很快就发生了跳跃，由对个体的关注转向对集体的崇拜，"自由云者，团体之自由，非个人之自由也。野蛮时代，个人之自由胜，而团体之自由亡；文明之时代，团体之自由强，而个人之自由减。"[3] 梁启超的认识恰恰与世界文明演进的历史错位。由此可见，他真正关注的还是宏大的民族与国家问题。在《新民说》中，即使是对个人权利所作的激动人心的辩护，也带有一种强烈的集体主义色彩。梁启超把对个人权利的体认作为实现国家权利的重要步骤，"新民"是手段，"新国"才是目的。他明确指出："新民云者，非新者一人，而新之者又一人也，则在吾民之各自

---

[1] 参见《梁启超年谱长编》，上海人民出版社1983年，第309页。
[2] 梁启超：《新民说·论自由》，《饮冰室合集·专集之四》，商务印书馆1989年，第47页。
[3] 梁启超：《新民说·论自由》，《饮冰室合集·专集之四》，商务印书馆1989年，第44页。

新而已。孟子曰：'子力行之，亦以新子之国。'自新之谓也，新民之谓也。"① 他把民族主义当作一剂救国的药方，而"新民"只是这剂药方中一种重要的药材。"今日欲抵当列强之民族帝国主义，发挽浩劫而拯生灵，惟我实行民族主义之一策。而欲实行民族主义于中国，舍新民末由。"②

梁启超所处的时代，确实是图穷匕见的时代。清王朝的衰朽、外部势力的威逼、传统观念的崩解，使这一代思想者开始思想的时候，不可能拥有从容不迫的心境，不可能进行康德式的形而上的玄思。他们必须提出可以操作的救国的方案来。此时，如何建构民族国家显然比如何"立人"更重要。换句话说，假如国家亡了，整个民族受到外族的奴役，"人的觉醒"还有什么意义呢？

梁启超透彻地知道拜伦是一个彻头彻尾的自由主义者，但是鉴于以上原因，他不愿在这方面深入论述。自由主义对于匮乏自由主义思想背景的梁启超和缺乏产生自由主义政治土壤的中国而言，如同无本之木、无源之水。学者张灏对此有精彩的阐发："当梁启超倡议将自由主义价值观作为公德的一个组成部分的时候，他关注的焦点是'群'这一集体主义概念，它几乎不可避免地妨碍他对这些自由主义价值观的某些实质内容的领会。因此，毫无疑问，梁启超在《新民说》中最终提出的那些理想，归根到底很难称作自由主义。"③ 梁启超竭力塑造的拜伦的形象，是一位为群体利益牺牲个体生命的英雄。这已然离真实的拜伦已经很远了。

梁启超敏锐地感受到拜伦的个性魅力，但在将拜伦放置在自己的思想体系之中时，他自觉地放逐"私人"的拜伦，而弘扬"公众"的拜伦。梁启超认为，拜伦的《哀希腊》"正是用来激励希腊人而作"，这与他本人的功用主义文艺观是一致的。梁启超较为成功地将拜伦改造成为"民族主义的个人"。李泽厚称梁启超"是当时最有影响的资产阶级宣传家"④，作为宣传家，就必须敏感地捕捉到时代的脉络，为青年一代提供精神的食粮，指引他们往前走。

---

① 梁启超：《新民说·论新民为今日中国第一之要务》，《饮冰室合集·专集之四》，1989年，第3页。
② 梁启超：《新民说·论新民为今日中国第一之要务》，《饮冰室合集·专集之四》，1989年，第4页。
③ 张灏：《梁启超与中国思想的过渡(1890—1907)》，江苏人民出版社1995年，第137页。
④ 李泽厚：《中国近代思想史论》，人民文学出版社1979年第1版，第435页。

仅仅从对拜伦的"引进"来看，梁启超确实是一位杰出的宣传家。

20世纪20年代，鲁迅回忆说："那时Byron之所以比较的为中国人所知，还有别一原因，就是他的助希腊独立。时当清的末年，在一部分中国青年心中，革命思潮正盛，凡有叫喊复仇和反抗的，便容易惹起感应。"细细咀嚼这段话，它提供了两个重要的信息。

第一，自梁启超以来的对拜伦的译介中，始终存在着一个盲点，即拜伦对母国的态度。终其一生，拜伦与英国都处于尖锐对立的状态。英国公众和舆论对拜伦恨之入骨，甚至将乱伦的恶行安在拜伦的身上。拜伦则对同胞无比轻蔑："假如人们叽叽喳喳地议论着和咕哝着的一切全是真事的话，我就不配住在英国；假如这些全是造谣中伤的话，英国就不配让我居住。"1816年4月25日，拜伦乘船离开故土，活着的时候再也没有回去。有好几次能够回到祖国的机会，拜伦都放弃了。死后，英国教士仍然拒绝在威斯敏斯特大教堂诗人区给他一席之地。① 对拜伦的生平情况，梁启超想必是大致了解的，但他有意回避之。因为，如果涉及此处，那么鲁迅所说的"复仇和反抗"就无从谈起——拜伦并非奋起反抗他国对自己祖国的侵略，土耳其对希腊的占领也并非造成对拜伦本人直接的凌辱。其实，拜伦不仅不是民族主义者，反倒接近20世纪所谓的国际主义者与世界主义者，正如鹤见佑辅所说："拜伦能够像变更十九世纪欧洲地理的力量一样，震撼了仁人志士的心魄，就因为他的声音是天的声音，他的感觉是全人类的感觉。所以，他是超越时间和空间，跳出人种和国界的一大存在。"与梁启超不同，他强调的是拜伦的超越性，尤其是对种族和国家的超越。当然，这是因为两人的接受背景不同，梁启超是弱国的子民，而鹤见却生活在日益强大的日本。鹤见接着指出："十九世纪中叶欧洲的民众运动，几乎可以说是从他所鼓吹、所刺激的大热情里面喷涌出来的。"鹤见在这里用的是"民众运动"，显然更加切合拜伦的实际情况。

第二，梁启超用拜伦来印证的民族国家主义思想，跟当时力主排满的革命党人相比，更为宽泛和灵活。过去人们指责他不能与清朝斩断关系，主张保皇，日趋落伍，实际上他已经看到种族革命的内在矛盾，比革命党人看得

---

① 参阅鹤见佑辅：《明月中天——拜伦传》，湖南文艺出版社1995年。

更加深远。

民国元年，梁启超曾经在一次演讲中回顾说："见乎无限制之自由平等说，流弊无穷，惴惴然惧……而现在西藏、蒙古离畔分携之噩耗，又当时所日夜念及，而引以为戚。自此种思想来往于胸中，于是极端之破坏不敢主张矣。"梁启超既认识到中国是多民族国家的历史与现实，又发现中国民族主义产生和发展的动力来自外来帝国主义。张灏认为，反满仅仅是一个政治上有利的暂时的战斗口号，而梁启超"无疑代表了中国民族主义的主流"[①]。梁启超经常使用"国家主义"这一词语，他的民族国家主义思想包括如下显著特征：它是对组织松散和缺乏活力的社会的一个反动，在这个社会里人们没有公民感和组成统一的民族共同体所必需的团结一致的协作精神；它包括一个民族国家的民主化；它的产生最初主要是对外来帝国主义的一种回应。从这个角度理解梁启超对拜伦的发现，自然是水到渠成的了，难怪他激动地在小说中跳出来说，《哀希腊》"倒有几分像是为中国人说法呢！"

苏曼殊："感情"的个人

"苏曼殊不仅是一般人心目中的浪漫诗僧；他在现代中国文坛的贡献，在于他是一位有革命情绪的爱国主义者，以爱情为主题，型塑了特出女性的小说家，禀赋灵性、多情善感的诗人。也是一位中西文化交流、翻译界的先知先觉。"[②] 柳无忌的这段话大致能够概括苏曼殊的文化成就。苏曼殊对西洋文学及印度文学的翻译，在当时堪称独步。作为清末著名的翻译家，苏曼殊最突出的两大成就在于译雨果之《惨世界》和拜伦之《哀希腊》。苏曼殊翻译的《拜伦诗选》，包括《哀希腊》《赞大海》《去国行》等四十多首抒情诗杰作，确实是石破天惊的创举。

苏曼殊译拜伦诗，始于1906年（光绪三十二年，丙午）。《拜伦诗选·自

[①] 张灏：《梁启超与中国思想的过渡(1890-1907)》，江苏人民出版社1995年，第118页。
[②] 柳无忌：《苏曼殊研究的三个阶段》，见《柳亚子文集》之《苏曼殊研究·附录》，上海人民出版社1987年，第535页。

序》云:"今译是篇,按文切理,语无增饰,陈义悱恻,事辞相称。"① 柳亚子认为,曼殊所云"光绪三十二年"当系"宣统元年"之误,《拜伦诗选》成书于己酉(1909年)而非丙午(1906年)和戊申(1908年)。② 他举曼殊《与刘三书》证之:"前译拜伦诗,恨不随吾兄左右,得聆教益,今蒙末底居士为我改正,亦幸甚矣。"③ 此信为己酉四月廿日所作。柳亚子云:"但不知玄瑛于此书编成及出版之年岁,何以一误再误,殊不可解,岂此中别有玄虚耶? 恨不能起地下问之矣。"④ 细读曼殊《自序》,可知1906年他已译出《出国行》《赞大海》《哀希腊》等诗作,却缺少成书时最后一首短诗《星耶峰耶俱无生》。此细节为柳亚子所忽略,而它恰恰是一团乱麻的关键所在。曼殊再粗心也不可能将"宣统元年"误为"光绪三十二年"。在光绪三十二年(1906年),他已经译出拜伦的四首长诗,并写完自序,后来又增补进短诗《星耶峰耶俱无生》,时间大约在1906—1908年之间。而正式出版则延迟到1909年。"戊申"系"己酉"之误完全可能,出现一年的误差不足为怪。柳亚子忽略了成书所需要的"过程"以及成书与出版之间的间隔,将成书与出版的时间都轻率地定在1909年,并因此更改苏曼殊其他活动和著述的时间,这是有违历史真实的。

苏曼殊的译作有着鲜明的个人色彩,可以说是"前无古人,后无来者"。在《燕影剧谈》一文中,他曾谈到翻译的艰难,以日本文学大师坪内逍遥译莎士比亚为例,"夫以博学多情如坪内,尚不能如松雪画马,得其神骏,遑论浅尝者哉?"⑤ 在《致高天梅书》中又引歌德事:"昔瞿德逢人,必劝之治英文,此语专为治拜伦之诗而发。夫以瞿德之才,岂未能译拜伦之诗,以其非本真耳。太白复生,不易吾言。"⑥ 他进而批评前人的译作:"友人君武译摆伦哀希腊诗,亦宛转不离原意,惟稍逊新小说所载二章,盖稍失毫耳。"如是,苏曼殊将自己的翻译标准定在一个极高的水平上。他要求翻译不仅要得

---

① 《苏曼殊全集》(一),中国书店1985年,第223页。
② 柳亚子:《苏玄瑛新传考证》,《柳亚子文集》之《苏曼殊研究》,上海人民出版社1987年,第38页。
③ 《苏曼殊全集》(一),中国书店1985年,第223页。
④ 柳亚子:《苏玄瑛新传考证》,《柳亚子文集》之《苏曼殊研究》,上海人民出版社1987年,第38页。
⑤ 《苏曼殊全集》(一),中国书店1985年,第223页。
⑥ 《苏曼殊全集》(一),中国书店1985年,第225页。

西人之意，而且很重视重现中国古典诗词的意境。翻译不仅是语言活动，而且是审美活动。他认为："夫文章构造，各自含英，有如吾粤木绵素馨，迁地弗为良。况歌诗之美，在乎节族长短之间，虑非译者所能尽也。"这里涉及翻译中内容与形式、意境与音节完美统一的问题。所以，翻译是一种"知其不可为而为之"的工作。林静华的《苏曼殊的拜伦之歌》一文中，精辟地分析了苏曼殊所译拜伦诗的独特之处。"以《哀希腊》一史为例：梁启超《新中国未来记》以戏曲曲牌《如梦忆桃源》合之，马君武的前译则以七言诗互换，但到了苏曼殊手上，大概认为六行四音步的英文原诗，用中国的五言古体较合适，遂改为每节八行的古诗形态。这种译法，必然会遇到困难，不过效果似乎甚佳。"① 这种译法所遇到的困难，柳无忌作了具体的论述："以中文的五言译英诗的四音步，一行对一行，尚不难安排，但把原来的六行英文诗，译成八行中文诗，却需要巧妙地截长补短，尤其需要填衬得当，以安置多出的两行中文诗。"② 在这一点上，苏曼殊"改造得天衣无缝"③。天才与时代的撞击，诞生了曼殊的译诗。

　　苏曼殊的翻译，一半是翻译，一半是创作。这是时代风气使然。胡适不了解当时的文化背景，因此在辛亥革命之后白话文兴起的氛围中批评前辈的翻译，"曼殊失之晦"。胡适所处的"大气候"已经发生了巨大的变化，他却用新时代的标准来要求苏曼殊的译笔，未免太强人所难。其实，他自己"以四小时之力译之，既成复改削数月"的翻译，既"失真"又"不达"，诗味全无。关于马译、苏译和胡译的优劣，李思纯有一段中肯的论述："近人译诗有三式：一曰马君武式，以格律谨严之近体译之，如马氏译嚣俄诗曰，'此是青年红叶书，而今重展泪盈裾'是也；二曰苏玄瑛式，以格律较粗疏之古体译之，如苏所为《文学因缘》《汉诗三昧集》是也；三曰胡适式，则以白话直译，尽弛格律是也。余于三式皆无成见争辩是非，特斯集所译悉遵苏玄瑛式者；盖以马氏过重汉文格律，而轻视欧文辞义；胡氏过重欧文辞义，而轻视汉文格律；唯苏式译诗，格律较疏，则原作之辞义皆达，五七成体，则汉

---

① 见台湾《当代》杂志第 37 期（1989 年 5 月号），《西潮狂飙与五四文人专辑》。
② 柳无忌：《苏曼殊与拜伦〈哀希腊〉诗》，《佛山师专学报》1985 年第 1 期。
③ 柳无忌：《苏曼殊与拜伦〈哀希腊〉诗》，《佛山师专学报》1985 年第 1 期。

诗之形貌不失，然斯固偏见所及，未敢云当。"①

苏曼殊耗费巨大的心血来翻译拜伦的作品，其直接原因乃是自己的一段伤心情事。曼殊《题拜伦集》云："秋风海上已黄昏，独向遗编吊拜伦。词客飘蓬君与我，可能异域为招魂。"诗前有一段小注："西班牙雪鸿女诗人过病榻，亲持玉照一幅，拜伦遗集一卷，曼陀罗花共含羞草一束见贻，且殷殷勖以归计。嗟乎，予早岁披发，学道无成，思维身世，有难言之恫！爰扶病书二十八字于拜伦卷首，此意惟雪鸿大家心知耳。"② 这就是小说《断鸿零雁记》的本事。翻译拜伦，是为了纪念一段怅惘的恋情和一位受到自己伤害的女子。

当然，还有更加深层的原因。苏曼殊与梁启超一样有着相同的"家国之痛"。作为传奇式的"革命沙门"，苏曼殊对政治有浓厚的兴趣，虽然遁入空门，他仍然积极参与到时代政治的旋涡中。曼殊在《拜伦诗选·自序》中说过这么一段话："拜伦以诗人去国之忧，寄之吟咏，谋人家国，功成不居，虽与日月争光，可也！"③ 在1913年所写的《讨袁宣言》中，他也以拜伦为榜样："昔者，希腊独立战争时，英吉利诗人拜伦投身戎行以厉之，复从而吊之……独夫袁氏作孽作恶，迄今一年……普国之内，同起伐罪之师。衲等虽托身世外，岂无责耶？"④ 他俨然以中国的拜伦自比。

但是，苏曼殊的拜伦观并不止于此。如果说梁启超发现拜伦是出于政治考虑，那么苏曼殊对拜伦的欣赏则是一种声气相投。梁启超所持的是一种"宣传启蒙"的拜伦观，"是以一种思想家、政治家的眼光看待外国文学的，而不是以文学家的眼光判断外国文学高低是非的，看重的是文学的宣传性而不是文学的文学性。"⑤ 重视政治启蒙的梁启超发现的是政治家的拜伦，是民族国家主义的个体；而重视心灵世界的苏曼殊发现的却是艺术家的拜伦，是感性的、审美的个性，这是一种骨子里的相似。郁达夫说过："我所说的他

---

① 李思纯：《仙河集·自序》，转引自陈子展《最近三十年中国文学史》，上海书店1989年，第65页。
② 《苏曼殊全集》（一），中国书店1985年，第53页。
③ 《苏曼殊全集》（一），中国书店1985年，第125页。
④ 苏曼殊：《讨袁宣言》，转引自林静华《苏曼殊的拜伦之歌》，台湾《当代》杂志第37期（1989年5月号）。
⑤ 汤哲声：《中国文学现代化的转型》，南京大学出版社1995年，第35页。

(苏曼殊)在文学史上不朽的成绩,是指他的浪漫气质,继承拜伦那一个时代的浪漫气质而言并非指他哪一首诗,或哪一篇小说。笼统讲起来,他的译诗,比他自作的诗好,他的诗比他的画好,他的画比他的小说好,而他的浪漫气质,由这一种浪漫气质而来的行动风度,比他的一切都好。"

苏曼殊除了翻译《拜伦诗选》以外,在自己的诗文小说中还多次提到拜伦。如《本事诗十章之三》:"丹顿拜伦是我师,才如江海命如丝。朱弦休为佳人绝,孤愤酸情欲语谁。"① 《与邓孟达书》:"欧洲大乱平定之后,吾当振锡西巡,一吊拜伦之墓。"② 而他的好友、僧人飞锡生动地描述了曼殊偕母居于樱山时的情形:某日"夜日照积雪,泛舟中禅寺湖",乃"歌拜伦《哀希腊》之篇。歌已哭,哭复歌,抗者与潮水相应"。这一亲身经历,在曼殊的小说《碎簪记》中有生动的描述。

拜伦在苏曼殊心目中的崇高地位,可以从《断鸿零雁记》的一段表述中看出。曼殊借书中主人公之口比较中西文学家:"拜伦犹中土李白,天才也;莎士比亚犹中土杜甫,仙才也;师梨犹中土李贺,鬼才也。"在《与高天梅书》(屈子沉江前三日)中,曼殊进一步深入论述说:"衲尝谓拜伦足以贯灵筠、太白,师梨足以合义山、长吉。而莎士比亚、弥尔顿,以及美之朗弗劳诸子,只可与杜甫争高下,此其所以为国家诗人,非所语于灵界诗翁也。"这里,苏曼殊将诗人分为两类,一是灵界诗翁,二是国家诗人。屈原、李白、拜伦属于前者,莎士比亚、弥尔顿、杜甫属于后者。苏曼殊明确地剥离拜伦身上的政治色彩。如果说梁启超译介拜伦是在政治观念驾驭文学艺术的状态下完成的,那么苏曼殊在译介拜伦时,拜伦已经成为一匹驮载着曼殊个人真诚而复杂的情感四处奔逸的狂马。文学创作的雏形是神话、传奇、民歌,原本是人类幻想之力、猎奇心性及情感外泄的产物。随着与人类社会的同步发展,文学开始跟以国家利益、社会利益为核心的观念、理性挂钩,同时也就离真切的人生状态越来越远。拜伦的文学创作,是"逆向"的运动,由政治人生回归感性人生、由群体回归个体。所以,苏曼殊对拜伦的译介,也是一

---

① 《苏曼殊全集》(一),中国书店1985年,第45页。
② 《苏曼殊全集》(一),中国书店1985年,第303页。

个自我"求真"的过程。

何谓"灵界诗翁"？仔细揣摩拜伦与苏曼殊共同的性格、气质，不难得出大致的定义。学者邵迎武概括二氏之"同点"即可看作"灵界诗翁"的特性："第一，崇尚真实，嫉恨虚伪；第二，倾向感情用事，常耽于幻想而缺乏一种深入的理论思索的能力；第三，他们的性格时而坚强，时而脆弱，他们的感情时而激愤，时而低沉。在他们身上还有一种一以贯之的气质，就是狷介孤高，忧郁纤敏，卑己自牧，愤世嫉俗。"[①] 以上这些气质，无不深深打上了"现代"的烙印。曼殊用中土古典诗人屈原、李白来类比拜伦的时候，忽略了拜伦身上的时代风貌。同样，苏曼殊自己也不可能重返传统世界，成为屈原、李白式的诗人。1898年戊戌变法、1900年的庚子事变、1905年的废除科举，是中国19、20世纪之交的三件大事。它们标志着传统世界的终结。而新的世界又迟迟无法诞生。这样，近代中国便进入了东方专制主义全面失序的时期。也只有这样的时代，才会孕育出苏曼殊这样"披发长歌览大荒"的诗人。苏曼殊发现了拜伦，也就发现了"自我"。

在《潮音自序》中，苏曼殊对自己的拜伦观作了全面的阐释："拜伦生长教养于繁华、富庶、自由的生活中，他是个热情真诚的自由信仰者；——他敢于要求每件事件的自由——大的小的，社会的或政治的。他不知道怎样或哪里他是到了极端。拜伦的诗像种有奋激性的酒料，人喝了愈多，愈觉着甜蜜的魔力。它们通篇充满了神迷、美魔与真实。在情感、热诚和自白的用字内，拜伦底诗是不可及的。他是个坦白而高尚的人。当正从事于一件伟大的事业，他就到了末日。他去过希腊，在那里曾住着几个为自由而奋斗的爱国者。他一生的生活、境遇与著作，都缠结在恋爱和自由之中。"苏曼殊极其准确地把握住了拜伦精神的真髓。拜伦在梁启超那里，还只是"他山之石，可以攻玉"；而在苏曼殊这里，则如同盐遇到水一样溶化了。

苏曼殊眼中的拜伦，是一个感性的、浪漫的生命个性。这一生命个体包含了以下三个层次：

第一层是自由的精神。勃兰兑斯将拜伦看作"当时欧洲热爱自由的最优

[①] 邵迎武:《苏曼殊与拜伦》,《天津师大学报》1989年第3期。

秀分子的代言人"①。拜伦在世道沦丧、到处是一片浑浑噩噩和蝇营狗苟之际,好似鹤立鸡群,像阿波罗那样美丽,如阿奇里斯那样勇敢。而作为"行云流水一孤僧"的苏曼殊,畅饮西域现代文化中自由主义的琼浆,将其作为一种"活的资源"。他对"自由"之义,虽不能够从理论上阐发之,但却能够以心灵体现之。即使无法推广,这一个与那一个却是心心相印。

第二层是"有情"与"无情"的交错。所谓"有情",在拜伦是追求"大爱",在曼殊则是"人谓衲天生情种,实则别有伤心之处耳"。拜伦诗集中有《留别雅典女郎》四章,幽艳入骨,为抒情诗之杰作;而苏曼殊《燕子龛诗》中也有数首是为"调铮人"作的,写得"一往深情"。② 所谓"无情",正如纳兰性德所云:"人到情多情传薄。"因为太多情,才导致了对情的恐惧、疏离与厌恶。拜伦干脆将女性作为纵乐玩耍的伴侣,短暂的一生里伤害了无数的女性。他的作品缺乏真实感人的女性形象。而苏曼殊受到佛教的影响,持"红粉骷髅"之说。陈独秀评价其"有情以至于生死恋,无情以至于当和尚"。不管有情还是无情,"情"的发现与张扬,在近代中国都是一件值得大书特书的事。苏曼殊文字的迷人之处,不在于"佛心"而在于"情心",这颗"情心",不仅风靡了一代苦闷青年,更直接影响了五四时代郭沫若、郁达夫等新一代作家。

第三层是悲剧精神。悲剧的产生,一是缘于诗性生存与世俗生存的矛盾。二是缘于领先的天才与滞后的时代的矛盾。拜伦一旦想在现实世界里实践他的理想,他很快就"到了末日"。基于同样的原因,苏曼殊从革命的怒潮中抽身而出,最后竟以暴饮暴食摧残自己的身体,以求早死。在信奉"好死不如赖活"原则的中国人的心中,悲剧精神一直缺席。苏曼殊的拜伦观是带有现代意识的悲剧观,给他的作品增添了特殊的文化价值。中国的传统小说,除了《红楼梦》等少数几部以外,多受"乐感文化"的支配,以"大团圆"为结尾。而苏曼殊的小说,几乎全是以悲剧收场。在悲剧精神的浸染之下,他成为中国现代悲剧文学的第一人。

---

① 勃兰兑斯:《十九世纪文学主流》(四),人民文学出版社1984年,第433页。
② 熊润桐:《苏曼殊及其燕子龛诗》,《苏曼殊全集》(四),中国书店1985年,第243页。

苏曼殊与拜伦的相遇，宛如漆黑的夜空中两颗行星的相遇。在当时，评论家张定璜就说，苏曼殊对拜伦的介绍"引导我们去进入一个另外的新世界"。张定璜独具慧眼，在有人批评苏曼殊的译诗"晦涩"时，挺身辩护："若谈晦涩，曼殊的时代是个晦涩的时代。"这是一种"理解的同情"。张定璜把苏曼殊对拜伦的翻译从"介绍"提升到"创造"的高度，他论述说："拜伦诗毕竟只有曼殊可以译。翻译是没有的事，除非有两个完全相同，至少也差不多同样是天才的艺术家。那时已经不是一个艺术家翻译别的一个艺术家，反是一个艺术家在那瞬间和别的一个艺术家过同一个生活，同种形式，在那儿创造。唯曼殊可以创造拜伦诗。他们前后所处的旧制度虽失了精神但还存躯壳，新生活刚有了萌芽但还没有开花的时代，他们的多难的境遇，他们为自由而战的热情，他们那浪漫飘荡的诗思，最后他们那悲惨的结尾：这些都令人想到，唯曼殊可以创造拜伦诗。"他进而论述了苏曼殊翻译的历史意义："在曼殊之后不必说，在曼殊前尽管也有曾经谈欧洲文学的人，我要说的只是，唯有曼殊才真正教了我们不但知道并且会晤，第一次会晤，非此地原有的，异乡的风味。晦涩也好，疏漏也好，《去国行》和《哀希腊》的香味永远在那里，因此我们感谢，我们满足。"难怪到了20世纪20年代，翻译家杨鸿烈仍然说："我希望大家在译诗上面都要以曼殊的信条为信条。"

鲁迅："现代"的个人

苏曼殊比鲁迅小三岁，《拜伦诗选》也比《摩罗诗力说》晚半年出版。藤井省三认为："鲁迅筹备《新生》杂志是在1907年夏天，苏曼殊就是同人之一。苏曼殊从这时开始耽读拜伦的作品，大概是受了鲁迅的影响。翌年9月，他在东京筹备了汉译《拜伦诗选》。这似乎正是与鲁迅在《摩罗诗力说》中评论拜伦相呼应。"① 他进而推测说："也许有前一年的《新生》编辑会议上听了鲁迅的拜伦论，引起苏曼殊对拜伦的兴趣吧？当时，周作人写的与《摩罗诗力说》相似的几篇文章，都发表在刘师培夫妇编辑的《天义》上，

---

① 藤井省三：《鲁迅与安德烈夫》，《鲁迅比较研究》，上海外语教育出版社1997年，第55页。

据周作人说，发表《摩罗诗力说》的《河南》也是刘编辑的，刘与章炳麟一起，在《梵文典》上写了序。无政府主义者的妻子何震，因敬重曼殊，想出版《曼殊画谱》，曾在1907年9月的《天义》上发表了曼殊母亲和章炳麟的序，以及自己的后序。由这样密切的朋友编辑的杂志所发表的论述拜伦等人的有力论文，曼殊如不读是不可思议的。"①

我认为藤井的推论颠倒了本末。苏曼殊早在《摩罗诗力说》发表前两三年就开始阅读并翻译拜伦作品。他虽然比鲁迅年轻，但成名远远早于鲁迅。1907年前后，苏曼殊已经是留日学生社群中的风云人物，而鲁迅还是默默无闻的新面孔。所以，不仅鲁迅影响苏曼殊无从谈起，而且反倒是苏曼殊影响了鲁迅。鲁迅在《杂忆》中说过："可惜我不懂英文，所看的（拜伦诗）都是译本……苏曼殊先生也译过几首，那时他还没有作诗'寄弹筝人'，因此与Byron也还有缘。"尽管鲁迅对苏曼殊的评价略显严苛，认为其译文"古奥得很"，但由此可知，苏曼殊才是鲁迅发现拜伦的中介之一。即使后来苏曼殊读到鲁迅的《摩罗诗力说》，但当时籍籍无名的鲁迅很难对苏曼殊产生决定性的影响，因为苏曼殊已经形成了自己的拜伦观。

《摩罗诗力说》是鲁迅早期最重要的论文之一。周作人回忆说："他那时佩服拜伦，其次是匈牙利、俄国、波兰的爱国诗人。摩罗在英国被称为撒旦派诗人，也即是恶魔派，不过摩字起于梁武帝，以前只用音译摩罗，这便是题目的由来。"② 鲁迅对拜伦的接受，一开始跟梁启超是同一个视角，即：民族国家主义的拜伦。作为留学生在日本所受的屈辱，使他对拜伦格外有好感。所以，多年以后，鲁迅还回忆说："有人说G. Byron的诗多为青年所爱读，我觉得这话很有几分真。就自己而论，也还记得怎样读了他的诗而心神俱旺；尤其是看见他那花布裹头，去助希腊独立时候的肖像。"

1903年，鲁迅作《斯巴达之魂》。这是一部拜伦式的作品。当时留日学生的精神状貌是"当时的风气，要激昂慷慨，顿挫抑扬，才能被称为好文章，我还记得'披发大叫，抱书独行，无泪可挥，大风灭烛'是大家传诵的警

---

① 藤井省三：《鲁迅与拜伦》，《鲁迅比较研究》，第10、12、19页。
② 周作人：《〈河南〉杂志》，见《关于鲁迅》，新疆人民出版社1997年第1版，第162页。

句"。在这样的时代氛围下,描写斯巴达抗击土耳其的《斯巴达之魂》应运而生。在渲染悲壮的温泉关之战后,作者叹息道:"我今掇其逸事,贻我青年。呜呼!也有不甘自下于巾帼之男子乎?必有掷笔而起者矣。"有研究者敏锐地发现,鲁迅在小说中所塑造的舍身杀敌的希腊妇女的形象,"与拜伦《查尔德·哈罗尔德游记》中所创造的一位萨拉哥拉女游击队员的形象遥相映照"①。其时,鲁迅是一名心灵受到创伤的弱国青年,又深受章太炎国粹思想的影响,所以民族主义情绪高涨,与梁启超呼吁的"劝少年同胞,听鸡起舞,休把此生误"如出一辙。

但是,鲁迅很快便走出了他人思想的笼罩,开始了自己的独立思考。梁启超的"拜伦"和苏曼殊的"拜伦"迅速隐退,鲁迅自己的"拜伦"光彩夺目。他既不同于梁启超那样力图书写宏大的民族进化与竞争史,也不同于苏曼殊那样致力于表现个人灵魂创伤和整合的历程,而是在两者的巨大张力之间发现了"现代"的若干矛盾。他义无反顾地背叛了传统,却又在"现代"的门槛上举步不前。鲁迅的拜伦观,是鲁迅式思维最早的崭露头角。

苏曼殊在发现拜伦的同时,也发现了雪莱,发现了雪莱式的爱;鲁迅在发现拜伦的同时,却发现了安德烈夫式的恐惧不安。藤井省三分析说:"《摩罗诗力说》与《潮音》英文自序的差别也许在于:鲁迅详述追求自由、反抗世俗的拜伦精神的同时,分析了孤独的自我;而苏曼殊看到雪莱的诗表达的契机是'创作中的崇高感情——爱'并进而发现了内面世界。"②

由此,走近鲁迅心中的拜伦——一个"现代"意义上的个人。所谓"现代人",包含三个层面:反抗者、孤独者、知识者。

鲁迅是用"摩罗"来指称以拜伦为代表的浪漫派的第一人。这一指称意味着,鲁迅首先把拜伦作为反抗者来看待。反抗的对象,不仅是国家、社群、民族压迫,更重要的是看不见、摸不着,却更加残暴的所谓"历史""道德"等"大词"。鲁迅的反抗,更多的是形而上的反抗。

"摩罗"一词来自梵语,是梵语的古汉语音译。魏晋六朝随着佛学东渐,

---

① 陈鸣树:《鲁迅与拜伦》,《鲁迅与中外文化的比较研究》,中国文联出版社1986年第1版。
② 藤井省三:《鲁迅与安德烈夫》,《鲁迅比较研究》,上海外语教育出版社1997年,第55页。

这一语词才在汉语中出现。据《说文新附考》卷四载，《正字通》引《译经论》中说："魔，古从石作磨，梁武帝改从鬼。"《众经音义》卷二十一上说："魔，书无此字，译人义作，则不始自梁武。钮氏云后魏武定六年，造像颂云：'群魔稽首'，时已有魔字。"①鲁迅说："摩罗之言，假自天竺，此云天魔，欧人谓之撒旦，人本以目裴伦。"他并不在意印度教教义与基督教教义的区别，而是着眼于这一指称的精神内涵的一致性。他指出："新声之别，不可究详；至力足以振人，且语之较有深趣者，实莫如摩罗诗派。……凡立意在反抗，旨归在动作，而为世所不甚愉悦者悉入之，为传其言行思维，流别影响，始宗主裴伦，终以摩迦（匈牙利）文士。"鲁迅把拜伦看作"精神界之战士"。所谓"精神界"，指与具体实在的国家、民族观念迥异的思想文化领域。"立意"与"旨归"两者相辅相成，共同构成了对"使人静"的传统的颠覆。他力图在行动中贯彻执拗的反叛热情。

直面漫长的"非反抗"的历史，鲁迅将"反抗""复仇"作为思考的起点与终点。正如李欧梵所说，鲁迅张扬"精神界战士"的原因在于："他们奋力抗拒庸俗，他们的声音是改变历史模式的预言。这些孤独的个人主义者通过反对大众的物质欲望，推动着'文化偏至'的历史摆锤。"②鲁迅比他的同时代人更早地发现了不抵抗主义的危险性。他曾经批评列夫·托尔斯泰和平论的脱离现实："其所言为理想诚善，而见诸事实，乃戾初志远矣。"他把拜伦放在托尔斯泰的对立面。与拜伦激烈批判自己的同胞一样，鲁迅也视国人是"不争之民"，一再指责国民性的"卑懦俭啬，退让畏葸"，并"哀其不幸，怒其不争"。

鲁迅论述拜伦的"最后之时"，用了一段充满深情的话："尊侠尚义，扶弱者而平不平，颠仆有力之蠢愚，虽获罪于全群无惧。"这里，鲁迅试图把拜伦与中国古代传统的游侠联系起来。表面上看，这段文字像是司马迁的《游侠列传》，实际上鲁迅看中的还是拜伦身上所具有的"现代"的气质。因为只有现代意义上的"个体"才能与"全群"构成对峙。鲁迅对拜伦一生经历所

---

① 转引自赵端蕻：《鲁迅〈摩罗诗力说〉注释·今译·解说》，天津人民出版社1982年第1版，第16页。
② 李欧梵：《鲁迅的小说——孤独者与大众》，见《当代英语世界鲁迅研究》，江西人民出版社1993年，第2页。

作的总结是:"所遇常抗,所向必动,贵力而尚强,尊己而好战,其战复不如野兽,为独立自由人道也,此已略言之前分矣。"所谓"独立自由人道",恰恰是中国文化传统中没有的因素,纯粹是近代以来西方对"人"的重新发现后才产生的理念。正是在这里,鲁迅显示了一个思想家所具有的超凡的思想力度。而这种思想力度是作为宣传家的梁启超和作为文学家的苏曼殊所不具备的。

当苏曼殊沉溺在"内面世界"的"爱"里的时候,鲁迅却"将自由与反抗的拜伦精神作为其自身而提出来"。反抗成了延续生命的一种方式,成了生命的本体性存在。"其平生,如狂涛如厉风,举一切伪饰陋习,悉与荡涤,瞻顾前后,素所不知;精神郁勃,莫可制抑,力战而毙,亦必自救其精神;不克厥敌,战则不止。"终鲁迅一生,难道不也是反抗的一生吗? 20世纪20年代以后,他谈及拜伦的时候不多,但拜伦精神早已融入他的精神气质之中。在小说《长明灯》里,他塑造了一个"倨傲踪逸,破坏复仇"的疯子形象。这一形象反复在鲁迅各种文体的作品中出现。1936年9月5日,鲁迅在重病中写下杂感《死》,文章末尾说:"我的怨敌可谓多矣,倘有新式的人问起我来,怎么回答呢? 我想一想,决定的是:让他们怨恨去,我一个都不宽恕。"他还说:"我只要战斗,到死才完了,在未死之前,其不管将来,先非扑死你不可。"[①] 9月20日,鲁迅写下了他一生中最后一篇完整的杂文《女吊》,介绍绍兴戏剧里一种有特色的鬼,即"带复仇性的,比别的一切鬼魂更美、更强的鬼魂"。鲁迅表面上是在谈戏剧的女鬼,实际上却还是在谈《摩罗诗力说》中的"摩罗"。鬼也好,魔也好,最后还是回到"人"上面。

第二个层面是"孤独者"。"反抗"必然走向"孤独","反抗者"必然走向"孤独者"。鲁迅分析拜伦所处的环境时说:"盖英伦尔时,虚伪满于社会,以虚文缛礼为真道德,有秉自由思想而探究者,世辄谓之恶人。"拜伦"不容于英伦,终放浪颠沛而死异域"的悲剧命运,深为鲁迅所同情。反抗者们面临这样的困境:"真"属于少数的"个人","伪"属于多数的"群体"。当两者尖锐对立之时,"伪"的人群必在会把"真"的个人指斥为"恶人"。"恶

[①] 《关于鲁迅的生活》,转引自蒙树宏《鲁迅年谱稿》,广西师大出版社1988年,第375页。

魔者，说真理者也。"因此，言说真理也就意味着选择孤独。

《摩罗诗力说》是一部孤独者们的系列传记。对天才的迫害、打击和报复，是普遍的历史现象，鲁迅认识到，这种情况在任何文化环境和任何历史时期，都在不断地上演着。"顾窭戮天才，殆人群恒状，滔滔皆是，宁止英伦。"中国历史不也一样吗？"中国汉晋以来，凡负文名者，多受谤毁"。在揭示了此一历史"普遍性"之后，鲁迅继续挖掘拜伦成为孤独者的"特殊性"。勃兰兑斯记载了关于拜伦的一个小故事："据说，有一天在斯达尔夫人家里，当通报拜伦来访的时候，一位虔诚的英国老太太，小说家赫维尔夫人听到这个名字竟然吓得晕过去了，好像——用拜伦的话来说——'魔鬼陛下'本身就要来临一样。"① 对于"虚伪者"来说，"孤独者"是可怕的，孤独者身上蕴含着巨大的颠覆现存秩序的力量。鲁迅既看到拜伦身上的强悍的个人主义，"地球上至强之人，至独立者也"；又辨析出拜伦所独有的"厌倦感"。这种"厌倦感"是易卜生、尼采一脉的思想文化体系所排斥的，它也契合着鲁迅当时从事文学活动遭受失败的心态。

"孤独"是现代的情绪。拜伦的"孤独"与19世纪之前欧洲文人的孤独迥异，也与中国古代文人的孤独迥异。它的产生和强化有"人的觉醒"为背景。鲁迅意识到"近世"是产生"孤独"的时代，他明晰地分辨出"近世"与古代的差异。他从"孤独者"的角度进入对现代社会的反思，从而与那些跟他同辈的、无条件地拥抱现代的思想家之间画上了一道巨大的鸿沟。此前，没有人"将孤独者与大众进行并置"②。就此而言，鲁迅一开始便达到了一个罕见的思想高度。

鲁迅最推崇的拜伦的作品是"裴伦在异域所为文，有《哈洛尔特游草》之续，《堂祥》之诗，及三传奇称最伟"。这一系列作品塑造的主人公，都是孤独、傲慢、愤世嫉俗、反抗旧传统、敢于向黑暗挑战、为自由和爱情而斗争的人物。他们告别了旧世界，又拒斥新世界。而在鲁迅的文学创作里，"孤独者"是一个贯穿始终的主题。而"孤独者"宿命般地走向悲剧性命运。李

---

① 勃兰兑斯：《十九世纪文学主流》（四），人民文学出版社1984年，第376页。
② 李欧梵：《〈野草〉：希望与绝望之间的绝境》，《当代英语世界鲁迅研究》，江西人民出版社1993年，第208页。

欧梵认为:"孤独者只有成为一个'烈士'般的人物,他使大众无法把他的牺牲变成一个看客们的聚集地。他使他们无法从观众看他的牺牲中获得虐待狂式的欢乐,从而对他们进行了他的'复仇',孤独者或者成为一个不屈不挠的战士,同大众进行永不停息战斗,自至死亡。不论战斗还是静止不动,孤独者永远是为了迫害他的大众而死。"[1] 正如拜伦被他的同胞所弃,再受不悟的希腊民众之欺,最后义愤而死,鲁迅自己在故乡和异土受到同样孤独残酷的戕害。《狂人日记》中的狂人,可以看作摩罗诗人的直接后裔。在这里,鲁迅已经清醒地认识到,思想启蒙之于孤独者而言,仅仅是知其不可为而为之。当孤独者被圈入"疯子"的行列时,大众就完成了对他的幽闭。这样,鲁迅得出的是悲剧性的必然结论。"一个孤独者越是富有洞察力,他的行动和言谈就越受限制,他也就越不可能改变大众的思想。相反,狂人的启蒙变成了对他们自己生存的诅咒,造成了他的悖论式的异化状态——他就被大众所抛弃,而他本来是试图改变大众思想的。"[2]

鲁迅体认拜伦的第三个层面是:"撄人心"的现代知识者、为人道和自由而奋斗的"精神界战士"。从政治宣传、个人情感的角度转换与深入到精神、心理层面。这本身就是近代思想者思想历程的重大进展。鲁迅的"撄人心"观与那个时代普遍的"唤起民众"在本质上有一定的共通性,但他最关心的是民众的精神状态以及心理感知力问题。他知道在精神委顿、感知愚钝、神情麻木、"心不受撄"的庸众面前,再先进的思想和再高尚的情感也难以发生效力。正像研究者所说:"作为文学家的当务之急,不是代替政治鼓动家、宣传家去进行一般的开发民智,而是用艺术去深深刺痛他们麻木的神经。"[3]

因此,对"精神界战士"的呼唤成为《摩罗诗力说》中的最强音。这里的"精神界战士",已经明显地不同于龚自珍所指的"我劝天公重抖擞,不拘一格降人才"中的"人才"。龚自珍心目中的"人才",是治国安邦平天下的人才,重在人才的社会功用上,未能摆脱儒家传统的影响。而鲁迅所说的

---

[1] 李欧梵:《〈野草〉:希望与绝望之间的绝境》,《当代英语世界鲁迅研究》,江西人民出版社1993年,第208页。
[2] 李欧梵:《鲁迅的小说——孤独者与大众》,见《当代英语世界鲁迅研究》,江西人民出版社1993年,第2页。
[3] 朱寿桐:《中国新文学的现代化》,南京大学出版社1992年,第92页。

"精神界战士"，则是现代意义上的、肩负启蒙使命的、具备独立人格的知识者。"无不刚不挠，抱诚守真；不取媚于群，以随顺旧俗；发为雄声，以起其国人之新声，而大其国于天下。"能否做"新声"的"真的人"，是鲁迅衡量"精神界战士"的标准。他强调"摩罗"的"人间性"，用意在于将此类知识者从西土引入东土。"凡其同人，实亦不必曰摩罗宗，苟在人间，必有如是。此盖聆热诚之声而顿觉者也，此盖同怀热诚而互契者也。"他拉近了"摩罗"与"华土"的距离，使"摩罗"不再像海市蜃楼般遥不可及。

"盖诗人者，撄人心者也。"鲁迅所指的"诗人"，不单纯是文学家，更是精神上的启蒙者，诞生"完全的人""真的人"，就要靠这样的"撄人心者"。写于跟《摩罗诗力说》差不多同时的《文化偏至论》和《破恶声论》，申明了一个相同的主题：立人。藤井省三论述说："鲁迅引进了由反抗而唤醒民族精神的诗人之声——文学的根本作用，从而扭转了民族与个人的位置。"鲁迅在"人国"与"国人"这组概念中，更看重"国人"。因为有了真正意义上的"国人"的国家，才堪称"人国"。鲁迅比梁启超大大地前进了一步。鲁迅与苏曼殊一样，发现中国人"最缺乏的东西是诚和爱——换句话说：便是深中了诈伪无耻和猜疑相贼的毛病"[①]。他所面临的任务是通过思想和精神上的启蒙疗救国民的精神疾病。苏曼殊放弃了"肩住闸门"的使命，而鲁迅自己在不抱任何希望的前提下肩起这道黑暗的闸门。

肩起闸门的，是精神界的战士，"今索诸中国，为精神界之战士者安在？有作至诚之声，致吾人于善美刚健者乎？有作温煦之声，援吾人出于荒寒者乎？"鲁迅在此种悲观情绪的笼罩下，依然选择了启蒙者这一历史角色。在他的理解中，这也是一门医学——它相当于社会的精神医生。从写作《摩罗诗力说》的时候起，鲁迅已然走上了一条漫漫不归路，直到生命的终了。正如林毓生所论："在不断的挫折和深刻的绝望中，坚定不移地献身于改造中国的事业，这是他进行在此时此地探求生活意义的实践的一部分，表现了真正的现代知识分子的良知。"正是在这个意义上，鲁迅显示了他的思想的"世界性"与"世纪性"，他以"独特的符号系统和人格践履"，回应了中国历史之

[①] 许寿裳：《我所认识的鲁迅》，人民文学出版社1952年，第18页。

交的思想文化冲突。①

拜伦在鲁迅的心目中，是集反抗者、孤独者与知识者于一身的"现代"的个人。理解鲁迅的拜伦观念，对于理解鲁迅的"立人"思想、理解鲁迅对传统与现代的复杂态度以及鲁迅的整个文化立场，都是一个极好的角度。"鲁迅化"的拜伦，真正成为现代中国的思想资源。

20世纪20年代以后，译者们对拜伦的翻译更加系统，邱从乙和邵洵美翻译了《拜伦政治讽刺诗》，杨德豫翻译了《拜伦抒情诗七十首》、查良铮翻译了《拜伦诗选》。1924年4月10日出版的《小说月报》15卷第4号，是"纪念拜伦专号"。专号集中发表了当时文坛一流人物，如郑振铎、沈雁冰、王统照、赵景深、徐志摩等人的论文与译作。当然，20年代作家们对拜伦的认识和取舍，与世纪初的梁启超、苏曼殊与鲁迅又有了绝大的不同。无论怎样，梁启超、苏曼殊和鲁迅对拜伦的引入和阐释，已经成为一种"先在"的文化成果，被后人所体味、所咀嚼。当然，他们各自之间立场的冲突以及自身思维的矛盾是无法避免的。鲁迅清醒地认识到拜伦"压制反抗，兼以一人矣"，但是他极具洞见地指出"自由在是，人道亦在是"，而19、20世纪之交的中国近代文化的魅力，不也在于此吗？

【原刊《鲁迅研究月刊》1999年第9期】

---

① 参阅钱理群：《中国现代思想的历史形态——鲁迅思想论》，《精神的炼狱》，广西教育出版社1996年。

对"意译"末流的抵制
——苏曼殊译学思想论

黄 轶

在清末译坛,关于翻译的方法,各个流派各抒己见,重要的有以严复、林纾为代表的"意译"派和以苏曼殊(1884—1918)、鲁迅为代表的"直译"派。在其时,翻译和创作的分野似乎并不重要,重要的是"措意于其命意"[①]"关切于日时局"[②],推动爱国热忱和革命意愿。至于取长补短、改名换姓,甚至删易任情、另起炉灶都不鲜见,这就是当时的"意译"习尚。五四运动后,梁启超沉痛地把"晚清西洋思想之运动,最大不幸者一事"归结为"运动之原动力及其中坚,乃在不通西洋语言文字之人"。他说当时"新思想之输入,如火如荼矣。然皆'梁启超式'的输入,无组织,无选择,本末不具,派别不明,惟以多为贵",因此,"稗贩、破碎、笼统、肤浅、错误诸弊,皆不能免。"[③] 这种翻译界"驳杂迂讹"情况的存在有其历史的必然性和合理性,其原因一与当时对翻译的政治期待有关,二与译者和读者外文水平和欣赏习惯有关,三与翻译界的拜金主义有关。但其对于西学东传和中国文学的现代转型的作用应当明确。"直译"派别具卓见,在当时是开风气的一支,我们常常把鲁迅作为"直译"的先驱,实际上,早期鲁迅并没有对这一论题提出明确的主见,即便是被今人誉为"中国近代译论史上的珍贵文献"的《域外小说集·序》,只是指出:"《域外小说集》为书,词致朴讷,不足方近世

[①] 陈福康:《中国译学理论史稿》,上海外语教学出版社1992年,第165页。
[②] 任公:《译印政治小说序·饮冰室合集》,中华书局1936年,第3页。
[③] 梁启超:《晚清西洋思想之运动·清代学术概论》,上海古籍出版社1998年,第66、99页。

名人译本。特收录至审慎，迻译亦期弗失文情。"① 根本不是明确的翻译主张，况且发行方面鲁迅也自认"大为失败"②，倒是苏曼殊不仅在实践上还是在理论上都成为领衔人物。苏曼殊精通数种外文、以翻译走上文坛，他的翻译大致分为三个板块：（1）以"醉翁之意不在酒"的《惨世界》（即雨果《悲惨世界》）小说翻译初步译坛；（2）以大量的西方浪漫主义诗歌翻译独步诗歌译林；（3）以印度文学及佛学经典译介名噪一时。柳无忌称誉苏曼殊为中西文化交流的先驱，陈子展在《中国近代文学之变迁》一书中对苏曼殊翻译相当肯定。但是长期以来，研究界恰恰忽略了苏曼殊的翻译成就和史学意义，特别是对其译学思想的梳整和厘定更是付之阙如。

苏曼殊论及翻译的文章有《文学因缘·自序》《拜伦诗选·自序》《致高天梅》《燕影剧谈》等。他明确提出自己的翻译主张是"按文切理、语无增饰、陈义悱恻、事词相称"③，我们把其散见于各处的翻译思想归整为以下几点：

一、选材精审，注重原文审美价值，反对"必关正教"

苏曼殊与王国维几乎是同时参与文学活动的，他们分别代表了文学审美现代性追求的理论与实践两个方面。王国维从1902年开始写文学和美学的杂文，其中重要的观点就是"纯文学"的主张、文学的超功利性以及直观的美学观念。现存最早的苏曼殊诗作《以诗并画留别汤国顿》和文章《呜呼广东人》都写于1903年，他自觉地把诗和文两种体裁分开，用它们表达不同的题材内容，由此可以看出他的诗歌美学思想。

作为一个深究内典的文学家，他在翻译中特别注重原文的审美价值，这主要反映在三个方面，一是翻译理论对"必关正教"的批评，二是译本选择有文学价值的原作，三是译笔对译文语言文学性近乎偏执。和梁启超、严复等对诗教传统的严守迥然相异，苏曼殊在评《摩诃婆罗多》与《罗摩延

---

① 鲁迅:《域外小说集·序》，《鲁迅全集》第10卷，人民文学出版社1981年，第155页。
② 鲁迅:《致增田涉信》，《鲁迅全集》第13卷，人民文学出版社1981年，第474页。
③ 苏曼殊:《拜伦诗选·自序》，马以君编:《苏曼殊文集》，花城出版社1991年，第302页。

（今译《罗摩衍那》）两篇叙事诗时称："虽颔马（今译荷马）亦不足望其项背……文固旷劫难逢，衲以奘公当日，以其无关正教，因弗之译，与《赖吒和罗》，俱作《广陵散》耳。"从他对玄奘翻译标准即"必关正教"的评价来看，他看重印度文化的是其优秀的文学，他在《潮音·自序》中表达渴望能够翻译出世界闻名的诗剧《沙恭达罗》，他所译出的印度文学也是纯文学作品。正是从此观念出发，虽然他对辜鸿铭所译《痴汉骑马歌》寄予肯定，认为其"辞气相副"，同时又发感喟："顾元作所以知名者，盖以其为一夜脱稿，且颂其君，锦上添花，岂不人悦，奈非为罗拔氏专为苍生者何？此视吾国七步之才，至性之作，相去远矣。惜夫辜氏志不在文字，而为宗室诗匠牢其根性也。"这些观念和林纾等名家"把外国异教的著作，都变成班马文章、孔孟道德"的翻译针锋相对。

苏曼殊选材很精审，我们看他所翻译的作品文学类居多，而且都是在一国文学史上或者世界文学史上占一席之地的作家作品，二三流者绝不姑息，他说："近世学人均以为泰西文学精华，尽集林严二氏故纸堆中。嗟夫，何吾国文风不竞之甚也！"这里，他把文风不正、文气不盛都归咎于翻译的不良影响，虽为批评，但从一个侧面也可以看出他对翻译文学审美功用的强调。苏曼殊非常注重译文语言的文学性。我们以苏曼殊翻译的《颎颎赤墙靡》为例。该诗现译名为《红红的玫瑰》，是苏格兰著名浪漫主义农民诗人罗伯特·彭斯（Robert Burns，1759—1798）家喻户晓的爱情诗，也是英国文学史上的名篇。原诗语言清新明快，节奏回环流畅，感情纯正质朴。该诗在中国有晚清、五四期间和新时期三个译本，分别为苏曼殊的《颎颎赤墙靡》、郭沫若的《红玫瑰》[①]和袁可嘉的《一朵红红的玫瑰》[②]。对照三个人的译本，我们看到苏曼殊的译诗不由自主地融入了古典诗歌的艺术因子，用五言古体翻译，选字上只押平声韵，不押仄声韵，读起来悠长而响亮；选用大量精致典雅的词语，使诗歌意象丰富，增强了诗的表现力和和谐优美之感；情感和智慧交融，用不透明的语言抒发了诗中人物心灵深处最真切的恋情。郭沫若的译诗用的是

---

① 郭沫若：《英译诗稿》，上海译文出版社1981年，第27页。
② 袁可嘉：《彭斯诗抄》，上海译文出版社1981年，第192页。

人人都可以看懂的白话，注意提炼韵律节奏，在形式和音节上相当完美，但复沓吟咏、拖泥带水，文字直白无味，虽然浅显易懂，却失去了"诗美"，而且整个译诗好像不是翻译，而是"释诗"。袁可嘉以直译的手法，采用偶句押韵的韵律，几乎字对字的采用与原诗同样的自由体的形式，保留了原诗朗朗上口的节奏感，可能更符合现代人的审美心理和欣赏习惯，但其语言过分透明，直白的倾诉缺少心灵呼应的深情感，也失去了震撼人心的激情。可以看出，苏曼殊旧体译诗"幽怨绵缈，非浅人所能解也"①，虽有损原诗热情奔放的基调，但其文学韵味最为醇厚，依然显其魅力。

二、精通原文和译入语，"按文切理、语无增饰"，反对"浇淳散朴，损益任情"

文学翻译本来就是一件非常不易的事情，因为"文章构造，各自含英，有如吾粤木棉素馨，迁地弗为良"。梁启超在谈到译诗之难时也说："翻译本属至难之业，翻译诗歌尤属难中之难。本篇（指《端志安》，即拜伦《哀希腊》）以中国调译外国意，填谱选韵，在在窒碍，万不能尽如原意。刻画无盐，唐突西子，自知罪过不小，读者但看西文原本，方知其妙。"② 苏曼殊从文学审美而非政治教化的立场出发，对于晚清翻译者大抵于外国之语言，或稍涉藩篱，对各国古文词之微词奥旨，茫然无知；或仅通外国文字言语，而未窥汉文门径，语言粗陋鄙俚；有的人根本一点不识外文，根据稍通华语的西人或者稍通西语的华人的口述仿佛摹写其词中欲达之意，不通的地方，索性根据自己的感觉武断撰写等弊端很为反感。他认为"凡治一国文学须精通其文字"，翻译者只有通晓原著作文字，才能够把握好作品，"自然缀合，无失彼此"。他举例说："昔日瞿德（歌德）逢人必劝之治英文，此语专为拜伦之诗而发。夫以瞿德之才，岂未能译拜伦之诗，以非其本真耳。"在同一篇文章中，他甚至对当时在翻译界盛名之下的严复和林纾提出了批评，他说林氏

---

① 高旭：《顾无尽庐诗话》，《苏曼殊全集》第五卷，中国书店1985年。
② 梁启超：《新中国未来记》第4回"著者按"，阿英编：《晚清文学丛钞：小说一卷（上）》，中华书局1980年，第61页。

说部"《金塔剖尸记》《鲁滨逊飘流记》二书,以少时曾读其原文,故授诵之,甚为佩服。如《吟边燕语》《不如归》,均译自第二人之手;林不谙英文,可谓译自第三人之手,所以不及万一"。苏曼殊以他的实践印证了他的理论。在苏曼殊翻译《哀希腊》之前,梁启超 1902 年在其创作小说《新中国未来记》中以戏曲曲牌《如梦忆桃源》合其一节,马君武也曾经以七言译之。苏曼殊精通英文,又是一个深受中国古典文学熏陶的文学家,他大概认为六行四音步的英文原诗,用中国的五言古体较合适,所以更改为每节八行的古诗形态。台湾的林静华在分析了各种译本之后认为:"这种译法,必然会遇到困难,不过,效果似乎更佳。"① 柳无忌曾经具体地论述了这种翻译方法的困难所在:"以中文的五言译英文的四音步,一行对一行,尚不难安排,但把原来的六行英文诗,译成八行中文诗却需要巧妙的截长补短,尤其需要填衬得当,以安置多出的两行中文诗。"他认为在这一关键处,苏曼殊"改造得天衣无缝",真乃天才与时代的撞击!②

关于汉文英译,苏曼殊在祇洹精舍任教时,白零大学的法兰教授曾登门拜访,向苏谈及"英人近译《大乘起信论》,以为破碎过甚"③。苏曼殊发表见解说:"译事固难;况译以英文,首尾负竭,不称其意,滋无论矣。又其卷端,谓马鸣此论,同符景教。呜呼,是乌足以语大乘者哉!"李代桃僵式的译本也是苏曼殊那个时代中国社会普及文化的明确标志,而苏对于这种末流技法一向反对。他举例说:"古诗'思君令人老',英译作'To think of you makes me old',辞气相附,正难相得。"他批评有些译者"浇淳散朴,损益任情",不足以胜"鞮寄之任"。即便对于佛经,苏曼殊的态度也是一以贯之的,他认为要图"佛日再晖"必须先习汉文,用以解经,次习梵文,对照梵文原籍,追本穷源,一究佛经的原义,而欧书(主要是英文)可以暂缓,他对日本僧俗人士赴英国学习梵文不以为然。从这些言论可见,苏曼殊对于翻译者解读原文和组织译文的语言能力要求是非常严格的。

---

① 林静华:《西潮狂飙与五四文人专辑之一》,《当代》(台湾),第 37 期,1989 年第 5 期。
② 柳无忌:《苏曼殊与拜伦〈哀希腊〉诗》,《佛山师专学报》1985 年第 1 期。
③ 苏曼殊:《拜伦诗选·自序》,马以君编:《苏曼殊文集》,花城出版社 1991 年。

三、"陈义悱恻、事词相称",以使达到神韵与形式的统一

曼殊翻译非常注重神韵以及神韵与形式二者的统一。在《燕影剧谈》一文,曼殊谈到日本文学大师坪内逍遥翻译莎士比亚:"夫以博学多情如坪内者,尚不能如松雪画马,得其神骏,遑论浅尝者哉?"如是看,苏曼殊将译文神韵定在一个极高的水平线上。当时的小说翻译是鱼龙混杂、泥沙俱下,张冠李戴已非奇闻,肆意篡改更是常见,能够用较为流畅的语言把西文小说的大致句意、故事梗概翻译过来已属不错,而苏曼殊对于被学界公认为最难把握的诗歌翻译却要求不仅要得西人之意,而且要非常重视重现诗词的意境,也就是说,他把翻译不仅看作一种语言活动,更当作一种审美活动。

诗歌翻译在对译者语感和语言运用方面的要求远较其他文类翻译更高,要为译诗显现生命活力,译者应是"文"与"学"的两栖明星。费罗斯托(Robert Frost)甚至给诗下过一个定义,认为诗就是"在翻译中丧失掉的东西"。尽管成功地翻译诗歌比较难,但毕竟译诗是必要的也是可行的,诗歌通过翻译也还可以诱发读者对原诗的兴趣。曼殊尝谓:"诗歌之美在乎气体。然其情思幼眇,抑亦十方同感。""诗歌之美在乎节族长短之间。"他谈道:"友人君武译摆伦《哀希腊》诗,亦宛转不离其意,惟稍逊《新小说》所载二章,惟稍失厘毫耳。顾欧人译李白诗不可多得,犹此土之于 Byron 也。"他非常欣赏印度文章,认为"梵汉字体,俱甚茂盛,而梵文八转十罗,微妙傀琦,斯梵章所以为天书也。"为了追求神韵,苏曼殊的译文除了初步文场的《惨世界》外,均为庄雅的古言,而且喜欢用高古的字词,这个特点使他的译文含混晦涩不流畅。马以君在《苏曼殊文集·前言》中写到苏曼殊的翻译:"尤以译诗为佳,其语言凝练,节奏感强,'陈义悱恻,事词相称'。但好用僻词怪字,显然是受章太炎的影响。"这无疑是客观中肯之论。一代国学大师章太炎早年潜心"稽古之学",对中国古籍研读至深,其所创作文章皆以古奥为特点。他是曼殊的挚友,也是其作诗译诗的文字先生。

对一部作品神韵的把握,从来是"仁者见仁,智者见智"。沈雁冰在《译文学书方法的讨论》中谈到文学的翻译时主张在"神韵"与"形貌"不能两

全的情况下，应考虑保留神韵，因为文学的功用在于以神韵感人。我们对苏曼殊的"神韵"追求也应当一分为二看。近人李思纯归纳20世纪初的译坛，其论述颇显见地："近人译诗有三式。一曰马君武式。以格律谨严之近体译之。如马氏译嚣俄诗曰'此是青年红叶书，而今重展泪盈裾'是也。二曰苏玄瑛式。以格律较疏之古体译之。如苏氏所为《文学因缘》《汉英三昧集》是也。三曰胡适式。则以白话直译，尽驰格律是也。余于三式皆无成见争辩是非。特斯集所译悉遵苏玄瑛式者：盖以马式过重汉文格律；而轻视欧文辞义；胡式过重欧文辞义，而轻视汉文格律；惟苏式译诗，格律较疏，则原作之辞义皆达，五七成体，则汉诗之形貌不失。"[①]

从1903年以《惨世界》图解社会政治、主观随意性很大的"改译"，到1908年明确自己的译学思想，我们看到苏曼殊在对待文艺的观念上走向了成熟，对于文学审美性的关注在当时可谓空谷足音。他是"直译"的拥戴者，但是他既求忠实于原著，保留原文风貌，又求译笔之灵活生动，得其神髓，即"直译"为主、结合"意译"，这种要求是极高的。即便在今天，这种抵制"意译"末流的译学思想依然可圈可点。

【原刊《郑州大学学报》2006年第6期】

---

① 李思纯：《仙河集·自序》，见陈子展：《最近三十年中国文学史》，上海古籍出版社2002年，第170页。

现代诗歌翻译的"独行之士"
——论苏曼殊译诗中的"晦"与价值取向

廖七一

陈子展在《中国近代文学之变迁》一书中,辟专章论述清末民初的翻译文学,其中主要的翻译家有四位:严复、林纾、马君武与苏曼殊;① 柳无忌在《苏曼殊传》一书中引用他人的话,称苏曼殊应该获得除严复、林纾之后,"第三大翻译家的地位"②。谢天振也认为,"真正开创外国诗歌翻译风气并引起国人对外国诗人、诗歌注意的,当推苏曼殊的《拜伦诗选》"③。足见苏曼殊在文学革命以前对翻译的贡献。有学者称,苏曼殊翻译的《拜伦诗选》是"石破天惊的创举"④。

1914年,胡适在自己着手翻译《哀希腊》的时候,仔细对照阅读了之前的各个译本,称马君武的翻译"失之讹",苏曼殊的翻译"失之晦";并认为"讹则失真","晦则不达,均非善译者也"。⑤ 但是,胡适评论所揭示的并不仅仅是语言文字或翻译手法上的侧重与差异,实则反映了苏曼殊独特的翻译功能观和翻译理念的取向。笔者认为,苏曼殊的译诗在很大程度上背离了当时主流意识形态和诗学规范,是清末民初近代文学翻译规范变迁中的重要一

---

① 陈子展:《中国近代文学之变迁》,徐志啸导读《最近三十年中国文学史》,上海古籍出版社2000年,第88—95页。
② 柳无忌:《苏曼殊传》,王晶垚译,生活·读书·新知三联书店1992年,第183页。
③ 谢天振、查明建主编:《中国现代翻译文学史(1898—1949)》,上海外语教育出版社2004年,第37页。
④ 余杰:《狂飙中的拜伦之歌——以梁启超、苏曼殊、鲁迅为中心探讨清末民初文人的拜伦观》,《鲁迅研究月刊》1999年第9期。
⑤ 胡适:《尝试集》,人民文学出版社1984年,第92页。

环：即从翻译的功利性标准到泛功利性标准和学术性标准的转变与过渡，是文学翻译政治化模式向艺术化模式的转变与过渡。

一、苏曼殊译诗中的"晦"

在胡适以后，各论家几乎众口一词，批评苏曼殊译诗语言的古奥与晦涩。泪红生曾言："曼殊所译摆轮诗，中多奇字，人不识也。"（泪红生《记曼殊上人》）① 张定璜在高度肯定苏曼殊译诗引进了"异乡的风味"时，也承认其译诗不仅有"疏漏"，而且"晦涩"。② 1925 年，鲁迅认为，苏曼殊的译诗"古奥得很……流传倒并不广"。③ 1927 年，罗建业在长文《曼殊研究草稿》中，对苏曼殊译诗基本持否定态度："大师所译拜伦诗最坏，只可作为说文一类的小学书读罢。文贵易晓而难为，像这样的艰涩古怪，又何苦来呢?"④ 其后，柳无忌、郭延礼等，均持类似的见解。⑤ 苏曼殊的译文的确显得古奥和艰涩：

巍巍希腊都，生长奢浮好。
情文何斐亹，荼辐思灵保。
征伐和亲策，陵夷不自葆。
长夏尚滔滔，颓阳照空岛。⑥

仅从这一节我们就能看出"斐""陵夷"均太古雅，非一般人所能求解。有些措辞，即便像柳无忌这样研究苏曼殊的专家，也"遍查字典与词源而不得，无法究其意义，直至最后以译诗与原文逐字对照，始恍然大悟"⑦。译诗

---

① 柳亚子编：《苏曼殊全集》第四卷，中国书店 1985 年，第 140 页。
② 张定璜：《苏曼殊与 Byron 及 Shelley》，柳亚子编：《苏曼殊全集》（四），中国书店 1985 年，第 226-230 页。
③ 鲁迅：《坟·杂忆》，林非主编：《鲁迅著作全编》，中国社会科学出版社 1999 年，第 122 页。
④ 罗建业：《曼殊研究草稿》，柳亚子编：《苏曼殊全集》第四卷，中国书店 1985 年，第 391 页。
⑤ 郭延礼：《中国近代翻译文学概论》，湖北教育出版社 1998 年，第 315 页。
⑥ 苏曼殊：《译拜伦哀希腊》，柳亚子编：《苏曼殊全集》（四），中国书店 1985 年，第 79 页。
⑦ 柳无忌：《苏曼殊与拜伦"哀希腊"诗——兼论各家中文译本》，《佛山师专学报》1985 年第 1 期。

中"酾渌"（酒名，因产地而得名）、"天维"（天纲）、"彭亨"（骄满貌）、"樾"（树阴）、"娄离"（古之明目者）等，① 均超越一般读书人的理解能力，而他用四言诗经体翻译的《赞大海》文辞更加古奥。丰华瞻就称，"译文相当艰深……必须查《辞海》才能找到"②。

但是，文字艰涩并非苏曼殊诗文的一贯风格，试比较同期的创作：

丹顿拜伦是我师，才如江海命如丝。
朱弦休为佳人绝，孤愤酸情欲与谁。③

春雨楼头尺八箫，何时归看浙江潮。
芒鞋破钵无人识，踏过樱花第几桥？④

与译诗比较，其诗文创作要通俗得多。可以看出，苏曼殊的"晦"实际上揭示了他政治思想态度的转变，以及随之而来的诗歌翻译观念的变化。

二、从革命者到诗僧

早年的苏曼殊与马君武一样，是激进的爱国主义者。他曾参加青年会、拒俄义勇队、军国民教育会、同盟会、兴中会等，主张用狠辣的手段（暴力、暗杀）破坏旧世界，创建新世界；甚至准备用手枪行刺保皇党人康有为。1903年年底，苏曼殊在《国民日日报》上发表翻译加创作的小说《惨世界》，流露出明显的抨击满清、崇尚暴力的倾向。但从1903年12月开始，苏曼殊的态度发生了剧烈的变化。他"戏剧性地退出上海的活动舞台"，到香港后，"过着一种清静的、与世隔绝的生活……意气沮丧，心情沉重"。他"从一个目光远大的青年革命志士变成一个乞求施舍的和尚"。⑤ 柳无忌认为，也许是

---

① 柳无忌：《苏曼殊与拜伦"哀希腊"诗——兼论各家中文译本》，《佛山师专学报》1985年第1期。
② 丰华瞻：《试评苏曼殊译诗》，《中国翻译》1989年第1期。
③ 柳亚子编：《苏曼殊全集》（四），中国书店1985年，第45页。
④ 柳亚子编：《苏曼殊全集》（四），中国书店1985年，第47页。
⑤ 柳无忌：《苏曼殊传》，王晶垚译，生活·读书·新知三联书店1992年，第30-31页。

由于经济的压力，或者逃避家庭安排的婚姻，苏曼殊"从寺院回来后，原先抱有的革命热情也已冷却下来。在 22 岁以后，他的注意力已经从政治转向教书与写作"①，苏曼殊"虽然继续和那些积极从事政治活动的朋友来往，并且偶尔也发出爱国的呼号，但他对政治已开始失去兴趣，并且再也没有参加反政府的活动。这种根本的变化，致使后来的人们已经看不出他青年时代早期的革命性了"②。

苏曼殊政治态度与思想的转变，暗示并决定了他从入世转向出世、从激进革命转向消极遁世、甚至厌世的人生态度；从关注民族国家的命运转向个人内心体验。其文学创作，包括文学翻译，则从明确的社会功利观转向个人表现与艺术审美。

其实，苏曼殊与拜伦有太多相似之处。他们不仅在创作中吟咏爱情，描写女性，而且一生风流多情，交游女子甚多；她们不仅是他们创作的灵感，也带来流言和攻击。拜伦是"真诚的自由信仰者；——他敢于要求每件事物的自由——大的小的，社会或政治的。他不知道怎样或哪里他是到了极端"③。与此相似的是，苏曼殊同样是独行之士，虽是激进的革命者，但他并不受革命纪律的约束；虽出家当了和尚，但率真任性，"沉溺于非佛教徒的娱乐……几乎抛开了一切宗教义务"④。苏曼殊曾赋诗一首：

秋风海上已黄昏，独向遗编吊拜伦。
词客飘蓬君与我，可能异域为招魂。⑤

这其中表现出的"宏阔的意境，慷慨的情怀，热烈而悲壮的情绪，实在是出自他与拜伦精神上的深刻理解与契合"⑥。

---

① 柳无忌：《苏曼殊传》，王晶垚译，生活·读书·新知三联书店 1992 年，第 33 页。
② 柳无忌：《苏曼殊传》，王晶垚译，生活·读书·新知三联书店 1992 年，第 37—38 页。
③ 柳元：《译苏曼殊潮音自序》，柳亚子编：《苏曼殊全集》（四），中国书店 1985 年，第 35 页。
④ 柳无忌：《苏曼殊传》，王晶垚译，生活·读书·新知三联书店 1992 年，第 131 页。
⑤ 苏曼殊：《题拜伦集》，柳亚子编：《苏曼殊全集》（一），中国书店 1985 年，第 53 页。
⑥ 杨联芬：《晚清至五四：中国文学现代性的发生》，北京大学出版社 2003 年，第 227 页。

三、审美的政治化转向艺术化

1907年苏曼殊与生母河合氏在日本重聚后，一直频繁地往来于中日两国之间。柳无忌曾如此描写1908年5月以后苏曼殊的境况："从此以后，他赋予自己的形象是一个经常哀愁、孤独、感情脆弱的诗僧。"其抑郁和沮丧在1910年给刘三的诗中生动地表现出来：

生天成佛我何能？幽梦无凭恨不胜。
多谢刘三问消息，尚留微命做诗僧。①

在对政治失去热情之后，贫病交加的苏曼殊似乎将佛教与文学作为自己唯一的兴趣和追求。在1908年的2、3月之间，苏曼殊"几乎用所有时间专门读拜伦的诗，试图了解拜伦精神的整体"②。1909年1月，苏曼殊在日本开始翻译《拜伦诗选》，5月完稿。

早年的苏曼殊与马君武一样，充满爱国和革命热情；但到1909年他开始翻译《拜伦诗选》的时候，其动机与梁启超、马君武等已大不相同。梁启超、马君武的翻译更多地承载着民族救亡的使命。梁启超"以译书为强国第一义"③，以"救燃眉之急"④。马君武在翻译《哀希腊》时则称，"裴伦哀希腊，吾方自哀之不暇尔"⑤，从拜伦哀希腊到梁启超、马君武哀中国，再到救中国，其中启蒙救亡的功利性非常明显。

苏曼殊对拜伦的热爱和崇拜绝不亚于梁启超或马君武。他认为"拜伦足以贯灵均太白，师梨足以合义山长吉；而沙士比、弥而顿、田尼孙，以及美

---

① 柳无忌：《苏曼殊传》，王晶垚译，生活·读书·新知三联书店1992年，第55页。
② 柳无忌：《苏曼殊传》，王晶垚译，生活·读书·新知三联书店1992年，第61页。
③ 梁启超：《变法通议·论译书》，郭延礼：《中国近代翻译文学概论》，湖北教育出版社1998年，第226页。
④ 梁启超：《大同译书局叙例》，陈福康：《中国译学理论史稿》，上海外语教育出版社1996年，第113页。
⑤ 莫世祥编：《马君武集（1900-1919）》华中师范大学出版社1991年，第438页。

之郎弗劳诸子，只可与杜甫争高下，此其所以为国家诗人，非所吾灵界诗翁也"①。苏曼殊在"灵界诗翁"和"国家诗人"之间刻意做出区别，将拜伦、雪莱和李白、李商隐、李贺置于莎士比亚、杜甫等之上，表露出"他重内在性情（所谓'至性之作'）和浪漫气质的诗歌价值观"，他"用超时空的眼光，将中、西文化和文学纳入人类精神的共同性中"②。可以看出，苏曼殊推崇的是艺术家而非政治家的拜伦。在其《潮音自序》中，苏曼殊称，拜伦的诗歌，"对于每个爱好学问的人，为着欣赏诗的美丽，评赏恋爱和自由的高尊思想，都有一读的价值"③。苏曼殊在阅读拜伦诗的时候，我们不排除他与同时代的人都能从中感悟到家愁国恨，如他所言，"遭逢身世，有难言之恫"④。但是，1909 年苏曼殊翻译《拜伦诗选》时，其关注的焦点已从民族国家的救亡转向内省，转向对佛学和诗歌的研究，译诗的动机基本上是非政治化的。在《潮音自序》的末尾，他非常明确地指出，"我赋在此书的工作"，完全是为了让拜伦的诗"为读者所欣赏"。⑤ 有学者称，政治家的梁启超、马君武重视政治启蒙，"发现的政治家的拜伦，是民族国家主义的个体；而重视心灵世界的苏曼殊发现的却是艺术家的拜伦，是感性的、审美的个性，这是一种骨子里的相似"⑥。苏曼殊译诗的意图带有为艺术而艺术的超功利色彩。

如果说苏曼殊翻译的《哀希腊》还多少流露出爱国或革命的情绪，他翻译的其他诗歌则更多地表现出对自由、爱情的向往，以及对人生哲理化的思考。如拜伦的《赞大海》（*The Ocean*）、《去国行》（*My Native Land——Good Night*）、《美人赠束发毵带诗》（*To A lady*）、《星耶峰耶俱无生》（*Live not the Stars and the Mountains*），彭斯的《颎颎赤墙靡》（*A Red, Red Rose*）、豪伊特（时译豪易特）的《去燕》（*Departure of the Swallow*）、雪莱的《冬日》（*A Song*）、歌德题《沙恭达罗诗》（*Sakontala*），以及印度诗人达特（时译陀露哆）的《乐苑》（*A*

---

① 柳亚子编：《苏曼殊全集》（四），中国书店 1985 年，第 225 页。
② 刘诚、盛晓玲：《情僧诗僧苏曼殊》，学林出版社 2004 年，第 110-111 页。
③ 苏曼殊：《潮音自序》，柳亚子编：《苏曼殊全集》（四），中国书店 1985 年，第 37 页。
④ 飞锡：《潮音跋》，柳亚子编：《苏曼殊全集》（四），中国书店 1985 年，第 38 页。
⑤ 苏曼殊：《潮音自序》，柳亚子编：《苏曼殊全集》（四），中国书店 1985 年，第 37 页。
⑥ 余杰：《狂飙中的拜伦之歌——以梁启超、苏曼殊、鲁迅为中心探讨清末民初文人的拜伦观》，《鲁迅研究》1999 年第 9 期。

Primeval Eden)。这些译诗与早期的翻译《惨社会》所表现的主题,大相径庭。前期的译作眼光在社会现实,关注的是政治意图,期望的是社会效果。后期的译诗眼光则在个人情感,关注内心感受与自由,期望的是艺术审美,追求人性的升华。这是苏曼殊从外向内、从群体到个人、从现时到永恒、从政治到艺术的转变。苏曼殊在《拜伦诗选自序》中就写道:"尝谓诗歌之美,在乎气体;然其情思幼眇,抑亦十方同感,如衲旧译颎颎赤墙靡,去燕,冬日,答美人赠束发髶带诗数章,可为证已。"① 可见,苏曼殊将上述诗人视为"为爱情和自由的理想而献身的诗人"②,他想传达的是永恒的主题:恋爱与自由。

如果说他前期的译作是应时、应事、应景而作,是主流意识形态操控翻译,那么后期的译诗则是求真、求善、求美;是艺术审美对译诗的诉求,是没有外在压力的内心追求。

四、意识形态与乌托邦

文学翻译是异国形象的建构过程。文学翻译所塑造的形象具有三重意义:1. 异国客观的形象;2. 一个民族(社会文化)构建的形象;3. 一个作家特殊感受所创作出的形象。③ 乐黛云称,对于异域的文化形象,人们通常是"按照自身的文化传统,思维方式,自己所熟悉的一切去解读","他原有的视域决定了他的'不见'和'洞见',决定了他将对另一种文化如何选择、如何切割,然后又决定了他如何对其认知和解释"。④ 一个文化尚且如此,一个诠释个体也是如此。

梁启超、马君武等的翻译构建了拜伦的中国形象。经过了一大批翻译家的不懈努力,拜伦逐渐成为"社会集体想象物",是"一个集体、一个社会文化整体所作的阐释……部分地与事件、政治、社会意义上的历史相联"。⑤ 中

---

① 柳亚子编:《苏曼殊全集》(一),中国书店1985年,第125—126页。
② 柳无忌:《苏曼殊传》,王晶垚译,生活·读书·新知三联书店1992年,第184页。
③ 孟华主编:《比较文学形象学》,北京大学出版社2001年,第25页。
④ 乐黛云:《勒·比雄独角兽与龙——在寻找中西文化普遍性中的误读》,北京大学出版社1995年,第101页。
⑤ 乐黛云:《勒·比雄独角兽与龙——在寻找中西文化普遍性中的误读》,北京大学出版社1995年,第24页。

国化的拜伦与所谓的社会集体想象物,即莫哈所谓的意识形态形象类似,其特点是"对群体(或社会、文化)起整合作用"①。这也就是说,梁启超、马君武等塑造的拜伦形象有助于整合和维护群体的价值观念,而苏曼殊译诗中的拜伦则是他感性个体独创的形象,是乌托邦形象。与意识形态形象的整合功能相反,乌托邦形象"具有颠覆群体价值观念的功能","偏向于相异性",并"将相异性再现为一个替换的社会、富含被群体抑制的潜能"。②苏曼殊的译诗代表了与当时主导意识形态相背离的倾向:超功利的翻译观、非政治化的主题选择和典雅的译诗语言。

苏曼殊超功利的翻译观使其译诗主要着眼于诗歌的艺术审美。众所周知,晚清中国的文学界,文以载道、以文治国是主流思潮。有学者称:"所载之道为新道——变法和革命,所用之文为新文——如新民体小说,改良体诗歌和散文……以文学为变法救国的工具,理论上提倡,借翻译以支持,且身体力行。"③梁启超节译《哀希腊》(时译《端志安》)就发表在政治小说《新中国未来记》上。他对时局和政治的关怀,远远超过对人物性格的塑造和文学审美价值的追求。一方面小说(文学)的功能被神化,另一方面文学独立的审美价值和艺术特征被忽略、被歪曲。主流意识形态使译诗成为政治的附庸。

而苏曼殊翻译的《拜伦诗选》则旗帜鲜明地赞扬"创造与恋爱的崇高情感",称拜伦"一生的生活、境遇,与著作,都缠结在恋爱和自由之中"。④佛莱蕙在为《拜伦诗选》所写的序言中,高度赞赏的,除了中外文学交流和影响之外,就是拜伦的诗"为中国民众的自由文学作了必要的补充",自由思想"通过思想家和诗人的作品"而日渐"深入人心","广为普及"。⑤这里的"自由"是指与社会群体相对的个人的自由,显然与严复、孙中山、梁启超、

---

① 乐黛云:《勒·比雄独角兽与龙——在寻找中西文化普遍性中的误读》,北京大学出版社 1995年,第 35 页。
② 乐黛云:《勒·比雄独角兽与龙——在寻找中西文化普遍性中的误读》,北京大学出版社 1995年,第 34 页。
③ 刘川鄂:《自由观念与中国近代文学》,《社会科学战线》1999 年第 1 期。
④ 柳无忌译:《苏曼殊潮音自序》,柳亚子编:《苏曼殊全集》第四卷,中国书店 1985 年,第 36 页。
⑤ 佛莱蕙:《拜伦诗选序》,柳亚子编:《苏曼殊全集》第四卷,中国书店 1985 年,第 31 页。

马君武等人鼓吹的自由大相异趣。

苏曼殊的翻译与同时代的人相反，完全是"兴之所至"，"既缺乏理论"，"也没有目标"，① 是超功利的艺术审美和内心的升华，几乎不带政治功利。这与他耿介和孤傲的个性密不可分。正因为他"太于狷洁"，"是非太于分明"，孤芳自赏，因而他与拜伦有种天然的亲近和心灵相通，张定璜在评述苏曼殊的译诗时称："拜伦诗毕竟只有曼殊可以译……唯有曼殊可以创造拜伦诗……他们的多难的境遇，他们为自由而战为改革而战的热情，他们那浪漫的飘荡的诗里，最后他们那悲惨的结局：这些都令人想到，唯曼殊可以创造拜伦诗。"② 张定璜意识到，苏曼殊与拜伦的相通是一种气质上的相似，他的译诗是对文学独立审美的追求，是超乎物外、超越一时一地的政治情势的人性追求。

第三，译诗超功利性与主题的非政治化，使苏曼殊译诗的形式与语言不仅有别于同时代的翻译家，也有别于自身的诗歌创作。冯印雪在《燕子龛诗序》中称："窃怪曼殊所为诗，只五言七言绝句，译诗则出以古体，律诗未之见。意以为排比对偶，桎梏性灵，弗若绝句古体之自鸣天籁耶？"③ 此言不虚。苏曼殊在《拜伦诗选自序》中又说："今译是篇，按文切理，语无增饰：陈义悱恻，事辞相称。"④ 冯印雪道出了苏曼殊不愿受汉语诗词格律的约束；苏曼殊自己的翻译主张则反映出他也不愿屈从英语字词句法的左右，希望探索一种能随心所欲表现原诗精神（其中也包括了译者自我）的艺术形式。一般说来，五言古体是他最常用的译诗形式。

与此相仿，他译诗的语言同样背离了当时的主流诗学，成为苏曼殊抒发个人内心世界、实现文学审美价值的载体。晚清的思想家和政治家将文学当作变法维新的工具，要求诗文要"易诵""明备""平易畅达""笔锋常带情感"⑤，陈平原曾经说，提倡通俗易懂的文学"贴近谋求政治变革的时代主

---

① 杨联芬：《晚清至五四：中国文学现代性的发生》，北京大学出版社2003年，第232页。
② 张定璜：《苏曼殊与Byron及Shelley》，柳亚子编：《苏曼殊全集》（四），中国书店1985年，第227页。
③ 冯印雪：《燕子龛诗序》，柳亚子编：《苏曼殊全集》（四），中国书店1985年，第93页。
④ 苏曼殊：《拜伦诗选自序》，柳亚子编：《苏曼殊全集》（一），中国书店1985年，第127页。
⑤ 梁启超：《清代学术概论》，林毅校点：《梁启超史学论著三种》，生活·读书·新知三联书店香港分店1980年，第223页。

潮",然而就语言的审美功能而言,"则文言优于白话"。① 文言"雅驯、含蓄、合文法、有韵味"②。苏曼殊既然将译诗视为艺术审美对象,注重自我情感的自由抒发,他未必将译诗的说教、鼓动功能置于首位。从艺术审美来看,苏曼殊也许更赞同严复的观点:

夫著译之业,功候有深浅,境地有等差,不可混而一之也。慕藏山之不朽之名誉,所不必也。苟然为之,言庞意纤,使其文之行于时,若蜉蝣旦暮之已化,此报馆之文章,亦大雅之所讳也。故曰:声之眇者不可同于众人之耳,形之美者不可混于世俗之目,辞之衍者不可回于庸夫之听。③

苏曼殊用古雅的文言译诗,试图使"创造同恋爱的崇高情感"④,超越"旦暮之已化"的命运,译诗自然"不能载以粗犷之词","不可达以鄙俗之气"⑤,译诗的语言自然有别于政治化的诗文、小说,更有别于"报馆之文章"。

苏曼殊译诗语言的驯雅,乃至艰涩还有另一层原因,即初学古诗者的谨慎与局促。根据柳无忌的考查,苏曼殊在东京早稻田大学高等预科读书时,"尽管相当勤奋",但学业才能"并不出色":

当他二十岁左右到上海报馆做事时,他的文章写得很差,同事们还得帮他修改。直到1907年,他在章炳麟等人鼓励下,才开始认真尝试作诗。在一个作诗才能普遍早熟的国家,他当时已经二十四岁了,却还是一个新手。⑥

---

① 陈平原、夏晓虹编:《二十世纪中国小说理论资料》第一卷(1897—1916)前言,北京大学出版社1997年,第12页。
② 陈平原、夏晓虹编:《二十世纪中国小说理论资料》第一卷(1897—1916)前言,北京大学出版社1997年,第14页。
③ 严复:《与梁任公论所译〈原富〉书》,罗新璋编:《翻译论集》,商务印书馆1984年,第141页。
④ 柳无忌:《译苏曼殊潮音自序》,柳亚子:《苏曼殊全集》(一),中国书店1985年,第35页。
⑤ 严复:《与梁任公论所译〈原富〉书》,罗新璋编:《翻译论集》,商务印书馆1984年,第141页。
⑥ 柳无忌:《苏曼殊传》,王晶垚译,生活·读书·新知三联书店1992年,第165页。

如果苏曼殊到 1907 年才认真尝试作诗，到 1909 年翻译《拜伦诗选》毕竟只有两三年时间；苏曼殊也许意识到自己作诗的根底不深，便刻意追求译诗形式与语言的完美；再加上整日浸润在以传统诗学为主导的象牙塔中，深受章太炎、黄侃等古文字家的影响，甚至还有他们修改、润色，其译诗背离当时国内的译诗主流规范、独树一帜、显得艰涩和古奥就不难理解了。

结　语

苏曼殊的译诗尽管比较晦涩，但其在文学上的成就却不能低估。柳无忌在比较马君武、苏曼殊和胡适的译诗以后，认为"在韵律和格式的整齐、语言的凝练和艺术性、优美而又值得引用的诗句数量之多等方面，苏曼殊的译诗似乎都胜过一筹"。[①] 苏曼殊译诗中的"晦"只是他个人意识形态和诗学追求的一个表征，他的译诗是个性化的、人性化的，同时也是贵族化的：是当时意识形态形象的对立与补充，代表了边缘化的译诗倾向，与王国维的自由主义文学和辛亥革命以后出现的哀情文学有着内在的联系。更重要的是，苏曼殊的译诗"代表了近代译诗从前期的政治化模式向着文艺模式过渡与转化"[②]。诗如其人，译诗也如其人。这位毕生试图摆脱社会羁绊、追求自由的诗僧，在《拜伦诗选》的翻译中同样是一位"不从流俗"的"独行之士"[③] 坚持和守护着求真求美的译诗信念。

【原刊《中国比较文学》2007 年第 1 期】

[①] 柳无忌:《苏曼殊传》，王晶垚译，生活·读书·新知三联书店 1992 年，第 183 页。
[②] 郭长海:《试论中国近代的译诗》，《社会科学战线》1996 年第 3 期。
[③] 杨鸿烈:《苏曼殊传》，柳亚子编:《苏曼殊全集》(四)，中国书店 1985 年，第 164 页。

《曼殊外集》的编与译

朱少璋

研究苏曼殊的第一代代表人物柳亚子先生，在《重订苏曼殊作品索引》中曾下了三个出版计划，即《曼殊余集》《曼殊画集》及《曼殊外集》。

"余集"中的大部分资料已由柳亚子哲嗣柳无忌教授整理，与顺德马以君先生着手编刊一部极具规模的曼殊研究资料集，而部分资料，亦早已编入《柳亚子文集》第六部《苏曼殊研究》（上海人民出版社，1987）中。画集的出版计划最难完成，因曼殊画作多已散佚，小部分在私人收藏家手中的珍品则极难看到，更遑论出版印刷了。这个工作非交游广阔、有心有力者不能胜任。我在 2000 年重刊了蔡守编刊的《曼殊上人妙墨册子》，只印了五百册，还是原书的那二十二幅，添入了新发现的邓尔雅的题跋、翻译了佛莱蕉的英文题诗；只此而已。至于"外集"的编刊，柳亚子在《苏曼殊略》中说："一本《曼殊外集》包括《文学因缘》《拜伦诗选》《潮音》《汉英三昧集》在内，也迟迟没有动手。"

苏曼殊在翻译方面的成就，的确是集中地表现在他编译的四种材料之上，即：《文学因缘》（1908）、《潮音》（1911）、《拜伦诗选》（1914）及《汉英三昧集》（1914）。曼殊编译的四种材料，除小部分出自曼殊手，其除均编自他人的译作，据柳无忌教授的查考，曼殊曾采用过以下数种译著中的材料：

（1）Chs Hes Budd, Chinese Poems, London, 1912.

（2）Can T. Candlin. Chinese Fiction, Chicago, 1898.

（3）L. Cranmer-Byng, Book of odes (She King), london, 1905.

(4) J. F. Davis. The Poetry of the Chinese, London, 1870.

(5) He rbert A Giles, Chinese Poetry in English Vetse, London, 1898.

(6) He rbert A Giles, A History of Chiliege literature, New York, 1901.

(7) D. Hervey de Saint-Denys, Le Li sao, poeme du IIIe Siecle avant Notre Ere, Paris, 1870.

(8) James Legge, The Chinese Classics, 5 vols. Oxford, 1865-1895.

(9) James Legge, The She King; or the Book of Ancient Poetry (trans in English Verse), London, 1876.

(10) W A P Martin, Chinese Legends and Lyrics, Shanghai, 1912.

(11) Wells williams, The Middte Kiligdom, 2vols. New Yurk, 1883.

姑无论是编是著，均诚如柳无忌在《苏曼殊传》中说"他就对促进西方文学关系作出了贡献"。虽然如此，这四种材料未有像曼殊的诗文作品一样，广泛地在文学界流传，时至今日，要集这四部作品已属难事，四种材料已经绝了版，那仅有的孤本则多流入私人收藏家手中，一般读者无由得见。

有人认为，这些译集只是曼殊编选而已，曼殊自译的作品并不多，因此没有重辑重刊的必要。唯个人的看法是：编选也要具识力，而并非罗列凑拼，编选者对某个文学现象的看法，对某文学体裁的偏好，对某些作者的推扬，往往可以在其编选的作品集中得到或明或暗的启示，编选原则亦往往涉及幽隐的取舍意图、文学观或文学批评理论；凡此种种，均证明重辑重刊《曼殊外集》有一定的意义和价值。柳无忌教授在1992年3月给我的信中，就讨论到《曼殊外集》出版的学术价值，柳教授认《曼殊外集》的出版"可与马以君的《苏曼殊文集》同时印出，补其不足"。马以君先生有《苏曼殊编译集》的出版计划，主要是把曼殊编译的材料分解重组为英诗汉译、汉诗英译、汉文英译、英诗辑录和汉文辑录五项，英诗辑录部分如《潮音》中的《英吉利闺秀诗选》则附郭应阳的中译；《岭海幽光录》虽非译文但却是曼殊所"编"，在马编的标准下也收入汉文辑录中。马以君《苏曼殊编译集》的重组工作诚然令曼殊的编译材料更具系统，但也同时把四种主要的编译材料的系统打散了，在取舍间我倾向保留四种材料的本来面貌和系统，让研究者有机会接触到材料的原始面貌。马以君先生也非常支持《曼殊外集》的编刊计划，我们几经讨论琢磨、都同意刻意不回避部分内容重复的现象（如《拜伦诗选》与《潮音》的内容重复，但文辞有少异处），务求把四种材料的原本、完整的面目加以保留。

《曼殊外集》的编刊，在理想计划中应包括《娑罗海滨遁迹记》和《惨社会》，唯以此两种译作于曼殊的别集、总集及选集中数数见之，读者要寻阅绝非难事，兹从略。又《英译燕子笺》《泰西群芳名义集》《沙昆达罗》《茶花女》《埃及古教考》及英译《亚洲和亲会约章》六种曼殊译著，或早已失传，亦未能如编刊入集。

曼殊的四种编集的初版都在日本刊印，这情况值得注意。今人陈春香在《苏曼殊的外国诗歌翻译与日本》中就留意到这情况。陈氏在论文中突显了曼殊为日本文坛介绍拜伦和雪莱的贡献，这是值得研究者重视的。曼殊的四种编译材料，初版均在日本印行，而且印刷也颇精美；事实上1907年前后，日本文坛流行介绍西洋输入的诗，我特别留意京都大学教授上田敏在1905年出版译介西方诗作的译作《海潮音》，《海潮音》收录了29位诗人57首诗，包括意大利3人、英国4人、德国7人、普罗旺斯1人及法国14人。而曼殊的几种编译集，从定名（如《潮音》）以至内容性质等角度看来，都很能配合日本当时译介西方文学的潮流。

此外，我们也应注意曼殊四种编译材料与梵学的关系。曼殊的四种编译材料，都或多或少带有"梵学"气息。所谓梵学，广义而言，是包括梵文、印度文学和佛学。曼殊编译的风格，与一般的编译略有不同；他似乎在翻译之外，尚有推介梵学的动机。以下就四种编译材料略举一些证据：

1. 《文学因缘》，"因缘"二字本佛家用语，在命名方面，已是带着佛教气息。而《文学因缘》卷首收录了曼殊的"阿轮迦王表彰佛诞生碑"，亦与佛教有关。另外，在卷首的九页画作中，每幅都与僧人或佛教有关，页一又有梵文题字一截，而自序中又谈道："衲谓文词简丽相俱者，莫若梵文，汉文次之，欧洲番书，瞠乎后矣！"正好说明了梵文的优越性和优美处。

2. 《潮音》，乃由僧人飞锡校录，由淀江莲华寺印行出版，在编辑和出版过程中，都跟佛教结下不解缘。扉页印有曼殊僧装像和洋装像各一幅，下署"曼殊阿阇黎狮子国造像"，强调了曼殊的佛教背景。而被摈于集外的《潮音·跋》

中，亦强调了《潮音》与佛教的关系："……仍日《潮音》，圣哉，响振千古，不啻马鸣菩萨《赖咤婆罗》，当愿恒河沙界，一切有情，同圆种智。"正好说明了编译此书的动机和期望。书中也译介了印度女诗人的《乐苑》。

3.《拜伦诗选》，序文中即提到佛教典籍《大乘起信论》的英译问题，又谈到佛书《法苑珠林》在中土受忽视而致"版久蠹蚀"的情况，在序文之末，署日期时亦刻意地写上"佛从多罗夜登陵奢天下还日"，加强了序文的禅风佛味。

4《汉英三昧集》"三昧"亦佛家用语，而页首署"曼殊阿闍黎纂"，肯定了编者的僧人身份。此书无序无跋，唯书末收了英译《大乘起信论·真如门》，可见此书与佛学有关系。

曼殊的四种编译材料，或显或隐地强调译作与梵学的微妙关系，这点与其他一节中外作品的动机不尽相同。究竟，曼殊编这四种编译集的目的是什么呢？简单地说，曼殊出版四种编译集，其实是推广梵学的第一步。

曼殊对梵文情有独钟，在他的作品中，曾多次讨论梵文、推许梵文。他曾编著《梵文典》，又曾建议创立"梵文书藏"，他曾在梵学会当过译师，凡此种种，都足以证明曼殊对梵文的重视。那么，重视梵文与英文又有何关系呢？这个问题有一个转折处：在曼殊到祇洹精舍任教英文前，曾与章太炎合撰《儆告十方佛弟子启》，其中即有反对僧校教授英文的意见："尔来东南各寺宇，间设学堂……向闻杭州僧学，乃教英文，夫沙门入校，趣于经解，欲解经者，即须先习汉文本……如欲兼明异语，正可讲及梵文，何须英文，虚损岁月？"曼殊的这种看法，在认识了杨仁山之后，显然有很大的改变。他在1908年，应杨氏之邀，到南京祇洹精舍任教英文，作育僧材。曼殊在给刘三的信中，对杨氏推崇备至："居士（仁山）深究内典，殊堪佩服，瑛于此时得闻仁老谈经，欣幸无量。今日谨保我佛光余光，如崦嵫落日者，唯仁老一人而已。"又说："仁山老居士创设学林，实末世胜事，不敢不应赴耳。"而杨仁山请曼殊到精舍去，任教的是英文科。当时精舍的课程主要有三科，其一是佛学，由杨仁山自主；其次是汉文，由李世由主讲；而英文一科，则由曼殊主讲。课程的编排原意，可从杨氏《与式海书》中窥见一二："用三门教授，一者佛法，二者汉文，三者英文，俟英语纯熟，方能赴印度学梵文，再将佛法传入彼土……"曼殊当然了解杨氏的办学宗旨，才会应聘。他的看法，显然与《儆告十方佛弟子启》中的看法不相同了，他在给刘三的信中，谈及精社的课程开办及宗旨时，对精社开办的课程显然抱着很大的期望，看法也渐与杨氏接近："想下月可开课……看二三年后僧众如能精进，即遣赴日本、印度留学梵章，佛日重辉，或赖此耳。"

柳无忌在《苏曼殊传》中曾提出以下的疑问："从曼殊于佛教的文章（按当指《儆告十方佛弟子启》）所表示的对佛教的观点，他同意教英文不教梵文，似乎很奇怪。"曼殊由反对僧人学习英文，一变而接受了"先学英文，再习梵文"的做法，确属突然之举，但正如于凌波在《杨仁山居士评传》中所说："曼殊之到祇洹精社任教，一来是他对仁山个人的崇敬，二来是他对仁山办学宗旨的认同。"则曼殊在精社的教学活动，能有力而明显地表明：他接受英文作为学梵文的初阶或作为学习梵文的手段。而事实上，曼殊的《梵文典》，也是自英文的版本转译的。

四种编译材料之中，《文学因缘》出版较早（1908），在曼殊应仁山之聘前已成书。在《文学因缘》自序中，能看到曼殊对梵文的推许和对英文的不满，曼殊在序文中大力推许印度两大史诗：《摩诃婆罗多》和《罗摩衍那》。在全书的编排上看来，他以"阿轮迦王表彰佛诞生处碑"（原文为梵文）置于卷首，其次是英译汉诗，最后才是汉译英诗，这种编排，正切合自序中所说的"衲谓文词简丽相俱者，莫若梵文，汉文次之，欧洲番书，瞠乎后矣"！从这部书看来，曼殊当时（1908）虽并未完全接受学习英文乃学习梵文的初阶，他只是有意识地透过汉文和英文的比较，突显出梵文的优美处。但此后出版的三部性质相近的书籍，曼殊的看法则明显有改变，在曼殊写的一篇英文文章中（一般称《潮音·自序》），透露了一个编译计划："In these pages, have the honour to offer my readers translations of a few poets from the works of Byron. Hereafter, I shall try my best, present them with the translation of the world reknowned Sakuntala of the famous poet dalidasa of Hindus tan, the Land of Lord Sakya Budeha.（在这几页里，我得有荣幸，来把这几首从《拜伦集》中译出的诗，献于诸位读者。此后，我将竭我的能力，翻译世界闻名的《沙恭达罗》诗剧，在我佛释迦的圣地，印度诗哲迦梨陀娑所作的那首，以呈献给诸

文学翻译研究　　119

位。——柳无忌中译）"那是在汉英互译的基础上，再尝试译介梵土的文学名作。当然，最后还是透过文学的译介，显示梵文的优美，为梵学开一路向。在《潮音·跋》中，曼殊更说明编著《潮音》的目的是"当愿恒河沙界，一切有情，同圆种智"，说明了透过掌握汉英对译的技巧，学习梵学（当包括佛学）作好准备的心愿。在《拜伦诗选·序》中，曼殊批评了英国人翻译《大乘起信论》的纰缪处。在书中，他以汉译的拜伦诗为例，展示翻译应有的态度是"按文切理，语无增饰，陈义悱恻，事辞相称"，并在及后出版的《汉英三昧集》中，选录了英译《大乘起信论》一节（非曼殊译），以作呼应，可见曼殊确刻意地以汉英的译作，作为接触、学习梵学的初阶。无怪曼殊在他的四种编译材料中，均屡屡谈到梵文、印度文学及佛学了。

曼殊强调汉文和英文乃学习梵学的重要基础，他在1910年给高天梅的信中曾说："衲谓凡治一国文学，须精通其文字。"这个想法，确实具体地在曼殊编译的材料中实践了。在他的杂著《燕子龛随笔》中，也多次谈到汉英的对译和语源关系："梵语'比多'云'父'，'莽多'云'母'，'婆罗多'云'兄弟'，'先谛罗'云'石女'，'末陀'云'蒲桃酒'，'摩利迦'云'次第花'，以及东印度人呼'水'曰'郁特'，与英吉利音义同之语甚多，拉丁出自希腊，希腊导源于'散斯克烈多'（即梵文，笔者按），非虚语也。"又如："Spenserian Verse 译云：'冒头短章'，古代希腊、拉丁诗家优为之，亦猜梵籍发凡之颂也。"又如："'涉江采芙蓉'，'芙蓉'当译 lotus，或曰 Waterlily，非也英人译作 Hibiscus，成木芙蓉矣！木芙蓉梵音'钵磨波帝'。"在《潮音》中尚有一条内证，曼殊在《乐苑》的中英对译下有关于中、英、梵的音义互译说明："Tamarinds 梵音'典谛梨'，粤言酸子；Mango 梵音'曼皋'，粤言芒果；Seemul 梵音'深牟罗'，粤言木棉或攀枝，即尉佗所谓烽火树，《大智度论》第三十五卷，《翻梵语》第九大伦第十二俱云舍摩利树，应云婆利，译曰木棉，《涅槃经》第一云：谓复有六十恒河沙阿修罗王睒婆利王而为上首玄应，《音义》第二云：睒婆又作䂵同，式染反，此译云木棉。"以上所列举的例子，都是曼殊留意于汉文、英文和梵文的具体心得和资料，配合他的四种编译材料看来，曼殊借汉英的译作为梵学铺路的意念和动机，可说是十分明显的。

李敏杰在《苏曼殊翻译的描述性研究》一文中，论证"苏曼殊不仅是中国近代文学史上的重要人物，也是中国近代翻史上重要的翻译家；其翻译思想和翻译活动是中国近代翻译史的重要组成部分，对后世的翻译理论研究和翻译有着重要的启示意义"。柳无忌在《译学先知苏曼殊——纪念先生百周年写》中也认为："在 20 世纪初年，苏曼殊实为中外文化交流的创始者，重大的功臣，诸如梵文的介绍，西洋文学的翻译，中诗英译的编集，有其辉煌的成就。这一点鲜为世人所称道。"曼殊的编译贡献和成果，就具体表现在他编译的四种专著之上，事隔近一个世纪了，重刊这几种重要的材料，无疑是有必要和有价值的。事实上，自北新本的《曼殊全集》出版以来，有关曼殊的"全集"在 20 世纪都已改头换面地出版若干，却欠曼殊编译的四种专著；本书的出版，正正期望能填补曼殊研究在原材料上的一点空白。

朱少璋写于浸会大学东楼

【原为朱少璋编《曼殊外集》之《前言》，原文为繁体字，学苑出版社 2009 年】

诗学的钳制：苏曼殊文学翻译变脸考辨

黄元军

苏曼殊（1884—1918）19 岁时削发为僧，在短暂的 34 年人生历程中，写诗、写小说，从事革命、文学翻译工作，"实为民国以来僧史上的畸人"①。无疑，李欧梵把他和林纾同誉为"现代中国文化与生命的激烈主观潮流的先驱者"②。苏曼殊以翻译英国浪漫派诗歌和印度文学作品、首译雨果小说《悲惨世界》垂名于中国文学翻译史，其诗歌翻译的成就最引人瞩目。钱基博称苏曼殊与严复、林纾的翻译活动构成晚清"诗歌、社科作品、小说翻译"③三足鼎立的格局。朱自清评论他是中国"第一个注意并且努力译诗的"④，郁达夫认为其才气体现在其译诗里⑤。

然而作为中国早期的诗歌翻译家，苏曼殊在翻译过程中为顺应近代主流诗学往往对原文"形""神"进行改写、重塑，为此常遭致当代学者诟病。刘重德批评苏曼殊、董恂、马君武等人"借题发挥"，以中国古诗体译英文格律诗，他指出："中国有不少人曾经试过用中国五言或七言古诗来译英语格律诗，但以'忠于原诗'这一基本要求来说，总令人觉得多少有借题发挥、踵事增华之嫌，难免因韵害义，因词害义，任意增减，削足适履。"⑥ 郑海凌在

---

① 南怀瑾：《南怀瑾选集（第六卷）》，复旦大学出版社 2013 年，第 426 页。
② 李欧梵：《中国现代作家的浪漫一代》，新星出版社 2005 年，第 73 页。
③ 钱基博：《现代中国文学史》，上海书店出版社 2007 年，第 316 页。
④ 朱自清：《朱自清选集（第二卷）：学术论著》，河北教育出版社 1989 年，第 304 页。
⑤ 柳亚子：《苏曼殊全集（五）》，中国书店 1985 年，第 115 页。
⑥ 刘重德：《浑金璞玉集》，中国对外翻译出版公司 1994 年，第 46 页。

引用苏曼殊译诗《赞大海》时论道："译文用词古奥、生僻，读起来非常吃力。译者的作风遮蔽了原诗的风格，使读者看不见原诗的真面目。"① 戴从容同样对苏曼殊译拜伦诗持否定态度："苏曼殊用旧词汇翻译新思想的时候，这种旧瓶装新酒的做法把拜伦的新思想变成了中国的陈年旧酿，可以醉人却难以发人深省。"②

上述批评本身没错，但非历史化、非语境化的审视为后人了解苏曼殊带来了不良导向，即认为苏曼殊故弄玄虚、卖弄才学、翻译任性，是典型的翻译反面教材。苏曼殊的文学翻译是特定历史语境中产生的特殊文本，只有回归到当时的历史文化现场，从文化翻译研究视角切入，方可解释此类翻译文本的特殊性。本文拟以文化翻译理论"诗学钳制、操控翻译"的观点为分析工具，以苏译英国浪漫派诗歌和《悲惨世界》为主要研究对象，客观描写译者通过语体和视角改变、"豪杰译"模式对原作进行大幅改写，论证这是译者积极、能动地为顺应中国近代主流诗学而采取的文化翻译行为。笔者企以此研究揭示诗学对翻译的钳制力、翻译的文化质性及客观规律。

一、翻译研究的诗学理论视角

以安德烈·勒菲弗尔（Andre Lefevere）为代表的翻译研究文化学派认为，当代翻译研究不应纠结于传统意义上字、词、句层面上的转换，而要关注跨文化视野下文学的翻译和接受。语言层面的问题，在认真的译者那里早就得到了解决，翻译研究学者要另辟蹊径，分析翻译文学在译入语文学和文化的成型及作用。他们提出"翻译就是文化互动（Acculturation）"的观点③，强调翻译不是在真空下进行的，译作的完成往往会遇到诸多限制因素，而在这众多限制因素中语言因素是最次要的。通过《翻译、改写以及对文学名声的制控》《翻译、历史与文化论集》等系列论著，勒菲弗尔建构了其"翻译即

---

① 郑海凌：《文学翻译学》，文心出版社 2000 年，第 306 页。
② 戴从容：《翻译的灵感与技艺》，《世界文学》2015 年第 4 期。
③ Lefevere. A. *Translating Literature-Practice and Theoryina Comparative Literature Context*. Beijing: Foreign Language Teaching and Research Press, 2006, P11.

是对源语文本的改写（Rewriting）""改写即操控（Manipulation）"的理论假说。其中，《翻译、改写以及对文学名声的制控》被视为翻译研究文化学派的典范之作，其理论要义被浓缩为"重写理论"①。元文学、折射、重写和格栅是勒菲弗尔的翻译理论谱系②，其思想精髓实则是"改写"背后的各"操控"要素：意识形态、诗学、赞助系统、论域及语言。翻译研究学者对译作进行描写性研究，就是要关注这些要素与译者的互动，而"对既有译作进行研究，我们既能发现翻译中文化互动过程的方方面面，亦能揭露我们的前辈采取的、达到了不同成功程度的翻译策略"③。

"诗学"一词最早见于公元前4世纪亚里士多德的美学著作《诗学》（Poetics）中，该著最重要的贡献是提出诗学"摹仿说"：摹仿是诗歌创作的实质。在讨论如何创作诗歌文学的同时，"他思考问题的广度和深度使他能够超越纯粹的类型研究以及技术层面，从'道'的高度去触及诗歌创作的本质……他的诗学理论同现代诗学理论颇有共同之处，或者说，现代诗学是对亚里士多德《诗学》某些方面的复兴"④。现今语境下的"诗学"已超越传统意义上仅针对"诗"的学问，法国象征派诗人瓦雷里（P. Valery）曾论道："从词源学的角度看，即把诗学看成是与作品创造和撰写有关的、而语言在其中既充当工具且还是内容的一切事物之名，而非狭隘地看成是仅与诗歌有关的一些审美规则或要求的汇编。"⑤ 法国当代学者方丹继承了瓦雷里的观点，昭然提出："诗学指文学的整个内部原理。"⑥

勒菲弗尔对"诗学"提出了更具体的界说："诗学有两个组成部分，一个是一张文学技巧、体裁、主题、典型人物和情景、象征的清单；另一个是关

---

① 耿强：《重返经典：安德烈·勒菲弗尔翻译理论批评》，《中国比较文学》2017年第1期。"Rewriting"的译名在国内学界有"改写"和"重写"之争，本文采用"改写"一说。关于争论详情，参阅邱进等《Rewriting："改写"还是"重写"》一文。邱进等：《Rewriting："改写"还是"重写"》，《东北大学学报》2014年第5期。

② Lefevere. A. *Translating Literature-Practice and Theory in a Comparative Literature Context*. Beijing：Foreign Language Teaching and Research Press，2006，P55.

③ Lefevere. A. *Translating Literature-Practice and Theory in a Comparative Literature Context*. Beijing：Foreign Language Teaching and Research Press，2006，P13.

④ 曹丹红：《诗学视角下的翻译研究》，南京大学出版社2015年，第58页。

⑤ 方丹：《诗学——文学形式通论》，陈静译，天津人民出版社2003年，第2页。

⑥ 方丹：《诗学——文学形式通论》，陈静译，天津人民出版社2003年，第2页。

于文学在整体社会系统里有什么或应有什么角色的观念。"① 一言以蔽之，诗学具有两张面孔：文学创作和批评。勒菲弗尔认为，翻译是两种诗学的互动与妥协，其中接受系统的诗学发挥了主要作用；译者总希望自己的译作能面世，走进译入语的读者，为了适应接受语文化里的诗学生态，译者往往会对译作进行适当变动，重塑原文风格，简言之："改写"原文。在《翻译、历史与文化论集》一书的"诗学"章节中，勒菲弗尔列举了多莱、伏尔泰、菲茨杰拉德等一大批作家对"诗学操控翻译"的观点所作的开创性描述；在《大胆妈妈的黄瓜：文学理论的文本、系统和折射》论文中，勒菲弗尔以戏曲家布莱希特的作品在英美的译介为例，阐述了"改写"理论的最初形态——"折射"（Refraction）理论，并指出英美译者的种种"错误翻译"正好服务于译入语文学系统的主流诗学；在《翻译、改写以及对文学名声的操控》著作中，勒菲弗尔以阿拉伯文学中"颂诗"（Qasidah）在欧美的翻译为考察对象，揭露这种诗歌形式在欧美文学中已缺失，根本原因乃是两种诗学不相容，译者实施了不同类型、不同程度的"改写"。基于具体翻译现象的讨论，勒菲弗尔完成了"诗学操控翻译"的理论架构，为诗学理论视角在翻译研究中的运作指明了方向。

德莱顿（J. Dryden）把翻译行为喻为"戴着脚镣在绳索上跳舞"②。对晚清时期的翻译家们来说，诗学这一"脚镣"使他们在翻译中频繁重塑原文风貌，重释了"翻译"的概念。

二、苏曼殊文学翻译变脸

晚清时期，国门初开，形形色色的西方著作使中国进步之士得以放眼世界，他们怀揣"师夷长技""中学为体，西学为用"的思想加入到翻译西学的大军中。据熊月之统计，从 1843 年到 1911 年的 60 多年间，共出版西学书

---

① Lefevere, A. *Translation, Rewriting and the Manipulation of Literary Fame.* Shanghai: Shanghai Foreign Language Education Press. 2004, P26. 张南峰译，见张南峰《中西译学批评》第 148 页。
② Dryden, J. The Three Types of Translation. In Robinson, D. (ed.). *Western Translation Theory from Herodotus to Nietzsche.* Beijing: Foreign Language Teaching and Research Press, 2006, P172.

籍 2500 余种。① "翻译的学科之广、著作之多、参与人员之众、影响之巨大与深远，都堪称历史之最。"② 更诞生了严复、林纾、苏曼殊、马君武、梁启超、周桂笙等一大批近代翻译名家，苏曼殊正是在翻译西学的浪潮中开始崭露头角。勒菲弗尔指出："译者总是受到多方面的束缚，包括他们所处的时代、他们极力想调和的文学传统和他们所用语言的特征。"③ 为了调和其翻译文学与其"所处的时代"及"文学传统"，苏曼殊在译入语诗学体制内以语体与视角改变、"豪杰译"模式为主要手段演绎了与原文大相径庭的变脸技艺，以确保译作享有最大限度的阅读量。

（一）语体改变

首先看其译诗语言较之于原诗语言的变化，试看表 1 的王佐良译文。

表 1　A Red, Red Rose 原诗及苏曼殊、王佐良译文对比表

A Red, Red Rose 原诗④	苏曼殊译文⑤	王佐良译文⑥
O, my Luve is like a red, red rose, That's newly sprung in June; O, my Luve is like the melodie, That's sweetly play' dintune.	颎颎赤蔷靡 首夏初发苞 恻恻清商曲 眇音何远姚	啊，我的爱人像朵红红的玫瑰， 六月里迎风初开； 啊，我的爱人像支甜甜的曲子， 奏得合拍又和谐。

彰明较著，原诗属现代英语诗歌，王佐良的当代译诗语言流畅、浅白，而苏曼殊译诗用语却艰涩难懂，"颎颎、蔷靡、恻恻"等词语为理解译诗设置了巨大阻力，这正是郑海凌和戴从容极力批判的。若回到译者所处的历史文化语境现场，这种深奥翻译用语的模式是顺理成章的。众所周知，中国的语言文字分为文言和白话两种。文言多用于文学创作，白话则是人们交流用语，诗词用文言来承载一直倍受文人墨客的宠爱。直到五四新文学运动时期，胡适等人倡导白话入诗、作诗如作文，现代白话新诗才日渐确立，而在此之前

---

① 熊月之：《西学东渐与晚清社会》，上海人民出版社 1994 年，第 8—13 页。
② 廖七一：《中国近代翻译思想的嬗变》，南开大学出版社 2010 年，第 3 页。
③ Lefevere. A. *Translating Literature-Practice andTheoryina Comparative Literature Context*. Beijing：Foreign Language Teaching and Research Press,2006,P6.
④ 王佐良：《英国诗文选译集》，外语教学与研究出版社 1980 年，第 34 页。
⑤ 柳亚子：《苏曼殊全集》（一），中国书店 1985 年，第 87 页。
⑥ 王佐良：《英国诗文选译集》，外语教学与研究出版社 1980 年，第 35 页。

文言诗歌一直是文学正统。近代翻译大家严复更是主张翻译用语要"雅",加之与推崇文言文的章太炎过从甚密,苏曼殊用晦涩古奥的文言来译浅显的英语原诗是合乎逻辑的,与近代文言诗学并行不悖。周作人论称苏曼殊译诗"甚达雅可赏"①,可见苏曼殊译诗在语言层面上对于原作的变脸在当时语境下颇受欢迎。

相比深奥的译诗语言,苏曼殊翻译小说《惨世界》(Les Misérables,今译《悲惨世界》)的用语要浅白得多,试看《惨世界》第七回的一段:

却说此前法国有一个村庄,名儿叫作无赖村,里头有一个姓金的农夫。这农夫有一个女儿和一个儿子。他的女儿成人出嫁之后,只剩下一个儿子,那儿子倒很聪明伶俐。只是可惜一件,因为他家道困穷,他的亲戚,和那些左右隔壁的邻舍,虽说是很有钱,却是古言道,"为富不仁"。②

上段文字读来朗朗上口,理解也比较容易。为何译者不沿袭文言译诗的方式来译小说?这就得考察中国小说语言的发展情况。"中国古代小说的历时形态是文言小说与白话小说双水分流,各成系统。"③而白话小说唱主角的时代起始于明清,《红楼梦》等小说名著即是文言和白话两种语体的合流。在现代白话小说的开山之作——《狂人日记》(1918)面世以前,文白掺杂一直是小说创作的主流。裘廷梁(1898)提出的早期"白话文运动"和梁启超(1902)倡导"小说界革命"后,文白掺杂的小说风靡晚清近代。在这样的诗学背景下,纵使有深厚的文言功底,苏曼殊却采用半白半文的语言翻译《悲惨世界》,个中缘由就是译者选择顺应译入语主流诗学,译作与原作语言在可理解层面未出现明显变脸。

再看苏曼殊翻译在文体上的变脸,旧体诗译诗是最大特征,具体情况见表2:

---

① 周作人:《周作人文类编·希腊之馀光》,湖南文艺出版社1998年,第376页。
② 柳亚子:《苏曼殊全集》(二),中国书店1985年,第120页。
③ 杨星映:《中国小说文体形态》,中国社会科学出版社2005年,第227页。

表 2　苏曼殊译诗与诗体类型对应表

译诗名	诗体类型
哀希腊	五言律诗
去国行	五言律诗
赞大海	四言古体
答美人赠束发毡带	诗五言绝句
颖颖赤蔷靡	五言绝句
去燕	五言绝句
冬日	五言律诗
题"沙恭达罗"诗	四言古体
乐苑	五言绝句
星耶峰耶俱无生	七言绝句

据上表，四、五、七言古体成了译诗建行的基本单位。译者以句式整齐、对仗工整的中国旧体诗形式处理句式长短不一的英语自由体原诗，这正是刘重德最深恶痛绝的，斥其为"借题发挥"之举。笔者认为，近代诗歌创作与翻译的大背景即梁启超等人发起的"诗界革命"可证明此乃刘氏无端指责。梁启超在《夏威夷游记》中曾说："欲为诗界之哥伦布、玛赛郎，不可不备三长：第一要新意境，第二要新语句，而又须以古人之风格入之，然后成其为诗。"①可见，早期的"诗界革命"主张诗歌创作要有新意境、新语句，但需以旧风格为载体。后为了克服"以堆积满纸新名词为革命"的弊病，在《饮冰室诗话》中梁启超将后期"诗界革命"意旨浓缩为"以旧风格含新意境"②。由此可见，在保留中国古典诗歌旧体式前提下，革新诗歌旧精神，以旧诗体传新内容、新思想，这是近代诗学的大背景。正因为如此，五、七言等旧诗体一直是近代诗歌创作的经典形式，直至五四新文学运动倡导"诗体大解放"。理所当然，为迎合诗歌主流形式，苏曼殊将原为自由体的英语诗用中国旧体诗的形态呈现，这是译者在主流诗学钳制下对原诗进行诗体重塑的文化翻译之举。

---

① 梁启超:《新大陆游记节录》第三版,中华书局1941年,第289页。
② 梁启超:《饮冰室诗话》,时代文艺出版社1998年,第54页。

苏曼殊翻译的文体变脸还体现在其翻译小说《惨世界》中。纵观中国小说的发展，元末明初，在宋代讲史的基础上诞生了长篇章回小说。明朝后期，泰州学派和李贽引领着进步文学思潮，代表人物还有汤显祖、冯梦龙等人。冯梦龙的"三言"、凌蒙初的"二拍"等拟话本小说，及《水浒传》《金瓶梅》《西游记》《红楼梦》等名著开创了小说新局面。章回小说成为中国古典小说创作的经典形式，"分章叙事、标明回目"为主要形式特征[①]。雨果《悲惨世界》的原著分部而写，部名由简单的名词短语构成，如第四部标题《普吕梅街的牧歌》（L'idylle Rue Plumet）。为顺应译入语诗学，苏曼殊用中国长篇章回小说的体例将其节译成《惨世界》，试看表3：

表3 《惨世界》前六回标题

回目	标题
第一回	太尼城行人落魂 苦巴馆店主无情
第二回	感穷途华贱伤心 遇贫客渔夫设计
第三回	世态炎凉有如此狗 婆心烘恻仅见斯人
第四回	鬼域官场万般不管 人奴贱种遇事生风
第五回	孟主教慷慨留客 金华贱委婉陈情
第六回	孟主教多财买祸 宝姑娘实意怜人

显而易见，双句回目、对仗整齐的标题会让读者误以为《惨世界》是其自创传统章回体小说。苏曼殊对小说体例的改变，映衬了他在遵从译入语诗学方面的良苦用心。这种"用心"还有另一表现，即每回以"话说"开头、以"要知（欲知）……且待下回分解"结束。译者为翻译小说《惨世界》披上了中国传统诗学的外衣，同时也为小说走进译入语文学系统铲除了阻碍。雨果指出："当你为一个国家献上一篇翻译时，这个国家总是会把它看作是与自己相抗衡的暴力行为。"[②] 而顺应译入语诗学文学体式的翻译策略，能够避免读者初次阅读时产生"相抗衡的"文化抵触心理。

---

① 张俊：《中国文学史·明清近代》，北京师范大学出版社1996年，第95页。
② Lefevere, A. *Translation, History and Culture: A Sourcebook*. Shanghai: Shanghai Foreign Language Education Press, 2004, 第18页。

(二) 视角改变

视角要解决的是"谁感知"的问题。据勒菲弗尔对诗学概念的界定，视角运用作为一种文学技巧也是诗学的组成部分。在文学创作中，视角可分为全知叙事和限制叙事两类。全知叙事，即叙事主体对文学情节及发展无所不知，该视角一般采用第三人称叙事。限制叙事，则是对感知主体进行限制，文学情节仅凭叙事者看到、想到、听到的展开，该视角主要运用第一和第三人称限制叙事，偶尔用第二人称。西方历来流行人文主义，尤其自文艺复兴以后，重视作者内心情感的铺陈与宣泄，"强调文学是人性的，是人类的，也是个人的"①，所以文学作品中多用第一人称感知视角。而中国传统诗学推崇全知叙事，作家们惯用第三人称进行叙事。苏曼殊所处的近代亦是如此，第三人称视角感知依然是文学创作的主流，如龚自珍和黄遵宪的诗歌、《孽海花》和《官场现形记》等小说。在西方诗学影响下，至五四时期，新文学运动旗手们才开始效仿宣泄个人情感的第一人称视角感知技巧，在诗文中频用"我""我们"等字眼。苏曼殊的文学翻译活动再一次表明中西不同诗学的抗衡。雨果在《悲惨世界》中本就采用第三人称全知视角，苏曼殊自然使译文与原文保持一致。为顺应译入语主流诗学而做出视角变脸的，主要体现在其译诗中，具体情况见表4：

表4 苏译诗歌和原诗第一人称出现频率对比表

频率数 译诗名	第一人称出现频率	
	原诗频率（次）	苏译频率（次）
哀希腊	20	14
去国行	41	10
赞大海	7	7
答美人赠束发毡带	12	1
颎颎赤蔷薇	11	0
去燕	1	1
冬日	0	0

---

① 钱理群等：《中国现代文学三十年》，北京大学出版社1998年，第17页。

续表

频率数 译诗名	第一人称出现频率	
	原诗频率（次）	苏译频率（次）
题"沙恭达罗"诗	1	0
乐苑	1	1
星耶峰耶俱无生	1	1

需说明的是，第一人称出现的位置在译诗与原诗中并非精确对应。据表4，不难发现，在主流诗学影响下，译者在《哀希腊》《去国行》《答美人赠束发缬带诗》《颎颎赤蔷靡》译诗中做了较大的感知视角的变动，尤其在《颎颎赤蔷靡》中，原诗第一人称消失殆尽。为适应译入语诗学的主流感知视角，苏曼殊面对原作第一人称视角要么隐去不译，要么易为第三人称视角，试看表5：

表5 *My Native Land—Good Night* 原诗与苏译对比表

My Native Land—Good Night 原诗①	苏曼殊译文②
With thee, my bark, I'll swiftly go A thwart the foaming brine; Nor care what land thou bear'st me to, So not again to mine. Welcome, welcome, ye dark-blue waves! And when you fail my sight Welcome, ye deserts and ye caves! My Native Land—Good Night!	帆樯女努力 横超幻泡漦 此行任所适 故乡不可期 欣欣波涛起 波涛行尽时 欣欣荒野窟 故国从此辞

第一人称代词在原诗中共出现六次，但在译诗中皆无对应，第一行 thee、my、I 的第一、二人称限制感知视角在译诗中变脸成了"帆樯女"第三人称全知视角。严复在其译作《天演论》中采取了相同的变脸策略，原作开篇第一句中的 "the room in which I write" 被译为"赫胥黎独处一室中"③，第一人称被改写为第三人称"赫胥黎"，即原作者。苏曼殊和严复的翻译策略反映了译者在传统诗学占主导地位的语境里有意在译作中演绎视角变脸。

---

① 柳亚子：《苏曼殊全集》(一)，中国书店1985年，第97页。
② 柳亚子：《苏曼殊全集》(一)，中国书店1985年，第78页。
③ 赫胥黎：《天演论》，严复译，世界图书出版公司2012年，第59页。

(三)"豪杰译"模式

"豪杰译"一词源于日本。蒋林在《梁启超"豪杰译"研究》中,基于王晓平、郭延礼、王向远对"豪杰译"的定义,提出了更科学、更全面的阐释:

明治初期的日本译者,为了思想启蒙或政治宣传的需要,在翻译外国作品时,常常对原作的主题、结构、人物等任意增添、删减,甚至改写。这种翻译的方法被时人称作"豪杰译",即译者以"豪杰"自命,不受原文的束缚,任意改动原作的翻译方法。[①]

"豪杰译"最初用来描述梁启超的翻译特征,后通指晚清翻译模式,笔者认为,"为了迎合译入语主流诗学"应为此翻译模式的目的之一。陈平原用"意译"一词概括晚清的小说翻译方式,实际上"意译"与"豪杰译"两者概念不可等同,蒋林已作详细对比分析,此处不赘述。但笔者认为,陈平原[②]综合的晚清小说翻译"意译"形式架构了"豪杰译"模式:

表6 "豪杰译"模式表

豪杰译	一、改用中国人名、地名
	二、改变小说体例、割裂回数,甚至重拟回目
	三、删去"无关紧要"的闲文和"不合国情"的情节
	四、译者大加增补

在此框架观照下,苏曼殊的翻译小说《惨世界》即是"豪杰译"模式的典型产物。第二条"改变小说体例、割裂回数,甚至重拟回目"已在上文"语体改变"一节中讨论,下文从另三方面探究译者受译入语诗学钳制对原文进行的"易容"。

首先,译者改用中国人名、地名,试看表7:

表7 苏译《惨世界》主要人名和地名

人名	金华贱、凡妈、宝姑娘、范桶、明白(字男德)、吴齿(字小人)、项仁杰、满周苟、张三、李九等
地名	尚海、潘大利、苦巴馆、无赖村、非弱士村、色利栈等

---

① 蒋林:《梁启超"豪杰译"研究》,上海译文出版社2009年,第39页。
② 陈平原:《中国现代小说的起点——清末民初小说研究》,北京大学出版社2005年,第39页。

故事主人公 Jean Valjean（今译冉·阿让）被译为"金华贱"这一中国特色姓名；"范桶""明白（字男德）""吴齿（字小人）""满周苟""张三""李九"等寓意深刻的中国人名都是有意虚构。地名中"尚海"意指"上海"；金华贱要去往的潘大利，有卢逸仙居住，而逸仙就是孙中山的号；还有"苦巴馆""无赖村""非弱士村"等奇特地名。这些词语非原文词语的移译，译者对人名、地名的本土化使译作呈现中国诗学风貌，激发了读者阅读兴趣。

最后，不妨将"豪杰译"框架的第三、四条并置而论，即"删去'无关紧要'的闲文和'不合国情'的情节""译者大加增补"。与梁启超、林纾等人一样，苏曼殊在小说翻译中对译作进行了"伤筋动骨"的删节和改写。据柳无忌考证，苏曼殊的《惨世界》分为两部分：第一部分是雨果原著第一部《芳汀》中第二卷《沉沦》的自由翻译；第二部分是和这部小说无多大关联的新颖故事。[1] 郑克鲁《悲惨世界》的译本分上、下两册[2]，共120多万字，而苏曼殊的译本仅14回，4万多字，足见其删减幅度之大。"删去'无关紧要'的闲文"之后，苏曼殊又进行大量增补，创造"和这部小说无多大关联的新颖故事"，虚构了范桶、明白、吴齿、张三、李九等人物角色；增添了卢逸仙居住在潘大利这一事件。尤其自第七回创造了"男德"这一角色及其发生的故事，如男德密谋刺杀拿破仑的情节。另外，苏曼殊在译作中借人物角色之口，增补大量不合原文情理的言语，如在《惨世界》第九回借一女角之口说：

哎，我从前也曾听人讲过，东方亚洲，有个地方，叫作支那的，那支那的风俗，极其野蛮，人人花费许多银钱，焚化许多香纸，去崇拜那些泥塑木雕的菩萨。更有可笑的事，他们女子，将那天生的一双好脚，用白布包裹起来，尖炎炎的好像猪蹄子一样，连路都不能走了。[3]

这段抨击中国封建旧俗的文字显然是译者的增补，即典型的"豪杰译"方式。综上所述，译者通过改用中国人名和地名，改变小说体例、割裂回数、

---

[1] 柳无忌：《苏曼殊传》，王晶垚译，北京：生活·读书·新知三联书店1992年，第27-28页。
[2] 雨果：《悲惨世界》，郑克鲁译，上海译文出版社2003年。
[3] 柳亚子：《苏曼殊全集》（二），中国书店，1985年，第185页。

重拟回目,删去"无关紧要"的闲文和"不合国情"的情节,增补大量原文不存在的内容,彻底改写了原作风貌,但却实现了诗学层面上译作与译入语诗学的和谐对接。1903年,《惨世界》连载于上海《国民日日报》,引起了社会各界的广泛关注。

勒菲弗尔指出:"文化会因为恐惧对自己形象的威胁而抵制翻译,因为相同的原因,诗学亦会抵制翻译。"① 换言之,仅在文化与诗学的狭小空间而论,源语和译入语是相抗衡的,作为"外宾"的译作企图在译入语环境里生存势必要克服文化和诗学上的不适。苏曼殊在文学翻译实践中对原文进行的"转换、变形甚至删除",一方面论证了诗学在翻译实践中的巨大操控力,另一方面也颠覆了译作需忠实于原作的绝对神话。苏曼殊在《拜伦诗选自序》中称:"今译是篇,按文切理,语无增饰;陈义悱恻,事辞相称。"② 显然,苏曼殊认为自己的诗歌翻译"按文切理""语无增饰""事辞相称",是忠于原作的,"忠实"乃其翻译主张。然而,在《文学因缘自序》中却说道:"夫文章结构,各自含英,有如吾粤木棉素馨,迁地弗良,况诗歌之美,在乎节奏长短之间,虑非译意所能尽也。"③ 这就表明,因诗学不尽相同、"各自含英",如广东木棉、素馨迁地后发育不良,诗歌翻译亦会让原诗在被移入译入语生态系统后遭遇不良发育,有必要在结构、节奏上对原诗进行重塑、改良,以适应译入语环境。周作人在《艺文杂话》中引用该观点并补充道:"欲翻西诗为华言者,亦不可不知此意,不然则画虎不成,且类犬也。"④ 言下之意,如果不从诗学角度对译作进行适当变脸,"画虎"的翻译初衷最终可导致"类犬"的失败译作诞生。苏曼殊的自我辩护再次证明刘重德、郑海凌、戴从容对其文言旧体译诗的非历史化批评类似缘木求鱼,结论自然站不住脚。

---

① Lefevere. A. *Translating Literature-Practice and Theory in a Comparative Literature Context*. Beijing: Foreign Language Teaching and Research Press, 2006, P128.
② 柳亚子:《苏曼殊全集》(一),中国书店1985年,第127页。
③ 柳亚子:《苏曼殊全集》(一),中国书店1985年,第121页。
④ 周作人:《周作人文类编·希腊之馀光》,湖南文艺出版社1998年,第373页。

三、结语

晚清近代是翻译研究文化视角的巨大实验场,翻译家们为顺应中国诗学而对原文进行改写的情况大同,严复、林纾、梁启超等人的文言翻译及"豪杰译"模式早已为学界共识。新文学运动的旗手们早期也难以挣脱近代主流诗学的束缚,如胡适用文言译诗、周氏兄弟用文言译小说。当传统诗学经典化且未被撼动之际,大文学家们也束手无策,只得在经典诗学的规范下亦步亦趋,对原作进行"改头换面"。从技术层面对此类翻译进行指责是徒劳无功的,只有对译者及其译作进行历史化、语境化考量,方可准确掌握译者主观裁决时考虑的各种因素,也只有这样的研究范式才有助于我们科学认识翻译活动的客观规律。

勒菲弗尔指出:"一种诗学,也可以说任何一种诗学,都是历史的变体;并不是一成不变的。在文学系统中,时下的主流诗学与系统中最初的主流诗学大相径庭。"[1] 以此观之,不同时代的译者因不同的诗学特征会有迥异的翻译改写策略,为顺应主流诗学而对原文进行重塑的现象不仅存在于历史中,在当代翻译活动中亦会重现。全球一体化带来的是文学与文化的融合、趋同,但是不同国别身份的文学仍存诸多"缺省",如创作经验、创作思想和艺术表现手法等。毋庸置疑,诗学是影响译作产生的重要因素。借苏曼殊文学翻译个案研究,本文形成结论:古今中外,为译入语主流诗学改写原文的现象有极大共似性,诗学的相异决定了改写的不可避免性,这也决定了翻译研究中诗学因素的不可忽视性。

【《中国翻译》2019 年第 4 期】

---

[1] Lefevere, A. *Translation, Rewriting and the Manipulation of Literary Fame*. Shanghai: Shanghai Foreign Language Education Press. 2004, P35.

文学创作研究

文化冲突·二元人格·感伤主义
——苏曼殊与郁达夫比较片论

袁凯声

文化的两难选择——个性意识的张扬与民族文化的危机

以民族生存危机为表征，以政治变革为指向，以文化检讨反省为途径，以个性意识苏醒为收束，这代表了19世纪末至20世纪初中国知识界中相当一部分先进知识分子对现实境况的认知和自身历经历的精神历程。如果说在中西文化剧烈冲突下中国知识分子不得不做出现实选择的话，那么这一选择一开始便为矛盾所困扰。对于进步知识分子而言，一方面是对民族复兴的渴望与动作，另一方面又是对传统文化的批判与否定，一方面是对社会变革与群体解放的呼吁，另一方面又是对个性价值的充分肯定与张扬。问题的根在于，民族的复兴与民族文化的保存，个性的张扬与群体解放的关系，一开始便处于现实的对立两极之中。问题还在于，这种困扰不仅在理智层面上存在，而且在情感深处发生。理智上对新价值的认同与情感和潜意识上对传统的归依，这两难选择的文化困境深刻地反映出那一时代中国知识分子的心理特征。

文学家以其职业的特殊成为时代中最敏感的一群人，因此时代对他们的制约与影响则更为复杂一些。苏曼殊所活跃的年代其基本的时代主题是挽救民族于危亡的政治革命。因此，在其行迹思想之中也表现出一种超常的政治热情和历史责任感与使命感。在留日期间，苏曼殊先后参加了政治色彩和民族色彩都很浓厚的团体——青年会、拒俄义勇队、军国民教育会，表现出他一生极少有的英雄主义精神和慷慨悲歌的气势。但是，较之上者，更值得我们仔细玩味的是苏曼殊特立独行行为方式中表现出的强烈个性主义精神。苏曼殊注重个体的体验与内省，形成了以自我意识为中心的心理特征，在他投身时代、昂扬高歌时，也没摆脱"无端狂笑无端哭""孤愤酸情欲语谁"的孤独、压抑与痛苦，也无力解除"狂歌走马遍天涯"的困惑与失落，表现出具有现代色彩的对存在的焦灼感与困苦感。他个人的身世经历更加强化他对个性存在的独特感受。落叶哀蝉、工愁善病的秉性，怪僻的性格，佯狂放浪的行迹，无不与他家世身世和个体生命的体验有关。他把出家遁世作为自己摆脱人生困境的精神出路，在佛家的禅定与内省中求得心理与精神的平衡。但这又不妨碍他对个性主义的精神认同，禅定内省后收缩的自我又重新扩张到现实的人生行为模式中，归隐的情愫与扩张的自我，佛学的无欲与个性解放的要求，矛盾地调和在一起，形成了苏曼殊二元对立的人格和两极背反式的文化价值取向。

苏曼殊为世人编织了一些抒写自己身世之恫的小说，在这些带有浓郁"自传"色彩的小说中展示了自己的内心世界和矛盾。《断鸿零雁记》的主人公的强烈自我压抑感，在两性问题上无所适从的矛盾心理，断乎爱，又系于情，倾乎爱，不敢爱、不能爱的困境，投射出苏曼殊内心双重文化价值冲突所导致的心灵骚乱和人格分裂的真实景象。他笔下写了不少女性，我们既不能用传统标准也无法用现代标准去规范她们。一方面他赋予自己笔下的女性以贞德、贤惠、恪守妇道、多才多艺等品质，另一方面又充分肯定了她们追求自由、爱情和个性解放的品格，带有一种奇特的"中西合璧"色彩。如其所言"女必贞，而后自由"。而他笔下女性的悲剧性结局似乎又暗示了苏曼殊对两种价值调和的困惑。在倩女卧榻之侧相伴时，他也能制造出"东方柏拉图式"的精神之爱。当他的"欲"扩张时，他却竭力以传统之"理"去抑制它。他攻击女性受教育的学校为"黄鱼学堂"，他的文化价值天平最终还是倒向了传统，由生命体验而产生的个性主义要求最终还是在传统价值的坚固堡垒前退缩了。苏曼殊的选择或许正反映出文化转型期知识分子内心的矛盾。

从鸦片战争爆发起，中国的一切社会思潮均围绕着一个基本核心——振兴积弱的民族而展开。从洋务运动、维新改良到辛亥革命，从坚甲利炮到政治革命，直到"五四"新文化运动，这种基本指向没有发生变化，所不同的只是各个时期、各种运动采取的方式和实现基本指向的路径有所不同。苏曼殊的超前性在于当政治革命成为高潮时，他却以自己独特的艺术方式提出并感受了自我的价值和个性存在的意义，这是那些积极入世、关心国事民瘼，以政治革命为己任的政治家、知识分子所无意关注或不屑于关注的。而苏曼殊所处身的时代所能达到的文化高度，决定了苏曼殊不可能以他那种方式去实现思想的超越。因此，他对传统的认识和反抗，对全新价值的认同，在理论层面上仍然是肤浅的。

"五四"新文化运动的基本指向或者说是目标，是使国家强盛。基于前此改革和革命运动的教训，它从一开始便是以启蒙的方式，在文化及思想层面展开。但是，两个不可克服的矛盾始终存在着，即文化启蒙运动的目标（使国家民族自立强盛）与实现目标的方式、途径（思想启蒙下对传统文化的全面否定与批判）之间的矛盾，情感上对西方列强的抗拒与理智上对西方价值的认同之间的矛盾。因此，民族的危机也以文化认同的危机这种方式进行着。

郁达夫虽仅比苏曼殊晚生 12 年，但当他以艺术的方式表达自己的思想、意念时，已经是"五四"新文化运动激荡澎湃的年代。且这一角度讲，郁达夫是"五四"的产儿，"五四"新文化运动的精神文化氛围滋养了他。

人们习惯于把"五四"这一代知识分子称为中国现代第一代知识分子。这一代知识分子对民族危机的认识与近代知识分子有所不同，在忧患意识和复兴民族的使命感、责任感上，他们与近代知识分子是一致的，这也正是对儒家传统中"先天下之忧而忧"、关心国事民瘼精神的继承。但就个人心理体验和思想的原创性而言，他们更关注文化变革和人的改造，更加注重个体存在的价值与意义。他们力图通过对传统文化的批判和新文化的铸造来实现民族的振兴与自我的解放，因此，表现出更为强烈的反传统精神和个性主义精神。这点在郁达夫身上表现得就极为明显。

就个人气质而言，郁达夫与苏曼殊有诸多近似之处，郁达夫早期诗歌创作中表现出的哀怨、感伤、孤独与忧患，乃至多情，都使人把他与苏曼殊相联系。但如果从文化价值观着眼，在郁达夫身上则体现出更多的"现代色彩"。在他的代表作与成名作《沉沦》中，人们往往百思不得其解，为什么一个得不到爱、性欲不能满足的留日学生会那么强烈地怨恨"祖国"？其意义难道仅仅是郭沫若所言的，以赤裸裸的自我暴露而使封建士大夫们感到做假的困难？如果我们进入作者的思想，与心理深层，从二元文化价值冲突着眼，我们起码可以从《沉沦》的描写中揭示出两种意蕴，即民族复兴与个人存在价值的关系及传统文化与个体生命感受、欲望的冲突。前者，作者提供了一个答案，这就是小说结尾处的"呐喊"。而后者，作者没有也无法提供答案，这正是郁达夫不同于苏曼殊的深刻之处。在欧风美雨的洗礼下，在"五四"的文化精神氛围中，郁达夫形成了自己的文化价值观——一种带有浓厚现代色彩的，以自我意识与个性张扬为主导的价值观。从个体的存在感受入手，他深切体味到自我与现实、个性与传统之间的对立。应当承认，他的作品宣泄了内心的反传统情绪。对民族的认同（爱国主义）并不妨碍人们对传统的批判与扬弃，当这种批判与扬弃在情感层面展开时，就显得复杂了。在郁达夫一生的创作中，有一个始终如一的基调——描写和表现个体（自我）的压抑、痛苦、困惑、挣扎、感伤和失落。抛开个人生活和气质的原因，究其文化根源，正是处身20世纪中西文化冲突交汇和文化转型背景下，知识分子的个性解放要求、自我价值意识与现实和传统文化价值激烈冲突导致的结果，表现了知识分子重铸自我，再选文化时的两难的心路历程。与苏曼殊相似的是，对传统价值的否定，郁达夫也采用了对"欲"的肯定的方式来进行，而且更为大胆。但这给郁达夫带来的是另一种方式的精神骚动和不安——我们不妨看看他笔下的人物：人格常常是被扭曲的、心理是变态的，性格多疑、敏感、自卑、忧郁，终日在理性与非理性、灵与肉、性欲的熬煎与爱情的渴望中挣扎，表现出一种"颓废派"色彩的文化人格特征。这一切，恰恰反映出在文化抗拒中失落精神家园的被放逐者的精神心态，其中包含了更为浓郁的"现代色彩"，表现的正是郁达夫所言的"现代人的苦闷"。

"现代人的苦闷"是文化转型期必然产生的一种文化心态。人（知识分子）是文化的创造者，同时又是文化的承传者与产儿。作为前者，他是自主的、主动的，可以选择自身存在的方式与价值取向；但作为后者，他又是非自主的、被动的，他的选择必然受制于文化传统，产生双重角色的文化冲突。

在苏曼殊处身的时代，人们尽管对传统产生诸多怀疑，但传统与现代尚未被置于敌对的地位上，人们并没放弃寻求改革传统的可能性，而郁达夫处身的"五四"时期，传统与现代完全置于敌对的地位上，新文化对传统采取了整体性的否定，尽管在意识深层中所积淀的传统文化意识或明或暗，或多或少地影响制约着他们的思想与行为，但在主体上表现出的文化创造精神和自主意识，较之苏曼殊及其时代还是大大前进了一步。

理论上对传统文化及其价值的否定是一回事，实际上的思想与行为又是一回事。就郁达夫而言，他对包容面极为丰富的传统文化并非一概否定，但值得我们玩味的是，他所认同的庄禅思想、名士风范、主情主义等，无不是主观个性色彩较为浓烈的文化精神。传统在这里被活化，与时代整体精神相融合。对传统进行批判扬弃的理论武器与价值支点，一方面来自西方文化，一方面却又来自传统本身。

苏曼殊与郁达夫身处整体文化冲突矛盾的时代，这必然使他们文化性格打上鲜明的时代烙印。就文化心态而言，郁达夫较之苏曼殊表现得更为开放。他们虽然都有强烈的自主意识和对独立人格的追求，但不同的是，在双重文化价值的冲突中，苏曼殊更侧重于对传统文化的认同，他那"亦新亦旧"的文化性格，较典型地反映了文化转型期传统知识分子的某些心理特征，而郁达夫则侧重于对现代新文化的认同，表现出现代知识分子的精神心态，透露出现代知识分子企冀挣脱自身传统束缚的心声。

抒写自我——文学史上特有的孤独者与零余者

现代艺术与传统艺术在审美意识上的差异之一，即在于前者强调对自我的表现。当然，从广义上讲，每位艺术家、作家的创作，均可视为以不同的审美感知与表现方式或直接或间接地表现了主体对人生、社会等的思考与感受，但这与强调对自我的表现是不同的。从表现自我这一点看，苏曼殊与郁达夫的创作充满了现代意蕴，表现出他们对传统文学的一种超越、对自我的抒写，不仅表现在苏、郁的审美观上，而且也表现在其作品的表现内容与文体形式上。在现代文学史上，以浓郁抒情色彩为表征的"自传体"文体形式，滥觞于苏曼殊，至郁达夫而达极致。不约而同的是，他们各自创造了一个"自我"的艺术形象，而这一形象成为他们各自作品表现的重心。

关于苏曼殊小说创作之动机，前人曾评论为"不过自述其历史，自悲身世耳"。郁达夫亦曾言："至于我的对于创作的态度，说出来，或者人家要笑我，我觉得，'文学作品都是作家的自叙传'这一句话，是千真万确的。"当然，我们不能简单地把苏、郁笔下的人物等同于作者本人。

在苏曼殊笔下，对自我的抒写，外化为对"孤独者"形象的塑造。这位"孤独者"是一位"无端狂笑无端哭，纵有欢肠已似冰"的"行云流水一孤僧"。他哀身世之痛，拒佳人之爱，求遁世之途（《断鸿零雁记》），放浪天涯不知身归何处。他才如江海命如丝，闻潮悲嘶，欷歔凭吊，顾影自怜。昂奋之时，他愤人间之不平，好侠尚义，有过"披发长歌揽大荒"的慷慨多；缠绵之时，他流连哀婉，柔情似水，情不能制，亦有"忏尽情禅空色相"的悲叹。在这位人物身上包含着如此之多作者个人的经历与体验，使得人们几乎无法将其与苏曼书本人区别开来。因此，"孤独者"形象也集中投射出作者的思想人格特征——孤独、高傲、真诚，但又充满着矛盾。扭曲的人格与变态的心理相交织，愤世嫉俗的性格与哀怨感伤的情怀相揉合，这一切构成了苏曼殊笔下"孤独者"有血有肉的思想性格内涵，也使之成为中国文学史上最具现代色彩和个性的最早的知识分子典型之一。

较之苏曼殊，郁达夫对"零余者"形象的描绘更为细腻、全面。他的每一篇抒情小说，几乎都是从各个侧面展示"零余者"——自我的思想性格、人生体悟与个人经历。异国他乡，都市小巷，宁静的山村秀丽的山水旁，沉闷的病榻上，繁杂的妓院中……都留有这位"零余者"的身影。与苏曼殊笔下的"孤独者"孤傲中的一丝自信不同，郁达夫笔下的"零余者"在强烈的压抑中充满着自卑感和被抛弃感。郁达夫称之为"生则与世无补，死亦于人无损的零余者"，其寓意不言自明。从作者为"零余者"设置的文化环境与经历上看，作者更强调现实秩序和传统价值对人的束缚与压抑。因此，"零余者"的反抗、叛逆行为便具有了双重含义——社会意义与文化意义。他的自戕自残、沉溺酒色等行为方式，不仅表现了与社会的冲突，而且包含了"以欲抗理"的意蕴。郁达夫还着力揭示了这一人物的内在矛盾：要求挣脱束缚、伸张个性与奇特反抗方式之间的不和谐。因此，人物性格表现出对立的两极：敏感而又麻木，清醒而又迷茫，自喻多才而又自轻自贱，追求纯洁的爱情又渴望性欲的满足，愤世嫉俗又随波逐流，激昂慷慨而又软弱无能……精神世界里充满着痛苦、悲哀、孤独与感伤。正因为如此，我们说，"零余者"是一个在传统文化与现代文化、现实重压与个性解放激烈冲突中被扭曲了人格的现代知识分子的悲剧典型。

"孤独者"形象与"零余者"形象所显示出的性格特征很容易使人们将其与拜伦笔下的"拜伦式英雄"和19世纪俄罗斯文学中"多余的人"相类比。从苏曼殊对拜伦其人其诗的兴趣与爱好，我们可以肯定其笔下的"孤独者"形象与"拜伦式英雄"存在着某种精神联系，从郁达夫对19世纪俄国文学的熟悉与欣赏，我们可以判断出"零余者"与"多余人"的相似。可我们又发现，就阳刚之气与理想色彩而言，"孤独者"不及"拜伦式英雄"，就孤傲与超群而言，"零余者"显得比"多余人"更少自信，尽管在个性主义精神、悲观主义的人生态度、精神抑郁症与自我感伤诸多方面，"拜伦式英雄""多余人"与"孤独者""零余者"有着惊人的相似。因为"孤独者"和"零余者"凝聚的是苏曼殊、郁达夫对社会的思索，对人生的体味，是两个产生于19世纪20世纪之交的中国知识分子艺术典型，他们不是"拜伦式英雄""多余人"的翻版，他们反映的是某一类中国知识分子的精神与性格特征，展示了在文化转型期激烈文化价值冲突中中国知识分子的特殊心态与变异人格。这两个独特艺术形象所具有的思想意蕴与审美价值是不言而喻的。

"孤独者"与"零余者"作为两个相类似而又有所不同的艺术形象，其根本的差异不在于性格特征上的某些不相同，而在于二者表现出的文化个性与精神气质上的区别。"孤独者"把回归东方传统文化作为自我的精神归宿，企冀在佛学的四大皆空中泯灭自我的"欲与情"，最终以牺牲放弃现实人生为代价求得心理与价值的平衡。"零余者"所显示出的是对传统价值更为彻底的否定，他肯定了自我独立存在的价值与意义，肯定了"欲与情"的合理性，表现出对个性主义精神更为强烈的认同。前者的"传统品格"与后者的"现代品格"形成了鲜明的对比。我们大胆地说一句，"孤独者"属于已逝去的19世纪，而"零余者"则可以说是20世纪文化的产物。这两个艺术形象的存在不也正为我们提供了一个观察中国知识分子在文化转型期心态世界与精神历程的独特视角吗？

感伤的浪漫主义与浪漫的感伤主义

苏曼殊与郁达夫对于中国文学的独特贡献之一，即在于他们以其富有个性和独创性的小说创作，开启了以感伤与浪漫相融合的现代中国小说新风格，不仅拓展了中国小说的表现领域，而且极大地丰富了现代中国小说的表现形式与叙事方式。

谈到艺术风格和表现方式，郁达夫对苏曼殊倒有一段颇值得玩味的评价："苏曼殊是一位才子，是一个奇人。然而决不是大才。天才是有的，灵性是有的，浪漫的气质是很丰富的。""我所说的他在文学史上可以不朽的成绩，是指他的浪漫气质，继承拜伦那一个时代的浪漫气质而言，并非指他哪一首诗，或哪一篇小说。"

"五四"新文学倡导者陈独秀曾言："曼殊上人思想高洁，所为小说，描写人生真处，足为新文学之始基乎？"这些评价把握住了苏曼殊小说创作的基本风格与特点。从小说表现内容看，苏氏小说不外是"男情女爱"，问题的关键在于，苏曼殊把这一内容引入到人生体味的层次，在感伤和悲惨的描绘中，揭示了个体存在的孤独感与苍茫感，形成了以自我感伤为表征的浪漫主义风格，开创了"五四"新文学以感伤风格表现自我与人生小说的先河。

苏曼殊所处身的时代，可以说是呼唤英雄主义，需要阳刚之美的时代。当一个民族历经灾难，处身危机，寻求政治变革之路时，时代所召唤所需要的必然是一种充满献身精神和昂扬斗志的艺术。在这种氛围中，苏曼殊表现体味"人生真处"，展示个体存在的孤独与苍茫，显然与时代主潮不和谐。而正是这种"不和谐"体现出苏氏的超前之处，他的小说所蕴含的个体生命意识，预示了一种更成熟、更富有现代色彩和现代意识的审美趋向的形成，这也为后来的"五四"新小说所证明。

苏曼殊的小说打破了中国传统小说的表现形式与叙事方式。强调了"自我"的存在在艺术创作中的意义，创造了一种以"自我"为中心的小说叙事方式，赋予小说以现代色彩，体现了一种新的审美感知与表现方式在小说领域的孕育与发生。由于他的小说对传统大团圆心理的拒绝，不仅在叙事方式，而且在小说意识中引进了"悲剧观念"。虽然苏氏小说缺乏鸿篇巨制的气魄，也没能为人们提供认识当时社会境况的可资佐证的材料，但我们却又不能不承认，他为后来的"五四"小说家们找到了一个大写自我、表现个性的极为恰当的小说形式——感伤的浪漫主义主观抒情小说。

这一小说形式在郁达夫那里得到发扬光大并趋于成熟，较之苏曼殊的小说，在艺术技巧、人物塑造、情节设计等方面表现得更为成熟。如果说苏氏小说在实现传统小说向现代小说转换中，虽不乏新意，但仍打上一些传统小说的烙印的话，那么郁达夫小说则完全摆脱了传统小说的艺术模式，并成为"五四"时期独具个性和现代色彩的小说。正是在这一意义上，我们说苏氏是感伤小说的开创者，而郁达夫才是真正的奠基者。郁达夫不仅完善了感伤抒情小说的艺术表现方式，而且在自我、个性、人格气质与艺术表现方式之间实现了无懈可击的和谐与统一。郁达夫的小说，在中国现代小说史上的影响是少见的，学步者如云，形成了中国现代感伤主义抒情小说的一股潮流。

无论是苏曼殊，还是郁达夫，就其气质、个性和生活方式而言，均不乏浪漫之色与激情。但从其各自所接受的影响、艺术风格与审美表现方式上看，并不完全相同。苏曼殊更多的是受拜伦等浪漫主义诗人的影响，他把拜伦式的孤独、忧郁、自傲乃至精神自信融入吸收到自己的风格之中，本质上却又是超现实的。他所构建的艺术之塔充满着精神幻觉，艺术成为他逃避现实的一种手段，而感伤只是他抒写自我的一种方式，悲惨也只是对现实存在价值的理性否定。从所接受的影响上看，郁达夫所吸吮的艺术营养更为丰富，他把卢梭式的真诚"忏悔"融入自己小说创作之中，作为抗拒传统重压、摆脱伦理束缚的一种方式，在华兹华斯的感伤风格中为自己找到了宣泄内心情感的方式，在劳伦斯和日本私小说中，找到自己肯定现实自然人性的根据……他来得真诚、自然，绝无任何矫情之处。在《东梓关》《迟桂花》等小说中虽然流露出庄禅式的归隐意识，但又明确区别于庄子式的逍遥及对自我的否定，而是表现了对自然人性和自我价值的执着追求与肯定。他的小说在感伤的气氛中充满着现代人对自身存在境况的思索和对悲剧性人生的展示，他所构造的艺术世界，与其说是虚幻的，不如说是写实的，与其说是浪漫的，不如说是感伤的，与苏曼殊"感伤的浪漫主义"相比，他似乎更是一种"浪漫的感伤主义"。

应当承认，苏、郁二人在小说艺术风格与审美感知、表现方式上有一脉相承之处。他们的小说所表现的基本风格精神是相通的。他们小说都侧重于对自我的表现，强调个体的人生体悟，因此，无论是追求、困惑，还是失落、感伤，都围绕着主体的人生体味而展开，以抒情的方式加以表达。与强调艺术形式严谨的一些小说家不同，他们的小说往往是侧重于主观感受与情绪的传达，在情绪的流露中似乎表现出对艺术形式的"漫不经心"。可从另一方面看，自己的个性、气质及所要传达的意蕴却在这"漫不经心"中与散漫的抒情文体形式得到和谐统一。这种风格，这种精神，为后来的中国现代感伤主义抒情小说确立基本文体形式，并对抒情小说的发运产生了巨大的影响。

苏曼殊和郁达夫小说所表现出的风格特征和文体特点，不仅展示了作家的个性气质，而且也蕴含了丰富的历史文化内容。在苏曼殊的"感伤的浪漫主义"风格中，我们可以区分出两个形成鲜明对立的世界：一是充满着矛盾痛苦的现实人生世界，一是以佛学、博爱等为核心的理想精神世界。前者是他体悟人生、感伤情怀产生的基础，后者是他憧憬、寄情、精神归依之所在，在二者的对立中苏曼殊获得了只属于他的抒情小说表现方式。在郁达夫的"浪漫的感伤主义"风格中，同样也存在两个对立的世界：一是自然、纯朴，人性得到充分实现的"田园世界"，一是个性、人性备受压抑、摧残的现实世界。在二者的对立中，个性存在的价值、个性解放的要求，得以充分展示。苏、郁二人相比苏的抒情显得缥缈，哀叹羼杂着一丝矫情，忧伤透露出虚幻，感伤似乎又有点浪漫，情感炽热但又来得直接而简单。郁的抒情显得真诚，浪漫的感伤中包含着写实。他所构建的两个对立的世界之间的冲突是不可调和的。因此，他所揭示的人生悲剧更具有丰厚的现代意蕴。

如果从纯粹审美形式上观照，我们应该承认苏曼殊不及他的后来者郁达夫。这并不是因为苏曼殊尚没完全摆脱传统小说语言形式的束缚，而是两者在整体上所表现出的差距。是郁达夫而不是苏曼殊，奠定了中国现代感伤主义抒情小说的基本表现形式和文体规范——以感伤哀婉的笔调抒写人生体味，强烈的主观色彩和敏感的笔触使小说渗透着作者的人格与激情,结构方式的情绪化,抒情自传体的写实性(这曾使不少研究者把郁达夫归属于写实主义作家),纤巧柔弱的风格,真挚浓烈的情感,浓郁的忏悔意识、内省意识与自我的心理剖析,流畅自如的语言风格……这些,构成了现代感伤主义抒情小说的基本文体要素。这恐怕也正是郁达夫对后来者影响远远大于苏曼殊的原因之一。

【原刊《江海学刊》1994 年第 1 期】

苏曼殊诗画的禅佛色彩

黄永健

诗僧、画僧、诗画僧

中国僧人作诗最早可以上溯至东晋的诗僧康僧惠、支遁和慧远。隋至初唐时的释门"自由主义者"王梵志、寒山、拾得创作了大量的诗歌,"世情"开始进入诗僧的题咏,这几位"跌宕骇俗"的佛门狂士(寒山终生贫居寒岩)以近于俚俗的语言,佛理深湛的词锋开中国诗僧的一派诗风,但在正统的中国诗歌史上,他们的诗作不入以"典雅、清丽"为懿范的正宗诗派[①]。皎然的出现,可视为中国诗僧从"偈颂气""俚俗气"(从王梵志、寒山、拾得诗歌的"以俗为雅"的形式取向看)向"典雅正则"过渡的转折点。皎然不仅创作了大量"唐风雅韵"的诗歌,更写出了《诗式》《诗评》《诗议》,最早提出诗歌"取境"这一诗美学范畴,对诗歌的本质、规律、创作法则进行深入的探究。其后,更有集诗僧与画僧声誉于一身的贯休和集诗僧与诗论家声誉于一身的齐已(齐已有《风骚旨格》传世)。皎然、贯休、齐已的出现,标志着中国诗僧的诗美学趣味已纳入中国的诗教传统,沙门和文坛的美学趣味终于打通,僧人和文士酬唱无碍。自此以后,佛门"诗僧""画僧""书僧"代有所出,蔚为中国佛门"文艺之大观"。而在这个过程中,以八指

---

① 覃召文:《禅月诗魂——中国诗僧纵横论》,三联书店出版社1994年,第56页。

以头陀敬安、弘一法师和苏曼殊为代表的近代诗僧群体，突出于清末民初，在国族危机，世风衰颓，传统价值体系行将解体所造成的内在和外在双重压力之下，发为"悲喜"之唱，"愁恨"之音，实为中国僧诗发展史上的一个高峰，而苏曼殊作为这一诗潮的代表性人物，其独特的人格个性和文艺个性及其杰出的文艺成就，为近代诗坛增添一道独具魅力的光辉。

后人对苏曼殊身份的定位，有"诗僧""画僧""情僧""革命僧人""独行之士""小说家""翻译家""上人""大师"等，其中"诗僧"这一身份，已得到普遍认同，这不仅因为他的不少诗作带有典型的"禅悟""偈颂"色彩，而且也因为他在诗中公开亮出"诗僧"的身份，如："白云深处拥高峰，几树寒梅带雪红。斋罢垂垂浑入定，庵前潭影落疏钟。"（《住西湖白云禅院作此》）

这首诗作为苏曼殊的"禅悟"诗被当代许多中国"禅诗"选本辑入①。他的《寄调筝人三首（其二）》通常也被认为是较具代表性的"禅诗"。其中"忏尽情禅空色相，琵琶湖畔枕经眠"，被认为是作为曹洞弟子的苏曼殊，"以情证禅，空诸色相"，亦禅亦诗的名句。此外，像《柬法忍》那样的亦诗亦偈的清新之作，非深谙禅机者断不可为②。在《柬金凤兼示刘三其二》一诗中，他公开亮出"诗僧"身份："生天成佛我何能？幽梦无凭不胜恨。多谢刘三问消息，尚留微命作诗僧。"

在上述庞大的诗僧群落中，有一部分诗僧不但诗作得好，而且也能绘画，如贯休、石恪、巨然、齐已、惠崇、担当、清四僧、虚谷、苏曼殊、弘一等。僧人，尤其是中晚唐以后的禅僧，其吟诗作画深受禅学的影响，所谓"禅道惟在妙悟，诗道亦在妙语"③，诗僧的许多诗作（比如示法诗、悟道语、颂古诗）本身就是借诗喻禅，即以诗来明佛证禅，这是典型的"禅诗"，而他们的山居诗、云游诗虽不是为了宣扬禅宗的教义和禅法，但其取境用象都渗入禅的意趣，所以，也被称为禅诗，如："海天空阔九皋深，飞下松荫听鼓琴。明日飘然又何去，白云与尔共无心。"（《明僧·成回》）

---

① 韩进廉：《禅诗一万首》，河北科学出版社 1994 年，第 1404 页。
② 韩进廉：《禅诗一万首》，河北科学出版社 1994 年，第 1405 页。
③ 胡才甫：《沧浪诗论笺注》，中华书局 1937 年，第 3 页。

此诗写僧人山居生活的清幽、适性,禅僧热爱自然,因为自然远离尘嚣,有利于禅僧摆脱尘网的羁绊,息气宁神,修禅证道,同时,寄身自然,禅僧在永恒的象征——山、水、云、月、松、岩、风、雨等自然物象面前,易于导入对生命的本质、宇宙的本体等问题的冥思,通过这些永恒的象征物,悟入真如佛性,在精神上达到禅佛的境界。成回的这首山居诗通过海、天、松、白云这些象征永恒实有的意象及空、阔、深、飘、无这些象征永恒"无驻""无有"的意象,共同形成了一个禅悟的境界:诸色皆空、虚生万有。世界诸色相皆空,"明日飘然又何去",不知飘向何方,六根所妄生的诸色相最终只有趋于灭寂,也就是在"无心"的状态下归为"空",这才是最本质的真实。寒山诗曰:"登陟寒山道,寒山路不穷。溪长石磊磊,涧阔草濛濛。苔滑非关雨,松鸣不假风。谁能超世界,共坐白云中。"其禅境与成回的诗是同一境层的。

　　中国绘画理论历来有主张诗画一律的,即诗与画这两种艺术形式具有共同的创作规律,诗道重在妙悟,画道自东晋顾恺之提出"迁想妙得"之后,遂成为千古画家的座右铭,唐代张璪提出"外师造化,中得心源"更推波助澜,历代画家在师法自然的同时,更注重"想"和"心"的作用,也就是更注重主体的灵性和妙悟,北宋范宽谓"前人之法未尝不近取诸物,吾与其师于人者,未若师诸物也。吾与其师于物者,未若师于心"[①]。禅僧作诗得力于类似于禅宗的顿悟法门,取境用象渗入禅的理趣,因而产生了"禅诗",历代参禅学佛的大诗人援禅入诗,如王维、孟浩然、李白、白居易、柳宗元、李商隐、苏东坡、黄庭坚、袁宏道、龚自珍、谭嗣同等也写出了不少富于禅机禅趣的"禅意诗"。同理,禅僧作画自然会得力于被称为"心宗"的禅宗的思想方法和哲学境界,尤其是集诗与画两种艺术才能于一身的诗画僧,以禅道济诗道,以禅道济画道,禅、诗、画打成一片,更能产生光照千古的不朽之作,历史上如贯休的十六罗汉图、惠崇的"寒汀远渚"小景画、八大山人雄浑简朴的写意花鸟、担当的"无一笔是画"的泼墨山水都凝蓄着禅僧"师心求道"的禅印佛迹以及"羚羊挂角,无迹可求"的诗之至味至趣。我们称

---

① 周积寅:《中国画论辑要》,江苏美术出版社1995年,第35页。

禅僧的画为"禅画","禅画"与禅诗在创作方法、取境用象如"言外之旨""象外之意""意到笔不到""意到笔吞"等方法论上是互为连通的。历史上参禅学佛的大画家援禅入画,如王维、王墨、梁楷、倪瓒、徐渭、扬州八怪等也创作了不少富于禅的理趣的"禅意画",如梁楷著名的《泼墨仙人图》,倪瓒的"写胸中逸气"的山水画。"禅意画"与"禅意诗"是历代文人墨客自觉认同禅的宗趣,援禅入诗入画而产生的文学艺术精品,但它们毕竟与禅门佛子以超然出世的情怀所创作的"禅诗""禅画"有所区别,正如陈传席教授在评论倪瓒和担当的画风时指出的:担当的山水境界有禅的虚幻和空寂感,是那样的逸远、静穆、纯雅、清新和淡泊,这正是他的禅心之外化;他对倪云林特别推崇,实际上就清空和冷寂而言,是超过了倪云林的。① 同理,柳宗元的《江雪》:"千山鸟飞绝,万径人踪灭,孤舟蓑笠翁,独钓寒江雪。"诗中有画意,是大诗人对自然雪景进行艺术的想象之后创造出来的一个洁白、光明、空旷、寂静的理想境界,其境通禅是不言而喻的,但取以细味,诗境中的赏美焦点"蓑笠翁",他寒江独钓,还是心有所系的。看起来他确实出世、超脱,但实际上不过是躲入一个理想的心理守住自我,尚没有纵身大化,冥灭物我,达到与道同体的"禅悟"境层。而生活年代稍早的寒山子同样写隐逸题材,他的《闲游》一诗写道:"闲游华顶上,日朗昼光辉。四顾晴空里,白云同鹤飞。"② 与《江雪》相比,全诗也没有用到一个禅佛名相暗示禅境,也全是以诗的兴象风神取胜,但"闲游"者所处的地点"华顶"千山万径皆不见,境界更加阔大,他的周围只是"空",就在他四顾空无中,他的身心已同白云飞鹤不分彼此,"我"最终遁形为"无"和"空",这是真正的禅悟,所以,我们说柳宗元的《江雪》是一首"禅意诗",而寒山子的《闲游》才真正算得上出家人心游方外,境通禅那的"禅诗"。

苏曼殊既为一位现代思想文化背景下的禅门佛子,其诗作有不少带有悟禅的色彩,即使是他的抒情诗也有许多是明显地带有"以情悟道""情中悟空"的禅佛色彩,因此,人们把他的这类诗作界定为"禅诗"。正像他的绘画

---

① 陈传席:《中国绘画理论史》,台北:东大图书出版公司 1997 年,第 199 页。
② 钱学烈:《寒山拾得诗校评》,天津古籍出版社 1978 年,第 296 页。

一样，在他的诗作中，无论"有禅"（即诗中出现禅佛名相）还是"无禅"，他的诗的意境通禅，风格通禅，这也正是他的诗和画可以取以相互观照的一个最为重要的契合点。

苏曼殊诗与画的禅佛名相

苏曼殊的诗画中大量出现禅佛名相。佛教称"佛、法、僧"为"三宝"，三宝驻世，法轮永转，虽说禅宗摒斥偶像崇拜，发展至极端甚至呵佛骂祖，但这只是禅僧求佛证禅在方法论（方便法门）上的诉求，在求佛证禅的目的论上，禅僧"智渡"的终极指向还是由佛祖当初苦修经年才证得的菩提正果，也就是无往不驻、无时不在的佛性。所以，历史上的狂僧无论狂到什么程度，其皈依"三宝"、虔诚信佛的出世情怀是不会改变的。再者，禅宗讲究"筏渡""接引"，拈花嗅香，听泉看月，都是禅僧借以顿悟的机缘和法门，禅佛名相（如佛菩萨象、经文经卷、僧衣袈裟、芒鞋破钵、寺庙浮图、疏钟梵呗以及佛学名词怨嗔、色相、劫火、无尘、前宿等）和大千世界万般色相等无差别，也是禅僧借以"筏渡""接引"的利器。我们检阅历代高僧大德的诗集，禅佛名相，触目可见，比如被称为释门自由主义者的寒山、拾得的诗集中就有大量的禅佛名相。苏曼殊在其《燕子龛随笔》中曾记录他读寒山诗，并据以作图的事，那首寒山诗为："闲步访高僧，烟山万万层。师亲指归路，月挂一轮灯。"此诗写禅僧在师僧的指引下，领悟明心见性之真谛，禅僧悟禅之后的心灵通透如同一轮圆月一样纯洁透明，苏曼殊据以绘成《寒山图》，虽然目前我们未能见到这幅画，但画面当和诗境一样，出现僧人（高僧、师亲）和被禅宗称为"万世禅灯"的意象——一轮圆月（象征佛性之圆满）是可以肯定的。在苏曼殊的绘画中，僧人形象（孤僧、双僧、僧俗同处一画面）、寺庙浮图以及与禅佛有关的地点的绘画占据其绘画作品尤其是其重要作品的相当大的部分，仅就《曼殊上人妙墨册子》中的22幅作品来说，其中17幅出现禅佛名相，14幅出现僧人形象，13幅出现孤僧形象（只有《过马关图》是僧俗同图）。除了禅僧形象之外，其他的禅佛名相仅在画跋里提及的就有黍珠庵（位于罗浮山）、迦叶摩腾、竺法兰、释迦、四十二章经、白马寺、韬光寺、黄龙大师、雨华庵、天然和尚、寒山、枯禅、曼殊、梵土、江干萧寺、皈依、法显、玄奘、耽禅、担经、白马、灵山等，而且基本上每幅画皆钤"印禅"方印一封①，即可视为苏曼殊对自我身份的认定，又可视为强化画面禅佛色彩的一个意象符号。同样，苏曼殊现存的一百零几首诗中，出现禅佛名相的就有 38 首，约占全部诗作的三分之一。表现孤僧行脚飘零，于茫茫浊世证法悟禅的诗句就有"天空任飞鸟，秋水涤今吾""悠悠我思远，游子念归途"（《游同泰寺与伍仲文联句》）、"万里归来一病身"（《东来与慈亲相会，忽感刘三、天梅去我万里，不知涕泪之横流也》）、"何妨伴我听啼鹃"（《西湖韬光庵闻鹃声柬刘三》）、"生天成佛我何能"（《柬金凤兼示刘三》之二）、"我已袈裟全湿透"（《题静女调筝图》）、"我亦艰难多病日""不及卿卿爱我情""我本负人今已矣"（《本事诗》之一、六、十）、"暂住仙山莫问予"（《次韵奉答怀宁邓公》）、"我再来时人已去""行云流水一孤僧"（《过若松町有感示仲兄二首》之一、二）、"词客飘蓬君与我"（《题拜伦集》）、"绝岛飘流一病身""恰侬憔悴不如人"（《步韵答云上人》之一、二）、"劝我加餐饭，规我近绰约""我马已玄黄"（《耶婆提病中，末公见示新作，伏枕奉答，兼呈旷处士》）、"独有伤心驴背客""中原何处托孤踪"（《吴门十一首》之一、二）、"独上寺南楼"（《南楼寺怀法忍》）、"此去孤舟明月夜"（《东行别仲兄》）。诗中出现的"吾""予""侬""一""独""孤"尤其是反复出现的第一人称"我""吾""予""侬"都在苏曼殊的诗里一再强化了他作为现代禅僧"依我自悟""即心成佛"的禅佛色彩，而且上举这些强调孤僧自悟的诗句有不少是与苏曼殊的画境相通的，如"天空任飞鸟，秋水涤今吾"与《渡湘水寄怀金凤图》上的小舟孤僧，"何妨伴我听啼鹃"与《听鹃图》上背手行吟的孤僧，"暂住仙山莫问予"与《华罗胜景图》上的孤僧听瀑、《松下听琴图》上的孤僧抚琴、《寄钵罗罕图》上的孤僧抚琴听瀑，"绝岛飘流一病身"与《送水野氏南归》上的孤僧送客，"我马已玄黄"与《白马投荒图》上的白马孤僧，"独有伤心驴背客"与《吴门闻笛图》上的骑驴孤僧等。

---

① 朱少璋：《苏曼殊画册》，香港国际南社学会 2000 年，第 135 页。

与其绘画一样，苏曼殊的诗作除了以反复出的第一人称以及"一""独""孤"等意象凸现出一个"行云流水一孤僧"的形象之外，禅佛名相比比皆是，具体实指的禅佛名相就有"雷峰塔、同泰寺、寒山夜半钟、寺南楼、红泥寺、灵山、恒河、摩耶、湘兰天女"等，作为诗的意象语的禅佛名相有斋罢、入定、庵、浮图、佛、僧、袈裟、钵、未剃、芒鞋破钵、九年面壁、空相、持锡、空、色、禅心、怨、亲、爱、嗔、情禅、空色相、经、镜台、沾泥残絮、劫后灰、劫前尘、无生、梵土、劫火焚、兵火头陀、山僧等。

　　苏曼殊的绘画总体来说可以定位为既与传统禅画的笔墨图式有内在传承关系，又有自我独创的禅画，其中"画中有禅（禅僧形象）"的作品，虽然融入了写实的成分（主要是僧人形象的准确勾勒），但其画境通禅，其画面出现的孤僧、寺庙、浮图以及与禅佛有关的地点都不过是苏曼殊借以以画悟禅的"接引"性意象，是"筏渡"之筏，"指月"之指。同样，在苏曼殊的"禅诗"和"禅意诗"中，也出现禅佛名相，他融禅（禅佛名相）入诗，借助诗的"言外之意""象外之旨""含不尽之意于言表"来喻示他禅定状态下的心灵愉悦，勘破妄执之后心境澄明的境界。《禅诗一万首》《禅诗三百首译析》两书同时收入的《住西湖白云禅院》《寄调筝人三首之二》两诗，都出现禅佛名相如雷峰（塔）、斋罢、入定、庵前、疏钟、情禅、色相、枕经，但正如两书在题解中所指出的，两首诗都极为生动表现了诗僧苏曼殊在禅定状态下其心灵的通透和愉悦，勘破色相之后的自由无碍，是中国禅诗大观园中难得的佳作。

【原刊《深圳大学学报》2003年第6期】

苏曼殊诗歌创作的中国传统与日本意象

陈春香

关于苏曼殊的诗歌,已有很多的研究与评价,但总体上的看法却大同小异,论其思想内容,不出出世入世的矛盾、身世国家之感、无所依托的飘零之意、爱情与佛门戒律的冲突等观点。谈其诗歌艺术,多是信手把笔、天才流露、清丽空灵、哀艳凄绝、意味隽永一类评语。也有论者从批评的立场说话:"作者更多的诗却流于缠绵悲感,题材狭窄,格调悲凄,表现了浓烈的出世思想和惆怅幻灭的情调,意义不大。"(杨天石、刘彦成《南社》)这些看法的确是学界多年对苏曼殊诗歌研究的结果,某种程度也可以说是中肯的评价。但苏曼殊作为一个近代诗人,一个有着特殊身世(中日混血)和身份(革命者与和尚)的诗人,除上述所论及的之外,还有什么我们没有注意到的东西吗?从形式上看,苏曼殊的诗歌是很传统的,但在这传统的形式背后却有着浓厚的近代因素。他的诗歌在文学史上应占有什么样的地位呢?他作品中的形象有什么特别之处吗?这是本文想要探讨的主要问题。

苏曼殊是一个浪漫的诗人,同时也是一个出家的僧人,还被称为"革命僧人"。他既参加革命,又精研佛典,还深爱美女,在革命、情爱、佛禅之间来来往往,自由穿梭,这使得他短暂的一生色影丰富而神秘,颇富有戏剧性和吸引力。连郁达夫也说:"他的浪漫气质,由这一种浪漫气质而来的行动风度,比他的一切都要好。"但在别人看来,苏曼殊这表面潇洒自由、行云流水、极富浪漫气质的行为,又有着怎样的内涵呢?他的诗歌正是他一生丰富生活和个人追求的真实写照,他的诗歌"有近代性",研究他的诗歌和研究他本人一样，不能离开近代中国的特殊时代特点，特别是东西文化冲撞、融合这样的语境。

　　诗歌是最好的抒情文学形式，在诗歌中人最容易表达自己的情感；在表达情感的意象中，诗人塑造着自己的形象。中国传统诗歌中，诗人很少使用第一人称的表现形式，但苏曼殊的诗却有很多第一人称的词语出现。像"我""吾""予""侬"及"一""孤""独"等字眼频频出现，这些字都是指抒情主人公自己。这种与传统诗歌不同的特点是与他受西方诗歌影响密切相关的。

　　"天生成佛我何能"（《有怀二首》之二）、"万里归来一病身，泪眼更谁愁似我"（《忆刘三、天梅》）、"远远孤飞天际鹤"（《久欲南归罗浮不果，因望不二山有感，聊书所怀，菁二兄广州，兼呈晦文、哲夫、秋枚三公沪上》）、"何妨伴我听啼鹃"（《西湖韬光庵闻鹃声柬刘三》）、"我已袈裟全湿透"（《题〈静女调筝图〉》）、"我亦艰难多病日"（《本事诗十首》之一）、"未及卿卿爱我情"（《本事诗十首》之五）、"我本负人今已矣"（《本事诗十首》之十）、"暂住仙山莫问予"（《次韵奉答怀宁邓公》）、"我再来时人已去"（《过若松町有感》）、"行云流水一孤僧"（《过若松町有感示仲兄》）、"独向遗编吊拜伦，词客飘蓬君与我"（《题〈拜伦集〉》）、"绝岛漂流一病身"（《步韵答云上人三首》之一）、"恰侬憔悴不如人"（《步韵答云上人三首》之二）、"独有伤心驴背客"（《吴门依易生韵十一首》之一）、"中原何处托孤踪"（《吴门依易生韵十一首》之二）、"何处停侬油壁车"（《何处》）、"此去孤舟明月夜"（《东行别仲兄》）、"独上寺南楼"（《南楼寺怀法忍、叶叶》）、"我是华亭鹤""劝我加餐饭，规我近绰约""我马已玄黄"（《耶婆提病中，末公见示新作，伏枕奉答，兼呈旷处士》）。以上诗句出自苏曼殊20余首诗歌中，这种大量第一人称词语的出现，显然背离中国传统诗歌的表达习惯。自儒学成为中国正统的意识形态代表后，以第一人称抒情在古代诗歌里就日益鲜见，只有李白的诗较多以第一人称抒情，像"天生我才必有用""我辈岂是蓬蒿人""我本楚狂人"等，但曼殊诗的感伤孤独与李白诗的豪放自信是不可同日而语的。如何理解这些突出诗人个体而又带有强烈感伤、孤独色彩的诗句呢？有论者认为这表现了苏曼殊的厌世思想，但是又有哪一个厌世者会如此强烈地在诗歌中突出个人形象呢？纵观中国文学史,像这样的诗人是极其罕见的。但当我们环顾世界文学时,我们发现了一个这样的样板,那就是拜伦——一个极端自由主义的厌世者、高举着个人主义大旗的诗人。"而我独行谣,我犹无面目,我为希人羞,我为希腊哭",这是曼殊所译拜伦《哀希腊》的诗句,"我"字异常突出。而在英文原文的拜伦诗中,"I""My"等第一人称的词出现的频率是极高的,虽然这与英语的表述习惯相关,但这种突出自我的表述方式对苏曼殊产生影响不是不可能。从苏曼殊对拜伦的极端崇拜、喜爱和他多次翻译拜伦诗歌的经历看,说他的诗歌创作受到拜伦的影响,应当不是捕风捉影、凿空乱道。单从这点看,我们就不能把苏曼殊的诗与传统诗歌同等对待。

苏曼殊的很多诗中还反复出现"孤""独""病""愁""泪"以及"客""飘""过""远""去"等字眼:"袈裟和泪伏碑前"(《过平户延平诞生处》)、"孤灯引梦记朦胧"(《过若松町有感》)、"孤愤酸情欲语谁"(《本事诗》之三)、"相怜病骨轻于蝶"(《本事诗》之七)、"芒鞋破钵无人识"(《本事诗》之九)、"危弦远道客惊魂"(《调筝人将行,嘱绘〈金粉江山图〉题赠二绝》之一)、"东海飘零二十年。忏尽情禅空色相,琵琶湖畔枕经眠。"(《寄调筝人三首》之一)、"雨笠烟蓑归去也"(《寄调筝人三首》之二)、"寂寞南州负此身"(《步韵答云上人三首》之二)、"张俭飘零岂是归,万里征途愁人梦"(《别云上人》)、"独有伤心驴背客,暮烟疏雨过阊门"(《吴门依易生韵十一首》之一)、"河山终古是天涯"(《吴门依易生韵之四》)、"狂歌走马遍天涯"(《憩平原别邸赠玄玄》)、"天涯漂泊欲何之"(《东居杂诗十九首》之十八)、"炎蒸困羁旅,长作投荒客"(《耶婆提病中,末公见示新作,伏枕奉答,兼呈旷处士》)。

通常的看法是,这些表现了诗人的贫病交加、孤独感伤,流露出一种无所依托、不知何往、漂泊天涯的无奈,从这种无奈中又透露出难言的寂寞之情。的确,从欣赏传统诗歌的角度,这样理解没有问题,但苏曼殊是一个受到外来文化,尤其是西方近代文化熏陶的诗人,他的这些诗句中有没有超越传统的东西呢?"形象是情感与思想的混合物"[①]。在苏曼殊这些愁病孤苦、

---

① 孟华主编:《比较文学形象学》,北京大学出版社2001年,第10页。

客居天涯、无所归依的形象中隐藏着怎样的感情与思想呢？我们知道，苏曼殊的漂泊不定，不仅是他的"人"忽而中国忽而日本忽而南洋，还在于他的"心"忽而要革命，忽而要出家，忽而要恋爱。这种居无定所、心有旁骛的双重漂泊，是不能简单以"身世有难言之恫"、国家处于风雨飘摇之中和生性的浪漫来解释的。清末民初，中国处于一个大变革的时期：政治腐败，国弱民穷，封建制度遭到前所未有的病垢；西学东来、列强觊觎，亡国的威胁和强国的梦想同时激励着人伯科举废除、新学兴起、传媒勃兴，知识分子面临由传统向现代的转型这样一种空前的挑战和各种新的选择……面对这样从社会结构到社会思想、从内到外的大动荡，几乎每个人都要经历各种选择与被选择，而这种选择与被选择都充满不确定的结果，个人很难控制。从这一点看，苏曼殊的漂泊无依，就不是简单的"身世"和"国事"所致，而是一种内心的漂泊——寻找或找不到自己的位置与价值，是当时中国知识分子从传统伦理下解放出来后的一种无所归依的失重感，是近代西方个人主义精神进入中国后在中国知识分子身上的一种反映——中国知识分子开始寻求传统以外的个人价值。只不过苏曼殊的反应格外的有特点，因此也就格外的引人注目。也正因为他的这种"漂泊"是时代给予的，因此，使同时代大多数知识分子产生了共鸣，所以苏曼殊的"异类"表现在当时得到空前的宽容。"苏曼殊的自由不羁在当时如鱼得水。他被各种不同的人群所接受和欢迎。他有各种朋友"。而这些都由于"当时社会的某种程度的宽松性"[①]。如前所述，这种宽容除来自理解与共鸣外，还由于"对于价值的旧的判断已经在动摇，新的判断还没有产生"[②]。从今天的角度看，苏曼殊的存在的确是"打开了历史的丰富性"，"我们得以通过他窥视历史的多样姿采和奥秘"[③]。但对于当年的苏曼殊来说，也许他的悲剧正是来自这种"宽松"所导致的判断失误和选择的艰难呢？历史告诉我们，绝对的自由主义会导致虚无主义，而虚无主义会使人的自我存在产生危机。苏曼殊穿梭于革命、佛典、爱情之间，在外人看来是一种自由潇洒，在他自己来说也许正是一种无法解脱的困惑。这里除时

---

① 程文超：《百年中国文学总系·1903——前夜的涌动》，山东教育出版社2002年，第146页。
② 程文超：《百年中国文学总系·1903——前夜的涌动》，山东教育出版社2002年，第145页。
③ 程文超：《百年中国文学总系·1903——前夜的涌动》，山东教育出版社2002年，第145页。

代的因素外,不能排除拜伦对他产生的影响。我们要在传统的表象之下,看到苏曼殊诗歌中的近代因子,虽然他不能像他所崇拜的拜伦等"摩罗"诗人那样与现实对抗。

当然,苏曼殊的诗歌的确与中国传统诗歌有着血缘关系,这从他的抒情方式和诗歌中的一些形象就可以看出。例如他的许多诗中就用含有"国"或与"国"相通的词语制造"亡国"的悲凉意象,把自己放在一个流亡者的位置,表达对"故国"的情感:"似怜亡国苦"(《为玉鸾女弟绘扇》)、"故国已随春日尽"(《吴门依易生韵十一首》之十)、"毕竟美人知爱国"(《无题八首》之一)、"寂对河山叩国魂"(《无题八首》之三)、"相逢莫问人间事,故国伤心只泪流"(《东居杂诗十九首》之二)、"异国名香莫浪偷"(《东居杂诗十九首》之五)、"猛忆定庵哀怨句,三生花草梦苏州"(《东居杂诗十九首》之十)、"谁知词客蓬山里,烟雨楼台梦六朝"(《东居杂诗十九首》之十一)、"况是异乡兼日暮"(《东居杂诗十九首》之十七)、"落日沧波绝岛滨,悲笳一动剧伤神"(《落日》)、"枯木寒山满故城"(《调筝人将行,属绘〈金粉江山图〉,题赠二绝》之一)①,这些诗句中除"异国""异乡人""绝岛滨"等句是借异国衬托心中有祖国外,其他句子均直指祖国,而诗句中与"国"相关的词语又多有悲凉之意,组成了像"亡国苦""故国伤心只泪流""寂对河山叩国魂""烟雨楼台梦六朝"等寓含亡国意象的句子。苏曼殊虽是中日混血,但按中国以父系为正宗的传统,他应当是认中国为祖国的,这从他一生的活动可以看得出来,在上述诗句里也明确表现出他认中国为祖国的意思。他的这些诗大多写于日本,流亡之感又很明显。柳亚子也曾说,"照他平日的言论,他又是极端地祖华厌日的"②。也正因为他认中国为母国、因为他"祖华",面对被列强觊觎、积弱已久、内部又混乱不堪的中国,诗人才"伤心泪流",才要求"相逢莫问人间事",才会人在"蓬山里",仍然"梦六朝"。隐约间这个愁病交加、漂泊不定的伤心人与文学史上那些忧国诗只是表现略异,但忧国之情是一样的。出家与忧国的矛盾,出世的外表下入世的内

---

① 马以君《燕子龛诗集注》认为"故城"指东京,笔者认为是指中国。
② 柳亚子:《苏曼殊研究》,上海人民出版社1987年版,第276页。

心，交织着对故土的牵挂和漂泊异域的失落。这正是传统文化伦理养育出的中国古代士子的忧患意识和使命意识的表现，它表明诗人的个体意识尚未完全从传统伦理中解放出来，现代意识尚未成熟。而这种过渡性特点正是中国近代知识分子的主要特征之一。

苏曼殊诗中有大量禅佛意象的存在。雷峰、同泰寺、寒山夜半钟、寺南楼、红泥寺、灵山、恒河、湘兰天女、摩耶、疏钟、山僧、庵、浮图、佛、袈裟、钵、经、入定、斋罢、未剃、面壁、空相、持锡、禅心、镜台、夙缘、红尘、蒲团、无生、梵土、王舍、三生、随缘、前生、妙迹、劫灰、劫前尘、劫后灰、劫火焚、兵火头陀、破钵芒鞋、空、恕、忏等。这些词，从数量上看是相当可观的，在苏曼殊诗中的覆盖面也很大。如果把苏曼殊当作一个诗僧来看，这大量的表现禅佛意象的词汇出现在诗中，就没有什么特殊的意义，但问题的关键在于，苏曼殊还是一个处处留情的多情种子。在柳无忌的《苏曼殊的朋友》一文中，我们看到一大串苏曼殊女朋友的名字，他的诗中也有"恨不相逢未剃时"这样似乎痛入骨髓的句子，但这并不能说明苏曼殊的选择当和尚是迫不得已或异常痛苦的。在他的诗中还有像"白云深处拥雷峰，几树寒梅带雪红。斋罢垂垂浑入定，庵前潭影落疏钟"（《住西湖白云禅院作此》）"海天空阔九皋深，飞下松间听鼓琴。明日飘然又何处？白云与尔共无心"（《题画》）这样表现作者沉入禅定后的自由无碍、心灵获得自由的通透洒脱之诗，以及"来醉金茎露，胭脂画牡丹。落花深一尺，不用带蒲团"（《柬法忍》）这样尘世享受、参禅拜佛两不影响的愉悦之句，另一个苏曼殊对出家身份发自内心自我认定的证据是，他所画的画上均钤有"印禅"方印一枚①。很明显，苏曼殊的选择出家是他的主动追求，而非被迫，他对佛与美女的爱都是出自真情。如果站在中国人的立场看，这的确是非常矛盾、非常出格的。但在日本，佛教真宗是许可出家人结婚生子的，和尚享受世俗生活并不少见，曼殊兼及修佛与爱情也无不可。对此，苏曼殊并非不知，这在他的《断鸿零雁记》中说得很明确："继余又思日俗真宗，固许带妻，且于刹中

---

① 黄永健：《苏曼殊诗画的禅佛色彩》，《深圳大学学报》2003年第6期。

行结婚礼式，一般景教然者。若吾母以此为言，吾又将何言说答余慈母耶？"①显然，通常我们认为的苏曼殊诗中爱情与佛戒的冲突，是被我们戴着的中国传统文化的眼镜绝对化了的。虽然苏曼殊在自己的作品中频频以僧俗生活的矛盾制造戏剧化效果，使作品充满张力，但那并非他在僧俗之间的无法抉择，而是他要通过出家这种弃俗的传统方式去寻求生命的更大自由。弃俗并非目的，只是一种手段也许，这样的选择，还有他潜意识里对于父系文化——中国文化的执着。

据统计，苏曼殊一生十几次渡日，他35年的生涯差不多有一半是在日本度过的。先后在日本生活了十多年，又有一半日本血统的混血儿，苏曼殊心目中的日本是什么样子呢？在他的诗歌和小说里日本又是怎样的形象呢？

《淀江道中口占》
孤村隐隐起微烟，处处秧歌竞插田。羸马未需愁远道，桃花红欲上吟鞭。
《过蒲田》
柳荫深处马蹄骄，无际银沙逐退潮。茅店冰旗知市近，满山红叶女郎樵。
《迟友》
云树高低迷古墟，问津何处觅长沮。渔郎行入深林处，轻叩柴扉问起居。

这是苏曼殊诗中描写日本比较完整的作品，孤村微烟、柳荫红叶、深林柴扉、桃花女郎。给人的印象是恬静优美，远离尘嚣，仿佛桃源仙境。除了这三首之外，在其他诗的只言片语中也有对日本的描写：像"十日樱花作意开，忍见胡沙埋艳骨"（《樱花落》）、"丈室番茶手自煎"（《本事诗》之二）、"华严瀑布高千尺"（《本事诗之五，华严瀑布：日本枥木县日光山上瀑布》）、"踏过樱花第几桥"（《本事诗》之九）、"暂住仙山莫问予"（《次韵奉答怀宁邓公》）、"沙白松青夕照边"（《谒平户延平诞生处》）、"谁知词客蓬山里"（《东居杂诗十一》）、"胭脂湖畔紫骝骄，流水栖鸦认小桥"（《东居杂诗十五》）、"春来梦到三山未？手摘红樱拜美人"（《步韵答云上

---

① 柳亚子编：《苏曼殊全集》（三），中国书店1985年影印本（下同），第82页。

人》之三）等。其中有可供欣赏的"樱花""瀑布""白沙青松""湖水小桥"等美丽自然，还有"自煎""番茶"的怡然自得和"摘红樱""拜美人"的艳遇，难怪诗人甚至直接用"仙山""蓬山""三山"这些指仙境的词来称呼它。

除了集中描写日本的自然外，苏曼殊诗歌中还出现了大量日本女性形象："白妙轻罗薄几重，石栏桥畔小池东。胡姬善解离人意，笑指芙蕖寂寞红"（《游不忍池示仲兄》）、"湘弦洒遍胭脂泪"（《为调筝人绘像》）、"偷尝天女唇中露"（《寄调筝人》之三）、"淡扫蛾眉朝画师，同心华髻结青丝"（《为调筝人绘像》之二）、"斜插莲蓬美且卷"（《失题》）、"香残玦黛牵含颦"（《本事诗》之四）、"桃腮檀口坐吹笙"（《本事诗》之五）、"乌舍凌波肌似雪，亲持红叶索题诗"（《本事诗》之六）、"同乡仙子独销魂"（《本事诗》之八）、"豆蔻香温语不休"（《东居杂诗》之三）、"异国名香莫浪偷"（《东居杂诗》之五）、"蝉翼轻纱束细腰，远山眉黛不能描"（《东居杂诗十四》）。胡姬、天女、蛾眉、青丝、含章、桃腮檀口、远山眉黛等都是美女的代名词。

通过以上大量引述，我们察觉到一个很明显的现象，就是苏曼殊诗歌里的日本只有自然和女性，而且都很美。日本的男性和当时的现实社会，在他的作品里缺失了。其实，不只是他的诗歌，在他小说里，也是闭口不谈日本现实和日本男性的。他的小说《断鸿零雁记》从第八章到第十九章写的完全是发生在日本的事，其中关于日本的描写也只是仙境般的自然和女性。

而车已停，余向车窗外望，见牌上书"豆子驿"三字，遂下车。余既出驿场，四瞩无有行人，地至萧旷。即雇手车向田亩间辚辚而去，时正寒凝，积冰弥望。如是数里，从山脚左转，即濒海边而行，但见渔家数处，群儿往来垂钓，殊为幽悄不嚣。（中略）久之，至一处，松青沙白。方歧望间，忽遏见松阴夹道中，有小桥通一板屋，隐然背山面海，桥下流水触石，汩汩作声。余去前就之，仰首见柴扉之侧，有标识曰："相州逗子樱山村八番。"余大悦怿。

遂随吾女弟步至楼前，时正崦嵫落日，渔父归舟，海光山色，果然清丽。忽闻山后钟声，徐徐与海鸥逐浪而去。

是夕，微月已生西海，水波不兴。余乃负杖出门，随步所之，遇渔翁，相与闲话，迄翁收拾垂纶，余亦转身归去。时夜静风严，余四顾，舍海曲残月而外，别无所睹。

上述写景除了更细致、具体一些外，和诗歌中的描写基本一样。除了写景之外，作者所写人物又是什么样的呢？慈祥的母亲、姨母、美若天仙的表姐静子、亲切的阿姐、可爱的妹妹慧子、忠厚的厨娘阿竹，然后就是像画面上的点缀般的"渔翁""车夫"和垂钓的"群儿"。其实，这种男性缺失的现象不仅在苏曼殊的文学创作中，在他的其他文字如信件、随笔等中也一样，见诸于他文字的唯一日本男性——飞锡和尚，也在大量的考证面前成为子虚乌有的杜撰（柳亚子等考证，《潮音跋》其实是苏曼殊自己写的）。看来，避而不写日本的男性和现实社会，不是苏曼殊的一时疏忽或个人好恶，也不是他一点不了解日本男性与日本的现实社会，而是他在写作中有意识地、小心翼翼特意要回避这些。因为，苏曼殊有大约十几年的在日生活经历，又有日本亲属，写作中也十分善于把自己的经历编织到作品中，有这样的背景，而作品中居然没有可以算得上文学形象的日本男性，这的确让人费解。为什么呢？回顾当时的中日关系，可能会有助于我们理解这个问题。

中日甲午一战，中国大败，朝野震惊，开始对这个昔日眼中的"蕞尔小国"刮目相看，向日本学习，以西学强国几乎成为上下共识。清政府于1896年正式往日本派遣留学生。此后，随着民族危机的加深和科举废除、新学兴起，公费、自费留日者剧增，以至于往"日本游学者相望于道"。中国是真心想学习日本，赶上世界前进的步伐，而日本对中国的态度却日趋傲慢，对中国的野心也越来越大。随着日俄战争中的胜利和顺利吞并朝鲜，日本在远东实力日强。1907年先后与英、法、俄、美签订了一系列协定、密约，其中都有在华利益的相互交换，而清政府不是无力反抗就是反抗无效。日本朝野对中国都渐露骄横之气。1907年《日法协定》签订后，中国的有识之士极感危机，而"日本全国人民因此约告成，在东西京及其余各地开会庆祝"[①]。1909

[①] 王芸生编：《六十年来中国与日本》第5卷，三联书店2005年，第54页。

年,日本前首相、朝鲜统监伊藤博文漫游东三省时,与东三省总督锡良、奉天巡抚程德全闲话中日局势,居然说:"若说到日本人民的意思,则凡事只问能力若何,如彼此能力不相当,即无所谓持平办法。"① 骄矜之态溢于言表。1906 年,日本尚友馆出版日译本拜伦长诗《海盗》,其中附有译者木村鹰太郎的长篇解说文《关于〈海盗〉》,该文在考述世界海盗历史时,把"日本倭寇"列为世界三大"海盗运动"之一,并遗憾地说:"若秀吉能利用此等倭寇,灭明朝,将它并入日本领土,实为易事——吾人深感遗憾。"② 日本当时的扩张主义思潮可见一斑。这样的社会氛围,常住日本的苏曼殊绝不会一点都感觉不到。既然不是感觉不到,却又只字不谈,那就只能是有意回避了。这种回避表现到作品中,就是绝不描写日本的男性和社会现实,这样,在他作品中的日本也就剩下了女性和自然的形象了。从这里我们可以看出苏曼殊作为一个中日混血儿的矛盾心理和他面对现实的尴尬。从这一角度理解,苏曼殊的"思惟身世,有难言之恫",就不单单是对自己身世血统的感言,而是有着对当时中日关系现实的痛感在其中。

苏曼殊作品中只写日本女性并把她们理想化,除了写女性可以避开中日关系这一令他尴尬的现实问题外,还与他的身世有关。苏曼殊的生母为日本人,这一点他自己是很清楚的。冯自由在《革命逸史》中曾谈到大同学堂时,老师问谁是中日混血儿时,"举手者过半",曼殊为其中之一。他六岁时随父回到广东老家,一直到 24 岁的 1907 年才得与河合仙重逢,虽然研究证明河合仙并非曼殊生母,但曼殊和她之间确有母子之情是无疑的。在此后的 11 年中,他们一直保持着较为密切的联系,苏曼殊弥留之际留给朋友的最后一句话是:"但念东岛老母,一切有情,都无挂碍。"可见母子情深。从这种感情出发,苏曼殊对日本女性的好感就有着极坚实的心理基础,因此在作品中美化她们也就顺理成章。

在苏曼殊笔下的日本形象还有一些值得思考的现象。他既把日本美化又把它"他者"化。在他的眼中,日本是"蓬山""仙山",又是"异国""异

---

① 王芸生编:《六十年来中国与日本》第 5 卷,三联书店 2005 年,第 240 页。
② 北冈正子:《摩罗诗力说材源考》,何乃英译,北京师范大学出版社 1983 年,第 3 页。

乡",这里的沙是"胡沙",茶是"番茶",美女是"胡姬",因此只能"暂住",不可久留。他的书札画跋中也常以"游东岛"这样的词语来表示他来去日本之行。这既有苏曼殊对日本的心理态度——不认同,也有明显的中国传统日本观的影响存在,中国从很早就有把日本看作蓬莱、瀛洲、不死国的记载和传说,这里也有中国传统上文化中心主义的遗痕,"我"之外的非"番"即"胡"。更重要的是,这种描写透露出中国近代知识分子文化观念的滞后和他们肩上文明古国的沉重包袱。虽然明明看着日本国力强盛,发展迅速,已然超越了中国,理智上赞成学习日本,但在情感上,意识深处却依然有中国是文化大国,在文化上中国是日本的老师这样的观念。苏曼殊的《断鸿零雁记》中有几段描写即十分耐人寻味:

后此夫人综览季世,渐入浇漓,思携尔托根上国,故掣尔身于父执为义子,使尔离绝岛民根性,冀尔长进为人中龙也。明知兹事有干国律,然慈母爱子之心,无所不至,乃亲自抱尔潜行来游吾国,侨居三年……

方凝伫间,忽注目纱帘之下,陈设甚雅。有云石案作鹅卵形,上置鉴屏,银盒、笔砚、绛罗,一尘不着。旁有抽木书㭿,状若鸽笼,藏书颇富,余栓之,均汉土古籍也。

从来好读陈后山诗,亦爱陆放翁,惟是故国西风,泪痕满纸,令人心恻耳。此来读庄子及陶诗,颇自觉徜徉世外,可见此关于性情之学不少。三郎观吾书㭿所藏多理学家言,此书均明之遗臣;朱舜水先生所赠吾远祖安积公者。盖安积公彼时参与德川政事,执弟子礼以待朱公,故吾家世受朱公之赐。吾家藏此书帙,已历二百三十余年矣。

这种描写透露出的文化优越感是不言而喻的。以苏曼殊这样一个一半中国血统的文人尚且如此,可见在近代作家中这种心态并不鲜见。其实直到今天,我们有些文化人也依然带有这种心态,一说别国有什么东西,他就会引经据典,言之凿凿地说中国在某朝某代就已有了这个东西。历史文化悠久固然是好事,但这种心态却不能说它好。刘大杰在 70 年前所说的话至今仍很值得我们思考:"悠久的文化与老大的年龄,可以得到旁人的尊敬,但是也容易受到旁人的欺侮。他把你悠久的文化的精华吸收过去，再在你老大的年龄的头上击一鞭子，就使你受不住。我觉得中国和日本这两个民族，就有点这样的情形。"① 从苏曼殊的身上我们可以看到，在近代外来文化冲击下的中国文人艰难的现代转换，他们既感于传统下的中国无力抗击列强的逼迫，"震旦万事零坠，岂复如昔时所称天国，亦将如印度巴比伦埃及希腊之继耳"，又对悠久的传统文化恋恋不舍、殊为珍重。像所有的历史转折时期一样，文化人承担的负重是最为沉重的，因为他们所面临的，还有文化的选择。

【原刊《文学评论》2008 年第 3 期】

---

① 刘大杰:《日本民族的健康》,见贾植芳、周立民编:《我的日本印象》,复旦大学出版社 2005 年,第 42 页。

"五四"新小说与苏曼殊资源

钱 雯

有关苏曼殊与五四新文学的关系,学界的关注点主要在两个方面。一是把苏曼殊归为鸳鸯蝴蝶派、划入新文学对立面①;一是认为苏曼殊与五四浪漫派有直接的联系,其中苏曼殊与郁达夫的关系尤其是讨论的重点②。实际情况可能更复杂一些。五四新文学与苏曼殊文学的区别,不仅仅是作品与作品之间的区别,而是在整体上涉及两个文学世界、两种"思想感情方式"的区别。另一方面,在更大的背景上看新文学与苏曼殊文学又包含着对文学的某种共同的理解,这里面隐含着新文学"文学性"的来源,及在这个基础上对文学书写走向和文学功能的某种新旧一致的体认。苏曼殊文学是考量五四新文学的一个参照,它在旧文学中又有标志意义,因此,讨论五四新文学与苏曼殊文学的关系,对于辨认五四新文学,尤其对于辨认新文学与我国文学传统的关系应该是一个持续的、有生长性的话题。本文的讨论以小说为对象。

一

郁达夫对苏曼殊的文学特别是小说持否定态度,他评论《断鸿零雁记》

---

① 周作人较早提出这个观点,见其《答芸深先生》。引自《苏曼殊全集》(四)"附录",柳亚子编,当代中国出版社 2007 年版,第 70 页。
② 陶晶孙提出苏曼殊文学与创造社浪漫主义有直接联系。他说道:"在这个文雅人办的'五四'运动之前,以老的形式创中国近世罗漫主义文艺者,就是曼殊;而曼殊的文艺,跳了一个大的间隔,接上创造社罗漫主义运动。"见陶氏文《急忙谈三句曼殊》,载《牛骨集》,太平书局 1944 年版。

等作品"有许多地方,太不自然,太不写实,做作得太过"①。这主要是从创作上发生的印象式批评。相比而言,周作人的批评偏重理性一些。他指出两点,一是苏曼殊的"浪漫性情","颇足以代表革命前后的文艺界的风气",二是他的思想,"实在不大高明,总之还逃不出旧道德的樊篱"。关于后一点,他阐发道:"我不相信文学有什么阶级可分,但文学里的思想确可以分出属于某一阶级某一时代的,如封建时代或有产阶级之类,中国现有的道德观念多半以私产制度为标准,所以世俗对于亲子男女间的思想也纯粹建立在这上面。……曼殊思想平常,或者有点像旧日读书人。"② 苏曼殊的小说以"亲子男女"为主要题材,说其中的"思想"纯粹建立在旧道德上,这应该是确当之论。但如周作人所说,文学与文学里的思想还不是一回事。苏曼殊的思想如何影响及范铸他的文学创作,从而使其文学归入"旧文学"?周作人对此未作进一步讨论。

文学与道德的关系是"文学革命"的主题之一,所谓新、旧道德的判分及对旧道德的批判,主要指思想上的判分与批判,这对文学史来说,自然有划界意义,但新、旧文学的区分,尚不止于道德上。清末民初小说,有很多呼唤"自由结婚"、表现革命的作品,突出的如《孽冤镜》《玉梨魂》。前者倡"自由结婚",语语沉痛。吴双热在《孽冤镜·自序》中说道:"嗟乎!《孽冤镜》胡为乎作哉?予无他,欲普救普天下之多情儿女耳;欲为普天下之多情儿女,向其父母之前乞怜请命耳;欲鼓吹真确的自由结婚,从而淘汰情世界种种之痛苦,消释男女间种种之罪恶耳。"③ 这在新文学中有很多回响。《玉梨魂》把情爱与革命激情牵连、合并,提出:"无儿女情,必非真英雄;有英雄气,斯为好儿女。"所以何梦霞"卒死于革命之役,死于战,仍死于情也"④。这种思想努力,不能不说是合于新道德的。把这些作品归入旧文学,关键问题不在于道德呼吁,而是因为支持这些道德思想的人,人的心态、情

---

① 郁达夫:《杂评曼殊的作品》,《郁达夫全集》第10卷,浙江大学出版社2008年(下同),第284页。
② 周作人:《答芸深先生》,第70页。
③ 吴双热:《孽冤镜·自序》,引自陈平原编《二十世纪中国小说理论资料》第1卷,北京大学出版社1997年(下同),第490页。
④ 徐枕亚:《玉梨魂》,《中国近代文学大系·小说集6》,上海书店1991年,第586—587页。

感,仍蜷伏于旧的伦理秩序之中,内在的情爱样式没有变化,则外在的道德呼吁,其意义就非常有限。以何梦霞与白梨影为例。二人情爱的阻遏,来自外在的伦常秩序,主要又来自二人持重自守、怀疑不到和挣脱不开的伦常观念,另一方面,这个情爱本身,又是以伦常为条件展开的,情爱的形式,又取旧的伦常所允许的方式。何梦霞与白梨娘自怜自惜的葬花情怀,源自绕膝父母时代的才子佳人生活和在这生活中养成的才子佳人气质,这是他们情爱的基础;二人以《红楼梦》为媒,诗书互答,惺惺相惜,结成的是一场纸上的情爱。男女情爱以才子佳人的方式表达,这是鸳鸯蝴蝶派小说共同的选择,也是久远的小说传统在清末民初社会大变局中一次"辉煌"的晚照。现实情况是,这种情爱在现实生活中已无法被保全。《孽冤镜》中王可青与薛环娘之殉情,透射出吴双热对现实变动的恐惧,何梦霞与白梨娘的不伦之恋,更内在地、深刻地反映出才子佳人式情爱在现实生活中已难以容身。在此意义上,吴双热所谓"自由结婚"的道德,与其说是对新道德的呼唤,不如说是对旧情爱的挽留,徐枕亚的"情爱+革命"的模式,也并非如论者所说的"成为其后为国家放弃个人的革命叙事的最早尝试"①,实质上乃是为不可挽回而又无法离弃的旧情爱贴上"时髦"的标签。苏曼殊小说中的情爱书写,也大抵如此。

苏曼殊自称"以情求道"②。"道"字暂不论,"情"之一字,确是他小说的中心。所作小说,除《天涯红泪记》未完外,情爱分量之重及其对人物思想行为的左右,超出其他情感,也超出社会批判的意志。在为章士钊《双枰记》所作的《序》中,苏曼殊针对书中所叙何靡施为情而死,说道:"夫士君子惟恐修名不立,愿为婴婴婉婉者,损其天年,奚独何子?殆亦言者一往情深,劝惩垂戒焉耳!"这是为《双枰记》之言情罩上一层道德的面纱。然如章士钊所论:"吾书所记,直吾国婚制新旧交接之一片影耳。"③ 主体仍在言情上。取道德理性为言情遮掩,既在否定的意义上护卫着言情的正当性,也在

---

① 李青果:《情感·革命·国家——徐枕亚〈玉梨魂〉、〈雪鸿泪史〉及其周边》,《清华大学学报》(哲学社会科学版)2008 年第 6 期。
② 苏曼殊:《燕子龛随笔·三七》,《苏曼殊文集》,马以君,花城出版社 1991 年(下同),第 401 页。
③ 章士钊:《双枰记》,《中国近代文学大系·小说集 7》,上海书店 1992 年(下同),第 841 页。

肯定的意义上界划着情爱的形态。这是苏曼殊小说中情爱书写的基本形式。

《断鸿零雁记》写到三郎与雪梅的情爱。关于这场情爱的发生，小说写得非常简略，二人久不相见，也无由通款道曲。借以证实二人有情的，一是双方长辈间先立婚约，二是雪梅"古德幽光""高抗无伦"，不甘负约。三郎眼看义父死后，"家运式微"，生母复无消息，在雪梅生父继母的阻挠下，已没有与雪梅成婚的可能，只好抽身退出，出家为僧。按三郎心理，此举乃在无可奈何之下，"用息彼美见爱之心，使彼美享有家庭之乐"，即以自我的牺牲，"存吾雪梅"，其道德意义甚高于有情。取道德"高义"，退处于"无情"，苏曼殊在这个故事里，表达了他对情爱的道德安排。"士君子"的"修名"，联系于自我牺牲的"无情"之境，则有情难为情所累，无情而非不近情。到三郎与静子的情爱故事中，家庭已成助力，姨氏为静子父母托孤之人，她与三郎之母力促此姻缘，人伦与情爱汇合到同一个方向上。在这种情境中，三郎仍然坚决地绝缘而走，其舍情取义的意味更为浓厚和鲜明。情爱书写的逻辑向外联系于"士君子"的德性，其向内展开时，亦不能不根植于德性所允许的形态。这种内在的"思想情感方式"，乃描画出苏曼殊小说与鸳鸯蝴蝶派小说共同的底色。

1907年，苏曼殊与章炳麟合撰《告宰官白衣启》，意唤起民众对佛法的信仰，其中为破俗见"佛法无用论"，引小说譬喻："凡诸学术，义精则用愈微，岂独佛法云尔？又复诗歌、小说、音乐、绘画之流，寒不可衣，饥不可食，出不可以应敌，入不可以理民，而皆流衍至今，不闻议废。优人作剧，荡破民财；小说增缘，助发淫事；是之不禁，而以美术相矜。独此瞿昙圣教，便以无用垢之？"所谓"小说增缘，助发淫事"，已包含对言情的警惕。《碎簪记》中有一段议论，与此相呼应："方今时移俗易，长妇姹女，皆竞侈邪，心醉自由之风，其实假自由之名而行越货，亦犹男子借爱国主义而谋利禄。自由之女，爱国之士，曾游女、市侩之不若，诚不知彼辈性灵果安在也！"《绛纱记》借罗小玉之口，把女子德性上升到"国体"的高度："吾国今日女子殆无贞操，犹之吾国殆无国体之可言，此亦由于黄鱼学堂之害（苏俗称女子大足者曰'黄鱼'；原注）。女必贞，而后自由。"从这些引文可以见出，苏曼殊所理解和认同的情爱，是为德性所约束的情爱，即所谓"情之正者"。

文学创作研究　　171

借以展开这个情爱的小说,除有取于才子佳人模式,似没有别的选择。雪梅的德性已叙引于前,她的才情又见其奉于三郎的一封书函,其中委婉曲折、如泣如诉、缠绵不已的情态,与白梨娘致何梦霞的诗同一种曲调。静子与三郎相爱,亦以诗书画为凭借。其他如《绛纱记》中梦珠与秋云、昙鸾与五姑、罗霏玉与卢氏姑娘,《焚剑记》中"某生"与阿兰,《碎簪记》中庄湜与灵芳,《非梦记》中燕生与薇香,无不在德性的基础上缔结着才子的倾心、佳人的柔情,诗书为媒或以诗书道情的形式或隐或显地行于情爱之中,映现着动荡时代里对男女情爱未曾变动的期待。

或许可以说,苏曼殊小说写的是情爱的遭遇,是以情运事。叙事的结构、逻辑还在其次,"无邪"的情爱如何受时代的播弄,此方为叙述的要点。苏曼殊由此把小说写进时代,并与其飘零人生结合起来。柳无忌提到苏曼殊小说"侠义的成分"、"对于时代的写实与讥讽"、"异国风物与情调的描绘"[①],这些构成情爱书写的时代背景与环境,亦表现出苏曼殊作为文人、志士和漂泊僧人的多重身份及其丰富、复杂、充满戏剧性的人生。"生天成佛我何能?幽梦无凭恨不胜。多谢刘三问消息,尚留微命作诗僧。"(苏曼殊《柬金凤兼示刘三》其二)在苏曼殊的多重身份中,"诗僧"可能是最见其"性灵"的,他对情爱的态度,以"正情"为本的"思想感情方式",因此最能够刻画他深心里的感动,也最明白地标示出他的小说作为旧文学的"时代"特征。当此动荡与转型的时代,"海内鼎沸""鸡犬不宁""季世险恶""沧海横流"之际(《绛纱记》《焚剑记》语),苏曼殊向传统情爱反复致意,鸳鸯蝴蝶派小说在纸上不离不弃,这个时代现象,不仅反映了传统情爱在"思想感情"上的顽强生命力,也反映了小说这种文体"缘情"而作的文体属性及其在清末民初勃兴的真正原因。

二

但情爱并不是苏曼殊小说的归趋,"以情求道"指示着苏曼殊的深层用

---

① 柳无忌:《苏曼殊研究的三个阶段》,载柳亚子《苏曼殊研究》"附录",上海人民出版社1987年,第531-532页。

心。人们从曼殊的僧人身份上,易把此"道"理解为解脱论意义上的佛"道",从苏氏小说来看,解作生命之"道"、生存之"道"则更为合适。对生的执着和探索,构成苏曼殊情爱书写背后的支持,这是苏氏小说的深层景观,也是它向五四新小说呈现的深层资源。

清末民初小说言情,常有情爱以外的用心,其中自然有深浅、真伪的区别。几道、别士说:英雄、男女为人类公性情,小说的"本原之地"在于此。其所以如此,则源自人类求生存的必然性。"非有英雄之性,不能争存;非有男女之性,不能传种也。"举凡儒、墨、佛、耶、回之教,君主、民主、君民并主之政,凭此而兴,由此而建立。至于"男女之情,盖几几乎为礼乐文章之本,岂直词赋之宗已也"。这个小说本体论阐释,与中国文化中"生生之谓易"的生之哲学隐然相通,揭出小说言情的生存论根据和意义。吴沃尧说,他的小说"抱定一个'情'字","大约这个'情'字,是没有一处可少的,也没有一时可离的。上自碧落之下,下自黄泉之上,无非一个大傀儡场,这牵动傀儡的总线索,便是一个'情'字。大而至于古圣人民胞物与、己饥己溺之心,小至于一事一物之嗜好,无非在一个'情'字的范围之内"。如此,言"生"即须言"情",言"情"也就是言"生"了。在既有伦常秩序之中,情爱成为生命的出口,生命的感受和体验一付于情,助成言情小说的兴盛,却也使生命本身,逐渐迷失在情爱里,如陈平原所说:"在民初,言情小说分出'惨情''孽情''烈情''妒情''哀情''艳情''幻情''怨情''苦情''侠情''奇情'等无数分支,几乎每种小说都得跟某一种'情'挂上钩,方才入得世人眼——其时言情小说确实大走红运。"[①] 周作人所批鸳鸯蝴蝶派末流"滥恶不堪",大抵指此。

苏曼殊在情爱书写中自觉贯注着对生存本身的体认,一种来自个体的生命感受和体验把小说与情爱拉开了距离,整个情爱世界包括小说对情爱的执持,因此接受着生命本身的考量。这是苏氏小说特殊的现象,也是它远远高出其他鸳鸯蝴蝶派小说的地方。

《断鸿零雁记》第一章,三郎辗转于佛门内外,发生对母亲的自觉:

---

① 陈平原:《二十世纪中国小说史》第 1 卷,北京大学出版社 1989 年,第 254 页。

"人皆谓我无母,我岂真无母耶?否否。余自养父见背,虽茕茕一身,然常于风动林梢,零雨连绵,百静之中,隐约微闻慈母唤我之声。顾声从何来,余心且不自明,恒结轖凝想耳。"继又叹曰:"吾母生我,胡弗使我一见?亦知儿身世飘零,至于斯极耶?"

生母成谜,是三郎出家的主要障碍。找不到这个"家",所谓出"家",对三郎的意义,只能有限地居停于佛理的开启,他的身体,就还徘徊于佛门之外。所以《断鸿零雁记》的主题,是一个从受戒出发,回返出生之谜的问题。小说中反复出现的佛理言说,界画着三郎作为佛学信徒的形象,但至小说终篇,我们可以看到,三郎终于没有做到佛教所要求的"绝死弃爱"(陈独秀序《绛纱记》语),虽经受三坛大戒,他与佛门境界,究竟还隔着一层。

但生母又不仅仅是一个能否触摸到的存在。寻母的自觉,发生于自我存在上的自觉意识。出家的仪式,同时唤醒了三郎对生母的自觉和对自我"身世飘零"的自觉,母亲的存在成为自我生命存在上一个悬而未决的问题,这才有所谓"难言之恫",寻母之旅是从这里出发的。而且,寻母之前,母亲的形象已经按照她对自我存在的意义在三郎的心里事先得到了描画。"百静之中,隐约微闻慈母唤我之声。""结轖凝想"的这个形象,凝聚着"我"的全部生存感受和期待。在这个意义上,实际发生的寻母之旅,那个远在岛国的"古装夫人",已经被自我意识相对化了,对母亲的事先体认,会隐在地考量三郎后来实际经历的一切。小说正是以此为线索的。

僧人的身份,遥遥统领着小说叙事。这也成为苏氏小说阐释中一个聚讼纷纷的问题。有论者提出:"苏曼殊作品中悲情孤僧的自我描绘,更多是作为一种审美想象而存在的,是审美主体苏曼殊对自己命运和感情的玩赏,它们的真实性更多体现在审美的形态上,而不见得代表现实的真实。"[1] 论者把"现实的真实"与审美的真实分开,但如果"悲情孤僧"仅仅是作者的自我"玩赏",则它"在审美的形态上"也不见得有真实性。从小说本身来看,

---

[1] 杨联芬:《逃禅与脱俗:也谈苏曼殊的"宗教信仰"》,《中国文化研究》2004年春之卷。

情、佛的矛盾构成表面的冲突，却也是小说的有机组成部分，它把苏曼殊的小说主题凝聚化、集中化了。鸳鸯蝴蝶派小说言情，多从现象的层面上，在给定的伦常秩序之中，写情爱的种种挫折与不幸，《孽冤镜》是典型的代表。《玉梨魂》从情爱写到革命，把未尽的情意表达在"革命之役"中，仍然是从情爱向外翻转，缺乏对情爱本身的体认。情、佛矛盾的加入，则使情爱本身成为问题，生命本身成为问题。此向上一步，有着生与无生的纠葛，向下一步，则展开为对情爱与生命关系的自觉体认。一个遁迹空门、依律自守的佛徒，是不会有对小说的需要的，唯有"情根"深植而又不能满足者如三郎和曼殊，才从情、佛的矛盾更深地沉入生命自身的矛盾之中，发生对情与生之关系的怀疑，小说才因此成为发自生命本体的需要。自我生命的感受与体验隐藏在情爱世界之下，构成苏曼殊小说持续感动后人的精神支点[①]。

小说第六章，三郎接雪梅书函、赠金：

余自得雪梅一纸书后，知彼姝所以许我者良厚。是时心头辘辘，不能为定行止，竟不审上穷碧落，下极黄泉，舍吾雪梅而外，尚有何物。即余乳媪，一见彼姝之书，亦惨同身受，泪潸潸下。余此际神经，当作何状，读者自能得之。须知天下事，由爱而生者，无不以为难，无论湿、化、卵、胎四生，综以此故而入生死，可哀也已！

第十六章，静子赠帕三郎，并诉衷肠，书中写三郎的心情：

余乍闻是语，无以为计。自念拒之于心良弗忍；受之则睹物思人，宁可力行正照，直证无生耶？余反复思维，不知所可。

两处都有佛理的加入，然而，就像在受戒仪式上一样，真正考量三郎的不是"无生"之境，而是这种种情爱与自我生命的距离。入生入死的犹疑，

---

① 姚雪垠说道："我读他的《断鸿零雁记》至今将近半个世纪，仍然印象很深，有些地方使我感动。……就艺术水平说，它比'五四'以来不少同类写爱情悲剧题材的白话小说要高明许多。其所以成为名作，并非偶然。"载姚雪垠《无止境斋书简抄》，《社会科学战线》1980 年第 2 期。

"不知所可"的精神折磨，都在佛理的名义下隐隐传达着独立于情爱的自我生命意识。"可哀"也者，乃在追问自我生命何以承担雪梅的情爱；"反复思维"的过程，则是这个生命的意志在静子的情爱和自身之间纠结不已、难以自安的过程。事实上，不论是雪梅，还是静子，都没有从三郎的生命中完全退出，然而，隐在三郎和二人之间的自我生命意识，却把种种情爱一齐置于相对化处境，从而为三郎艰难地走出情爱提供着可能。

在苏曼殊的世界里，"走出"其实又是另一次"进入"的开始。苏曼殊的生命观，还没有超出他作为"旧日读书人"（周作人语）的视野，他无法为三郎的生命存在安排比传统人伦更好的归宿，也无法为三郎安排比"士君子"更好的人格。所以三郎在痛别与雪梅的情爱之后，又必然地、别无选择地进入另一场性质相似的情爱。两场情爱里，伦常的作用恒在，不过一从反面出现，一从正面出现而已。发生在家中的后一场情爱，还把"亲子男女"一起唤上前来。"焉置吾身"的问题，为三郎与生母之间设置了距离，千辛万苦寻到的家，与情爱一起受着考量。从这个家中走出，也就同时包含了对人伦和情爱的双重体认及从自我意识上发生的双重无奈。在给定的世界上，有生如三郎和曼殊，不得不以人伦为执持，不得不以情爱为执持，这是苏曼殊的小说反复"言情"的原因。但是，另一方面，有着生存上的"难言之恫"的苏曼殊，又在所遭遇的一切人伦、一切情爱中发生源自自我生命的怀疑，并且显然是他无法说清、无法解释的怀疑，这又迫使他在一次次追逐后一次次放弃①。佛理不过是生命存在的托词，僧门依然遥不可及，因为生命的"家"依然没有找到。寻家而又不安于家，不安于情爱却又持续地追逐情爱，在这样的生存探索和生存磨难中，三郎耗尽生命的激情，苏曼殊则最终付出他的生命。

1915年，陈独秀为苏曼殊《绛纱记》作序，提出"人生之真"的问题："人生最难解之问题有二，曰死，曰爱。死与爱皆有生必然之事。"佛教、耶教都不能为这两个问题提供满意的答案，"然则人生之真果如何耶？……与其

---

① 柳无忌说："曼殊尽管和调筝人及其他女性朋友有这种浪漫的关系，但他常常以佛教戒律作为避免俗累的理由突然中止对她们的认真的依恋。"这是生活中的三郎。见柳氏著《苏曼殊传》，三联书店1992年版，第73—74页。

强信而自蔽,不若怀疑以俟明。昙鸾此书,殆亦怀疑之书欤?"① 陈独秀的这个阐释思路,想来深中曼殊的心意。曼殊的"忧生之叹""以情求道"的人生实践与文学书写,深层次表达着对生命本身的追问。对生的执着和怀疑精神,已经在隐隐地动摇着它们置身其中的世界,并把一种"新生"的呼唤,隐约透露给这个时代。从这里可以看出苏曼殊小说世界的两面性。他的"一往情深",他的"劝惩垂戒",他所构想的才子佳人模式,以"正情"为本的"思想感情方式",无一不在被执持的同时转向它们的反面,并指向这一切得以生成并不得不由以生成的生命存在和"生之意志"。这个思路,与五四新小说已非常接近。

三

从"思想感情方式"上说,五四新小说同时面对苏曼殊小说所提供的两个方面的资源,也可以说这是旧小说所提供给新小说的资源。按照当年新旧文学阵营的判分,在新文学这边,旧文学是被否定的对象,谈不上有什么积极意义,周作人和郁达夫对苏曼殊小说的批评,即发生在这样的舆论环境中。实际情况是否如此,还需要结合文学作品进行讨论。从一方面说,新、旧文学的判分,首先自然是思想的判分。五四新小说的生成,源于经济、政治、道德、社会等现实形势的变化,又直接源于陈独秀所发起的思想革命。另一方面,就文学自身来说,"文学革命"的内容,则在于把思想革命转变为具有生命实感的"文学世界",此则端赖新的"思想感情方式"的建立。在这个层面上,我们可以看到,苏曼殊小说其实仍然是五四新小说的一个积极资源。它所依附于其中的伦常秩序被新小说推翻,所执持的情爱形态被新小说瓦解,但隐于情爱背后的"生之意志"和生命存在感,其实又翻转过来,以新的形式和面貌加入新小说世界的创造,并构成新小说的意义来源。

新、旧小说在"断代"之中的连续性问题,本质上是观察新、旧小说的历史时段的选择问题。柯林武德结合自然与历史说道:"自然界如何呈现给我

---

① 陈独秀:《绛纱记·序》,《甲寅》第 1 卷第 7 号,1915 年。

们,确实依赖于我们观察它们的时间有多长,但这是因为当我们在某一个时间长度中观察时,我们观察到的正是需要这个长度的时间才会发生的过程。"在一个比运动所需的时间间隔还短的间隔里,飞矢是不动的。同样,"对一个历史事件,我们的标准时间段越短,我们的历史中就包含有更多的毁灭、灾难、战争、谋杀和突然死亡"①。这是因为,在短的"标准时间段"上,我们无法把事物之走向存在的漫长过程理解为一个事件,因此,能够看到的就只是突然出现和死亡。柯林武德把这种情况称为与历史近视症相伴随的幻觉。新小说的生成,是一个不以思想判分为明确起点的漫长过程,它在颠覆旧小说世界的同时,也被旧小说所准备。苏曼殊小说对新小说的资源意义,也正是在这个长时段中体现出来。新小说作为"人的文学",其中的"人",被称为"个人"也好,"现代主体"也好,他的生命意识和"生之意志",穿越外在的或内在的伦常约束以至身心矛盾,仍然在不屈不挠地构成新小说的本体。小说以生命为本体,这应是包括苏曼殊小说在内的传统小说精神在新小说中的创造性延续,也是新小说作为划时代的创造,仍然是中国小说的原因②。

在新小说语境中,"个人"或"主体"的意义联系于一个与传统小说完全不同的新的世界,陈独秀对此有简要说明。他在《孔子之道与现代生活》一文中说道,现代生活"以经济为之命脉",而"个人独立主义,乃为经济学生产之大则,其影响遂及于伦理学。故现代伦理学上之个人人格独立,与经济学上之个人财产独立,互相证明,其说遂至不可动摇;而社会风纪,物质文明,因此大进"。至于孔子之道,"所提倡之道德,封建时代之道德也;所垂示之礼教,即生活状态,封建时代之礼教,封建时代之生活状态也;所主张之政治,封建时代之政治也。封建时代之道德,礼教,生活,政治,所心营目注,其范围不越少数君主贵族之权利与名誉,于多数国民之幸福无与

---

① [英]柯林武德:《自然的观念》,吴国盛译,北京大学出版社2006年,第26、29页。
② 郁达夫提出从"世界化"或曰"欧化"的角度理解新小说的观点。他说:"……现代我们所说的小说,与其说是'中国文学最近的一种新的格式',还不如说是'中国小说的世界化',比较得妥当。""中国现代的小说,实际上是属于欧州的文学系统的。"载郁氏著《小说论》,1926年1月上海光华书局出版。引自《郁达夫全集》第10卷,浙江大学出版社2008年版(下同),第129页。

焉"①。这里包含了从时代经济生活方面考量人之存在和人格改造的视角和思路，与传统的伦理本位主义已有巨大的不同。民国成立至袁世凯称帝前，被称为中国资本主义发展的"黄金时代"②，陈独秀从时代发展的要求上，提出"个人独立主义""个人意志之自由"的思想，为小说书写"个人""主体"的形象，开辟了思想前景。

然而，主体形象的塑造，个人的小说化，是比思想启蒙远为复杂的问题。反对孔子之道，不仅意味着对现存世界的反抗，也意味着反抗人自身。作为统治人伦秩序的精神信条，孔子之道的解体也是现存世界的解体，人自身的解体，新小说中人的塑造，因此同时面临向身外、身内两个世界重新打开的问题，对身外世界的排拒也因此延伸并发展为生命自身的自我缠斗。从苏曼殊小说到新小说，从有生到无生的超越之路被切断了，作为有生之归附的情爱世界，也因为"士君子"人格的解体而失去支持，另一方面，生命的意志直接面对现实和自身，在为人的重新存在寻找支点的过程中，也把源自传统小说包括苏曼殊小说的生命感受凝聚并放大为新小说世界的真正主角，新小说更为现实化、人间化了。在这个意义上可以说，新小说是对旧小说包括苏曼殊小说的重新书写，从小说世界的生命感到支持小说世界的"生之意志"，新小说脱去思想感情的"高端"玄想或期待，仿佛是针对旧小说的底层叙事。中国小说的面貌至此焕然一新。

1913年，鲁迅的小说《怀旧》发表，从儿童的角度，写乡村众生相。恽铁樵批评道："实处可致力，空处不能致力，然初步不误。"③ 所谓"空处不能致力"者，当批评小说过多干预儿童视角，在思想和情感上没有写出儿童的"实相"，或者批评小说关于乡绅耀宗、塾师秃先生的描画，渗入过多评论，影响到人物本身的自主性。就小说文本而言，其中确实存在儿童视角与人物塑造的脱节，但是，我们也能从《怀旧》中，看到鲁迅小说设计的基本

---

① 陈独秀：《孔子之道与现代生活》，《新青年》第2卷第4号，1916年12月。引自《独秀文存》，安徽人民出版社1987年版，第83、85页。
② 汪敬虞主编：《中国近代经济史(1895—1927)》，人民出版社2000年版，第1587—1588页。
③ 恽铁樵语刊于《怀旧》后，载《小说月报》第4卷第1号，1913年4月。引自《中国近代文学大系·小说集7》，第705页。

线索，即孩子的存在与现实世界、成人世界的对照。孩子成为世界的依托，这是新、旧小说世界的转折点。可以说，鲁迅《狂人日记》及以后的小说，是围绕孩子问题展开的，是《怀旧》思维的发展和深化。在《狂人日记》中，"孩子"作为对新生命的期待和呼唤，同时也照破一切假面，包括大哥、赵贵翁、"路上的人"，包括被"娘老子"教的孩子，甚至包括狂人自己。生命的体验以开掘"新源"的方式，在"垢污深积"的人身上发现"孩子"，此所以有闰土、阿Q、孔乙己……当这所有工作汇聚到"我"自身的时候，不妥协的战斗顿时把自身变成战场，生的意志以毁灭自身为代价，顽强地表达对"孩子"的忠诚。此在魏连殳形象上表现得最为典型：

> 他先前怕孩子们比孩子们见老子还怕，总是低声下气的。近来可也两样了，能说能闹，我们的大良们也很喜欢和他玩，一有空，便都到他的屋里去。他也用种种方法逗着玩；要他买东西，他就要孩子装一声狗叫，或者磕一个响头。哈哈，真是过得热闹。前两月二良要他买鞋，还磕了三个响头哩，哪，现在还穿着，没有破呢。①

> 他在不妥帖的衣冠中，安静地躺着，合了眼，闭着嘴，口角间仿佛含着冰冷的微笑，冷笑着这可笑的死尸。②

魏连殳形象在学界已有深入的讨论，其中个人或主体的问题尤其是讨论的重点。值得注意的是，在鲁迅小说世界，包括在魏连殳形象上，主体性问题并不能完全独立。文学中的主体不同于经济主体，他向外排拒伦常秩序，也须向内重新寻找生命支点，没有后一个问题的解决，文学主体不可能站立起来，不可能获得生命的实感。此可以与鲁滨孙形象作一个比较。按照伊夫·瓦岱的论述，西方现代小说是与鲁滨孙·克鲁梭的个人主义形象一起诞生的。论及鲁滨孙的个人主义，伊夫·瓦岱说道，清教个人主义"控制了他的精神生命"。通过向清教的皈依，鲁滨孙获得了从每日的日常生活事件中领

---

① 鲁迅：《孤独者》，《鲁迅全集》第2卷，人民文学出版社2005年，第108页。
② 鲁迅：《孤独者》，《鲁迅全集》第2卷，人民文学出版社2005年，第110页。

会"神的指引"的意识和形式,这使他能够发展出"毫不气馁的努力",在各种各样的困境中,在没有亲人和朋友的帮助下,在与社会隔绝的孤岛上开创出个人主义的王国。伊夫·瓦岱引用笛福的话说:"要紧的是要有一个退隐的灵魂。一种完整的孤独的所有成分都应有效力地发挥作用,如果我们愿意,那么即使在最拥挤的城市中,在宫廷的谈笑与风流韵事的骚乱中,或者在军营的嘈杂和琐事中,都会像在阿拉伯和利比亚的荒漠中、在荒岛的孤寂生活中一样,无量天恩都将会帮助你。"[①] 十分明显,魏连殳不能从"无量天恩"中获得指引和帮助,他的精神生命来自对"孩子"的信托和执持。这种朝向生命本体的体认和追寻,使魏连殳向外发现诸如祖母、亲戚本家、大良二良及所有新旧宾朋们生命的二重性,向内则发现自身生存的悖谬,生的意志于是才以嘲弄自身、剥蚀自身、吞噬自身的方式,展开自我瓦解的主体性。对生命本身的深层体认,取代外在的"神的指引"和加赋的"天恩",支持着魏连殳的生存感受和生存探索,这是在中国特殊的文化土壤中孕育生成的生命形式。从苏曼殊小说中延续而来的生命意志,以苏曼殊所想象不到的方式,掘进到人自身之中,并不惮以自身为敌,"自噬其身",展开生命的彻底的自我更新的运动。中国小说的面貌从这里被全面更新。

郁达夫小说以另一种形式表达对生命的体认。或许,从所透露的感伤气质上讲,它与苏曼殊小说有着表面的相似性[②]。然而,在郁达夫这里,感伤依托着与苏氏小说不同的世界,其中的生命意味有着与苏氏小说不同的内容。周作人在关于《沉沦》的那篇评论中说道:

……综括地说,这集内所描写是青年的现代的苦闷,似乎更为确实。生的意志与现实之冲突,是这一切苦闷的基本;人不满足于现实,而复不肯遁于空虚,仍就这坚冷的现实之中,寻求其不可得的快乐与幸福。现代人的悲哀与传奇时代的不同者即在于此。理想与实社会的冲突当然也是苦闷之一,

---

[①] 伊夫·瓦岱:《小说的兴起》,高原、董红钧译,北京三联书店1992年版,第77、95页。
[②] 有论者说道:"现代文学史上,苏曼殊与郁达夫的身世经历、性格气质多有相似,其小说创作的美学风貌和人物的情感方式更是相通。"具体地说,"'感伤'是他们二人的精神标志,也是那一时代的情感特征。"这个观点没有注意到二人"感伤"的"时代"差别。见《从苏曼殊到郁达夫的现代感伤》,《中国现代文学研究丛刊》2006年第6期。

但我相信他未必能完全独立,所以《南归》的主人公的没落与《沉沦》的主人公的忧郁病终究还是一物,著者在这个描写上实在是很成功了。①

如果可以从现实中逃遁,现实本身就不是思想和感情的巢穴;反过来,如果加于现实之上的种种精神庙宇被一一拆毁,现实本身就会失去遮掩,"坚冷"地抵达身体和心灵。苏曼殊小说书写的情爱飘浮在精神的天空,这是他作为"士君子"在人世间最后的执持,也是他弥合人与世界关系的最后的庇护。作为生命的归附处,他怀疑情爱而又不得不依归于此,这是他的感伤的来源。到郁达夫的小说中,精神的庙宇被拆毁,现实的"真相"被剥露出来,人的存在,于是被"抛"到以一己之身,直接面对现实的处境。如小说《沉沦》所写的:

他近来觉得孤冷得可怜。他的早熟的性情,竟把他挤到与世人绝不相容的境地去。世人与他的中间介在的那一道屏障,愈筑愈高了。

这"一道屏障",或可看作现实"坚冷"的面相,"孤冷"的小说主人公,只能依靠个人的力量,在反抗现实中现实地生存下来。他不再有像苏曼殊小说中主人公所拥有的观念庇护和情爱庇护,唯一拥有的是自己的身体与心灵。"生的意志与现实之冲突",内化为从心灵到肉体的矛盾,其中的感伤,既表现着个人生存的挫折,从心灵到肉体的伤痕,也在反映着个人对现实的节节抵抗。生命的意志通过与现实隔绝和对抗的个人,在郁达夫的小说中展开着它可能有的姿态。自叙传的写法,灵与肉的冲突,"现代的苦闷"……这些生命的感受,渊源于此。或许,这就是周作人所说的"时代的不同"。

苏曼殊小说所给予新小说的资源问题,属于在长时段的历史观察中所能见到的小说的连续性问题,它包括我国小说对人的重视、对情境而非情节的偏重、自反式结构、抒情气质等等,根本之点则是对生的执着和以生命为本

---

① 周作人:《〈沉沦〉》,《晨报副镌》1922 年 3 月 26 日。引自严家炎编:《二十世纪中国小说理论资料》第 2 卷,北京大学出版社 1997 年版,第 214 页。

的小说存在论。从这里来看，新、旧小说世界的巨大变化，乃是以它们对生命的共同的执持为条件的。新小说在这个意义上奠立"现代"的品格；同时，苏曼殊小说的情爱书写，以及鸳鸯蝴蝶派言情小说，不论怎样"滥恶不堪"，也是在特定历史条件下所可能有的生命表达，因而都具有一定的真实性，这是不能单从道德思想上就可以一笔勾销的。从苏曼殊到鲁迅、郁达夫的小说，都包含了小说以外的其他现实用意。苏氏小说对"士君子"人格的守持，以"正情"为本的情爱观，就不仅仅具有小说学意义，同时也是向社会严肃的宣示，就像他写《讨袁宣言》《儆告十方佛弟子启》《告宰官白衣启》一样。他对章太炎欣欣然应袁世凯之召、"持节临边"的不满，亦可从小说中寻到理解的线索。同样，鲁迅、郁达夫的小说，也首先在反道德的意义上耸动流俗，引起争议的；从他们小说所包含的社会批判意义，亦可以引出专门的话题。但小说的存在，并不以道德、政治、社会的批判为根据。比较苏曼殊和鲁迅、郁达夫的小说，从中清楚地看到它们对生命共同的坚持，与生命的诚挚的联系。在历史性"断代"之中，小说呈现出共同的生命本体意义及凝聚在生命意志上的共同的书写走向和书写主题。这是令人深思的。这为辨认新小说、理解新小说与我国文学传统的关系，提供着深刻的启示。

【原刊《文学评论》2011 年第 6 期】

格雷马斯符号学视野下的"抒情小说"
——以苏曼殊的小说为中心

唐 珂

　　五四时期蓬勃发展的"抒情小说"被现代文学研究界视作一种极富变革性的小说体式。鲁迅的《伤逝》、郭沫若的《残春》、冯沅君的《隔绝》、郁达夫的《沉沦》、王以仁的《孤雁》"直指叙述者在环境与心灵、感性与理性、灵与肉激烈冲突下骚动不安、痛苦挣扎的心理世界,倾诉着生命的绝叫。这些小说的叙述视角都完全内化为叙述者的个人独白。小说中所表现的现实生活及其人物关系都是通过叙述者的自我感受、回忆、幻想和感情活动而折射出来。"① 这种小说体式在当时曾引起颇多非议,被认为是一种"不像小说的小说","甚至有人曾认为'中国哪有这样一种体裁?'"周作人将其称之为"抒情诗的小说"②。如果说在现代文学史的初期,郭沫若、郁达夫等创造社作家标举"主情主义""自叙传"的小说乃至五四一代小说创作者以个体自我内心情感宣泄为表征的集体公语,是中国现代小说史上一种"全新的样式,也是对传统小说观念的一个新的发展"——"作者不着意于通过人物的性格刻画,以某种思想意识教化读者,而是直接抒发主人公的强烈感情,去打动读者"③,那么苏曼殊正是这种亚文类名副其实的先驱者。苏曼殊的小说文本中比比皆是第一人称代词"余"作主语并联结表达心理情感的谓词,大

---

　　① 冯光廉主编:《中国近百年文学体式流变史》上册,北京:人民文学出版社1999年,第112页。
　　② 冯光廉主编:《中国近百年文学体式流变史》上册,北京:人民文学出版社1999年,第109—110页。
　　③ 钱理群、温儒敏、吴福辉:《中国现代文学三十年》(修订本),北京:北京大学出版社1998年,第72—73页。

量出现表征情感的名词、形容词、副词与语气词所结构的自叙性抒情表达，强烈的"抒情性"是苏曼殊的小说一个无法忽视的特征。

"抒情"这个概念是古今中外诗学研究的一个永恒话题。"中国自有史来以抒情诗为主所形成"的传统是"无往不入、浸润深广"的传统①，抒情诗的美学"确曾被普遍视为文学的最高价值所在"②，以诗骚为典范的抒情体类是与西方戏剧、史诗传统相互对观的中国文学的主流正统，自陈世骧、高友工等先生的名文传世至今的四十余年间，已成为在海内外学界颇具共识的观点，后辈学者对其有借鉴、发展也有部分赞同、补充和新拓。有的倡导诗骚抒情传统在与史传叙事传统的和鸣对话中参与中国文学现代性的生发③，有的将"抒情"的概念旧瓶装新酒，将"抒情美典"④拓展为"一个生活实践的层面"、一种政治表白方式和生活风格，从思想史、文学史的角度探讨"抒情"更为广阔的语境。⑤可以说，他们都不约而同地洞见到作为文类的抒情文学与叙事之间的鲜明对立，以及作为文学表现风格的抒情在叙事文学中绽放的异彩。

这也是为何拉夫·弗里德曼（Ralph Freedman）在《抒情小说》（*The Lyrical Novel: Studies in Hermann Hesse, André Gide, and Virginia Woolf*）一书中称"抒情小说"的概念本身是一种悖论。抒情式的小说取消了经历中的主体与经历发生的世界相分隔的框架，而诉求"主人公的经历与对象事物的融合"⑥；它强调作者以类似诗人的眼光把世界作为一种设计来重新构想，即使

---

① 高友工：《中国文化史中的抒情传统》，见高友工：《美典：中国文学研究论集》，北京：生活·读书·新知三联书店2008年，第91页。

② 高友工：《中国叙述传统中的抒情境界——〈红楼梦〉与〈儒林外史〉读法》，见于高友工著：《美典：中国文学研究论集》，北京：生活·读书·新知三联书店2008年，第295页。

③ 陈平原在《中国小说叙事模式的转变》中指出："影响中国小说形式发展的决不只是某一具体的史书文体或诗歌体裁，而是作为整体的历史编纂形式与抒情诗传统。……影响中国小说发展的不是'史传'或'诗骚'，而是'史传'与'诗骚'。"（陈平原：《中国小说叙事模式的转变》，上海：上海人民出版社1988年，第220页。）

④ 高友工：《文学研究的美学问题（下）：经验材料的意义与解释》，见高友工：《中国美典与文学研究论集》，台北：国立台湾大学出版中心2004年。

⑤ 王德威、季进：《抒情传统与中国现代性——王德威访谈录之四》，见季进编著：《另一种声音——海外汉学访谈录》，上海：复旦大学出版社2011年，第107页。

⑥ Freedman, Ralph. *The Lyrical Novel: Studies in Hermann Hesse, André Gide, and Virginia Woolf*. Princeton: Princeton University Press, 1963. 2.

是动作行为的描写也是一种想象、象征的形式；世界不再是作者与读者之外的孤立存在，而是一种"抒情的视角"[1]，成为抒情自我的内心世界的投影。弗里德曼把抒情小说看作叙事文类的一种"进化发展"[2]，他的研究是主题学与文体学的视域和方法，如果以更新的棱镜来透视"抒情"之于"小说"的关系，深入"抒情小说"的话语机制本身，又会得出怎样的结论呢？

  本文笔者意借助格雷马斯符号学的方法，从叙事学和话语研究的双重层面重新考察"抒情小说"，将普通语言学、价值论和美学的不同维度共同纳入研究视野。在早期成名作《结构语义学》中，格雷马斯批判了普罗普（Vladimir Propp）的主题叙事学研究的局限性，提倡研究动元角色的句法功能。在其符号学思想日益成熟的中后期，格雷马斯着力分析主体行动的各种功能性述谓，进而研究其更深刻和抽象的概念句法层，把握语篇的核心价值体系与意义表征的基本结构。在晚近新著《激情符号学》中，格雷马斯与学生冯塔尼勒一道探讨叙述者如何把人的身体对内外界的感觉、认知和反应表现于文本，分配于主体的不同功能角色，从而捕捉和构建意义的宇宙。

  因此本文探讨的"情"特指格雷马斯符号学意义上的"情感"：情感范畴（thymic category）作为一个类型学范畴，它的名称由感官的根源——"thymia"而来，情感范畴的两个基本对立组是适意与失意（euphoria / dysphoria，或译愉悦/不悦），"通过赋予一个符号矩阵的指代词以适意的含义，相反位置的指示词以失意之义，情感范畴激起对每一个意义的基本结构的术语以积极和/或消极的评估"，由此把情感应用于语义的描写，使分类概念转化为价值观概念。[3] 表意空间借助情感的组合分配进行分合（articulation），落实到具体主客体的生成旅程的表层符号结构中，情感便映射到对应的模态空间，模态接合支配主体与客体的关系。格雷马斯用情感范畴来描述人的身体感觉与语义宇宙之间的联结机制，这个范畴也在语义的微观宇宙向符号学的

---

[1] Freedman, Ralph. *The LyricalNovel: Studies inHermann Hesse, And ré Gide, and Virginia Woolf*. Princeton: Princet on University Press, 1963. 8.

[2] Freedman, Ralph. *The LyricalNovel: Studies in Hermann Hesse, André Gide, andVirginia Woolf*. Princeton: Princet on University Press, 1963. 273.

[3] Greimas, Algirdas Julien and Joseph Courtés. *Semiotics and Language: An Ana lytical Dictionary*. Trans. Larry Cristetal. Bloomington: Indiana University Press, 1982. 346.

价值论的转换中扮演重要角色。

格雷马斯的独著《论意义》起步于对词典学意义上的"情"的探讨，晚近与学生冯塔尼勒合著的《激情符号学》一书则倾力探究情感与主体建构的符号学关系。格雷马斯着重强调，认识论意义上的主体从来不会呈现为纯然的理性认知主体，在这一点上他与生物符号学创始人魏克斯库尔（Jakob von Uexküll）意见相合。① 意义的产生到话语外显之间存在一个主客相"感化"（sensitization）的阶段。格雷马斯在《论意义》中探讨的叙述句法层面的存在与行为的基本模态——"欲""应""能""知"，尚且依赖于理性的范畴化。然而情感含义的效应依循别样的模型组织，它们更具"构形性"（configurational）②，而非严格意义上的结构（structural）；它们投射到话语层面，形成具有独立自治性的表征系统。格雷马斯和冯塔尼勒对书名使用的原始表述是"Sémiotique des passions"③，表明他们把超出一般程度的、激烈的、难以抑制的情感（即"passion"）作为研究的对象主体。

主体与作为价值的客体对情感的构形是至关重要的，而情感的张力是意义生成的前提条件。格雷马斯在先前的著作中用"主体的模态形式"来指称理性叙述轨迹中的主体的不同阶段和状态，因此他和冯塔尼勒选择用"存在形象"（existential images）或"拟象"（simulacra）来表述主体在情感的想象境域中的不同位置，它们分别形成不同的模态化过程。这个从话语主体中转化脱出的激情主体会干扰认知的程式和理性层面的叙述，以一种非线性、非连贯的情感化途径而活动。格雷马斯所引领的巴黎符号学学派的新创成果，正是力图阐明与模态系列的认知活动相伴而生的激情效应（passional effects），也就是意义效应的情感领域。

根据格氏符号学的界定，一个"近主体、可感的主体"是认识论意义上的主体的前身；进而是一个对意义的感知分化为离散单元及它们的范畴化的阶段，此时主体成为一个"知的主体"；"表层叙述句法把主体转变为一个诉

---

① 可参阅 Uexküll, Jakobvon. "An Introduction to Umwelt." *Semiotica* 134-1/4(2001):107-110.

② Greimas, Algirdas Julien and Jacques Fontanille. *The Semiotics of Passion: From States of Affairs to States of Feeling*. Trans. Paul Perron and Frank Collins. Minneapolis: University of Minnesota Press, 1993. 10.

③ 参阅 Greimas, Algirdas Julien, and Jacques Fontanille. *Sémiotique des passions: des états de choses aux états d'ame*. Paris: Seuil, 1991.

求的主体。最终,在置入话语的阶段,主体与话语主体(discoursing subject)相同化……话语主体是已实现(realized)的主体,因为他成功地将整个轨迹搬上话语的舞台。诉求的主体位于表层叙述符号结构(surface semionarrative structures),他是现实化(actualized)的主体,他预设了安置'基本结构'的知的主体。"① 触发情感的与其说是某件具体事物,实则是主客体接合(junction)的模态形式以及由之建构的价值客体的句法形式。"模态序列一旦被建立为一种以行动为目的的能力,就可以被解释为'行动的存在',即主体的一种感化的状态。"② 这些状态构成主体存在的模式,包蕴着产生它们的行动的不同时刻,这些模态化过程是拟象的组成部分,激情亦从中转化而生。模态在话语外显层表现为(动词)体化,主掌独立于叙述方案的主体的规划——间歇、持续、潜伏、休眠等。格雷马斯和冯塔尼勒认为,存在一个独立于叙述方案本身的主体的规划,它具有特殊的体的形式。"叙述方案被一种热烈情感调控,这种激情可被视为一种能力。"③ 激情能力构成了主体的一种模态想象,它的效果取决于体化的形式与过程。激情能力并不一定与主体的行动实践相一致,而与激情拟象的历时性轨迹相吻合。

　　情感的产生到中止都离不开主体与客体的纠葛,主体对对象价值的信赖程度尤其在其中发挥重要作用,决定激情拟象的不是价值客体的语义内容,而在于它们的句法属性——分合关系与量的程度,正如"创造一个吝啬鬼的不是金钱、土地或者物品,而是模态化的分合形式和价值客体的句法形式。"④ 吝啬鬼追逐的与其说是财富,不如说是内心憧憬、意欲实现之景象,它是潜在的拟象,让主体为之着迷,在其现实化之前已十足地影响了主体的存在状态与行为。主体在充满激情的想象域(passional imaginary sphere)中把自己归

---

① Greimas, Algirdas Julienand Jacques Fontanille. *The Semiotics of Passion: From States of Affairs to States of Feeling*. Trans. Paul Perronand Frank Collins. Minneapolis: University of Minnesota Press, 1993. 94.

② Greimas, Algirdas Julienand Jacques Fontanille. *The Semiotics of Passion: From States of Affairs to States of Feeling*. Trans. Paul Perron and Frank Collins. Minneapolis: University of Minnesota Press, 1993. 90.

③ Greimas, Algirdas Julien and Jacques Fontanille. *The Semiotics of Passion: From States of Affairs to States of Feeling*. Trans. Paul Perron and Frank Collins. Minneapolis: University of Minnesota Press, 1993. 66.

④ Greimas, Algirdas Julien and Jacques Fontanille. *The Semiotics of Passion: From States of Affairs to States of Feeling*. Trans. Paul Perron and Frank Collins. Minneapolis: University of Minnesota Press, 1993. 69.

属于不同的存在形象,在激情拟象上投射连续的位置,作为它的"存在"①。义素和词位总是对复杂的话语陈述结构的浓缩,也正是我们展开话语分析的起点。笔者将以苏曼殊的小说《断鸿零雁记》等作品为例,细读其中与叙事互渗互动的情感书写形态,以格雷马斯学派的分析方法考察情感的表达如何参与意义的生成与显现,进而对"抒情小说"的文类特征与意义生成机制进行重新解读,探析它与其他文学样式之间的深层殊异。

在《断鸿零雁记》中,叙述者自始至终都是"余"——三郎(也是作家苏曼殊的别名)。更确切而言,是作家苏曼殊面向读者以文学叙述的方式追忆、描绘、评议"三郎"这个人物的经历故事,"三郎"并不等同于作者本人,而是他塑造建构的一个他者;在文本层面,"三郎"这个叙述者在小说中把其自身他者化,追述处于过去的一段时间内他所遭遇的事情。与此同时,叙述者自始至终汹涌动荡的情感情绪直接地以第一人称言说者之口表达出来,表征情感的义或词项俯拾皆是。

在故事开始时,"余"是怀着"恨"出家为僧的,一如"余"投灵隐寺之后所遇的比丘,实为"恨人也",当余"轮转思维,忽觉断惑证真,删除艳思,喜慰无极。决心归觅师傅,冀重重忏悔耳"②。根据《汉语大字典》的定义,"恨"的意思是:1. 遗憾,后悔; 2. 怨恨,仇恨; 3. 通"很",违逆,不听从。③ 第三种由假借字而来的意思是在语用过程中产生的"变体"④,常见的是前两种意义,它们又彼此关联。因此"恨"的语义机制表现为一个连续的序列:主体的受挫状态在逻辑上预设了一个先前没有受挫的情感状态,在这个状态中主体反而是拥有希望和权利的。进而言之,"恨"的前两重意思区别出的正是对于现状内心不平而否定批判自我的状态主体和对于现状强烈

---

① Greimas, Algirdas Julien and Jacques Fontanille. *The Semiotics of Passion: From States of Affairs to States of Feeling*. Trans. Paul Perron and Frank Collins. Minneapolis: University of Minnesota Press, 1993. 86.

② 苏曼殊撰:《断鸿零雁记》,柳亚子编:《苏曼殊全集》第三册,北京:中国书店 1985 年,第 136、111 页。

③ 汉语大字典编辑委员会编:《汉语大字典》第二版,成都:四川辞书出版社,崇文书局 2010 年,第 2461 页。

④ Hjelmslev, Louis. *Prolegomena to a Theory of Language*. Trans. Francis J. Whitfield. Madison: University of Wisconsin Press, 1961.

不满而内心酝酿着向他者发起行动（能否实施行动尚未可知）的状态主体，他们分别具有不同的模态关系和能力。据第五章中"余"向读者的解释，雪梅本是"余"之未婚妻，雪梅之父见"余"义父家运式微，生母复无消息，欲悔婚约。"余"只好出家皈命佛陀达摩，"用息彼美见爱之心，使彼美享有家庭之乐。否则绝世名姝，必郁郁为余而死，是何可者？"① 这是三郎的自我辩解。"使之受挫"意味着把主体与本有权得到的价值客体分离开来，这不仅提示主体三郎与价值客体"婚姻"的关系，还指出该主体与另一个主体雪梅之父之间近于契约的关系——虽然该关系已经中止。这种价值客体的缺失为叙述轨迹埋下伏笔——叙述者在叙述符号层所对应的主体在当下和未来的时间里葆有未曾止息的执着渴望，想要与价值客体相联结（wanting to be conjoined）而不得。分合关系的模态机制正是情感的发生器。因此，出家行为是"余"满腔郁愤愁苦之下的不得不为之，被剥夺而缺失的情（欲）因为"成全"了雪梅的自我牺牲所获得的肯定性认同而得以平衡。受挫感转而升华为内心的安适愉悦，这样的情感心境投射到表层语符叙述结构，主体"感觉到"他"应做"和"欲做"的是弃绝红尘，这两种同时是主体"能做"和"会做"的模态能力，进而得以实现。

回到小说开篇，"余"作为一个已入佛门，而养父见背、人皆谓无母之人，内心向往与母亲重逢。此时寺院的空间限制了主体的愿望实现，在"适意"对"失意"这两个对立项构成的矩阵中，（母子）亲情的语义范畴与"适意"的情感范畴衔接，变成肯定的价值观概念，"礼佛"则暂时与"失意"衔接，处于语义轴的负面；寻母是"余"欲求做的，也是能够做的，在寺院长老的许可下，"余"踏上了寻母之旅。渴望（欲求）做的模态与能做的模态相匹配，使潜在和能力得以成为现实。当"余"在异国他乡找到缺失的生母，随之实现的是孝敬父母的世俗伦理，主体与他者和世界之间的矛盾暂时平息。

当三郎与静子互生好感、三郎的母亲提出让三郎和静子缔结婚姻，这一桩有父母之命且两情相悦的婚事却与三郎的佛徒身份不能兼容。"僧人"这个

---

① 苏曼殊:《断鸿零雁记》,柳亚子编:《苏曼殊全集》(三),北京:中国书店1985年,第30页。

意义范畴限制和取消了主体在男女之情进而在性方面的能力和行动，使从"爱情"中情不自禁地获得愉悦的三郎陷入深深的自责和愁苦，他向母亲强调并告诫自己，对于静子是姐弟互相爱护之亲情（"儿抚心自问，固爱静子，无异骨肉"），同时，文中21处使用"玉人"一词以及多处"庄艳""冷艳"等词凸显价值客体之美好矜持，并毫不保留地明示汹涌的情感："但见玉人口窝动处，又使沙浮复生，亦无此庄艳。此时令人真个消魂矣！"①"消魂"一词的词典义是"魂渐离散，形容极度的悲伤、愁苦或极度的欢乐"②，这是一个意味深长的定义，它暗含了两种状态或时刻：主体的主观意识受到强烈刺激的状态，和主体自身原有感知发生质变的状态，也就是因为感情累积至一种强度和峰值而让肉体难以承受，而进入被强烈情感攫住身心的非理性状态，"极度"证明情感的强度，魂渐离散的效果又标识出时间历史的维度，构成一个意蕴丰富的隐喻。被第一人称叙述者言说的"余"体验到极度的愉悦，而理性的认知又让他陷入极度的悲苦。因此"消魂"一词用在文中表达"余"的心境实为绝妙。小说最为曲折尽情之笔即是三郎与静子的几次共处的场景，再以下文一段为例：

　　饭罢，枯坐楼头，兀思余今日始见玉人天真呈露，且殖学滋深，匪但容仪佳也。即监守天阍之乌舍仙子，亦不能逾是人矣！思至此，忽尔昂首见月明星稀，因诵忆翁诗曰："千岩万壑无人迹，独自飞行明月中。"心为廓然。对月凝思，久久，回顾银烛已跋，更深矣，遂解衣就寝。复喟然叹曰："今夕月华如水，安知明夕不黑云暧䴵耶？"余词未毕，果闻雷声隐隐，似发于芙蓉塘外，因亦戚戚无已。寻复叹曰："云耶，电耶，雨耶，雪耶，实一物也，不过因热度之异而变耳。多谢天公，幸勿以柔丝缚我！"③

　　"玉人"和"仙子"的意象衬托、"月华如水"和"雷电雨雪"的鲜明对照所暗示的心境转折，显示出三郎一方面恐惧男女情爱，另一方面自己又难

---

① 苏曼殊：《断鸿零雁记》，柳亚子编：《苏曼殊全集》（三），北京：中国书店1985年，第69页。
② 《辞源》（修订本），北京：商务印书馆，2009年，第1961页。
③ 苏曼殊：《断鸿零雁记》，柳亚子编：《苏曼殊全集》（三），北京：中国书店1985年，第73—74页。

以抗拒它:"余谛念彼姝,抗心高远,固是大善知识,然以眼波决之,则又儿女情长,殊堪畏怖。使吾身此时为幽燕老将,固亦不能提刚刀慧剑,驱此婴婴宛宛者于漠北。吾前此归家,为吾慈母,奚事一逢彼姝,遽加余以尔许缠绵婉恋,累余虱身于情网之中,负己负人,无有是处耶?"①"幸勿以柔丝缚我",实则透露了"余"已为"柔丝"所缚,这是一个值得重视的比喻:物质(柔丝)作用于身体的感觉和折磨人心的郁结情感联系在一起,被这个看上去柔弱的"假想敌"挫败比被强悍的敌人击败更令人痛苦难堪。"余"要捍卫的是自己的"法身"——它是主体根据自己的社会身份建造的功能性的自我"形象",是一个"被暴露在外又同时被保护的脆弱内核"②,它建立在对自己持有的价值论价值(axiological value)以及主体与价值客体的相合关系的"自信"上。挫败是与"失望"具有同位性而更加强烈的情感,它是预期设想的严重受阻、被推翻进而引起主体否定自身。在格雷马斯看来,简单的期望是让主体与一个价值客体发生关系,而更为复杂的一种是基于信用的期望,它假设主体与另一个主体之间存在着模态关系。在《断鸿零雁记》中,信用关系就建立在话语主体与其所造的仿制物——言说对象之间。这种基于信用的期望不仅可以表述为一个"希望与之是相合的"③,同时也是后设的观察者主体对行动主体必须与价值客体实现合取的坚定信念。这个信用契约作为一种观念的建构,它的真伪性并不能断言,但是它能够在相当程度上决定主体的行为。

由上观之,在《断鸿零雁记》的话语层面,是第一人称叙述者在言说中再现和阐释自己,此时在回忆中被认知和建构的"余"是从作者到叙述者的文本化之后二度建模的产物;更为重要的是,叙述主体可以在对对象主体观照体察的同时把它获得的能力运用于潜在或虚拟的想象,由此构建叙述主体的激情拟象,这个激情主体因它所观察到的事物来体验变迁的情感进而体化。符号叙述层的存在轨迹和可感的模态编排构成激情的意义效应的句法基础,

---

① 苏曼殊:《断鸿零雁记》,柳亚子编:《苏曼殊全集》(三),北京:中国书店1985年,第110页。
② Greimas, Algirdas Julien. *On Meaning: Selected Writings in Semiotic Theory*. Trans. PaulJ. Perron and Frank H. Collins. Minneapolis: University of Minnesota Press, 1987. 159.
③ Greimas, Algirdas Julien. *On Meaning: Selected Writingsin Semiotic Theory*. Trans. PaulJ. Perron and Frank H. Collins. Minneapolis: UniversityofMinnesotaPress, 1987. 151-152.

"最终在话语层,目标图像和倾向共同形成激情拟象。"① 位于表层符号叙述结构与话语结构之间的认识论意义上的主体并不能代表主体的全部属性,由于激情效应的介入,叙述话语的相关程序也因之更改。

当"余"情不自禁被静子吸引,相对于情爱这个客体,激情主体通过建构想象的情景,取得潜在化主体的位置,"激情效应不仅仅是直接关涉激情主体的模态化过程的产物,更是它们相互对抗的结果。"② 在"余"和"法身"这个价值客体之间,"应与之相合"与"不欲与之相合"这两种模态之间的冲突导致一种难受的失意感,期望的强度愈强,因为没有达成心愿而直接导致的(此处主要是对自身的)不满和失望就愈深。主体的这种失意一方面来自所欲求价值客体的求之不得或先合后离,另一方面则因为认为自身的行为与其期望不相符。如果从传统叙事学来看,这是故事的第一人称叙述主人公自信动摇,开始自我怀疑和自我否定,而从语符叙事学的视角来看,在语符叙述层面上,对于期望主体而言,此行为的模态是"应做",但是此行为没有发生或者发生后没有正常持久地延续,主体的信任找错了对象,"由此导致的失望是一种来自双重视角的信任危机,不仅主体2辜负了主体1对他的信任,而且更为重要的是主体1对自己的错信感到自责。"③ 这两种失意感共同造成"挫败"的激情效果。

在小说中,"余"多次用"畏怖""忧怖""忧患"等词来表达对男女之情的态度,它们同样都是有"记忆"的词位,预设认识论主体对情爱摧枯拉朽的力量的认知,这种认知进而作用于该主体的激情拟象。"畏怖""忧怖""忧患"是经过认知过滤的后设反应,记忆是存在轨迹的目标图景最重要的源泉之一。记忆的经验教训对认识论主体的认知判断的影响是直截有力的,而对其激情拟象和情感轨迹的作用则颇多曲折。以"畏怖"为例,对男女之情的畏怖包含了对先前失败经历的牢记,主体的跨模态句法形式是欲与客体相

---

① Greimas, Algirdas Julien and Jacques Fontanille. *The Semiotics of Passion: From States of Affairs to States of Feeling*. Trans. Paul Perron and Frank Collins. Minneapolis: University of Minnesota Press, 1993. 109.

② Greimas, Algirdas Julien and Jacques Fontanille. *The Semiotics of Passion: From States of Affairs to States of Feeling*. Trans. Paul Perron and Frank Collins. Minneapolis: University of Minnesota Press, 1993. 82.

③ Greimas, AlgirdasJulien. *On Meaning: Selected Writings in Semiotic Theory*. Trans. Paul J. Perron and Frank H. Collins. Minneapolis: University of Minnesota Press, 1987. 154.

合而不得,"能"模态压倒"欲"模态。记忆的功能使"欲"模态得以保存,它被抑制却始终以潜在的冲突形式存在,进而在"畏怖"的构形中,与"知"模态相互对峙。当主体再度拥有投入行动的能力,在"知不做"与"欲做"的角力之间,凸显的是主体内心的反主体角色对主体存在形象的挑战和挑衅,尤其是主体面对客体和反主体的双重被动性。主体对"世外法"愈是捍卫固守,反主体对"世间法"的执着迷恋愈是强烈。

当一个被模态化的状态主体有能力投入行动时,这个主体就被现实化了(actualized),一旦他的行动达到了目标,就(暂时)成为实现了的主体,格雷马斯认为,在这两种动态模态形式之间还存在一个潜在化(potentialization)的阶段——"潜在化可被视为叙述方案中,能力的获得与实践之间的一种必要的悬置,它可被定义为这样一种操作,具备行动条件的主体能够在行动中展现自身,投射以情感为特征的整个行动和模态情景的拟象。"[①] 它是一个具有持续性的非不联结(nondisjunction)的静态模态形式,激情主体驻足于沉思的时刻,暂时停止行动,品味着潜在化过程所开放的无数激情遐想的可能,"各个模态化过程各得其所,它们打开的想象的路径可以被视为存在的轨迹。这使我们能够理解为什么情感经常以一种回避行动的方式出现在叙述的展开之中。"[②] 在跨模态句法中,主体拥有选择自己与价值客体结盟的方式的权利。此外,外界事物通过以身体为中介的同质化过程而"情感化",正是通过潜在化这个过程:"符号的存在源于感知产物的变异(外感之物通过本体感觉产生内感现象),它保留着身体的记忆。一旦它被分割为离散的单位并范畴化,它关于本体感觉所唯一保留的即是两极化的情感体(thymic mass),由适意/失意构成。通过潜在化过程的运用,言说(enunciation)便可再次召唤身体的

[①] Greimas, Algirdas Julien and Jacques Fontanille. *The Semiotics of Passion: From States of Affairs to States of Feeling*. Trans. Paul Perron and Frank Collins. Minneapolis: University of Minnesota Press, 1993. 90–91.

[②] Greimas, Algirdas Julien and Jacques Fontanille. *The Semiotics of Passion: From States of Affairs to States of Feeling*. Trans. Paul Perron and Frank Collins. Minneapolis: University of Minnesota Press, 1993. 90–91.

'感觉'能力和身体本身。"①

反映在《断鸿零雁记》中，在某种程度上已具备行动能力（两情相悦、家长应允）、即现实化的主体，既难以割舍和抗拒情爱，迟于行动，又痛苦恐惧、挫败不堪，激情主体的存在轨迹的复杂性对应着他与价值客体之间关系的多种可能性。"余"对呼之欲出的情爱接连使用的词位是"情网""情关""情澜"，这些词位由抽象义素"情"和另一个具有丰富隐喻义的实体物质义素构成，一方面它们标识出"焦虑紧张"的情感态度并预设主体的模态化，另一方面，它们都包蕴着一个"体化"的动态过程、一个具有时间长度的绵延性轨迹。以"情网"为例，这个语义范畴的结构基础是"被笼罩而陷入的状态"，它是一个逐渐的过程，由一个忧虑烦恼的行动主体实施。这个忧虑的行动主体的出现基于一种价值比较的认知活动——"佛法高于情爱"，这种价值判断也使主体在"此时此地"的叙述假设，和一种传达"更高一层的愉悦的叙述拟象"② 交织在一起。这两个叙述程序的不兼容引发了一个量变累积以至质变的过程，它终止于话语主体在他的轨迹某一临界时刻的忧虑痛苦的爆发。拥有两个模态的主体处在这样一个位置上，他在模态相容时接受这个文化空间（母亲所在的类似于乌托邦的处所）的契约，在模态不相容时，只能拒绝这个空间的伦理规则并逃至其他的空间（佛门彼岸）。"余"不顾劝阻地逃离日本回到故国："余自是力遏情澜，亟转山脚疾行。渐前，适有人夫牵空车一辆，余招而乘之，径赴车站。购票讫，汽车即发。二日半，经长崎，复乘欧舶西渡。余方豁然动念，遂将静子曩日所媵凤文罗筒之属，沉诸海中，自谓忧患之心都泯。"③ 行为的结局是主体和价值客体（佛法）相合，之前的紧张暂时被缓解。但这个模态转化而带来的平衡关系只是一种虚假的暂时平衡，"自谓忧患之心都泯"揭示了叙述主体对对象主体的强加认识，由此感到满足的适意只是一种自欺欺人的幻觉。

---

① Greimas, Algirdas Julien and Jacques Fontanille. *The Semiotics of Passion: From States of Affairs to States of Feeling*. Trans. Paul Perron and Frank Collins. Minneapolis: University of Minnesota Press, 1993. 94-95.

② Greimas, Algirdas Julien. *The Social Sciences: A Semiotic View*. Trans. Paul Perron and Frank H. Collins. Minneapolis: University of Minnesota Press. 1990. 174.

③ 苏曼殊：《断鸿零雁记》，柳亚子编：《苏曼殊全集》(三)，北京：中国书店 1985 年，第 126 页。

回到佛门的三郎所获得的内心平静不久即被消弭。如果说湘僧的介入只是侧面烘托"余"对于静子深感"吾滋愧悔于中,无解脱时矣"① 的暂时潜伏隐而不显,雪梅的死讯则全然打破该文化空间中模态关系的制衡,小说结尾处凭吊雪梅的事件更是让全文的情感抒写达到高潮:"呜呼!'踏遍北邙三十里,不知何处葬卿卿。'读者思之,余此时愁苦,人间宁复吾匹者?余此时泪尽矣!自觉此心竟如木石,决归省吾师静室,复与法忍束装就道。而不知余弥天幽恨,正未有艾也。"②无情所暗含的恰是情(恨)之深,同时又揭示对情的绝望。绝望的程序与复仇相比,缺乏"能做"这个能力模态,"余"无法寻仇于自身之外的世界,不能像复仇一样生产出一个完整的叙述程序。"能做"模态完全"统治"了冲动的主体,它只能零散地选择那些可能用来构建程序的成分,这些成分汇集在"被导向的攻击性"的标题之下(在此为自我攻击),这也使我们得以体察"关于激情的话语"和被"激情"所推动的"激情话语"③ 之间的区别。

"无情"是主体和内心反主体之间对抗性力量的彻底失衡,这种模态关系的张力程度比对价值客体的疏远/向往还要强烈。那么如何重建因为强烈的悔恨、愧疚、愤慨所打乱的平衡?这个补偿程序只能是情感层面的补偿,如果主体1(叙述者"余")痛苦,那么它就必须处罚主体2——他一直感到不满、敌意、愤怒的他所认知建构的对象"余",让他也感到同样的痛苦。这是一种虚拟的再平衡调节,是叙述轨迹最后的存在图像。它相当于实践于文本的审判,主体通过让反主体痛苦以此"赎罪",缓解内心情感因模态冲突而导致的折磨,从而让对立双方的痛苦再次达到平衡。和先前失望、挫败的情感对比,此时的痛苦是一种绝望。三者的激情主体的主导模态都是"欲"模态——欲与价值客体相合而不得,他们同时被"知""能"的模态干预,"欲做"和"知不做""不能做"之间的冲突揭示了主体的内在矛盾。"失望"与"挫败"主体的欲望具有反抗性,它被暂时压制却愈抑愈强,这种反抗性使激

---

① 苏曼殊:《断鸿零雁记》,柳亚子编:《苏曼殊全集》(三),北京:中国书店1985年,第106页。
② 苏曼殊:《断鸿零雁记》,柳亚子编:《苏曼殊全集》(三),北京:中国书店1985年,第168页。
③ Greimas, Algirdas Julien. *On Meaning: Selected Writings in Semiotic Theory*. Trans. Paul J. Perron and Frank H. Collins. Minneapolis: University of Minnesota Press, 1987. 164.

情拟象呈现出伸展、潜隐、变化的体化特征。"欲"在句法上预设了"已知","对障碍的知晓更增强了欲的程度。"① 相比之下,"绝望"的主体则身处与价值客体、外部世界以及内在反主体之间关系的彻底失衡,"欲做""知不做"和"不能做"的模态共存并冲突,却不再相互交涉和影响,正是由于它们的各自独立、它们之间冲突的无解,使历时性模态序列濒临断裂,激情拟象的发展演变到此休止,这也印证了"绝望"的主体为何总是处于叙述的终点。

《激情符号学》进一步修订和完善了《论意义》的观点,将情感角色(pathemic role)与主题角色(thematic role)相区分。主题角色是主题轨迹的背景下语义内容的撒播,情感角色则由"主题轨迹中易感的片断"② 构成,同时又是自身独立的,随时机而改变。"主题角色的表现严格遵从话语中的主题的散播(dissemination),而情感角色的表现依循激情拟象的逻辑——它是独立于主题的想象性散播。当一个角色的重现显得时间错乱(一旦它不再依从主题的散播),我们可以说我们面对的就是一个情感角色。"③ 重复、回旋、曲折是激情轨迹的常见特征。因此从语符学的意义上讲,抒情小说是情感角色的活动丰富而活跃的小说。如果对情感的意义效应追本溯源,它的最初阶段是"thymia"的张力空间,一个可感、易感的主体先于认识论意义上的主体存在,激情拟象的逻辑打乱了认知的模态句法和认识论主体的存在轨迹,而情感轨迹的终点总是一个突出可感的目标形象或蓝图,尽管它不一定能够实现。情感角色的活动建基于主体的目标形象被建构的历史,它的动力机制源于文本的跨模态句法,情感的强度总是随着体化的进程而变化,这个过程累积成主体的"内心'生活'的话语形式"④。因此抒情小说总是突出地表征为对主体的内心世界,尤其是非现实想象的浓墨重彩的书写。

---

① Greimas, Algirdas Julien and Jacques Fontanille. *The Semiotics of Passion: From States of Affairs to States of Feeling*. Trans. Paul Perron and Frank Collins. Minneapolis: University of Minnesota Press, 1993. 37.

② Greimas, Algirdas Julien and Jacques Fontanille. *The Semiotics of Passion: From States of Affairs to States of Feeling*. Trans. Paul Perron and Frank Collins. Minneapolis: University of Minnesota Press, 1993. 111.

③ Greimas, Algirdas Julien and Jacques Fontanille. *The Semiotics of Passion: From States of Affairs to States of Feeling*. Trans. Paul Perron and Frank Collins. Minneapolis: University of Minnesota Press, 1993. 112.

④ Greimas, Algirdas Julien and Jacques Fontanille. *The Semiotics of Passion: From States of Affairs to States of Feeling*. Trans. Paul Perron and Frank Collins. Minneapolis: University of Minnesota Press, 1993. 78.

在苏曼殊的其他小说中，情感角色没有《断鸿零雁记》那样突出，不足以让小说被认定为抒情小说，但是小说中与模态系列的认知活动相伴而生的激情效应仍是意义效应的重要组成部分。《焚剑记》展现了一幅世态炎凉、民不聊生的乱世图景，以记事为主，悲、骇、怨、愤的强烈情感渗透于叙事之中，主题角色与情感角色基本是统一的。《碎簪记》的笔墨则重在以叙述者的特殊地位实践动元角色的灵活多样与多功能配置。《断鸿零雁记》的故事在《绛纱记》《非梦记》中均被改写为双线叙事结构，它们并没有完全脱离传统小说的才子佳人两情相悦、宗法礼教棒打鸳鸯的主题，但是作家没有停步于此。海琴在家长制的强烈压制下始终表现为被动接受，不得不做的模态压倒欲做模态，在绝望心死之际，他以遁入空门作为最后的反抗。若没有先前苦闷之深，亦不会有最终的反抗之强。在《绛纱记》中，昙鸾和梦珠实为同一人格的两个分裂变体。昙鸾爱情悲剧的肇始者是势利庸俗的麦翁，梦珠和秋云的悲剧则是被主人公自身内心走向所左右。根据故事最终的情节发展，表面上昙鸾与梦珠皆弃绝红尘、皈依青灯，小说结尾处的生花妙笔却将这一"谎言"彻底拆穿——它们几乎堪称《绛纱记》超越于《非梦记》的画龙点睛之处：一是梦珠虽屡弃佳人知己，坐化时却怀揣情人多年前所赠之绛纱；二是"后五年，时移俗易，余遂昙谛法师过粤，途中见两尼，一是秋云，一是玉鸾。余将欲有言，两尼已飘然不知所之"。[1] 时隔五年，"余"依然能够当即认出已出家为尼的故人且"将欲有言"，其虽已入佛门，却将回忆和欲念深藏于心。已与"世间法"断绝的虚拟化主体已经彻底丧失行动能力，但是在先前存在轨迹中被压制的欲模态却以和"知""能"模态互不干涉的方式保留下来，独立发展甚至可能增殖，这种跨模态句法形式虽不能生产出一个完整的叙述程序，却能成为塑造情感角色的主要动因。在语符叙事学的视域下，我们可以深入考察被纳入环境的话语主体表达自我感受与认知、并对外界做出反应的方式，以及价值观概念的深层结构，从"语义学"——也即本维尼斯特所倡导的话语符号学出发，重新追溯一个话语主体的构造过程及其激情拟象的生成轨迹。

---

[1] 苏曼殊:《绛纱记》,柳亚子编:《苏曼殊全集》(三),北京:中国书店1985年,第221页。

我们进而可以对"抒情小说"的文类符号系统重新认识和界定：抒情小说倾力于用情感热烈的想象表达对世界的认知，把充满张力的激情拟象注入话语主体的模态结构和存在轨迹；抒情小说的文类特征不仅仅是表面上大量使用指涉情感的语汇，注重挖掘言说主体的内心世界和描述想象的幻景，从根本上说，它最突出的特征是主体所操演的不同功能角色及其存在轨迹的复杂性，尤其是情感角色相较于主题角色所演绎的意义效应的丰富性。苏曼殊小说复杂多变的情感拟象和多维面向的语义空间，映射出作家在寻找自我与精神归宿的过程中遭遇的与时代历史、社会环境之间的悖论冲突，他的抒情小说是中国文学的现代转型之际独具特色的重要一笔。

【*原发张汉良编《符号与记忆——海峡两岸的文本实践》，台北行人出版社2015年，收入本集时有增订*】

现代佛教文学批评视域中的苏曼殊

谭桂林

苏曼殊在 1918 年 5 月病逝，这正是五四新文化运动逐步走向高潮的时候，曾经引起《新青年》的关注与哀悼。五四新文化运动之后，有三种力量参与了苏曼殊的研究与评价。一是南社旧友，以柳亚子父子为代表，主要贡献在于梳理苏曼殊的史实和文献；二是新文学作家，如周作人、郁达夫、田汉、冯至等都有佳作，主要贡献在于阐论苏曼殊创作及其人格对自己的影响，以及苏曼殊在文学史上的地位；三是一批新进佛教文学作家，以大醒、暮笳、慧云、通一、百衲等青年佛教徒为代表，主要贡献在于以苏曼殊为标杆，既为苏曼殊的文学史地位辩护，也为现代佛教文学的转型提供理论与实践的依据。近半个多世纪以来，关于苏曼殊的研究，学者们比较关注第一种力量的成果，而对第二种力量的批评观点也能够参考与吸收，但由于种种原因，学术界对佛教界的苏曼殊批评与研究的成果则有所忽略。苏曼殊作为活跃在新旧时代交界处的作家，他的地位有点像意大利文艺复兴时期的但丁，他是中国传统旧文学的终结者，也是中国现代新文学的催生者，其影响可谓横跨世俗文学与宗教文学，只有从这两者的结合来看他的成就，才能真正看到他的价值与意义。苏曼殊享年 35 岁，僧腊 20 年，受戒之后拒绝做佛门法事，也不怎么和佛门中人来往，佛门中传统的高僧大德对他的评价也多是负面之词，但他以自己的佛教改革主张和超绝的文学艺术才华，折服了许多年轻的佛门弟子，对繁荣现代佛教文学的创作乃至对催动现代佛教的改革运动，都起到了无人可以取代的积极作用。因而，本文拟以《人间觉》半月刊 1937 年第

12、13 期合刊上的《曼殊研究专号》为基础,结合收集到的其他文献材料,对现代佛教界的苏曼殊批评与研究做一番梳理和分析,为重新认识苏曼殊这一近代文化人物的特殊意义提供一种新的视角。

一

1922 年,经历过五四运动洗礼的新文学运动取得阶段性的成果。不仅白话文作为文学正宗的地位得到确立,"人的文学"的思想原则也在现代作家们那里得到广泛的认同。作为新文学革命主将的胡适,或许是出之于所谓"历史癖"的驱动,也在这个时间节点上发表长文《五十年来之中国文学》,试图对五十年来的中国文学做一个总结式的评判。胡适撰写此文的目的显然在于凸显五十年来中国文学传统的嬗变过程,从而证明新文学运动之"新",在历史的长河中为新文学运动确立合法性依据。所以,胡适以是否"有我"、是否"有人"为标准来评判五十年的中国文学,诗歌方面提到金和、黄遵宪、陈散原和郑孝胥等,小说方面则称赞晚清白话小说为"活文学"。很有意味的是,诗歌和小说都是苏曼殊引以为傲的地方,也是苏曼殊影响读者最为广泛的体裁,但胡适居然没有只言半语提到苏曼殊。其实,联系当时胡适的思想特点及其文学趣味来看,这是很自然的事情。因为那个时候,胡适在哲学思想上崇拜和实践着的是杜威的实验主义,在文学上他大力提倡的是自由精神,是写实原则,讲究自铸新词来写眼前景抒胸中情。而苏曼殊其诗歌格调不胜浪漫艳丽,其小说题材多写男女情事,胡适当然不会对他的创作感兴趣。但这时的胡适大名鼎鼎,是新文坛领袖群伦的人物,以如此地位,在如此重要的历史评述中,不仅不给苏曼殊一席地位,甚至连苏曼殊的名字也不屑一提,引发苏曼殊的崇拜者的强烈反应,无疑也是很自然的事情。

此事引发苏曼殊当年南社诗友的不满,固不待言,柳亚子在 20 世纪 20 年代后期为苏曼殊做生平考证,做史料索引,编诗文全集,而且从他的日记中可以看到,1927 年下半年他花了那么多时间亲手抄写各种刊物上发表的评论苏曼殊的文章,虽然是惺惺相惜的友情所致,但也不难体会到其所受胡适之文的刺激。为苏曼殊打抱不平的还有不少新文学作家,如田汉、冯至都曾撰文毫不掩饰地谈到自己对苏曼殊的喜爱,而郁达夫、周作人等,也曾以积极的评价肯定了苏曼殊的文学史价值。在苏曼殊去世后的前十年里,正是南社旧友和新文学作家,联手掀起了一个苏曼殊研究的小小高潮。不过,当时整个佛教界对苏曼殊其人其文基本上是避而不谈。这种诡异失语状态的形成,原因是多方面的。首先,佛陀拈花,迦叶微笑,佛法修为上强调的是以心传心,顿悟见性,文字因缘一向是被视为末技的,微不足道。其次,苏曼殊虽自称受过具足大戒,但他的僧格一直受人质疑。他一生亦僧亦俗,做事特立独行,与章太炎合作呼应大力提倡佛教改革,俨然佛门干将;叙情写爱,缠绵悱恻,则是青年读者们心中的浪漫情圣。对这种异类僧伽,佛教界中的正统派自然是难以认同,也无言以对,而那些喜欢苏曼殊作品的年轻学僧又人微言轻。于是,这样一位万流共赏的诗僧,"直到现在,他留下的那些'却扇一顾倾城无色'的零篇断句,在圆领方袖的同胞中间,还是当作'雪夜闭门读禁书'似的在读着"。[①] 苏曼殊"以和尚的地位只博得一般社会的崇拜与同情,而在中国近代佛教史上,殊无何等地位"[②],不仅是在近代佛教史上没有地位,而且在那些正统的佛徒眼里,苏曼殊甚至成了出家人堕入文字障的典型和不守戒行的"佛教界的罪人"。即使如震华法师,在现代佛教界可说是很有见地也富学识之人物,他在《僧伽与文艺》一文中是把苏曼殊放在画僧序列介绍的,这背后的潜台词显然是肯定苏曼殊的画事,但对苏曼殊的诗事不愿赞同。他对苏曼殊的介绍语调也几近中性,"曼殊大师,母和合氏,为日人,后醮于我国广州商人苏某。父早亡,母回国。师自念身为异族,零仃孤苦,遂投某寺出家。天性甚颖悟,工诗文,精画学,当代要人多与之往来。其著述在近时文学界中,颇占地位。有曼殊画谱、曼殊全集等书出版"。但在文章的最后又有如下议论:"又吾人于前列各僧,若移低视线,比之污道瘾羊,则皆有纪念钦佩之价值,然衡之以出家宗旨,则当于道学并重者,尤宜致分外之敬意。以其能为入世之超人,复能为出世之丈夫也。彼挟一己之天才,忘失菩提,随世俗化,而只博得社会一般同道所崇拜者,则非纯正之佛

---

① 暮笳:《曼殊研究专号卷头致词》,《人间觉》半月刊 12-13(1937),第 1 页。
② 慧云:《曼殊大师生平思想之我观》,《人间觉》半月刊 12-13(1937),第 11 页。

徒矣。"① 这段话虽然没有点名，但说它是在批评苏曼殊这一类的佛门才子，应该是没有疑义的。震华的这种批评代表了现代佛教界对苏曼殊的正统意见，即承认苏曼殊作为诗人的才华与贡献，但否定苏曼殊作为佛徒的纯正品性。

20世纪20年代以来，在五四新文化运动的影响下，支持佛教改革的新派僧侣越来越活跃，不少僧侣、居士都意识到了通过文字广宣流布的重要性，他们编办佛教刊物，宣传佛教改革的理念，同时也划拨版面，创立栏目，编发佛教僧徒们的文学创作，譬如太虚创办于1920年的《海潮音》，张宗载创办于1923年的《佛化新青年》等。茅盾曾经用雨后春笋层出不穷的词语来形容五四文学革命之后的两三年中新文学刊物的繁荣局面，这个形容移之来描绘20年代以来佛教刊物的兴起也是很恰切的。这些佛教刊物的编者不少是追随太虚从事人间佛教运动的新派僧侣，当年他们还是年轻学僧时，就曾在诵经之余偷偷地阅读苏曼殊的作品，有的甚至成为苏曼殊的热情崇拜者。他们中的有些人同时也是新文学的拥趸，喜欢阅读鲁迅、郁达夫等人的新文学创作。南社诗人与新文学作家对苏曼殊的评论与研究，自然也会引起这些本来就有浓厚的苏曼殊情结的新派僧侣们的关注，并且触发他们以佛教徒的身份、从佛教文学的角度来重新评价苏曼殊的身份自觉与文学兴趣。慧云就说过："曼殊大师始终总算承认自己是一个和尚！即使曾经有过还俗的行为！而社会也承认他是一个和尚，这是无须说明的了。但据柳氏父子穷数年精力为亡友所搜集出版的曼殊全集，关于批评与哀悼的文章，却全是大师先前的友人与死后崇拜他的读者所做的，而集中竟没有一个以同道——僧伽——的资格出来替他说几句话，这是我很疑诧的一件事。"② 正是这样一种强烈的心理驱动，在1937年第2卷12、13期的合刊上，《人间觉》半月刊（中国佛学会厦门分会出版）的主编暮笳推出了他筹备已久的《曼殊研究专号》。这是现代佛教文学界推出的唯一一个苏曼殊研究专号，专号的目录前面刊发了三张插图，其中两张曼殊大师塔的照片，另一张是既为佛教居士又是新文学作家的丰子恺所绘的佛像。这一研究专号共有两个部分，一部分是纪念诗辑，收录的是乌

---

① 震华：《僧伽与文艺》，《海潮音》第一卷（1932），第110页。
② 慧云：《曼殊大师生平思想之我观》，《人间觉》半月刊12-13（1937），第9页。

目山僧等著名和尚与张默君、窦树百、萧梦霞等居士文学家们所写的缅怀与纪念苏曼殊的旧体诗；另一部分辑录的是评论文，其中有饭塚郎、顾凤城的《苏曼殊论》、湘僧的《泛论苏玄瑛的历史地位》、百衲的《我对曼殊大师之认识》、大醒的《偶谈曼殊》、慧云的《曼殊大师生平思想之我观》、通一的《我对于曼殊大师的观感》、迦陵的《谈曼殊上人的小说》以及化莊的《沉在"祸水"中的牺牲者》等。比较而言，由于这些评论是由苏曼殊的同道也就是爱好文学的僧伽或居士们亲自撰写，与南社旧友和新文学家们的评论角度相补，可谓僧俗两界，各有千秋，因而这些评论值得学术界尤其是现代佛教文学研究界予以关注。

专号的主编者暮笳法师，在佛教改革方面本来就是抱持激进态度的，他之所以要主编这样一个研究专号，其初衷也就是要为苏曼殊打抱不平，打破佛教界对苏曼殊的失语状态，所以，这个研究专号首先做的一件事情就是为苏曼殊正名。暮笳亲手为专号写了《卷头致词》，这篇评论不仅情感充沛，而且文辞优美。一开篇，作者点出"怀着绝世聪明而命薄如丝"的苏曼殊，"离开这软尘十丈的浊世，已经是十九年过去了"。① 十九年的岁月已经不是太短，但并没有淘洗掉这位"旷代诗僧"的灿烂光辉，接着作者就用抒情的笔调形象地描绘了苏曼殊的身后影响："有一时期，曼殊作品简直是不胫而走，不翼而飞，一般多愁善感的青年男女，都拜倒在曼殊的才情之下，其陶醉入迷的程度……一种如痴如狂之态，所谓忘情物我，超越现实，一点不受世俗礼教的束缚，这一种的境界仿佛近之。这样的一个时期，吾无以名之，名之曰曼殊作品的狂飙时代。"暮笳的编辑按语，有两个方面的特点是值得注意的。一是说明了苏曼殊的影响具有广泛性，喜爱苏曼殊者，不仅是青年的新派僧侣，也不仅是"在紫藤花下或者窗明几净的客厅里，喃喃情话"的恋爱中的少男少女，而且包括作为社会中流砥柱的名公大人，包括文学擅场的骚人墨客，甚至"网球大王篮球健将"也能"哼几句不入腔调的曼殊诗句"。二是作者在评价苏曼殊的价值和地位时，用词绮丽，语调煽情，采取的就是一种新文学的语言姿态。这不仅包括"一点不受世俗礼教的束缚"的内容界定与五四

---

① 暮笳：《曼殊研究专号卷头致词》，《人间觉》半月刊 12-13(1937)，第 1 页。

新文学提倡的个性解放精神相同,"曼殊作品的狂飙时代"这种夸张意味的评价用语,也是新文学运动提倡者们的常用格调,而暮笳自己的言语方式,也显然与佛教保守派们坚守"不立文字"、反对绮言靡语的传统原则格格不入。

传统佛教界对苏曼殊的"失语",很重要的一个原因就是苏曼殊一生特立独行,僧俗不分,时而为僧,时而为俗,甚至"逐声色于红灯绿酒之间,穷嗜欲于鸡片黄鱼之味,这些都是今日凡僧所不敢过问的"①,所以,佛教界对于苏曼殊的僧徒身份一直有着不同意见,那些佛教界的保守派之所以集体失语,其实是既希望苏曼殊为不断颓败下去的佛教文化增添声色,但又不愿意直接承认苏曼殊的佛徒身份。正是看到了正统派们内心里的这种纠缠,这些新派佛徒几乎不约而同地为苏曼殊的和尚身份极力辩护。通一法师《我对于曼殊大师的观感》一文回忆自己过去读《断鸿零雁记》时曾怀疑苏曼殊是否受过具足戒,因为小说写主人公受戒时向空三拜来叩谢父母养育之恩,但普通丛林中放戒,根本没有这种仪式。直到后来曾去潮州等地从事办刊弘法等活动,亲眼看到了广东等地传戒情形的变化,通一这才改变了原来的看法。通一在文章中通过自己的看法改变,委婉地表达了对苏曼殊和尚身份的确认,而他对广东传戒仪礼的批评,显然也是对苏曼殊疏于佛教教义的行世作风的潜在辩护。无独有偶,百衲的评论也是从自己看法的转变这一角度来肯定苏曼殊和尚身份的,他说,过去曾常听到一些流俗的评论,认为苏曼殊是文学界的铮铮者,从俗世间的角度来看固然有益于士林,但从出世间的角度来看则无补于圣教,甚至有人称他为"僧伽内之焦败者"②。对这类的流俗之见,百衲起初信以为实,后来读了苏曼殊的作品,看了苏曼殊的俗界好友如柳亚子、章太炎等写的纪念文字,还读到郁达夫、冯至、罗建业等新文学家们的评价阐论,才发现事实完全不是像流俗之论所说的那样。从苏曼殊的作品中,百衲感受到了苏曼殊佛教思想的纯粹与深刻,认为苏曼殊对佛教的见解,"洵不亚三贤十圣"。百衲还举了苏曼殊作品中的三个例子作为证据,来说明苏曼殊在特立独行中对佛教戒律的笃定操守。第一个例子是苏曼殊在其本事诗中

---

① 罗建业:《苏曼殊研究草藁》,《苏曼殊全集》(四),北新书局1928年,第382页。
② 百衲:《我对曼殊大师之认识》,《人间觉》半月刊12-13(1937),第30页。

写到诗人与艺人百助枫子的相恋故事,其中有"还卿一钵无情泪,恨不相逢未剃时"① 之句,哀感顽艳但不破禅定;第二个例子是在小说《断鸿零雁记》中,苏曼殊写庄湘欲将女公子雪鸿嫁与三郎为妻,雪鸿与三郎也情志相投,堪称知己,但三郎终以"证法身久,辱命奈何"的理由予以婉拒;第三个例子也是在《断鸿零雁记》中,三郎在结局时悄然离去,但有别静子函一封,表明了自己之所以拒爱而去的原因。百衲用这三个例证,指出苏曼殊虽然屡次遭遇情事纠缠,但佛性依然坚定,"慈母之爱,静子之艳,均不能移其志"②。即使苏曼殊常与俗界朋友应酬唱和,"有时身处柳巷花丛中,仍是以戒为师,一尘不染"。正是在这样一种充满智慧的解读中,百衲深受感动,满怀钦仰,所以在自己的文章中情不自禁地赞叹说:"曼殊大师确系超尘上士,飞锡高僧。"

上述两位法师都在文章中谈到了自己过去对苏曼殊的误解,可见当时佛教界普遍对于苏曼殊抱有一种偏见。即使像大醒,他是太虚的嫡传弟子,也是太虚推行人间佛教运动的得力助手,而且他还是学僧应该修习文学的极力鼓吹者,在新派僧侣中有着很高的威望,但他对苏曼殊作为佛徒的精神引导作用一直都是心存疑虑的。据学僧隆祥回忆,当年他们讨论青年学僧要不要修习文学,应该修习什么样的文学时,"我们国文教师通一法师感觉到佛教力的文学这类人才的缺乏,想要养成这一类的人才,曾写信去问过海潮音编者大醒法师,他也很表同情,但怕的跑到曼殊大师那一条路上去。"③ 也就是说,大醒虽然认为青年僧徒要修习文学,不要做哑羊式的佛徒,但也要警惕走向反面,只顾雕章琢句,忘了修身养性,所以他提醒学僧们不要去模仿苏曼殊的人生道路。不过,大醒本人对苏曼殊是很崇敬的,他应暮笳之约也为研究专号贡献了《偶谈曼殊》一文。这篇文章是以通信的方式写作的,大醒说自己许多年前就读过苏曼殊作品,但最喜欢的是画与书牍,觉得这两者都有其独到之处。喜欢读苏曼殊的书牍,当然就比较了解苏曼殊的身世之恸。大醒认为佛教界有很多的人对苏曼殊的"出家"颇不以为然,就在于没有从苏曼

---

① 苏曼殊:《诗集》,《苏曼殊全集》(一),中国书店1985年,第46页。
② 百衲:《我对曼殊大师之认识》,《人间觉》半月刊12-13(1937),第31页。
③ 隆祥:《我们研究文学应有的态度》,《南询集》1(1935),第143页。

殊身世经历的独特性上来谅解。日本的佛教文化传自中国，但在发展中又有不同，日本本土化了的真宗佛教允许娶妻生子，这一世俗化的僧制在中国东部沿海一带的佛教寺庙中也曾存在，如鲁迅《我的第一个师父》里所写的龙和尚等。苏曼殊母系有日本血统，出家前后都曾经在日本生活过多年，不免受到真宗佛教之影响，所以，在谈到苏曼殊"出家"问题时，大醒通过考察苏曼殊的独特身世，得出的结论就是"曼殊可以说是一个日本式的僧侣"[①]。虽然是"日本式"的，但毕竟也还是"僧侣"。大醒的这篇偶谈，看似散漫，其实举重若轻，三言两语间就解决了苏曼殊是不是佛徒这一当时纠缠着新派僧侣们的重要问题。化莊也认为，"苏曼殊和尚的斗胆，敢大大方方的，由山林跨到情场，参尽色里情禅，大演其悲喜剧，我们若用佛教尺度来测量的时候，不消说，他不是佛陀的叛徒，也就是一个道地十足的野和尚。若在日本佛教，索性取下了假面具的，则像曼殊和尚的浪漫，乃无足稀奇，用不着见骆驼言马肿背，是这样的大惊小怪起来。"[②] 通一对苏曼殊忽而西装忽而僧服是受到真宗佛教的影响，不仅说得更加明确，而且"认为这种行藏是不成问题的"。说苏曼殊是个"日本式"的和尚，这当然是一种具有说服力的解释。所以，新派僧徒们相信，只要把苏曼殊看成一个"日本式"的和尚，他就没有什么毛病可让人挑剔了，苏曼殊也就自然成为"旷代诗僧"，成为现代佛教文化创造的一份骄傲。对于传统的佛教而言，要想把苏曼殊的人格与佛格统一起来，用苏曼殊的艺术成就为末法期的佛教添光加彩，把苏曼殊定义为"日本式"的佛徒，也是新派僧伽采取的一种可行的批评策略。

二

苏曼殊是披剃出家并受具足三坛大戒的僧人，虽然他终生不行佛事，但他对佛经的研习相当勤奋，深具功力，对于佛教的现状及其发展也有认真的思考。他对佛教的事功上的贡献主要表现在两个方面，一是他曾研习梵文，

[①] 大醒：《偶谈曼殊》，《人间觉》半月刊 12-13(1937)，第 4 页。
[②] 化莊：《沉在"祸水"中底牺牲者》，《人间觉》半月刊 12-13(1937)，第 12 页。

文学创作研究　207

编有《梵文典》《初步梵文典》《梵书摩多体文》等著作，为国人进一步了解古印度文化和佛教文化提供了极大的方便。章太炎与刘师培都曾为此典作序，高度评价了此典对佛教文献整理和佛教义理研习的重要价值。刘师培说，"玄奘通习梵言，研机睹奥"，但"生其后者，非以梵文为据，孰能溯厥本源，以判其得失"①。尤其是后来梵语失传，许多佛经中的词义也以讹传讹，发生变化。所以，"今曼殊作此书，椎轮荜路，以启其先。用此例以诵佛书，凡天地人物之名，均可即音以求义。若译文失其本真，亦可参互考核，以订异同，此则征实之学也。"二是苏曼殊深受杨仁山与章太炎的影响，痛感当时的佛教衰蔽，积极思考佛教的改革和振兴，并且直接提出过一些改革佛教的主张，他与章太炎共同发表的《儆告十方佛弟子启》与《告宰官白衣启》等文，具有鲜明的20世纪特色。苏曼殊的佛教改革主张主要有两条，一条是推崇佛陀"为法施生，以法教化众生"的度世精神，反对将诵经念佛作为糊口谋生乃至贪图财利的职业或手段。他说："检诸内典，或佛在世，为法施生，以法教化，一切有情，人间天上，莫不以五时人教，次第调停而成熟之；诸弟子亦各分化十方，恢弘其道，适佛灭度后，阿难等结集三藏，流通法宝。"而"应赴之说，古未之闻"。②佛法至汉明帝时传入中国，"唐宋以后，渐入浇离"。其主要原因在于佛徒将佛法"取为衣食之资，将作贩卖之具"。苏曼殊对此十分痛恶，认为："自既未度，焉能度人？譬如下井救人，二俱陷溺。"佛法之施舍乃与而不取之谓，"今我以法与人，人以财与我，是谓贸易，云何称施？况本无法与人，徒资口给耶？"所以，苏曼殊指出历代佛教所热衷于的应赴礼忏等法事活动"纵有虔诚之功，不赎贪求之过"，第二条是主张发扬佛者不臣天子、不敬王侯、睥睨贵游的精神，以恢复佛教固有的独立性。早在佛法初传时，大德慧远曾写《沙门不敬王者论》阐明出家乃在于"遁世以求其志，变俗以达其道"，故出家人应抗礼万乘、不爵王侯。但在佛教发展史上，这一宗旨并没有得到很好的执行。在抬高佛教地位的实用主义刺激下，时有佛教徒打着赖王护法的旗子，附会豪家，佞谀权势，趋逐炎凉，情钟势耀。宰官

---

① 刘师培：《梵文典序》，《苏曼殊全集》（四），中国书店1985年，第9页。
② 苏曼殊：《断鸿零雁记》，《苏曼殊全集》（三），中国书店1985年，第143页。

当前，跪拜惟谨；檀施在目，归命为依。苏曼殊尖锐地指出这种佛教徒行同市估，迹比倡优，实在是佛法的堕落，鉴于此，苏曼殊认为佛门宜断三事，一者礼忏，二者付法，三者趋炎。第一断者，无败法名；第二断者，无争法名；第三断者，无猥鄙名。能行斯义，薄伽梵教才能无泯将来。苏曼殊的这两条主张确实戳到了明清以后日见衰弱的佛教的痛处，也切实地找到了导致佛教走向没落的一个重要的原因。所以，苏曼殊的观点在当时佛教界引发的反响是很强烈的。

最受感召的当然是那些热衷佛教改革的新派僧侣，譬如慧云就说："大师对于佛法还是有坚强的信仰的，我们今日重读大师平日所喜读的诗'众生一日不成佛，我梦中宵有泪痕'，真是惭愧不及。"① 所以，当苏曼殊的佛徒身份被确立之后，他们首先就是从佛教改革的历史高度来评价苏曼殊在中国现代佛教中的地位，在《曼殊研究专号》中，有些作者盛赞苏曼殊推动佛教复兴和呼吁佛教改革的各项主张。如通一指出："我们不能说他对于佛教无认识，无供献，他的告宰官白衣和十方长者不仅是二十年前中国佛教徒的针砭，即在现在，也还值得我们服膺，至于他的主张取缔应赴，更是今日谋复兴佛教者异口同声唯一的呼声。"② 湘僧也从积极的意义上阐论苏曼殊的历史地位，认为苏曼殊"在正确的思想方面，则是佛教的一位功臣，像《儆告十方佛弟子启》等所说的，为现在倡复兴佛教人们，句句都是先得我心的老实话。因此，我们对于苏玄瑛在中国佛教上的历史地位，也不妨说是近代复兴佛教的老祖师之一"。③ 百衲不厌其详地摘引了苏曼殊两篇文章中的主要观点，进而称赞苏曼殊"末法具志整顿僧伽"，不愧是"恢弘圣教之第一人""掩护圣教之韦驮大将"。④ 当年同苏曼殊一起呼吁佛教改革的章太炎，在苏曼殊去世后曾叹息倘天假以年，俾得行其志，而实现其主张，则苏曼殊必成佛教中之马丁·路德。而在佛教改革者们心目中，苏曼殊是"佛教的一位功臣""近代复兴佛教的老祖师""恢弘圣教之第一人""掩护圣教之韦驮大将"，如此等等。

---

① 慧云：《曼殊大师生平思想之我观》，《人间觉》半月刊 12-13(1937)，第 10 页。
② 通一：《我对于曼殊大师的观感》，《人间觉》半月刊 12-13(1937)，第 7 页。
③ 湘僧：《泛论苏玄瑛的历史地位》，《人间觉》半月刊 12-13(1937)，第 6 页。
④ 百衲：《我对曼殊大师之认识》，《人间觉》半月刊 12-13(1937)，第 31 页。

这些评价,这些称号,可谓与章太炎的叹息如出一辙,所见略同。

当然,关于苏曼殊的佛教史贡献,即使在新派僧侣中意见也并非完全一致。如大醒就表达过相反的意见,认为苏曼殊"对于中国的佛教,是没有什么贡献的"①。大醒是民国时期"人间佛教"运动领袖太虚的弟子和得力助手,他期盼年轻人都能像他那样挺身而出,踏踏实实地为佛教改革做一些实际的工作。当年大醒曾拜谒净土宗大师印光,印光劝他一心一意念佛,不要沉浸在文字工作中。大醒当然知道这是印光语重心长的指引,也是修得净土的必由之径。但大醒还是明确地拒绝了印光的好意,说他要为佛教复兴做十年的实际工作,之后再考虑个人的清心修炼。② 可见,如此看重事功的大醒批评苏曼殊对于中国的佛教没有贡献,其具体的含义显然不是批评苏曼殊的主张对佛教没有意义,而是指苏曼殊虽有改革志向,也有改革主张,更具备推动佛教改革的个人素质与能力,但他却没有真正投身到现代佛教改革的实际工作中去,没有为现代佛教改革做一点事功性的工作。所以,大醒为苏曼殊深感可惜,更担心那些僧青年因为爱好文学,修习文学,在苏曼殊作品与人格的潜移默化下也走向苏曼殊的道路。不过,大醒毕竟是新派僧侣中的翘楚,具有不同凡响的眼界和见识。他在批评和惋惜的同时,也恳切地为苏曼殊做了辩护:"我们也得原谅他:二十年前的中国佛教中,实在用不着他那样的和尚。换句话说,如曼殊那样的和尚,不但在二十年前没有他插足的地方,就是再过二十年后,中国依旧不需要曼殊那样的和尚。"③ 这一辩护正话反说,直指近代以来佛教抱残守缺的现实状态。苏曼殊才智卓绝但不合时宜,苏曼殊对佛教没有贡献,不是他自甘落寞,而是那个时代没有提供给他发挥个人才智的条件与环境。二十年前是如此,二十年后依旧如此,大醒的这一辩护,颇有点像借他人之酒杯浇自我心中之块垒,从中能够深切地体会到大醒有心改革、无力回天的不满与无奈。

值得指出的是,苏曼殊三十五岁英年早逝,没有机会和时间在改革佛教方面推动众生,一展宏图,但他自己确实是身体力行、做个人的品行来实践

---

① 大醒:《偶谈曼殊》,《人间觉》半月刊12-13(1937),第4页。
② 此事详见大醒在《讲习佛学需要的文学》一文中的记叙,文章发表在《四川佛教月刊》4(1931)。
③ 大醒:《偶谈曼殊》,《人间觉》半月刊12-13(1937),第4页。

着自己的佛学主张。作为僧徒,他从不为人行忏礼,作法事,甚至他也不愿意长期住在寺庙里接受香火的供奉,而是芒鞋破钵,行走天下,靠从事翻译、创作、教书等职业行为来自谋其食。他也蔑视佛教的清规戒律,虽为出家,但不避情事,敢于出入于青楼酒肆之间,以现为人本色。他与俗界交往频繁,朋友之中颇多高官厚禄者,但他冥鸿物外,凡委琐功利之事,皆视之蔑如,苏曼殊的特立独行和奇异高标,与菩萨行的勇猛奋迅、大雄无畏的精神是颇为契合的。所以,一向不轻易许人的章太炎曾颂扬他"厉高节,抗浮云"①。新派佛教徒们对苏曼殊的人格精神也予以了积极的评价。太虚曾有《挽曼殊上人》诗一首,诗曰:"昔年精舍建祇洹,我亦宜僚学弄丸。十载未能留半面,一书曾忆剖双肝。《天荒集》里同留句,世乱声中忽盖棺。不信奇人竟庸死,欲歌《薤露》胆先寒。"② "宜僚"和"同留句"等,表达出的是一种惺惺相惜的知音之感;而奇人竟庸死,欲歌胆先寒,表达出的则是意气风发的太虚从苏曼殊的落寞终身中引发出的深自警惕。大醒虽然不满苏曼殊闲云野鹤似的行世风格,但他对苏曼殊不与世俗同流合污的自由人格也是由衷钦佩。他曾劝告年轻僧侣不要采取"曼殊做和尚的方式",他说,苏曼殊雪茄抽完了有人送来,穷困了有人救济,圆寂了还有人葬他西子湖畔,流百世芳名,供世人凭吊。"这是曼殊的福报,现在中国的青年僧,谁个有他的遭遇,能学曼殊吗?"③ 大醒的言外之意就是说,苏曼殊的自由人格是可以仰慕的,但不是用来模仿的。这话半开玩笑半当真,但也确实表现出大醒对苏曼殊的人格意义具有独特和深刻的认识。

在这一研究专号中,也有作者注重从学理上来把握苏曼殊的抒情与苏曼殊的人格之间的关系与意义。爱别离,怨憎会,佛教本来视情为导致人间苦难的原因,要求人们祛而除之或者躲而避之的。但苏曼殊为僧为文,均以情胜,"华严瀑布高千尺,未及卿卿爱我情。""赠尔多情书一卷,他年重检石榴裙。"④ 这些诗句,无不写得至情至性,这是因为苏曼殊在至情之上,尤其至

---

① 章太炎:《书苏元瑛事》,《章太炎全集》(四),上海人民出版社1985年,第222页。
② 太虚:《挽曼殊上人》,《苏曼殊全集》(五),中国书店1985年,第443页。
③ 大醒:《偶谈曼殊》,《人间觉》半月刊12—13(1937),第4页。
④ 苏曼殊:《诗集》,《苏曼殊全集》(一),中国书店1985年,第46页。

真，毫无虚伪粉饰。慧云曾有诗云："曼殊怀母吾怀父，一样飘零未得亲。剩有一支寒锡影，金牛湖畔作诗人。"① 慧云自由率性、倜傥不羁，他在诗中把自己和苏曼殊相提并论，一方面表现出他狂放的性格，另一方面也是引苏曼殊为高山流水之知己。暮笳指出苏曼殊的人格境界就是"忘情物我，超越现实，一点不受世俗礼教的束缚"，"那种狂歌走马的生涯，落叶哀蝉的身世，处处地方，都是裸露着自己的人生，表白自己的狷洁孤芳，不愿有丝毫的虚伪与粉饰"②。慧云以"以情求道，得情之正"的价值评判，深刻地揭示出了苏曼殊不仅将诗与僧而且将情与僧合二为一的重要特征。新文学家谢六逸、林语堂等曾在游记散文中批评中国的佛教徒，说中国没有日本良宽那样的脱尘拔俗的和尚，寂公写了《在现在中国文人心眼中的和尚》一文予以反驳，反驳的依据就是中国也有"睡在武松小青之墓对面孤山地下的苏曼殊那样的和尚"③。对于苏曼殊人格与诗文的浪漫风格，化莊称其"是以歌代哭"，"别有一腔孤愤酸情"④。人格与文格的相反和相成，是文学史上的一个重要规律，自古以来许多名家的行为虽然极端虚伪与卑劣，但这些人却往往把自己的思想想象性地写得实诚与高尚。慧云从苏曼殊的浪漫精神中深深体会到了文如其人的道理，所以他说，"我们相信曼殊大师的浪漫态度却不是那样卑劣而虚伪的行为"，因为他的率真，所以"他的浪漫的思潮向着一般青年的内心深深地伸展"⑤。百衲联系自己的修行经验，对苏曼殊人格价值的积极性判断尤其深刻。他说自己过去曾听灵虚法师说过，世间一切违反常情之事，如果是佛菩萨所为，都可以转化成为利世无上的珍宝。"如华严之淫杀，楞伽之五逆，楞严之幻术，世现之遵教，表面观之，俨然罗叉鬼怪之徒，细稽之实，皆是调伏有情，发扬为上大教之胜缘，灵虚之言，诚为铁证，今察曼殊大师亦系斯类之人耳。"⑥ 百衲之言，深谙佛理，是在一种众生心与根本性的辩证关系中，对苏曼殊的异类僧格做出的切中肯綮的评价。

---

① 慧云：《关于诗》，《人海灯》13（1934），第12页。
② 暮笳：《曼殊研究专号卷头致词》，《人间觉》半月刊12-13（1937），第2页。
③ 寂公：《在现在中国文人心眼中的和尚》，《海潮音》10（1934），第104页。
④ 化莊：《沉在"祸水"中底牺牲者》，《人间觉》半月刊12-13（1937），第15页。
⑤ 慧云：《关于诗》，《人海灯》13（1934），第10页。
⑥ 百衲：《我对曼殊大师之认识》，《人间觉》半月刊12-13（1937），第37页。

三

关于苏曼殊诗歌的艺术成就，史家评论褒贬不一，但不管褒贬，有一种极端的现象也清晰可见，这就是不喜欢者觉得不值一提，如信奉实验主义的胡适即是一例，现代诗话家钱仲联虽然赞扬过苏曼殊的个别句子，但整体上也否定苏曼殊的诗歌品位，认为苏诗"妖冶""浮浅"。① 但是，喜欢苏诗的人则奉苏诗为圭臬，为无上珍品。苏曼殊逝世后，王德钟曾称赞苏曼殊的诗"倩丽绵渺"，其神韵"盖如羚羊挂角而弗可迹也"。② 他还将苏曼殊的诗同近代宋诗派和晚唐诗派做比较，认为正是因为这些主流诗风的尚古与失真，"于是而苏子曼殊之诗可以徂百代已"。而新文学家中，当胡适在通信中同意今世文学惟李伯元和吴趼人两家，其余皆第二流以下，间接否定了苏曼殊的小说价值时，钱玄同就曾奋起为苏曼殊辩护，认为"曼殊上人思想高洁，所为小说，描写人生真处，足为新文学之始基乎？"③ 至于浪漫派作家，田汉写有《苏曼殊与可怜的侣离雁》、冯至写有《沾泥残絮》，郁达夫写有《杂评曼殊的作品》，其中郁达夫从艺术性的角度评判苏诗，指出苏诗"有清新味，有近代性"④。所谓"清新味"，如果指的是效法龚自珍《己亥杂诗》所形成的格调，所谓"近代性"，则显然指的是苏曼殊翻译拜伦诗作时所受到的个性主义和摩罗诗风的影响。对于一个介乎新旧之间的文学家而言，"近代性"突出的恰恰就是他的转型意义，虽然语句简练，但也算是一个很高的评价了。

---

① 钱仲联在《梦苕盦诗话》中批评苏曼殊的诗作说："近人论浪漫诗人，争称苏曼殊。曼殊尚浮浅，不足道。若吾邑黄摩西，则不愧近代浪漫诗人之魁首矣。""阅吴江柳无忌所编苏曼殊诗集一过。曼殊工画善诗，通英法文字，名满海内外，章太炎屡推重之。然其诗除'春雨楼头尺八箫，何时归看浙江潮。芒鞋破钵无人识，踏过樱花第几桥'，'寒禽衰草伴愁颜，驻马垂杨望雪山。远远孤飞天际鹤，云峰珠海几时还'。一、二绝句，及'山寨饭罢浑无事，满波擎来迸落花。'断句外，多皮傅定庵靡靡之音。"参见钱仲联《梦苕盦诗话》，张寅彭主编，《民国诗话丛编》第6册，上海书店2002年，第85页。
② 王德钟：《燕子龛遗诗序》，《苏曼殊全集》（四），中国书店1985年，第85页。
③ 钱玄同：《通信》，《新青年》第一卷（1917），第5页。
④ 郁达夫：《杂评曼殊的作品》，《苏曼殊全集》（五），中国书店1985年，第118页。

现代佛教文学家中,喜爱苏曼殊者为数不少,对苏曼殊诗文的艺术成就也评价甚高。窦树百居士著有《清凉诗话》专评现代诗僧作品。他在评价寒石子诗时,曾引澹云法师为寒石子诗集所做序言为证,澹云的序言曾以苏曼殊为标杆评价寒石子,认为苏曼殊以风流跌宕之词,状写其浪漫不羁之生涯,亦曾轰动于一时。而寒石出入于寒山、寄禅之间,一种缠绵悱恻之处,尤超胜于苏曼殊。对此,窦树百颇不以为然,他说:"至所谓'其少年作品,一种缠绵悱恻之处,尤超胜于曼殊倍且蓰矣',余则未敢苟同,曼殊诗格之优劣,姑不论,然其辞丽绰约,独饶丰神,亦自有其独到。寒石之作,仅得其艳丽,而未能绰约,更何论乎丰神?谓寒石言情之作,有类乎曼殊可矣,若谓'尤超胜于曼殊倍且蓰',则曲阿之言也。"① 可见在他的心目中苏曼殊的地位之高。窦树百《清凉诗话》在评价澹云时,也学澹云拿苏曼殊做标杆:"澹云诗,有仿曼殊者。乞食之二云:'云水乡中瘦影斜,青山行尽檀那家。有人问我西来意,笑指长天落晚霞。'同题之三云:'芒鞋蓑笠破袈裟,到处随缘便是家。夜宿林间双树下,漫天珠露落松花。'能得其神韵。"在称赞这几首诗之后,也毫不留情地批其有的诗"生吞活剥,无复韵味"。后来,窦树百在《复通一法师论僧诗书》中对苏曼殊的诗歌成就做了明确的定位:"近代诗僧,首推寄禅、曼殊,而宗仰差堪比肩。然寄禅、曼殊,天才也,宗仰则学力也。现存诗僧,据所见以印西、蕴光,可算作手。若论脱尘拔俗,则弘一为最。惜近惮志修律,不作文字禅那,至可惜!于律兴则大幸,于诗学则大不幸。否则其所早就,当可超曼殊而驾寄禅!"②

《曼殊研究专号》上的文章作者,对苏曼殊的艺术成就都是心存敬意并且极其颂扬之词的。专号主编暮笳法师曾说世人对苏曼殊作品的喜爱,似乎进入了"曼殊作品的狂飙时代"。"狂飙时代",这是新文学家提到德国歌德时代的文学时常常使用的词语,把"狂飙时代"用在苏曼殊的文学评价上,一方面显示出暮笳对苏曼殊的敬仰,一方面也是表达着暮笳对苏曼殊的感染力所产生的心灵震撼。所以,暮笳突出称赞的就是苏曼殊作品在

---

① 窦树百:《清凉诗话初稿》,《海潮音》第6卷(1937),第71页。
② 窦树百:《复通一法师论僧诗书》,《佛教文艺》11-12(1944),第10页。

214

接受和传播过程中所具有的移情力量。"可怜十万珍珠字,买尽千秋儿女心",这是苏曼殊特别喜欢的龚定庵名句,暮笳说,把这诗句移用来形容苏曼殊作品的艺术效果,实在是再适当不过的了。无初春还是炎暑,无论秋夜还是残冬,"只要一打开曼殊的遗著,那种凄凉入骨的感伤气氛,浸透纸背,使人读了,不禁灵府为之摇动,一颗幽思升沉的心,随着他那脉脉含愁幽艳绝伦的词句,渐渐走入悱恻缠绵的梦里,这时你失去了自我,也失去了世界,你的喜怒哀乐,完全受了他的操纵"①。当然,佛教视文学为广宣流布的工具,讲究这一工具的艺术性,在艺术境界上也有警世钟、狮子吼、海潮音等宏大格调的推崇,但佛法清净,在艺术上最为推崇的境界还是简洁与平实。窦树百在与通一讨论僧诗时曾说过:"僧人亦间有作爱情诗者。然罗什吞针,道潜赠妓,亦风流之佳话,缁林之别趣,偶著诗话,亦可视佛教文艺之别态。然几人是沾泥之絮,能不使东风吹扬哉?是诚有碍禅悦,匪可提倡,否则,亦阿鼻地狱种子也。"② 苏曼殊《为调筝人绘像》绝句中有"沾泥残絮"一语:"收拾禅心侍镜台,沾泥残絮有沉哀。湘弦洒遍胭脂泪,香火重生劫后灰。"③ 新诗人冯至曾以《沾泥残絮》为题写散文怀念苏曼殊,窦树百的评论在此用"沾泥之絮"的比喻,显然也是意指苏曼殊。似乎是说苏曼殊是天才,如此绮语艳词,天才可为之,而凡夫不可为。所以赞许之下,还是设置了前提。但暮笳的主编按语,特别赞赏的恰恰就是苏曼殊的绮语艳词与愁情幽思,这种艺术眼光出之于一个正信的佛徒,应该说是足够独特也足够大胆的了。

新文学作家秉承五四文学革命写真实和反礼教宗旨,评价苏曼殊的艺术时往往重视他的作品的艺术风格和他的性情人格之吻合。郁达夫就说过,"笼统讲起来,他的译诗,比他自作的诗好,他的诗比他的画好,他的画比他的小说好,而他的浪漫气质,由这一种浪漫气质而来的行动风度,比他

---

① 暮笳:《曼殊研究专号卷头致词》,《人间觉》半月刊12-13(1937),第1页。
② 窦树百:《复通一法师论僧诗书》,《佛教文艺》11-12(1944),第11页。
③ 苏曼殊:《诗集》,《苏曼殊全集》(一),中国书店1985年,第49页。

的一切都要好。"① 郁达夫的这一评价方式，大概与苏曼殊当年自评诗比小说好、画比诗好的方式有关，但郁达夫对苏曼殊人格风度的真性情的推崇，不难让人联想起当年他因《沉沦》而遭受保守派们攻击时新文学家们对他的大力辩护与坚定支持。罗建业在批评苏曼殊诗歌的真性情时也说："古来言情之作，大概都是些私通（广义的）偷情一类秘密干的，如云：'思君子兮未敢言'也者，便是极端的例子。至于曼殊他便敢于双双携手的，大踏步于长坂路上了，这是时世的不同。法郎士有言：'伟大的真象，非到费事和工作不能实现。'曼殊的诗文，其好处也是用些血泪购得来的；故此他要说：'此道不可以之安身立命了！'"所以，他认为，"曼殊的文学，是青年的，儿女的。他的想象，虽未免有点蹈空，他的精神，又好似有点变态。然而他装点人生，使得格外有声有色，即在这一点贡献上，他的功绩已经不朽了"②。与新文学家们的观点相似，现代佛教文学家们同样也很看重人格的"真"这一特点，慧云虽然不同意郁达夫将苏曼殊的浪漫性情和行动风度看作他最好的地方，甚至指责郁达夫对苏曼殊的批评是吹毛求疵，但他同样赞赏苏曼殊的作品与其人格的"真实"。慧云就曾说过，"慧往年学诗，亦先读八指头陀及曼殊之诗，盖彼二人之诗，多真情流露，故令人百读不厌则以声闻而论，亦自有动人之处也"③。在诗歌之真与人格之真的吻合上，也有的佛教文学家从苏曼殊诗歌的颓废情调中读出了苏曼殊有意慢性自杀的人格特征，并且为之辩护。如化莊读《有怀》："生天成佛我何能，幽梦无凭恨不胜。多谢刘三问消息，尚留微命作诗僧。"④ 他说："从这首《有怀》的绝诗来看，我们就可推知到曼殊和尚的思想，久无意于人世了，所以要用颓废的行事，以促短天年，免得流连人间，不堪其恫恨，和不知者的奚落，乃至假贞操自居的老修行的臭骂。""然而有不谅解的人，特别是我们佛教者，对于曼殊和尚的这种浪漫，及其颓废的行为，本其正人君

---

① 郁达夫：《杂评曼殊的作品》，《苏曼殊全集》（五），中国书店1985年，第115页。
② 罗建业：《苏曼殊研究草蕘》，《苏曼殊全集》（四），北新书局1928年，第391页。
③ 慧云：《关于诗》，《人海灯》第13卷（1934），第11页。
④ 苏曼殊：《诗集》，《苏曼殊全集》（一），中国书店1985年，第45页。

子的俨然态度,都啧啧有言,诽詈备至。此皆不知曼殊和尚所以会这样的浪漫、和这样颓废的因缘。"① 其实,凡是受到社会与生活之压迫刺激而又找不到出路的艺术天才,多少都会有这样一种潜意识的慢性自杀的颓废倾向,当年鲁迅所谓"故意拼命的做",就是"希望生命从速消磨"。② 就与苏曼殊的这种慢性自杀的人格庶几相近。儒家强调身体发肤受之父母,应该予以珍重,佛教当然更是反对自杀的,因为从佛教理论来说,自己了断,只能了断身体生命,却不能断除个人的业力,甚至还会增加业力。但佛教文学家们从这个角度对苏曼殊的评价,或许也是要把苏曼殊颓废人格生成的原因推向时代与社会,从而达到为其人格辩护的目的。

总而言之,在中国佛教史上,清末民初是一个重要的转型时期。这个时期,既产生了像八指头陀、乌目山僧这样"我虽学佛未忘世""都为苍生抱杞忧"的倡导佛教改革的高僧大德,也产生了谭嗣同、杨仁山、章太炎、梁启超这样的热衷佛教改革的护法居士,同时也产生了像苏曼殊这样的"忏尽情禅空色相""狂歌走马遍天涯"的佛教异端。尤其是在西风东渐、法运衰颓的文化冲突语境下,佛性与人性的冲突碰撞往往造成转型时代中佛徒人格的分裂。作为佛教中的一个才华横溢的异端,这一经典的人格分裂模式在苏曼殊身上表现得前所未有的激烈与分明,两种精神力量的冲撞也势均力敌。临终之时苏曼殊曾嘱咐友人按佛教礼俗给他办理丧事,足可见他对自我佛教徒的身份认可,但他一生参加革命、著文译书,也显示出他作为一个知识分子的公民意识。他的精神结构中佛徒身份与公民意识的博弈,鲜明地体现着中国佛教由传统形态向现代形态过渡的历史趋势。苏曼殊身后,不仅整个文化界,即使佛教内部,对于这个异端佛徒的认识,也一直是争议纷纭。民国的建立促使佛教改革呼声日高,声势日大,而五四新文化运动焕发出来的生命活力也给佛教改革带来了新的曙光。所以,这些现代佛教改革者们不仅主编了这个"曼殊研究专号",互通声气,彼此应和,为佛教思想与文化中的异端分子辩护,而且,也正是这些佛教文学

---

① 化莊:《沉在"祸水"中底牺牲者》,《人间觉》半月刊 12-13(1937),第 15 页。
② 鲁迅:《两地书》,《鲁迅全集》(11),人民文学出版社 2005 年,第 81 页。

家们在30年代曾经集体发声，对传统佛教"不立文字"的观念发起过猛烈的批判。把这两个佛教事件联系起来看，这一次他们对苏曼殊的批评与研究，一方面可以看到现代新派佛教文学家们与五四以来的新文学的密切关系，一方面也可以看到他们在推动现代佛教改革向前发展的策略上形成改革共同体的一种努力。因为他们的这次策划，不是仅仅为了给备受正统佛教漠视的苏曼殊打抱不平，也不止是为了替异端的苏曼殊在佛教史上找回乃至确立应有的地位，而是要通过对苏曼殊的价值重估和地位确立，来为佛教思想与文化领域中的异端力量开拓出足够宽阔的生存空间，同时也为自己所喜爱的文学功德的建树提供充足的理论和实践依据。

【原刊《文艺理论研究》2020年第3期】

文学史论类

中国现代作家的浪漫一派

李欧梵

苏曼殊，1884年9月28日于横滨出生。父亲苏杰生是一个传统的商人，从家乡香山来到日本，在英资的万隆茶庄担任司理。当时，这是一种很普遍的现象；自明治维新以后，很多的中国商人，特别是广东人，都为了丰厚的市场利润而只身来到海外工作。因此，为数不少的有实力的中国社团便逐渐在横滨等商业城市形成。

同样地，成功的商贾在日本立妾亦成为另一个普遍现象。苏杰生除了中国的发妻与两名妾侍外，在日本亦再立一妾。尽管苏曼殊对于这位名为河合仙（或称河仙）的日籍母亲无比尊敬，但据近代学者的研究发现，苏曼殊却并非河合仙的亲生子，苏之亲母应该为河合仙的表妹，一位叫若子的19岁女佣。在她诞下苏曼殊三个月后，她便返回娘家，再也没有回来。

就这样，苏曼殊（本名戬）在河合仙的抚养下，在横滨大宅里成长。1889年，苏曼殊6岁的时候，被接回中国香山县，寄居在历溪乡他的亲戚家里，与他的日籍母亲的快乐生活也从此结束。3年后，苏杰生的茶叶生意失败，他便遗下河合仙，只带同两名中国妾侍返国，再也没有踏足横滨。直到苏曼殊24岁的时候，他才再次与河合仙见面，而当时的河合仙已嫁给一位富有的日本老商家。

1890年，苏曼殊开始在乡间接受教育，初次接触到一些中国传统名著，这一时期他还读过些什么书至今已无可稽考。在上海逗留了两年后，苏曼殊于1898年和表兄弟一同回到横滨，入读由中国华侨开办的、康有为命名的大同学校。年轻的曼殊用了 4 年的时间，在大同学校跟随康有为的弟子学习中国文学，由香港皇仁书院的毕业生教习英文。

据说他们当时"每个星期天都要礼拜孔子，学生们必须在孔圣人像前面跪拜，拒绝这样做的，就要受惩罚，被开除出校"。此外，国民主义的口号亦经常地被唱咏。如：

国耻未雪，
民生多艰，
每饭不忘，
勖哉小子。

学校的这种气氛，正是改革派于 1898 年百日维新运动失败后的心态反映。由于学校已被视为康有为派系改革者的温床，在 1902 年的时候，一群受雇的暴徒奉命攻击入侵校园，使得课堂大为混乱。苏曼殊因此离开前往东京，并突然地陷入了中国知识分子革命热情的漩涡之中。当时的苏曼殊正在早稻田大学修读一个高级预备课程，并已报名准备入读 1903 年度成城（seizo gakko）学校的军事科技课程，同一时间，他亦加入了 3 个由留日中国学生所组成的革命组织，分别是：受意大利人玛志尼（Mazzini）的"少年意大利"的启发而创立的"青年会"，成员有冯自由、张继和陈独秀；抗议俄罗斯武力镇压占据中国东北而成立的中国学生的拒俄义勇队；还有就是"军国民教育会"。因革命情绪的影响，苏曼殊于 1903 年离开日本，返回中国展开其真正的革命活动。但有谁想到这股新生的革命热潮，最终竟与革命的主旨越偏越远。

1903 年 9 月，苏曼殊返抵上海，加入前"青年会"成员所办的《国民日日报》工作。他在报上分别发表了两篇爱国的诗歌、两篇文章，并翻译了雨果的《惨世界》的部分。那两篇文章，一篇是赞扬著名美国无政府主义者郭耳缦（Emma Goldman）的，另一篇则谴责当时的中国人，指责他们缺乏民族意识、刻意媚外的行为。

同年 12 月，《国民日日报》倒闭，苏曼殊南迁至香港，凭着冯自由的介绍信，在孙中山所办的《中国日报》总部临时栖身。随着他一次不引人注目的消失与再次出现,"则已削发为僧,易名曼殊矣"(取自菩萨曼殊室利),这使得友侪都大为震惊。

1904年,苏曼殊的父亲去世,但他拒绝回家奔丧,却先去了上海,再往暹罗、锡兰等地,并在当地停留数月学习梵文。同年冬天,苏曼殊返回中国,开始了不停的流徙生活,由苏州、汉口、青岛、香港,以至他常暂住的上海,穿梭于城市与城市、中国与日本、遁世与世俗之间。从1909至1912年间,他更远赴南海岛屿,并在爪哇一所中国学校教授英语。他甚至想去印度,并待战事结束后前往欧洲。可惜,这一切最终未能实现。辛亥革命爆发时,苏曼殊正身在爪哇,1912年返回中国后,他加入《太平洋报》担任编辑,并出版了自传小说《断鸿零雁记》。在他生命的最后6年,即1912至1918年间,他都留在中国和日本。他在不同的学校教授英语,经常出没酒家及妓院,出其不意地去探访朋友以求接济,还有不停写作和画画。

传 说

将亨利·麦克阿里弗所写的首本关于苏曼殊的英文著述,又或是与柳无忌所写的《苏曼殊传》比较,以上对于苏氏的生平简介,可能未见完备。然而本篇要针对的,乃苏曼殊个人的传奇,而非一般读者所认知的苏氏个人真实的事迹。这个世纪初充满传奇的人物,从他的朋友们所忆述的关于他的一连串生平轶事,以至他亲手策划的一系列千变万化的形象中,普通读者会感到谜样的吸引力。也许,没有一位学者敢说他了解真正的苏曼殊。

我们所认识的苏曼殊是多才多艺的。"子谷善艺事,尤工绩画",善写古诗,亦是一个译者,懂五种以上的语言,包括中文、日文、英文、法文和梵文。据他的好友陈独秀忆述,苏曼殊在孩提时并没有认真地学过中文,是陈独秀教晓他如何写正统的古诗的,而他的另一位朋友章士钊说,苏曼殊只用了两三年时间,便已在古诗方面有相当的造诣,因此,陈独秀认为他"真是所谓天才"。

至于贪吃的形象,亦是他长期保持的特征。从他写给朋友的许多书信中,我们知道他喜欢吃烧卖、年糕、八宝饭、鱼、金华火腿、月饼、牛肉,而香烟及糖果更是至爱。他喜欢吸食马尼拉的香烟，几达至上瘾的程度；此外，他亦爱吃一种叫作"摩尔登"的糖，可一次吃三至四盒。根据我们这位美食家所分析，这是茶花女酷嗜之物。此外，他又常常会在信末写上一句"书于红烧牛肉、鸡片、黄鱼之畔"。他又会为了买糖果吃而拔去补牙的黄金作交换。他在锡兰的时候，整整一个月，除了水果之外，没有吃过其他的东西，结果染上了痢疾。他又会因为吃得过量，而被胃痛害得呻吟苦叫。据说他的去世，亦是因为想在与别人的打赌中胜出而一口气吃掉了 60 个小笼包。当他吃至第 50 个的时候，他仍然不理会朋友的劝告，而继续把剩下来的 10 个混着咖啡一同吃光。

他又替自己起了很多名字（总共 32 个，Pev Mandu 是他的英文名），一些较为人知，一些是不知名的。在不需要向朋友借钱度日的日子，他喜欢把自己的照片寄给他们。曾经，有朋友在广东看见他的时候还是满脸胡子，没多久却收到了一张他从上海寄来的照片，上面的他却已是一个把胡子剃掉、风度翩翩的花花公子模样。又曾经有人见过他身穿袈裟、羊毛内衣外露，危坐在悬崖边；但据另一人的引述，苏曼殊不久便以另一姿态出现——一个满脸胡子的僧人，身穿破旧不堪的袈裟，在寺院后面树下一间木屋内面壁而坐，就像是整年也没有离开过似的。可是这位貌似可怜的僧人，三日前想在上海过着舒适而豪华的生活。有时候，他又会一声不响地失踪，使得一众紧张他的朋友没办法把他找出来。

究竟苏曼殊本人是否真的有着如斯深刻的苦痛，以至需要无时无刻地不去孤独冥想以寻求短暂的解脱呢？对于旁观者而言，他的许多行为都带着自恋造作的气息，即使是他的朋友，特别是女性朋友，对他如何奉承，似乎仍不足够。从许多他的朋友以至仰慕者所忆述的轶事中，我们能联想到的只是一个渴望追求高尚生活模式的人。作为僧人及诗人，苏曼殊在中国传统中幻变出多种迷人的形象。苏曼殊并不满足于一个典型，他要凭着他的心思去尝试与再创造。他那独到的想法与敏锐的感应，使人们很难理解他这样的年纪何以会有这样的想法，结果造成了这天才在创作路途上的郁结与孤独——一种许多自诩的文人在后来都常常采用的姿态。苏曼殊认为，无论对他自己或是对公众而言，个人的风格，较之于人的本身更为重要。他是第一个以此概念立论的人，而他的个性以至他的生活模式，竟能获得和他的文学作品一样的声誉。这带出了另一个更大的定论，就是既定的行为习惯和传统已经遭受不断侵蚀，必须出现像苏曼殊这样的人来创造新的局面。当林纾仍然居于学者的传统形象时，苏曼殊却已经走出儒家的雏形了。

《断鸿零雁记》

所谓的传奇，包括了风格、外表与癖好，但苏曼殊更添加了另一项元素，就是小说创作。由于他的大部分小说均出自他现实生活的事件，然后加入幻想而创造出来，故此，对于历史学家而言有着十分重大的意义。毋庸置疑，在他众多的小说创作之中，以《断鸿零雁记》为最流行而又最接近自传体小说。故此，要探究苏曼殊的传奇，大可以此作为一个渠道。故事以第一人称出发，主人公三郎（意味着是一个日本人）刚在广东南部沿岸的一间寺院完成了修道的历程。机缘巧合下使他遇到了一个男孩，由他引领下去找寻以前的一位看护，由她忆述当日是如何被三郎的母亲、一位她口中极有教养的日籍女士聘请的经过。她又说三郎的父亲在东京极具名望，可惜在三郎诞生后数月便已去世。接着她又忆述他母亲如何被他继父的妾侍虐待。怀着满腔激动的思绪，三郎决定到日本寻找他的母亲。与此同时，三郎又巧合地遇上了儿时的未婚妻雪梅。雪梅的父亲在三郎的继父死后便取消了他俩的婚约，为着使雪梅能够好好地投入另一段婚姻，三郎决定出家为僧。可惜的是，三郎发现直到现在雪梅仍深深地爱着他。

三郎前往日本的旅费是由雪梅及教士罗弼所资助的。三郎与母亲重逢的一段，是全书最"赚"人热泪的一部分。三郎探访他的姨母，与他的表妹静子初次邂逅。静子疯狂地迷恋上了三郎，可惜三郎早已出家为僧，实在没办法回馈静子对他所表现的强烈激情，更没办法接受两位善良女子所提议的与静子结婚的安排。经过多番反复思量，他决定悄悄离开前往上海。在他写给静子的告别信中，揭示了他身为僧侣的秘密：

呜呼，吾与吾姊终古永诀矣！余实三戒俱足之僧，永不容与女子共住者也。吾姊盛情殷渥，高义干云，吾非木石，云胡不感？然余固是水曜离胎，遭世有难言之恫……今兹手持寒锡，作远头陀矣。尘尘刹刹，会面无因。伏维吾姊，贷我残生，夫复何云？

回到中国后，他返回寺院，恢复僧人的装束及生活。在一次其主持的活动中，他遇上了以前的同学、一对姓麦的兄妹。从他们的口中，他得知雪梅自杀的消息。于是，他便前往村里的墓园去拜祭，却找不到雪梅的墓碑。故事的结局，三郎望着一堆荒凉的黄土号哭："读者思之，余此时愁苦，人间宁复吾匹者？余此时泪尽矣！自觉此心竟如木石，决归省吾师静室，复与法忍束装就道。而不知余弥天幽恨，正未有艾也。"

全书有三个主旨：主人公本身修道的倾向、寻亲记以及主角与两位痴心女子的三角恋爱关系。这些主旨对我们了解苏氏作品以至其生平传奇，都起了重要的提示作用。

虽然苏曼殊出家的原因无法查明，但我们仍会接受这是他生命一部分的事实，并以此去推测这身份在他小说架构以及他的生命传奇之中所起的作用。有很多的评论均认为《断鸿零雁记》与《红楼梦》在人物结构特征上有很多相类的地方。两书的主角均是脆弱而敏感的，且又同时地周旋于两位女主角之间的男性。和其他的作家一样，苏曼殊始终都离不开所谓"才子佳人"的写作范畴。除了人物之外，两书在基本的文化精神上也是极为近似的。

某种程度上说，《红楼梦》可被视作儒佛两家矛盾的缩影。主人公贾宝玉沦落于尘世国度，在普遍的佛家信念中，是他前世轮回的注定，整个布局就是要他在这红尘之中、在一个儒家传统信念孕育的大家庭里去尝尽考验与诱惑。积极的薛宝钗与脆弱的林黛玉所表达的不同的爱，就夹杂在这双重的层面之中。他们的流向在严厉的儒家经典之下被抑制，同样地，在佛家的国度里，这一切就如短促的生命、千变万化的肥皂泡、红尘中一点闪烁的沙粒，最终都会幻灭。

苏曼殊亦似乎将《红楼梦》完全因袭过来。不同的是，跟《红楼梦》以及林纾的作品相比，他小说中的儒家气息被大大冲减了。主人公三郎的愤慨与宝玉倒大致一样，所不同的是，三郎没有了儒家体系中那望族关系的包袱

文学史论类　225

压迫。至于林纾所侧重热切描绘的孝道，在苏曼殊的小说中，是通过三郎对他那备受尊敬的日籍母亲的怀缅之情表达出来的。假若将苏曼殊作品中的母亲形象与现实生活中他的母亲相比较，所带出的含意似较偏近于弗洛伊德的精神分析学说，而非纯粹的孔子言论。

  苏曼殊和父亲却是相当疏离的，他甚至拒绝参与他父亲的葬礼。这是否与他讨厌作为庶子的身份有关呢？没有学者对他俩父子的关系作出过能令人十分信服的剖析，因为，苏曼殊本身对父亲就几近只字不提。可是，他对母亲却大相迥异。如果柳无忌年表所记苏曼殊的事迹属实的话，自1889年他6岁离开他一向视作母亲的河合仙，至1907年苏曼殊24岁和她重遇为止，整个的青春成长期里，苏曼殊也是没有母亲在旁的。由于欠缺正常的家庭环境，特别是缺乏母爱，造成了他视自己为一个带着不能言喻痛楚的独行侠的心理基础。

  其实，假若他能将母亲的身份疑团解开，他的这些痛苦是可以解决的。在这种背景下，我们发现了大量关于苏曼殊怀缅并将他母亲理想化的字句。除了《断鸿零雁记》外，在其他许多的篇章中，一个备受教养的日本女子的形象也一直出现着，河合仙曾宣称她为苏曼殊的画集作了一个日本版本的序，但据一批传记作者及其朋友的分析，真正的作者是苏曼殊本人。

女人与爱情

  苏曼殊母亲所扮演的主导地位，使我们不期而然地想起了另一个问题，就是爱情在他生命中所扮演的角色——这亦是其传奇生命中的一部分。每一个读过苏曼殊作品的读者，都会立刻反复出现同样的疑问：主人公常被两位女性同时迷恋，一个脆弱温柔，一个热情主动，但又同样忠贞及愿意自我牺牲。在现实生活中被女性忽略的苏曼殊，是否借此在某个程度上寻回着一种心理补偿呢？

  即使曾在苏曼殊现实生活中出现过的两三个早期的恋人，他们在小说中被理想化的迹象，我们仍清晰可见。以苏曼殊最后的一篇小说《碎簪记》为例，故事发生在以洋货作为时尚的两个沿岸城市——上海和杭州，一如以往，两个可人的女主人公同时紧抱着个易受伤害、犹豫不决,且常常卧床不起的年轻人。

其中的一个女主人公,年轻而又积极进取,爱穿西服并常带望远镜去看歌剧。有人会质疑这样一个追赶潮流的现代女性,何以会有着这样传统的专一的美德?这样的一个女主人公或许存在,但更大的程度是人物本身夹杂着苏曼殊主观理念的支配。因此,女主人公的双重性格,正普遍反映出苏曼殊对女性的矛盾心态。一方面,他并不能完全脱离中国传统思想;虽然在国外出生,并没有受过足够的中国文化教育,但他心里可能仍怀着追求中国文化精髓的强烈欲望。因此,跟林纾一样,对于传统女性专一的美德,他投入了无限的情感因素。同时,对于传统美德的渐次崩溃与西方文化的入侵,苏曼殊和林纾都同样感觉厌恶。从一些讨论现代女性的评论文字中,可以看出一个愤世嫉俗的男子,从现实中发觉其所追寻的理想形象渐次幻灭后的叹喟:"衲敬语诸女同胞:此后勿徒效高乳细腰之俗,当以'静女嫁德不嫁容'之语为镜台格言,则可耳!"

另一方面,由于阅读及经常外游,苏曼殊深受外国的影响,所以目不识丁和知识贫乏的传统女性或许根本无法使他感兴趣。因此,他小说内的一众红颜,在带有传统专一的特征之余,也有着外国的激情、主动和放纵于肉欲之中的特质(《断鸿零雁记》中最为激情的女主人公静子,正是日本人)。

可对于此类女性,苏曼殊似仍未有足够的心理准备去接受。在《碎簪记》中,他这样写着:"天下女子,皆祸水也!"而在另一篇作品之中,更带有诽谤性的攻击字眼:"外貌柔媚,内心忮恶。物之可畏,莫女人若……女人为地狱使者,其发美言,即是喷毒。"这些溢于言表的字句,已远超过一个愤世嫉俗、"一个在对社会的丑恶力量感觉憎恨时反应激烈的"男子所要表达的了,可却是濒临病态的边缘。那我们是否认同麦克阿里弗所言,苏曼殊是天生的性无能呢?这些揣测,皆可从苏曼殊对于嫖妓的态度及行径看出来。

在上海这个闪烁而又复杂的大都会,所谓的歌女,也就是高雅的妓女,是这个城市既有的一个组成部分。苏曼殊这个上海的常客,也以资助这些歌女而知名。从他朋友的忆述中可知,他经常毫不吝啬地在她们身上花费大量的金钱,并在她们的伴随下出席社交晚宴。但当他到舞会后,又会因这些女

文学史论类 227

伴感到懊恼而陷于沉思冥想。苏曼殊曾经深深地爱上了一个妓女，并且共赋同居，但两人却从无性接触。当女方质问其原因时，他义正词严地说：

爱情者，灵魂之空气也。灵魂得爱情而永存，无异躯体恃空气而生活。吾人竟日纭纭，实皆游泳于情海之中。或谓情海即祸水，稍涉即溺，是误认海为情海之言耳。惟物极则反…性欲，爱情之极也。吾等互爱而不及乱，庶能永守此情………乱则热情锐退……我不欲图肉体之快乐，而伤精神之爱也。

他的这番说话更能肯定麦克阿里弗的揣测是正确的。但对于本文而言，反而是凭着他的这番说话，更能正面地反映出苏曼殊对于女性的矛盾心态。

在苏曼殊小说中对待女性的态度，表现出他与林纾的一个基本相同的看法。佛教、母亲、女人，全都环绕着情感这一主旨。正如林纾一样，苏曼殊有着一股强烈的情感，无论是真实的又或是虚拟的，苏曼殊小说及诗词的主要骨干，都是一个围绕着那敏感的灵魂浪荡于情感波涛的冒险之旅。一位评论者曾深刻地总结了他对生命的基本关注："以情求道（指的也许是佛道），是以忧耳。"

在他小说的幻想世界之中，即他的梦中世界的内部，他都紧抱着对模范情感、也就是爱的追求。然而，他却被爱情的肉体部分——欲海——所征服，正如一众以奉献自己去引诱这个温文而软弱的主人公的女性。因此，主人公只得逃离这一切尘世的纠缠，回归到宁静而神圣的寺院之中；又或是选择温柔而传统的中国妇女。这个选择却令设法引诱他的女子自杀，但也同时使得那些温婉的女主人公无可避免地自我牺牲。然而，没有爱的生命就如枯死了的灵魂；而要进入佛门又得要放弃尘世的种种，就如肉体的死亡一样。因此，他小说内的悲剧，就是恒久不变的爱与死亡暨因爱而死亡的悲剧。苏曼殊的一些好友都迫不及待地指出，他在这方面的处理手法与王尔德有点不谋而合。在他其中一个短篇小说《绛纱记》内，薛梦珠（与苏曼殊谐音）原本与秋云相恋，但随后出家为僧。叙事者伴随秋云到苏州一间寺院去寻找薛梦珠：

至则松影在门，是日为十五日也。余见寺门虚掩，嘱秋云少延伫以待，余入。时庭空夜静，但有佛灯，光摇四壁。余更入耳房，亦阒然无人，以为梦珠未归，遂出。至廊次，瞥见阶侧有偶像，貌白皙，近瞻之，即梦珠瞑目枯坐，草穿其膝。余呼之，不应，牵其手，不动如铁，余始知梦珠坐化矣。亟出，告秋云。秋云步至其前，默视无一语。忽见其襟间露绛纱半角，秋云以手挽出，省览周环。已而，伏梦珠怀中抱之，流泪亲其面。余静立，忽微闻风声，而梦珠肉身忽化为灰，但有绛纱在秋云手中。

这就是苏曼殊心目中最理想的感情状态，带着最强烈的激情的涅槃。那是一种并非依靠利用肉体，而是由死去的灵魂、情感的凝聚再而升华至宁静的激情。这个理想的概念，接纳了中西方的传统特质。

拜　伦

苏曼殊于文坛方面的成就，除了诗歌和小说知名外，还见于翻译上。他是首个将拜伦的作品引入中国的学者。根据柳无忌的研究，苏曼殊对拜伦的欣赏始于1908年（应为1906年。编者注），在整个二月、三月里，除了阅读拜伦的诗篇外，他几乎什么也没有做过。1909年，《拜伦诗选》出版，内里收录了《赞大海》（"The Ocean"）、《哀希腊》（"The Isles of Greece"）、《去国行》（"My Native Land, Good Night"），以及几个短篇诗歌：《答美人赠束发毡带诗》（"To a Lady Who Presented the Author With the Velvet Band Which Bound Her Tresses"）、《星耶峰耶俱无生》（"Live not the Stars and the Mountains"）、《别雅典女郎》（"The Maid of Athens"）。当中部分的篇章，特别是《赞大海》（选自《恰尔德·哈洛尔德游记》），经过章太炎的润饰。此外，此诗集有两篇序，分别是由英国文豪佛来蔗（John B. Fletcher）所写的英文版序，以及由苏曼殊所写的中文序。

苏曼殊自己的叙述更富异国风情。1909年，他在南海病倒，"西班牙雪鸿女诗人过存病榻，亲持玉照一幅，《拜伦遗集》一卷，曼陀罗花共含羞草一束见贻，且殷殷勖以归计。嗟夫，予早岁披剃，学道无成，思维身世，有难言之恫，爱扶病书二十八字于拜伦卷首。此意惟雪鸿大家能知之耳。"这段文

字,成为另一首名为《题拜伦集》诗的序:

秋风海上已黄昏,独向遗篇吊拜伦。
词客飘蓬君与我,可能异域为招魂。

明显地,苏曼殊一开始已经因着拜伦和他自己许多相似的地方而被深深吸引。他们两人同时徘徊于自由的精神领域,一生中大部分的时间也是择居于海外(苏曼殊所选取翻译的,大部分是拜伦的长篇诗歌,如《赞大海》《哀希腊》及《去国行》),这些感性的诗篇,吸引了许多异性的倾慕者。其中的一位倾慕者曾经写过:"他介绍了 Byron 给我们,因为他爱 Byron,爱 Byron 和他相像,爱在希腊的 Byron 像在日本的他自己。教中国晓得 Byron,曼殊内心里也想教中国晓得他自己。"

那么,从拜伦的作品之中我们可以领略到苏曼殊哪一方面的特点呢?在《拜伦诗选》的序中,他赞扬书中的主人公:"拜伦以诗人去国之忧,寄以吟咏,谋人家国,功成不居,虽与日月争光可也!"苏曼殊能够轻易地在自己的城市之中去抚平他那种"别离的伤痛"。但是,他跟拜伦所不同的是,拜伦由一流的诗人改而自封为革命者;相反,苏曼殊则由一个颓废的革命者改而自封为迷失的诗人。因此,正如苏曼殊小说里面的主人翁,拜伦代表了一个苏曼殊所认同而又向往的复合形象。然而,他所向往的只是拜伦那英勇战士的形象;从苏曼殊以至到徐志摩等人所介绍的拜伦,其英雄形象,正如少年佛僧危坐于悬崖边一样,只是他喜爱的其中某种形象而已。同时,在苏曼殊传奇中的种种问题,也使人不期而然地想到拜伦。从一切关于拜伦的论述中,使我们继承了所谓拜伦式、具多面性的主人翁模式的遗产。那么,苏曼殊是否注意到一个顽固、冲动、自负的花花公子也有其脆弱与冷静的一面呢?拜伦在《恰尔德·哈洛尔德游记》中的形象,与其在《唐·璜》里的形象,就截然不同。同时,他又有否注意到,拜伦英雄式的自负,皆源自其肉体上的缺陷。更大程度上,绝大部分从事拜伦作品翻译的翻译家,往往是沉迷在拜伦的传奇之中,而并非真正的拜伦本身。由苏曼殊开始所带动的中国拜伦选集的遗产,更使这位英国诗人持久保持着那闪烁的拜伦式的英雄形象。

在《潮音集》一篇原用英文写的序中，苏曼殊尝试将拜伦与另一位著名的英国作家进行比较：

拜伦和雪莱是两位英国最伟大的诗人，同样创造性地把崇高的恋爱作为他们表达诗意的主题。是的，虽然他们大抵写着爱情、爱人，与爱人的命运，但他们表达时的方式却有如南北两极遥远地离异着。

拜伦生长教养于繁华、富庶、自由的环境中。他是个热情真挚的自由信仰者——他敢于要求每件事物的自由——大的、小的，社会或政治的。他不知道如何，或在何处会趋于极端。拜伦的诗像一种有奋激性的酒，人喝得愈多，愈会甜蜜地陶醉。他的诗充满魅力、美丽和真实。在情感、热忱和坦率的措辞方面，拜伦的诗是不可及的。他是一位心地坦白而高尚的人。当他正在追踪着伟大的前程时，他的末日就来临了。他赴希腊去，帮助那些为自由而奋斗的爱国志士。他整个的生活、事业和著作，都缠结在恋爱和自由之间。

虽然也是个恋爱的自由者，雪莱审慎而有深思。他为爱情的热忱，从未表现在任何强烈激动的字句内。他是一位"哲学家的恋爱者"。他不但喜爱恋爱的优美，或者为恋爱而恋爱，他也爱着"哲学里的恋爱"，或"恋爱里的哲学"。他有深奥处，但并不恒定持续，教力中没有青年人那般的信仰。他的诗像月光一般，温柔的美丽，睡眠般恬静，映照在寂寞沉思的水面上。雪莱在恋爱中寻求涅槃；拜伦为着恋爱，并在恋爱中找着动作。雪莱能克己自制，而又十分专注于他对缪斯们的崇仰。人们为他英年惨死的悲哀，将与英国文学同样地永久存在着。

雪莱和拜伦两人的著作，对于每个爱好学问的人，为着享受诗的美丽，欣赏恋爱和自由的崇高理想，都有一读的价值。

这篇序文深入地反映了苏曼殊对于拜伦的看法。他将拜伦与雪莱并置，反映了他对爱情的两种看法，也同时反映了他的双重性格，就如他小说里的女主人公一般。他仰慕并渴望能有拜伦一样激烈澎湃的情怀，然而，对于苏曼殊来说，拜伦那火山般的活力却是过于炽热的，就像是烈酒一样。他较需要寻求像雪莱那样的沉默，从他那宁静与高深之中去找寻"爱的涅槃"。像林

文学史论类

纾一样，他注视并赞扬那股动力的潜能，然而，他却并未能全盘接受，只有到了较后期，这股动力才慢慢地释放出来。

这篇序文同时亦反映了苏曼殊对于这两位浪漫主义诗人的作品是情绪化多于理智的，这和他本人极为感性的性格正相吻合。他跟林纾有明显的相同之处。他们在自己的气质与经验中寻求类同，以面对西方外来的冲击。当林纾企图以儒家教条去为自己的情绪化反应开脱的时候，苏曼殊来得更凭直觉，他以感官和视觉的比喻作为"刺激性的酒精"，这使得他的诗就像是"月光一般，平静美丽而又庄严，反映在水中是一片宁静与期待"。为着寻求司马迁和狄更斯风格的分别，林纾仍然能保持理性的判断力，而苏曼殊在中国文化上所发现的相类之处，并不是单单地指向文学方面而言他将拜伦与李白、雪莱与李贺或李商隐相配对，用意似乎在揭露印象主义的功力，从而抓紧中西方的文人在性格和环境上的相类之处。

然而，苏曼殊在翻译方面的产量并没有林纾那么丰富。除了拜伦的作品之外，他只零散地译了数篇雪莱（《冬日诗》）、彭斯（《颎颎赤墙蘼》）和歌德的诗作。众所周知，他所翻译的《惨世界》并非足本，只是原著的部分篇章再加上他自己的创作。可是，苏曼殊虽然只读过林纾的两篇译作，分别是《鲁滨孙漂流记》和哈葛德的《金塔剖尸记》，但对其批评却是颇为吹毛求疵的。据引述，他曾对一位报社编辑表示，林纾翻译的《茶花女》"删节过多，殊非完璧"，为了读者设想，苏曼殊打算重译。该编辑估计，"今以天生情种，而译是篇，吾知必有洛阳纸贵之声价也"。然而，正如许多苏曼殊曾经许下的承诺，这个重译的计划始终没有实行。

苏曼殊于1918年5月2日去世。他最后所写的一段文字是："一切有情，都无挂碍。"这两位同期的杰出文人，由始至终也没有碰过面，也没有作任何书信上的往来。假若两人有机会接触的话，一句曾经出现在苏曼殊写给朋友的书信里谈论有关拜伦的句子，应该会很适用："吾公亦多情人也。"他们两人的背景虽然不同，但是他们有着同样的情绪化因子，随着"五四运动"的延展，而必会带来一定程度的重要性。

两位先驱者

　　这两位文学家不论是生命或是工作，均是被感情贯穿着的。从历史的角度来看，他们的创造性，乃源自对感情抱有同一信念，认为感情是真正人生体验的产物。因此，感情所占的首要位置，自然而然地存在于他们的作品之中，而非纯粹只为文学修饰。换句话说，林纾和苏曼殊可以被视作现代中国文化与生命的激烈主观潮流的先驱者。

　　林纾和苏曼殊有着相同的目标，然而在内容上有些微的差别。林纾在传统的儒家学说中成长，在旧有的儒家传统下带出这些新的讯息，希望能将新的血液逐渐输入这日趋腐化的传统学说的躯壳之内，并凭借引入西方文化去拓宽中国文人的思想领域。现在看来，他确实是开拓了一个新的层面。在既定的礼仪规条和包括了情绪表达的个人行为的"中庸之道"之间，那积压着的"正确"思绪假若被恐吓而爆发出来的话，究竟会怎样呢？对于这个问题，他显得颇为敏感；他以一个非正统而较危险的说法去回应："人惟患其无心耳，过情而出于正，吾断不能绳之以儒者之道也。"这要留待后世去排除一切的障碍，去放纵情感。

　　然而，苏曼殊并非从儒家的传统观点上去处理有关感情的问题。他虽然一直追求着林纾所提倡的伦理优点，但是他却处处显得摇摆不定。他本身潜在的特质已教我们不能用儒家的标准去解释了。因此，在最后的一篇小说中，他总结说："夫天下最难解决之事，唯情耳。"当林纾还能自以为正直地说明其理论的时候，苏曼殊却已经被那些"不能言喻的痛苦"所包围了。

　　于是，他将那些无法解决的问题戏剧性地演化进他的作品及个人行为中。当林纾仍在理论中艰苦奋斗的时候，苏曼殊已经将之付诸实行。林纾以其独有的创作风格著名，苏曼殊则以其生活风格的优点闻世。两者对于后世皆有深远的影响。林纾的翻译，对于二三十年代不少作家来说，提供了必要的文学幻想的来源。虽然苏曼殊的文学成就并不能获得胡适的欣赏，但却得到了不少仰慕者的崇拜。1918年苏曼殊去世，无数年轻男女从不同的地方来到杭州西湖他的墓前；少女将他的相片挂在蚊帐上。他的表妹甚至因此而自杀。

从历史的角度上看苏曼殊对后世的贡献，由于他得到了较普遍的欢迎，因而推进了性格和生活方式的发展，除了使得同时期的年轻人的行为和道德也为此而改变之外，更激励了年轻一代的继续追随。郁达夫就是年轻一代的代表者，他曾经有过一句具感性的评语："笼统讲起来，他的译诗，比他自作的诗好，他的诗比他的画好，他的画比他的小说好，而他的浪漫气质，由这一种浪漫气质而来的行动风度，比他的一切都要好。"

当人们将林纾和苏曼殊两人并列的时候，不期然地都会认同他们是过渡期中一对绝佳的代表人物。林纾始终埋首于古旧的传统之中，这注定了他因无法达成旧有中国社会给予知识分子的目标而遭受挫折，并且当一切在形式上代表着传统的行为崩溃之后，他最终地流向了西方。这些行为，包括了君主政体、考试制度、传统的诗体。林纾被视为最后的儒学者与首个的西化者，已经超出了单纯的象征意义。

32年后，林纾的后辈苏曼殊为那个过渡时期创造了另一个典型。他的革命性观点以及在日本的行动，反映出一群支配着中国人的生活和政治的新进中国知识分子势力的增长，足足横跨了半个20世纪；一群接受日本教育的中国学生，并非透过传统的考试程序而增加势力，而是通过一些新的渠道，例如：军校、日本学校及大学、文学及新闻媒体界。在一系列苏曼殊的朋友的名单中，分别有来自早期民国的文化界、思想界及政界的人物，如孙中山、蒋介石、张继、冯自由、陈少白、柳亚子、刘半农、章太炎、陈独秀。此外，他后期的小说创作及生命的构思，也主要以出入口岸及沿岸城市为主，这是中西双方的思想、服饰与道德角力的主要场地。

苏曼殊，透过其风格及技巧，不但将"传统古老的中国传统，以西方清新而振奋的浪漫主义，幻化成一个全新的组合"，同时包含着这一过渡时期的一种普遍的情绪，也就是倦怠、骚乱和迷惑。而这个舞台的主角，正如林纾和苏曼殊一样，就是一众由"文学革命中跃然而出的人"。

（周美华　译）

【摘自李欧梵《中国现代作家的浪漫一代》，新星出版社2005年译本】

苏曼殊研究的三个阶段

柳无忌

在今日，经过半世纪以上的时期，苏曼殊的研究已达到了第三个阶段。在这漫长的岁月中间，我是一个历史的见证人，每一个时代我都参加工作，虽然并非主要的探讨者。因此，我愿以亲身的经历，叙述此项工作的每一个阶段，概论其成就与限止，并对于整个的苏曼殊研究，瞻望其前途与最终目标。在此，我愿意首先略述一下近年来文坛上一般对于苏曼殊的评价，以及为何我觉得，即在现今的社会内，仍有为曼殊的生平、著作与文学上的成就，作一总结的需要。

中国文学史的作者，在此新时代内，并没有忽略这位在 20 世纪初年曾使读者"倾倒一时"的南社诗人。此处，可以列举 1959 至 1964 年出版的三部《中国文学史》，以为例证。在论述"我国文学史第一个革命的文学组织"南社时，各书都曾提及南社的成员苏曼殊，加以大同小异的评品。其中北大文学史称苏曼殊为"当时南社拥有全国著名的翻译家与小说家"，并列举他的创作小说《断鸿零雁记》《碎簪记》《非梦记》等，以为"由于作者的生活经历，给这些小说染上了僧侣的孤寂"。他那部篇幅最长的《断鸿零雁记》，是一部充满悲惨遭遇的自传性质的小说，书中对于热衷名利的留学生，亦曾"给予了无情的讽刺与痛骂"。[①] 复旦文学史在"鼓吹革命的南社"一节内，

---

① 北大文学史(《中国文学史》，北京大学中文系文学专门化 1955 级集体编著，北京人民文学出版社，1959 年)论述苏曼殊的文字，共有半页，以上所引，均见该书下册，第 673 页。

特别注意一生"从事教育事业及文学、佛学的各种撰述和翻译工作"的苏曼殊，并对他有具体的批评："苏曼殊是一位有着浓厚的浪漫气质的诗人，他生活在一个新旧交替的时代，社会上新旧思想的矛盾斗争影响了他，加上他特殊的家庭境遇和飘零的身世，形成了他的复杂矛盾的世界观。"① 在正的方面，他的诗作有热爱祖国的精神，一定的革命思想。但是他没有成为一个坚定的革命者，徘徊在投身革命与遁迹佛门的岔口上，引起矛盾的心情，使他的一些作品发生反面作用，"涂上了消极颓废，清冷孤寂的色彩"。最后一部文学史，由游国恩等五位学人主编，在《柳亚子及其他南社诗人》一节内，亦特别提出苏曼殊，说他在文学上"确实表现了多方面的努力和特出的才能"②。他的诗歌交织着"生活的和谐喜悦"与"个人感伤的微吟轻叹"，反映了当时人们尤其是一部分资产阶级与小资产阶级，对于"革命前途的失望和苦闷情绪"，他的小说文词清丽自然，情节曲折生动，但亦"带有比较浓厚的悲观厌世色彩"。③

总结这几部文学史的叙述，我们可以看到，它们的作者，无论大学学生或批评家，都曾肯定苏曼殊在学术（佛学）、创作、翻译方面的贡献，欣赏他的爱国精神与文学上的造诣，同情他的浪漫气质与漂泊生活，但也批判他在作品内所流露的"消极颓废""悲观厌世"的情绪与思想。这些批评是严正与公道的，与仅以"浪漫诗僧"的形象来概括曼殊一生的论调要高明得多，但是倘使我们更能正确地了解曼殊的身世，详尽地用分析的眼光来探讨他的著作，我们对于这位在20世纪初叶杰出的南社作家，应有进一步的认识，以及更为深刻的、客观的评论。

曼殊死后（1918年5月2日），南社的朋友没有忘怀他，为他印行诗画的，有蔡守（哲夫）辑《曼殊上人妙墨册子》，王德钟编《燕子龛遗诗》，沈尹默书《曼殊上人诗稿》。这些于1920年前后出版。曼殊研究的第一个阶段，

---

① 复旦文学史（《中国文学史》下册，复旦大学中文系古典文学组学生集体编著，中华书局1953年）书中有二页（493-495）专论苏曼殊。
② 《中国文学史》第四册，游国恩、王起、萧涤非、季镇淮、费振纲主编，北京人民文学出版社1964年，第1227页。
③ 《中国文学史》第四册，游国恩、王起、萧涤非、季镇淮、费振纲主编，北京人民文学出版社1964年，第1228页。

则在1926年①开始，主持此项工作者为我的父亲柳亚子。事实上，这事情还是由我发起的。那年暑天，从北京清华学校回家，正值父亲厌倦政治活动，在乡下闲着过退隐的生活，于是我怂恿他同做曼殊研究的工作。我们倾囊倒箧地把父亲历年来所藏有关曼殊的文件资料，全部找出来。除已印行的书刊外，还找到一些有关曼殊的照片、信件、遗物，及使我们为之惊异的《潮音跋》②手稿，作者飞锡为日本京都金阁寺僧人。根据这些材料，我们编出苏曼殊年谱，考证他的友人与作品，征集他的佚文，而当时最重大的工作，为《曼殊全集》的编辑。这一次的研究，延续有两年之久，于1928年完毕，其成果为《苏曼殊年谱及其他》（1927）、《曼殊逸著两种》（1927）与篇幅浩瀚的《曼殊全集》（5册，1928—1929）三书，均由北新书局出版。在这期间，我已于1927年秋去美国读书，所以大部分的研究与编校工作，都由父亲一手完成，成绩是相当可观的。在这个阶段，我们勾画了曼殊的身世大纲，收集了他的遗著，并成功地把这位天才绝人的浪漫作家，介绍于广大的读者群，在新文学初期的狂赌时代，掀起了一阵"曼殊热潮"。

就在此时，我们做错了一件事情，后来引为一大遗憾。我们误信《潮音跋》为实系曼殊自传，因此混淆了他的血统，以为他的父母都是日本人，也弄错了他幼、少年时代的生活与学历。但是这些谬误，终于由父亲订正了。就在《曼殊全集》尚在校印时，他已由冯自由（曼殊在幼年在日本的同学）的指示，与曼殊在香山沥溪故乡（今属珠海市）的直系亲属，及早年在横滨的友人通信，得到了较为确实的有关曼殊的血统与身世的资料。"至此，曼殊身世之系统，乃得建立，而其作品，亦搜集无遗，但已不及订正（曼殊）全集中错误处。"③不久，为了做好亡羊补牢的工作，父亲在《普及本曼殊全集》（开华书局，1933）发表了他新撰的"苏曼殊传略"与"重订苏曼殊年表"。这两篇文章，甚为重要，奠定了此后曼殊身世研究的基础。④在上海沦

---

① 研究工作的开始，究竟在1925或1926，我的记忆有些模糊了，因此有不同的说法。据最近考证，应以1926年暑期为正确。
② 此稿由曼殊亲自交始柳亚子，在太平洋报文艺栏上发表，但并未刊入曼殊后来出版的《潮音》集。
③ 柳无忌：《柳亚子年谱》，中国社会科学出版社1983年，第80页。
④ 可惜开华本曼殊全集流传不广，此二文并未得到应有的注意。

为孤岛时，父亲在"活埋庵"中闲着的时期，又把他在北新本《曼殊全集》出版后十年中所收集的有关曼殊的大量材料，及用这些材料所写成的许多篇涉及曼殊家属、身世、作品的考证文章，全部编入手录的十二册《曼殊余集》①，这已是 1939—1940 年的事情了。至此，曼殊研究的第一个阶段遂告一结束。

此时期的其他人士，对于苏曼殊研究有重大贡献者甚多，可列举如下：1. 曼殊亲属：林紫垣（表兄）、杨耀垣（妹夫）、苏煦亭（长兄）、苏维骠（堂弟）、苏绍贤（胞侄、煦亭子），都曾供给有关曼殊的血统、家庭情况与幼年生活的直接资料。他们众口同声，证实曼殊生父为在横滨经商的粤人苏杰生，也承认曼殊生母为日人。但究竟是谁，曼殊自认为母亲的杰生妾河合氏，或另有其人，苏杰生在横滨时所雇下女却有不同的说法。其中苏维骠与柳亚子通信甚勤，贡献最大。苏绍贤有记述"先叔苏曼殊之少年时代"一文。还有绍贤的幼妹绍琼，在日本生长，为曼殊作品的爱好者，不幸感伤身世，如朝霞般地自尽辞世。2. 曼殊友人：少华时代在横滨大同学校的同学冯自由、张文渭，先后在东京有来往的陈独秀（仲甫）、刘三（季平）、秦毓鎏、章炳麟等；返国后在上海各地结识的友人，如章士钊、萧纫秋、陈去病、沈燕谋、郑桐荪、陆丹林、胡寄尘等。这许多人中间，冯自由撰"苏曼殊之真面目"一文②首先澄清曼殊的血统问题，并略述曼殊的亲属及学历；陈独秀修订曼殊所译《惨社会》（Les Misérables，法国文豪嚣俄 Hugo 著）的初稿；胡寄尘为《断鸿零雁记》的流传尽力；章士钊证明"绛纱"与"焚剑"二记为曼殊所作③；刘三保存大部分曼殊的书信，萧纫秋藏有孙中山题字的"曼殊遗墨"，陈去病曾呈请元首（孙中山）为曼殊卜葬西湖孤山，有诗六首，并为曼殊撰"建塔院募捐启"。这些人对于曼殊的研究，都有极大功绩。3. 曼殊死后，为之编印集子，怀忆、追述及研究其身世与作品者更多，兹略举一些重要的作

---

① 参阅柳无忌：《柳亚子与苏曼殊》，《团结报》1983 年 6 月 25 日。此十二册《曼殊余集》，除第一册正文外，如柳亚子引钱杏邨之说，可称为"苏曼殊研究"。

② 柳亚子有《冯自由〈苏曼殊之真面目〉笺注》一文，考证至为详尽。

③ 赵景深据白采言，据此二记为曼殊友人所作，章士钊文"二记俱（曼殊）所亲草，世可得疑"。

者如下：冯秋雪、周瘦鹃、卢冀野、金织云、时希圣、罗芳洲、文公直[①]等；以及杨鸿烈、罗建业（作《苏曼殊草稿》）、葛克信、马仲殊、张蓬舟、孙湜（作《关于苏曼殊的点点滴滴》）、唐蕴王（作《噾班时代的苏曼殊及其他》）；还有黄嘉谟（编《断鸿零雁记》剧本）、严梦（撰《曼殊的春梦》诗剧）诸人。他们大量的有关曼殊的著作都产生于这一个阶段，也是曼殊研究的全盛时期。至于柳无忌编《曼殊大师纪念集》（1945）、黄鸣歧撰《苏曼殊评传》（1949）的出版，则已介于第一与第二个阶段的中间了。

第二个阶段的苏曼殊研究（1960—1975），已从国内发展到国外：英、美、日本。在此时期，由于国内政治的激剧变动，知识分子已无暇顾及旧中国的文学遗产，甚至对于五四运动期间的作家，亦仅把注意力集中于鲁迅一人。其余的近代文学，变成一片"荒地"[②]，苏曼殊的研究更不能在这上面滋长。反而，这种工作在国外却有少数的人做着，而曼殊的声名亦因此传播世界各地。

在 1960 年秋，当我在匹兹堡大学任教时，无意中看到一本英文书《Su Man-shu，A Sino-Japanese Genius》（《苏曼殊：一位中、日天才》），英人麦克里维 Henry Mcaleavy 撰，使我大为惊奇。当苏曼殊的名字已为一般人所忘怀，居然有这么一个英国学人，在有名的伦敦学社（London Society）作着关于曼殊的演讲，并把这篇讲辞及《断鸿零雁记》《碎簪记》两部小说的节译文，合成一书出版。更引起我的注意，麦氏在文中主要的论点，是以冯自由的《苏曼殊之真面目》一文为根据，来推翻父亲与我在早期（30 年前）所作的曼殊身世的考证，如他的完全日本血统，与少年时代的学历——这些他称为"神话"传说。麦氏也怀疑曼殊的一些著作，如《梵文典》与《燕子笺》英译，不相信它们的存在。这种谨慎的考证态度，无可厚非。[③] 唯一的问题，

[①] 以上诸人都曾编印曼殊的集子行世。其中以文公直的《曼殊大师全集》（1935）较为后出而最完备。惟书中错误甚多，如以鱼玄机和三姊妹诗为曼殊所撰，以及《汉英三昧集》内"李陵答苏武书"的英译文一篇，及汉诗英译共数十首，认为曼殊之作品，不知这些都是英人翻译，为曼殊自英文书籍所选录而编入集中者。参阅本文后面第 28 页。

[②] 中国社会科学院文学研究所的近代文学研究组，于 1977 年才成立。

[③] "麦氏是一位历史家，他研究苏曼殊，好像考证屈原一般，当他作一个古人看待，而且似乎也把我当作一个古人！"引自我写的《我不认识的苏曼殊》（《古稀话旧集》，第 15 页）。

当时中英文化尚未交流，远在英伦的麦氏，手头所掌握的材料，贫乏得可怜。他非但不知道普及版《曼殊全集》与《曼殊大师纪念集》，连北新版的《曼殊全集》也没有看到。他只从我的《苏曼殊年谱及其他》一书上，大做其文章，殊不知我们早已放弃其中关于曼殊血统与少年时代的资料。麦氏最早介绍苏曼殊于英语人士这方面[①]，有首创之功，但其研究成就则至为有限。

麦克里维这部英文苏曼殊书的出现引起了我对于曼殊研究的兴趣，死灰复燃，并以余烬在异域土壤上垦起荒来。我做了一连串的英文演讲与写作活动，为曼殊大事宣传。在美国的亚洲研究学会的年会上，我两次宣读论文：1.《苏曼殊的真正故事》（The True Story of Su Man-shu），1961，华盛顿；2.《拜伦〈哀希腊〉诗的三种中译本》[②]（Three Chinese Versions of Byron's "Isles of Greece"），1966，纽约。我曾应编者之邀，为英文本《民国时期的中国名人传记录》《二十世纪世界文学之百科全书》《东方文学字典》三书，撰苏曼殊小传，并为在纽约印行的世界文学作家丛书，出版英文本《苏曼殊传》（Su Man-shu，1972）。这本书在六十年代即开始撰写，以了却我编《曼殊大师纪念集》（曼殊逝世二十五周年）时所许下的一大心愿，即是于曼殊逝世五十周年纪念时，写出一部他的传记。略有不同者，这次是用英文撰写，以继续我在海外介绍这位近代中国文学家的工作。当此书如期完成时（1968年脱稿，1972年印出），我的苏曼殊研究终于告一段落。

就在写作英文苏曼殊传的期间，我交了一位新的朋友，在日本横滨美国总统轮船公司任事的罗孝明。他就是曼殊研究第二个阶段的主要人物。我们从未谋面，但书信往来甚勤，他写给我讨论曼殊的信，自1964年至1972年，连续有八年之久。他的身世与曼殊有相似处：原籍广东，父侨日商人，母日本人，生于横滨（1902），幼年在大同学校肄业（1910—1915），后于曼殊仅十二年。他毕业于广州岭南大学，复回横滨就业，在轮船公司服务有四十余年，1973年逝世。罗孝明与苏曼殊另有一关系，他的生母渡边氏，在1923年日本大地震前，曾与曼殊义母河合氏，有一面之交，知道河合氏曾藏有曼殊

---

① 梁社乾有《断鸿零雁记》英译本，于1924年由上海商务印书馆出版。
② 除此文所讨论的马君武、苏曼殊、胡适的三篇外，外尚有梁启超的译作二章，与胡寄尘（五言诗）及柳无忌（白话诗）的翻译。

的遗著书画甚多。为此，他对于曼殊的研究倍感兴趣，亦致力于曼殊著作之蒐集。他与我一样，想在曼殊示寂五十周年纪念时，有所作为。他有意将《断鸿零雁记》译为日文①，编成剧本，上演于日本著名的剧院，并利用报纸及电视，在日本广为宣传②。这计划未能实现，但他仍锲而不舍地做着曼殊研究的工作，其贡献可概述如下：

首先，罗孝明充实了苏曼殊在大同学校时期的材料。他以通信、访问及座谈会的各种方式，与当时尚健在的曼殊在大同的同学，取得联系，如在日本的梁福起、张世昌，在香港的郑宗荣、陈国权，从他们的回忆中追寻六十年前曼殊在校的生活片段。他并觅得一册《大同学校同学录》孤本（冯锦龙编，1909年），书内有大同的校史，插图三张，教职员表，历届学生名单，在那里"苏子谷"的名字赫然出现。第二点，从与陈国权的通信中，他获得一条宝贵的材料，为曼殊在1908年秋（？）③返日，与河合氏重晤的情况，陈国权就是当时在场的曼殊的日语传译者。④陈国权为曼殊在大同时代先后同学，其母涩谷秋子与河合氏的好友关安子⑤相善，为了这种关系，所以曼殊能信托他，邀他协助。也为了这原因，陈国权对于曼殊的身世，颇能知道清楚，最重要的一点，他佐证了柳亚子以为河合氏并非曼殊生母之说。但是，他与柳亚子所主张，亦有大同小异处，即曼殊生母为河合氏的亲戚，并非横滨苏宅的下女。⑥此说颇有参考的价值。此外，罗孝明曾访问在香港中文大学的沈燕谋（曼殊在安徽高等学校的同事）；根据高伯雨的文章，追踪《曼殊上人诗册》在香港的下落；去信马德里西班牙国家图书馆，寻找曼殊的《燕子笺》

---

① 后来，他发现北海道大学教授饭塚朗，已有《断鸿零雁记》日译本，1938年由东京改造社出版。
② 根据他给我的第一封信，1964年8月16日。
③ 以下所载，根据陈国权与罗孝明信。当时曼殊与河合氏聚晤二次，系在东京大森日本料亭，第二次河合氏重嫁之日本丈夫亦参加。时曼殊25岁，河合氏约60岁，其夫年龄相若，陈国权20岁。各种年谱，载曼殊重晤河合氏，在1907年，与陈国权所说差一年。
④ 一般以为苏曼殊精通日文，我曾以此点帮罗孝明质疑于陈国权，答复如下："曼殊之日语，若是简单的话，尚可勉强对付，但遇着曲折性之谈话则颇有词不达意之处。……曼殊在大同向习中、英文，故对于日文恐怕连平假名及片假名（日本字母）亦不甚了了。"罗孝明亦同意陈国权说法（1966年10月24日信）。
⑤ 曼殊在大同学校的同班生中，与郑文煊、文塔兄弟最友善，二人之母关安子（日女）与河合氏情同姊妹，曼殊称之为亚姨。罗孝明母渡边氏即在关安子处看到河合氏。
⑥ "亲戚说"系陈国权得自关安子处；"下女说"系苏维骡得自苏杰生妾大陈氏而转告柳亚子者。

文学史论类　　241

英译。他最大的功绩，为苏曼殊幼妹苏惠珊的发现。惠珊是曼殊父杰生妾大陈氏最小的女儿，她生时（1902）曼殊早离香山县沥溪故乡，从未晤面，但在家中亦听到一些有关她长兄的故事。晚年苏惠珊长期居住香港，经由郑宗棵的介绍[①]，罗孝明开始与她通信（1969—1972），并提出有关曼殊身世的质疑书。在答复时，苏惠珊提供了一些她所知道的曼殊幼年在沥溪家塾读书时的情况，为新鲜的材料。这位幼妹亦承认曼殊生母并非河合氏，却以为她是河合氏的妹妹[②]。至此，经由苏惠珊与陈国权的说明，我们对于这一点可以下一较为可靠的结论了。罗孝明有意为曼殊在日本所做的宣传工作，虽未能开展，但是他那发掘曼殊身世资料的努力与成就，却仅次于柳亚子。可惜，他为曼殊作传的意图，未能完成，只遗下一册《曼殊大师传补遗》[③]。

在与我通信期间，罗孝明曾设法与研究苏曼殊的日本文人，如增田涉与饭塚朗，取得联系。现在，且就他写给我的信上所说的，略述一些曼殊在日本文坛上的情况。最先对曼殊有兴趣的，为日本名作家佐藤春夫，早在1925年，他曾从在东京留学的田汉处，借读曼殊编的《汉英三昧集》，识得曼殊是"近代中国文学史上之一彗星"[④]。后来，当其友人增田涉（鲁迅作品的翻译者）去中国时，佐藤托他顺便调查曼殊身世之真相。增田涉在上海与鲁迅晤见（1931），鲁迅即以《曼殊全集》（柳亚子编的北新书局本）相赠。鲁迅并告诉增田涉，他与曼殊在东京相识，曾有刊行文学杂志《新生》的计划，后因经费无着，未能实现。佐藤春夫在"苏曼殊为何如人"一文中（发表在《文艺春秋》，1934年10月），曾提及此事，并根据《曼殊全集》书中材料，以为苏曼殊有完全的日本血统。增田涉亦有研究文字，对比苏曼殊与陈独秀，但未得发表，仅见佐藤春夫文中。就在这时期（1933年9月），在东京举行

---

① 郑宗棵为郑宗荣弟，罗孝明大同同学，曾在香港主持旅日华侨同学在港联欢会事宜。苏惠珊在1969年有一次参加此会，因与郑宗棵认识。苏惠珊留港多年，曾从庄兆祥医师研究中医药，任教香港东华三院又学有二十余年之久。在1972年2月，她自加拿大返港，经过日本时，曾在机场与罗孝明通电话，但从来会晤。她于1973年从香港移居加拿大与子女同居。
② 曼殊生母为河合氏的亲戚，不论是妹妹或侄女（陈国权推测），都较为可信。这一点说明为何河合氏对曼殊在幼年时的钟爱以后重遇时感情的深厚。
③ 罗孝明于1973年5月在日逝世后，郑宗棵搜集罗氏所有研究曼殊的资料，编成《曼殊大师传补选》一书在香港印行（1975），为非卖品。
④ 罗孝明与柳无忌信，1966年1月23日。

一个文艺家追慕展览会，怀念已故日本著名文人，如默阿弥、德富芦花、夏目漱石等，公开他们的遗物，而把苏曼殊亦列入其内，在会上展览出他的袈裟及著作文物多件。佐藤春夫、增田涉以外，日人研究苏曼殊者尚有米泽秀夫、池田孝、村上知行、饭塚朗①诸人，其中以执教北海道大学的饭塚朗最为重要。早在大学读书时，他所写毕业论文，即以苏曼殊为题，此后（1930年代）曾在日本杂志上，发表有关曼殊之文章多篇。所译《断鸿零雁记》（附"绛纱"及"焚剑"二记）有1938年改造文库初印本，及1972年平凡社东洋文库重印增订本，收入新材料甚多。② 饭塚朗此书与我的英文《苏曼殊传》于同年出版，罗孝明各购一册，以饭塚朗书赠我，我的书赠饭塚朗。此举可与田汉与佐藤春夫、鲁迅与增田涉、柳亚子与饭塚朗借书及赠书之盛意相比美，同为苏曼殊研究史上中日文化因缘的一段佳话。

最后，附带一提苏曼殊研究在台湾的情形。台湾文坛，对于苏曼殊亦有兴趣，有好几篇文章在报纸杂志上发表，但大部分并无研究价值。较值得提出的，为在《传记文学》上所刊出的苏惠珊的《亡兄苏曼殊的身世》③，我的《杂话苏曼殊的身世与家族》，及刘昭明译的《亦诗亦画话曼殊》④。最有趣的是，1965年出版了蒋一安的《曼殊诗与拟曼殊诗》⑤一书，收集苏曼殊、燕子龛诗与译诗，蒋一安拟曼殊本事诗及其他杂诗，共若干首。这些拟作未知有何价值，但亦可见苏曼殊影响的另一方面。

在最近（1980年代）开始的苏曼殊研究的第三个阶段，我们还没有接到成绩报告单，只能列举一些正在进行的工作，而且限于与我有接触的几位作者。现阶段的曼殊研究，隔了一个长的时期，又回到国内的曼殊爱好者⑥，如

---

① 罗孝明在1965年曾与他在东京晤面，畅谈竟日，引为同志。
② 《曼殊小说选》中多"非梦记"，"曼殊诗选"有诗30首，19题。另有文二篇：《苏曼殊之血统问题》《苏曼殊之文艺作品》，及附录四种："苏曼殊年谱""苏家略谱""苏曼殊著作目录""苏曼殊资料集录"，在"后记"中提及柳亚子曾自上海赠他北新版及开华版《曼殊全集》。
③ 简又文看到了罗孝明的《曼殊大师传补遗》，将其中苏惠珊与罗孝明的长信，加此题目，寄交《传记文学》发表。
④ 系柳无忌英文本《苏曼殊传》最后之一章。
⑤ 附录中有"柳无"之《苏曼殊年谱》（最初稿），不知为何把我的名字腰斩了！
⑥ 在香港中文大学及马来西亚大学，也有研究生以苏曼殊作为他们写论文的课题。举一个例子，有位马来西亚的华裔王介英，毕业于南洋大学，新加坡大学，现在弓来自亚大学读硕士学位，专门研究"苏曼殊"。

文学史论类　243

潘叔安、王玉祥、高擎州、任访秋等，曾发表有苏曼殊的文章，如施蛰存、刘斯奋，曾编注曼殊的诗集，以及与我有联络的裴效维、马以君、李芸。我认识裴效维较早，当1981年秋在北京的时候，曾收到他的长信，讨论曼殊研究的几个问题。当时他在编辑《苏曼殊小说诗歌集》，此书已于1982年出版。李芸是王晶垚的爱人，晶垚有关于南社与柳亚子的著作多篇，李芸对于南社成员苏曼殊有兴趣，正在翻译我的英文本《苏曼殊传》。经由亡友罗皑岚的介绍，我开始与马以君通信，尚不到二年，他给我的信已有数万言。马以君有论述苏曼殊的文章，发表在报纸及杂志；他的《燕子龛诗笺注》一书，于1983年出版。他发现一部广东沥溪的苏氏族谱，为近年来对于苏曼殊研究资料的最大贡献。他曾与在香港的曼殊研究者罗建业通信，并在罗氏死后为文悼之。现在他正以全力编订《苏曼殊集》，可能成为此类全集中最完备的定型本；他又有编集《苏曼殊研究资料选》及撰写《苏曼殊年谱》（附苏氏宗谱与曼殊名号简介）的计划，亦在积极进行中。这种工作我乐于协助，并希望这两部大书的编印，将使此后苏曼殊的研究者，有所依据，不必再费时间与精力，从事蒐集与考证的工作。一旦曼殊研究的工作完成，他的作品的批评与研究就可随着开始。

依我的看法，这阶段的主要工作，在于以客观的态度，批判的眼光，评论苏曼殊的著作及翻译，分析其优点与弱点，从而为他在文学上的贡献，地位及影响，作出一个新的、正确的估价。这是1950至1960年代的文学史作者所未能做到的。在这方面，我愿意贡献一些个人的意见，提挈大纲，描写轮廓，以为后人作苏曼殊研究的参者。首先，我们如果对于曼殊的思想行为，与交游，能有较为正确的认识，将有助于进一层了解他的文章与诗歌。在苏曼殊的短暂的一生中，由于国事的动荡不安，他的生活经历着几个变化多端的阶段。在日本横滨他就读于康有为门人执教的大同学校，但未为保皇党思想所染污。相反的，到了东京以后，他的思想突趋激烈，继之以实际的行动，学习陆军，参加留日学生组织的队伍，以推翻满州政府为宗旨的革命运动，当时所交的青年志士，有陈独秀、秦毓鎏、黄兴、钮永建诸人。这种爱国精神，表达于他自东京返上海后所撰的文字，也导致他去香港投奔革命党人陈少白（孙中山友人），并企图暗杀康有为。就在香港的时候，他的生活忽然发生一大转变，他翻了一个筋斗，从革命志士变成受戒僧人，但其动机与经过已无从追究。所能知道的，他的出世并不与入世背道而驰。所不同的，此后他从学名"子谷""湜"，改为僧名"曼殊"，并有时穿上僧衣，留下造像。可是，当他在长沙、芜湖、南京教书时，他所交游的人士，还是一些革命党人，如张继、秦毓鎏、陈独秀、赵声（伯先）诸人；在东京时，他与章炳麟、刘师培夫妇（当时提倡无政府主义，但后来失节）同寓；在上海时，他交了一些鼓吹革命的南社文人，如柳亚子、陈去病、叶楚伧等。后来，他在南洋噫班教书，忽然听到辛亥革命的消息，十分慷慨激昂，遂于次年返国。在国内居留的数年中，或教书，或在报馆主笔，也始终保持与同盟会会员如居正、田桐、邵元冲、戴季陶、杨沧白诸人的友谊。革命党人在上海的机关总部，如民前的鼎吉里"夏寓"，民初的环龙路孙寓，他都住过；他与孙中山亦有交往。不幸的是，这几年却是袁世凯窃国政治上最黑暗的时期，就是革命党人中间，亦不无意志消沉，生活放荡者，曼殊自不能例外。他的消极厌世的悲观论调，反映在他的作品与书信内；他曾过着涉足花柳丛中的腐败生活，亦无可讳言。一般说来，终他的一生，曼殊与革命人士的交游，他的爱国忧民的思想表现在文字内的，虽时断时续，却从未完全放弃。

曼殊在民国前期所发表的文章，如《女杰郭耳缦》（美国无政府党）、《呜呼广东人》《秋瑾遗诗序》与民国初年所撰的《南洋话》《讨袁宣言》《送邓邵二君序》等，都充满了革命热忱，与愤世嫉俗的情绪。这种情绪，偶尔在曼殊的小说中亦可找到，但更突出的，是这些作品的浪漫风格，与清新超逸、温柔凄艳的文字。那种涉及男女爱恋的人情小说，在新文学运动初期亦有之，但与后期所标榜的写实主义，尤其是新中国成立后持为文学正则的社会主义，却背道而驰，因此颇受批评。这个问题应受到相当注意。我们的看法是，每一个时期的文学作品，有其时代特征与历史因素，在评价任何作品时，要看它们是否能代表或反映它们的时代，亦不能忽略它们在文学上的成就。以小说而论，可能的研究课题，亦即批评的对象，为其主旨与内容、故事的构造、人物的描绘，以及文字的运用。曼殊的短篇小说，虽然大部分着意于青年男女之情的描状，但就在类似的故事与人物方面，如《碎簪记》《绛纱记》《非梦记》，亦有互异之处，应该个别研讨。譬如《碎簪记》，虽有一些偶然巧合的情节，但其构造较为严谨，人物亦有显著动人的特征，胜于其他小说。另如《焚剑记》及《天涯红泪记》（未完成，但在首二章亦可看出），则在爱情之外，兼有侠义的成分。① 而且，即在那些有浪漫气氛的小说中，亦不无对于时代的写实与讥讽②。至于曼殊所撰最脍炙人口的长篇杰作《断鸿零雁记》，小说主角三郎之情感与理智冲突的叙述，异国风物与情调的描绘，均能引人入胜。这部"少年三郎的悲哀"，使读者想到《少年维特之烦恼》③，二者同为悲剧式的、热情冲激、撼人心弦的爱情小说，自传性质的、划时代的作品。所不同者，维持自杀而歌德继续活下去，三郎弥天幽恨，而曼殊于数年后竟抱恨而终。谁知道：如天假以年，安知苏曼殊不会如歌德一般，摆脱了狂飙时期的感伤情绪，成为文坛上一位伟大的作家？

苏曼殊的天才，最能表现在他的诗中。如小说一般，这些诗以愁肠与情种几尺，有许多名句将传诵于后世而不朽。诗是情绪的产物，曼殊的诗不但充满了悲伤的气氛，亦有美丽景物的描绘。举凡江南的风光④，东瀛的情调⑤，他都能写成一幅幅鲜艳的国画，活跃在纸上，有异笔同工之妙。不仅如此，虽然他自己说"不爱英雄爱美人"，却也曾因为"极目神州余子尽"，袈裟和泪地伏在郑成功诞生处（在日本平户）的石碑前；在早期离日返国时，他要把孤愤的英雄泪，"洒上鲛绡赠故人"。这类的诗句虽然不多，亦可视为同一主题的异调。

在二十世纪初年，苏曼殊实为中外文化交流的创始者，重大的功臣，诸如梵文的介绍，西洋文学的翻译，中诗英译的编集，有其辉煌的成就。这一

---

① 如《焚剑记》中的独孤公子，与《天涯红泪记》内的精通剑术的老叟。
② 《绛纱记》："维时海内鼎沸，有维新党，东学党，保皇党，名目新奇且多，大江南北，鸡犬不宁。"在《碎簪记》内，对于美国之物质文明（"其人民以 make money 为要义"），颇为攻击，亦提到袁世凯称帝，欲以各省劝进之文件，译成外语，"均虚妄怪诞，诡谀便辟之辞"。《天涯红泪记》的背景，为哀鸿遍野的乱世，其中有了"残杀人民之某将军"。《焚剑记》所描绘的"季世险恶……沧海横流"的社会，更为可怕：洪水、暴兵、死尸、鬼村，杀人贼，恶毒心肠的富人，食人肉的、似留学生的将军。对于当时的留学生，尤有严厉地讽刺："其人望族也，尝游学于大鹿园，得博士衔，人称洋状元，今在胡人鬻饼之肆，任二等书记。"
③ 德国文豪歌德著，有郭沫若译本："烦恼"亦可译作"悲哀"，更近于原文"Leiden"。
④ 如《吴门依易生韵》诗中的"暮烟疏雨过阊门""淀山湖外夕阳红""垂红亭畔柳波桥"；西湖白云禅院的"庵前潭影落疏钟"等名句。又如《简法忍》诗："来醉金茎露，胭脂画牡丹。落花深一尺，不用带蒲团。"
⑤ 如"柳阴深处马蹄骄"的莆田，"桃花红欲上吟鞭"的淀江道中，与《本事》诗第一首："春雨楼头尺八箫，何时归看浙江潮？芒鞋破钵无人识，踏过樱花第几桥？"

点鲜为世人所称道,到近年来始渐受注意,所以应当特别提出。首先,我们可略述曼殊在梵文与佛学方面的贡献。他曾与章炳麟同撰《儆告十方佛弟子启》与《告宰官白衣启》,署为"佛灭度后二千三百八十四年广州比丘曼殊、杭州邬波索迦末底(章炳麟)同白";他并有《答马德利庄湘处士论佛教书》。这几篇文章,阐发佛学真谛,缕述佛教在中国、日本、印度、欧洲发展的情形,并对其前途表示关切。曼殊所撰《梵文典》八卷,今已失传,不知是否已全部完成①,但亦足证明他对于梵文的兴趣与造诣。在撰写时他曾参考英人编著的梵文文法书多种②。他涉猎中外群书,他的阅读与研究的范围,是相当广博的。

于西洋文学之介绍,曼殊致力颇勤。他最爱好的诗人有意大利的丹顿(但丁,Dante)、英国的拜伦(拜伦,Byron)与师梨(雪莱,Shelley)、德国的瞿德(歌德,Goethe)。他自称"丹顿拜伦是我师",有《题师梨集》与《题拜伦集》诗各一首。在吊拜伦诗中有"词客飘蓬君与我?可能异域为招魂"句,表示他对于拜伦身世的同情。在英文《潮音·自序》中,他以为"拜伦和师梨是两个英国最伟大的诗家"。他曾编译《拜伦诗选》,所收译有四十余首之多③,在当时(1909)可称为破天荒的创举。其中"哀希腊"诗十六首,充满民族革命的情绪(当时希腊为土耳其所统治,拜伦曾为希腊之自由运动而奋斗),尤为脍炙人口④。此外,曼殊尚译有十九世纪英诗人师梨、彭斯 Burns、豪易特 Howitt 的诗各一首,瞿德的《题〈沙恭达罗〉诗》⑤,与梵土女诗人陀露哆的《乐苑》⑥。曼殊未习德文,早年是否通法文,颇成疑问。他所翻译法国文豪嚣俄(雨果,Hugo)的长篇小说《惨社会》(Les Mis-

---

① 《梵文典》原定八卷,仅成首卷其目录载《天义报》第6期(1908),曼殊另存《初步梵文典》四卷,似为前书八卷之缩小本,今均已遗失。
② 据陈独秀云,他曾供给苏曼殊英文书三种,今查得如下:Maxmittler 编《A Sanskrit Grammar for Beginner》,1886;Monier-Wllliams 编二种:An Elementary. Grammar of the Sanskrit Language, 1846; A Practical Grammar of the Sanskrit Language, 1857.
③ 其中少数译诗,如《赞大海》可能经过章炳麟或黄侃在文字上的修改。
④ 此篇英诗,已知有六种中译(参阅本文注18),可见其受人欢迎。
⑤ 印度诗圣迦梨陀娑,撰《沙恭达罗》剧曲,扮演无能胜王与沙恭达罗恋爱故事,歌德之德文题诗,有英人 Eastwick 译文,曼殊重译为中文。
⑥ 印度女诗人陀露哆 Toru Dutt 之生卒年,为 1856-1877,曼殊作 1830-1908,不知有何根据。

文学史论类　247

erable)可能是从日文或英文转译的。并不忠实于原著,改动甚多,穿插上杜撰的对于中国政治、社会、人物的讽刺①,鼓吹当时革命排满的思想。无疑的,这种译法并不可取,但如以翻立与原著相对照,指出曼殊改编的地方,亦常见其用心所在。至于他的另一部译作《娑罗海滨遁迹记》,其作者"南印度瞿沙,Ghocha",不载印度文学史,原文亦未能查得,究竟为曼殊所译或自作,尚待考证,为曼殊研究者课题之一。

此处应当提出的,苏曼殊在日本印行的《文学因缘》《潮音》《汉英三昧集》三书所编录的一百余首的英译汉诗,并非曼殊本人所译②,而是从各种西文书本内所选集的。曼殊所引用的英、法文书籍,就我查得的,已有九种③,但仍有在《汉英三昧集》内的二十首左右的英译,未能找出原书。关于中文诗英译的问题,我一向注意,此次曾遍查我自己所有与司丹福大学图书馆的藏书,而仍未得全部完成此项复原的工作,可见曼殊采用书籍的广泛。在本世纪初期,当中西文化交流尚在启蒙阶段,曼殊能有如此远见,从事中译英译的选集与研究④工作,做出前所未有的巨大的成绩,是值得令人敬佩的。

总结我们在前面的评述,苏曼殊不仅是一般人心目中的浪漫诗僧,他在现代中国文坛的贡献;在于他是一位有革命情绪的爱国主义者,以爱情为主题、型塑了特出女性的小说家,禀赋灵性、多情善感的诗人;他也是一位中西文化交流、翻译界的先知先觉。他生长在中国历史上最黑暗的时代,因此养成了他在后期中那种厌世的态度,放荡的行为,伤身的嗜好——这些他生活中的污点,终于戕害了他的身体健康,使他英年早逝。他的不幸遭遇,亦

---

① 出现于苏曼殊的《惨社会》中人物,有尚海的假爱国志士,在官府中的满周苟,袒护王党的、不爱脸的报馆主笔,泥塑木躯的崇拜者。

② 颇有一些苏曼殊集子(如文公直编《曼殊大师全集》)及作者(如大鹏撰《译学先知苏曼殊》),误以这些英诗为曼殊所译,而列入他的作品中。

③ Charles Budd, chinese poems, London, 1912.(2)George T. Candlin. Chinese Fiction Chicago, 1898. (3)J. F. Davis, The Poetry of the Chinese. London, 1870.(4)Herbert A. Giles. Chinese poetry in English Verse, London, 1898.(5)H. A. Giles, A History of Chinese Literature. New York, 1901.(6)D, Herveyde Saint-DenYs. LeLi-sao, poemedu III Siecle avantnotre Ere. paris, 1870.(7)W. A. P. Martin. Chinese Legend sand Lyrics, Shanghai, 1912.(8)James Legge. The Chinese Classics, 5vols, Oxford, 1865-95.(9)William Wells. The Middle, 2vols, New York, 1883.

④ 苏曼殊论中西文学比较及翻译问题的文章,有《与高天梅书》《拜伦诗选·自序》《文学因缘·自序》三篇,立论精审,批评正确。

可视为对于这个黑暗时代的一种消极的抗议。在这方面，我国文学史上不乏前例，如屈原的厌世自杀、李白的春日狂饮、关汉卿的涉足花丛，与曹雪芹的钟情裙钗。倘使我们无视他们的历史背景与个人遭遇，仅以主观的批评，斤斤地诟病他们的那些时代性的弱点，我们将会抹杀这些伟大作家在诗、戏剧、小说方面的光辉的成就。在他诞生百周年纪念的今日，我对于苏曼殊亦有同样的观感。我并希望着，在现今这个阶段，曼殊的同情与爱好者，终将以他们精深研究的成果，为我在本文中对于曼殊的这种看法，加以证实，并进一步修正而发扬之，以奠定这位"中、日天才"在文学史上的地位。

1984 年 2 月 9 日，于美国加州孟乐公园

【原刊《华南师范大学学报》1984 年第 3 期】

苏曼殊与五四浪漫文学

杨联芬

在20世纪中国文学中,苏曼殊是又一位介于"新"与"旧"之间的作家。他写有不少哀情小说,一向被视为"鸳鸯蝴蝶派"鼻祖。而他又最早翻译拜伦,其译作《拜伦诗选》[①]和创作的那些极富浪漫情调的爱情诗,都极大地滋润和影响过五四那一代浪漫派。然而鸳鸯蝴蝶派和五四浪漫主义,通常被文学史家分别归为不相容的"旧文学"和"新文学"两极。将苏曼殊归于鸳鸯蝴蝶派,就其小说而言,正如周作人所说,并不算过分。只不过曼殊"如儒教里的孔仲尼,给他的徒弟们带累了"[②]。就是说,即便同是"鸳鸯蝴蝶",苏曼殊也与后来一窝蜂陈词滥调的鸳鸯蝴蝶不同,他到底是"第一个"。其实,苏曼殊身上的浪漫因子,本来就兼有传统清流才子的多情放诞和西方浪漫主义的个性自由,前者被鸳鸯蝴蝶派作家承袭并模式化,后者则成为五四浪漫派作家的精神资源。

创造社的陶晶孙认为,"曼殊的文艺,跳了一个大的间隔,接上创造社罗曼主义运动"[③]。冯至说:"曼殊的几十篇绝句,几十条杂记,几封给朋友的信札,永远在我的怀里!"[④]比起同盟会、南社那些曼殊的同辈朋友来,五四新文学作家更愿意谈苏曼殊与他们的内在精神牵联,"五四运动之前,以老的

[①] Byron,苏曼殊译作"拜轮"。今按后来通行的译名,将曼殊的"拜轮"一律作"拜伦"。
[②] 周作人:《答芸深先生》,柳亚子编《曼殊全集》第五卷,北新书局1929年,第128页。
[③] 陶晶孙:《急忙谈三句曼殊》,《牛骨集》,太平书局1944年,第81页。
[④] 冯至:《沾泥残絮》,柳亚子编《曼殊全集》第五卷,北新书局1929年,第264-265页。

形式始创中国近世罗曼主义文艺者,就是曼殊"①。

那么,为什么苏曼殊以老的形式,会成为现代中国浪漫主义文学的始作俑者呢?这是探讨现代中国浪漫主义文学兴衰的关键问题。但以往,苏曼殊与五四浪漫主义文学之间影响与传承的关系和细节,往往被我们作为熟识的史实碎片,而在不经意中忽略了。

一

20年代初,一位与郁达夫风格极为接近的青年作家——王以仁,创作了小说《神游病者》②。这篇小说主观抒情的叙事形式,感伤的情调,主人公敏感忧郁的气质,都体现出五四浪漫小说的一般特征。主人公自始至终手执苏曼殊诗文集《燕子龛残稿》③,在小说里是一个惹人注意的细节。与郁达夫小说中的"零余者"一样,这篇小说的主人公也是一位神经纤敏,孤独内向,只身飘零在上海的穷困潦倒的青年。他渴望着女性的爱,却又因贫困、羸弱而自卑。最终,在物质和精神的双重绝望中跳水自杀了。他的自杀缘于一个偶然的刺激:他拿着《燕子龛残稿》出外散心,在电车上,坐在对面的女人令他心醉神迷。为掩饰尴尬,他"便从袋中取出那本《燕子龛残稿》在喃喃地读着。刚读了两句:'偷尝天女唇中露,几度临风拭泪痕。'下面便再也念不下去了。心中很着急地想看书,双眼总不由得他要去偷看那女人"。女人对他不屑一顾,却注视着一位"西装少年"——这位西装少年双膝上正摊开几张打印好的英文稿子在翻阅。西装少年从容优雅的风度与那位女人崇拜的眼光刺痛了主人公,"使他心中又起了一阵不平之感。'啊啊!我为什么不去买一套西装的衣服来穿!我为什么不去读点英文!可以在社会上出出风头啊!我一定要去学一点时髦,才有女人能和我接近……'"最后,在明月高悬的夜晚,他走上板桥,把《燕子龛残稿》一页一页撕下丢在水中。口中慢声吟

---

① 陶晶孙:《急忙谈三句曼殊》,《牛骨集》,太平书局1944年,第81页。
② 《神游病者》1924年发表于《小说月报》第15卷第11号。
③ 《燕子龛残稿》是苏曼殊去世后周瘦鹃为他所编的著作之一,上海大东书局1923年8月印行,收苏曼殊生前所作诗及杂文,包括散见在《民国杂志》、《生活日报》副刊、《生活艺府》上的《燕子龛随笔》。

着黄仲则的"独立市桥人不识,一星如月看多时"诗句,喃喃说着"薄命的诗人!神经质的诗人!"便一头栽下冰冷的河水。这篇作品表现的,正是典型的20年代初浪漫小说的情调。

　　与郁达夫、郭沫若的小说相仿,王以仁的小说也是自叙性的。但比郁达夫、郭沫若等更纯粹的是,郁、郭并不真的随主人公去自杀,而王以仁却如小说中的主人公,蹈海自尽了。① 主人公临终时所念叨的"诗人",从小说的叙述看,不见得就只是苏曼殊一位,也包括黄仲则、李白等浪漫诗人,这些跨越时空的诗人都具有天才、真率、怀才不遇的共同特点。可是,"薄命的""神经质的",则无疑黄仲则、苏曼殊更突出。最有意思的是,五四浪漫派大都喜欢黄仲则,郁达夫还曾经写过一篇以其为主人公的历史小说《采石矶》。而苏曼殊在《燕子龛随笔》中,也曾对黄仲则诗句着意关注——"如此星辰非昨夜,为谁风露立中宵",苏曼殊批注道:"是想少情多人语。"② 可见,浪漫主义者所特有的情绪——清高、孤独、病态、感伤——使黄仲则、苏曼殊和五四浪漫派,成了精神上的一脉。苏曼殊的《燕子龛残稿》,贯穿了王以仁这篇小说的情节,伴随主人公走到生命的尽头,它像随葬品一样,飘散在冰冷的河水中,与主人公同赴黄泉。这个富于象征意味的细节设置,即便不是作者刻意对自己命运的暗示,也绝不是信手随意的涂鸦。它不但显示了当时青年对苏曼殊的偏爱,也喻示了五四浪漫作家与苏曼殊的特殊关系。

　　五四落潮以后,尤其是大革命失败,知识青年普遍感到"梦醒之后无路可走"。从当时的社会氛围看,中国社会将变未变,现实极其黑暗。与清末民初相近,五四青年处于一种与民初的苏曼殊极其相似的精神困境中。"曼殊的文学,是青年的,儿女的。他的想象,难免有点蹈空;他的精神,又好似有点变态"③——这大约就是五四浪漫派与苏曼殊亲和的原因。

---

① 王以仁在《神游病者》发表两年以后,1926年只身出走便永远地失踪了。他的友人许杰等曾在报上登广告寻他。据许杰推测,他可能是在海门开往上海的船上跳海自杀的。参见许杰《王以仁小传》,载《王以仁选集》,浙江文艺出版社1984年,第305页。
② 《苏曼殊文集》下册,花城出版社1991年,第389页。
③ 罗建业:《曼殊研究草藁》,《曼殊全集》第四卷,北新书局1933年,第391页。

苏曼殊一生作品不算多，还有不少散佚。现存诗作不到一百首①，小说也不过六七篇。但他的诗作与小说《断鸿零雁记》，大都与他自己经钵飘零的身世、孤独悲凉的体验有密切关系。他的人生有"难言之恫"②，他的性格单纯真挚，他多情而浪漫的气质，疾恶如仇的品格，对革命的热衷，都使得其作品既具有热烈的情怀、天才的想象，总是渗透着缅邈的忧伤和无处寄托的孤独。苏曼殊的作品及他本人的品格、性情和行为，为20世纪中国文学贡献了一种独特的形象——热情的、叛逆的、孤独的、忧郁的飘零者形象。这个形象，以其独立不羁的个性，背离传统知识分子的观念和道德选择，甚至与家庭决裂③。苏曼殊人生成长过程中的孤苦无依、寄人篱下④，是他后来与家庭断绝关系的基本原因；而他在上海教会学校和日本接受的异质文化熏陶，则不但促使其成为中国传统道德和现实政治的反叛者，而且赋予了他浪漫主义的艺术灵感与话语方式。

"青年的""儿女的""有点变态"，既是苏曼殊其人、其诗、其文的特质，也可以之概括自五四初期郁达夫、郭沫若，到五四后期倪贻德、陈翔鹤、白采、王以仁等人浪漫主义小说的主要特征。郁达夫对苏曼殊的作品评价不甚高，认为曼殊"是一位才子，是一位奇人，然而绝不是大才"，曼殊的作品"缺少独创性，缺少雄伟气"⑤。他没有承认过自己受到苏曼殊的影响，但我们不难从郁达夫自己的作品中找到与苏曼殊非常一致的东西。

苏曼殊最具代表性的自传体小说《断鸿零雁记》，完全可以说是五四浪漫小说的开先河者。它彻底颠覆了传统中国小说情节中心的全知叙事，采用的是卢梭《忏悔录》式的主观抒情叙事：第一人称的独白式自叙，与读者（听

---

① 参见柳亚子《曼殊遗诗辨伪》，《苏曼殊研究》，上海人民出版社1987年，第290-296页；马以君笺注苏曼殊诗《燕子龛诗笺注·前言》，四川人民出版社1983年。
② 苏曼殊托名"飞锡"所撰《潮音·跋》中自述"遭逢身世有难言之恫"。
③ 1903年苏曼殊由日本回国，在船上假拟一封遗书给家人，说自己蹈海自尽。后来，曼殊在上海，父亲临终前带信叫他回去，被他拒绝。
④ 他6岁从日本回广东，被视为"杂种"。12岁大病一场，被过路苦行僧带走、收留，又因偷吃鸽子被逐。被姑母送到上海找到父亲，嫡母虐待，不久父亲嫡母回广东，曼殊寄住姑母家，学费由父亲朋友代付。15岁随表兄到日本读书，所有费用是表兄每月资助的10元钱，以至于夜晚无钱买油点灯。1903年曼殊参加革命党活动，被表兄中止供给，被迫回国。
⑤ 郁达夫：《杂评曼殊的作品》，《曼殊全集》第五卷，北新书局1929年，第114-115页。

者）面对面倾诉的语气，夹叙夹议、情景交融的文字，感伤的情调，感情激越时直抒胸臆的宣泄……这些，后来都被五四浪漫小说普遍采用。从《断鸿零雁记》开始，中国小说出现了一种飘零者形象。他们已不像从前小说中落难的读书人，在一度被抛出社会主流、经历了一些人生磨难与挫折之后，最终"金榜题名""洞房花烛"，功名和艳福一样不缺地大团圆。《断鸿零雁记》中的三郎，与五四浪漫小说中的主人公们，是主动从俗世社会中自我放逐的，他们既不可能有飞黄腾达的前景，也不会为社会所容忍。经济上的潦倒，使他们不得自由；性的苦闷，导致他们"有点变态"。现代中国的浪漫主义文学，诗歌创作上因为有郭沫若、闻一多而出现了"雄伟气"，但浪漫小说，则总是以感伤、悲情的面貌出现。五四浪漫小说不是以个别作品的杰出，而是以整体青春情绪的真率表现，推动了现代中国浪漫主义思潮的涌起。苏曼殊的存在，无论是诗还是小说，都因其鲜明的浪漫抒情和感伤倾向而与五四浪漫文学贯通。

二

早有人指出，近代中国的浪漫主义，在龚自珍的诗中就已存在①。但是，苏曼殊因其知识和教育的"化外"背景，"将中国古老的文学传统与西方鲜活而鼓舞人心的浪漫主义进行了完美的融合"②。换言之，即使五四浪漫文学没有直接师承苏曼殊，但他们共同崇尚的偶像——以拜伦、雪莱为代表的英国浪漫派——也将曼殊与五四浪漫派紧密地联系了起来。

1923 年，《创造》季刊第 1 卷第 4 期上张定璜的一篇文章，特别强调苏曼殊《文学因缘》对他的影响：

我不记得那时候我是几岁，我只记得第一次我所受的感动。当时读"汉英文学因缘"我所受的感动……是他介绍了那位"留别雅典女郎"的诗人 Byron 给我们，是他开初引导了我们走进一个另外的新鲜生命的世界。③

---

① 曼昭：《南社诗话》，《苏曼殊南社诗话两种》，中国人民大学出版社 1997 年，第 69 页。
② Leo Ou-fanLee. *The Romantic Generation of Modern Chinese Writers*. Cambridge, Massachusetts: Harvard University Press, 1973, P78.
③ 张定璜：Shelley,《创造季刊》1923 年第 4 期。

张定璜的感受，就苏曼殊对五四浪漫一代的影响而言，是具有代表性的。曼殊本人固有的浪漫情怀、自由精神和天才感悟，使他对拜伦的翻译，尽管采用的是古诗体，却能够曲尽其旨而传神。以至于给人造成这样的感觉：苏曼殊不是在"翻译"拜伦，而是参与拜伦的精神活动，是在用另一种语言丰富和"创造"拜伦①。

　　苏曼殊是中国最早翻译拜伦、雪莱②的人，也是中国最早介绍欧洲浪漫派的人之一③。他所翻译、介绍的拜伦、雪莱、彭斯，结集成书的有《文学因缘》《拜伦诗选》《潮音》《汉英三昧集》等。1925年，鲁迅在谈到拜伦的诗时说，苏曼殊翻译的拜伦，"译文古奥得很，也许曾经章太炎先生润色的罢，所以真像古诗，可是流传倒并不广"④。鲁迅在日本时，已经直接了解到拜伦，并在《摩罗诗力说》中以数千字篇幅详尽介绍过这位"愤世嫉俗""刚毅雄大"的"恶魔"诗人。对鲁迅、周作人这种直接"别求新声于异邦"的人来说，苏曼殊的译诗实在不算什么。但是，对于国内那些正在成长的少年，苏曼殊为他们展示的拜伦，则成为他们文学的启蒙之师。苏曼殊对中国现代文学浪漫主义的最大贡献，就是他将欧洲杰出的浪漫主义诗人翻译和介绍到中国来。鲁迅1907年前后在《河南》发表的《文化偏至论》《摩罗诗力说》，是从理论上对欧洲个性主义和浪漫文学进行介绍与推崇。苏曼殊的翻译，则可以视为对鲁迅"力说"理论的作品补充。事实上，周氏兄弟晚清时期的文学实绩，如《域外小说集》、发表在《河南》上的系列论文等，在当时都未能得到广泛的传播，因而也难有广泛的影响。可以说，五四浪漫派对拜伦的接受，不是从鲁迅那里，而是从苏曼殊的翻译开始的。

---

　　① 张定璜说苏曼殊翻译拜伦："已经不是一个艺术家翻译别的一个艺术家，反是一个艺术家那瞬间和别的一个艺术家过同一个生活，用别一种形式，在那儿创造。"见张定璜：Shlley，《创造季刊》1923年第4期。
　　② 雪莱(shelley)，曼殊译为师梨。
　　③ 1903年他翻译雨果的小说《惨世界》。但他任意改写情节，且只译了开头部分，不妨看作是讽刺现实的游戏之作。
　　④ 《鲁迅全集》第1卷，人民文学出版社1981年，第220页。

秋风海上已黄昏，独向遗编吊拜伦。
词客飘蓬君与我，可能异域为招魂？

这首题为《题拜伦集》的诗，是1909年秋，苏曼殊在由日本经新加坡去爪哇的船上，接受友人赠送英文版拜伦诗集后写下的。诗是中国固有的绝句形式，然而宏阔的意境，慷慨的情怀，热烈而悲壮的情绪，实在是出自他本人与拜伦精神上的深刻理解与契合。这种高度的理解与契合，也使曼殊对拜伦生命的短促，乃至对自己的命运，产生一种伤怀之情。

他曾有诗云："丹顿拜伦是我师，才如江海命如丝。"[①] 简直有点谶语般的预示。苏曼殊在《文学因缘》的序里，将拜伦在西方的地位类比为李白之于中国。[②] 他还在《潮音》的自序中，详细阐述过对拜伦的理解，说"拜伦的诗像是一种使人兴奋的酒……他的诗里到处充满了魅力、美感和真诚……他的整个生命、经历和作品，都是用爱情和自由的理想编织起来的"。而雪莱，他认为"虽然是一个热衷于爱情的人，但却是审慎的、沉思的。他对爱情的热忱，从来不用强烈的爆发性的词句来表达。他是一个'哲学家式的恋人'……他的诗，像是温柔、美丽而又梦幻般恬静的月光，在寂然、沉默的水面上映射着"[③]。苏曼殊这一段用英文写的文字，流畅漂亮，本身就是一个天才的充满灵气的表述。他对拜伦、雪莱准确传神的描述，源自心灵的默契。

郁达夫在评价苏曼殊的作品时，认为"他的译诗，比他自作的诗好，他的诗比他的画好，他的画比他的小说好"[④]。这大抵代表了当时很多同人的一种感受。曼殊的诗，形式是古典的，还常用典故，然而，他却能自创新意境，表达极其独特的情感体验，风格清新自然。那真实强烈的生命气韵、诗人纯真的性情，扑面而来。曼殊"以老的形式"，将传统文学的精髓与西方浪漫主

[①] 苏曼殊《本事诗》之三，见马以君《燕子龛诗笺注》，四川人民出版社1983年版，第35页。丹顿，即但丁。

[②] 《苏曼殊文集》上册，花城出版社1991年，第295页。

[③] 柳无忌：《苏曼殊传》，生活·读书·新知三联书店1992年，第95-96页；《潮音·自序》，英文原序见于《苏曼殊文集》上册，花城出版社1991年，第304-306页。译文采用柳无忌《苏曼殊传》，引文中的所有省略号均为引者加。

[④] 《郁达夫杂评曼殊的作品》，柳亚子编：《曼殊全集》第五卷，北新书局1929年，第115页。

义内在精神，天然地融成一体。

郁达夫曾经说苏曼殊缺乏"雄伟气"。的确，他的大部分诗都更接近雪莱，是幽情弥漫、感伤多悲的，但也有一些诗篇却颇有点雄浑豪迈气概，这些诗往往使人想起曼殊翻译过的拜伦的《哀希腊》《赞大海》和《去国行》等。如他题为《以诗并画留别汤国顿》的两首："蹈海鲁连不帝秦，茫茫烟水著浮身。国民孤愤英雄泪，洒上鲛绡赠故人。""海天龙战血玄黄，披发长歌览大荒。易水萧萧人去也，一天明月自如霜。"这是写于1903年的苏曼殊最早的诗作。当时在日本读书的曼殊，由于参加留日学生的排满"恐怖"活动，被表兄断绝了经济资助而被迫辍学回国。这两首诗，写在回国的船上，他以古代壮士自譬，充满英雄赴难的悲壮气概。

苏曼殊的外号之一是"革命僧"，但他之于革命、政治的理念并不太强，"对于革命在民族主义和思想方面的真正性质，缺乏持久的信念和了解"①。他的革命激情，来自他对正义的追求、对自由的信仰、对黑暗的反抗。这使他的诗呈现出一种崇高单纯的境界，这也是他与拜伦、雪莱一拍即合的地方。苏曼殊的人生追求，与拜伦和雪莱都有极相似的地方，他的诗，一如他的人，坦荡单纯，表达着对自由与爱情的真诚。

上述"蹈海鲁连""披发长歌"式英雄主义的诗篇，表现出苏曼殊对自由义无反顾的追求。在格调上，明显与拜伦相通。但是，正如柳无忌所说："他对于拜伦和雪莱这两个人，虽然偏爱拜伦，但他本人却更像雪莱——一个展翅欲飞但却徒劳无功的天使。"② 因此，苏曼殊更多的诗，也是流传最广、对五四浪漫派影响最大的，却是那些在气质上与小说《断鸿零雁记》一样，充满无奈悲情与人生感伤的诗作。

三

苏曼殊曾经在《潮音》的跋中描述自己"性好啸傲山林"，曾经在积雪

---

① 柳无忌：《苏曼殊传》，生活·读书·新知三联书店1992年，第157页。
② 柳无忌：《苏曼殊传》，生活·读书·新知三联书店1992年，第157页。

的月夜泛舟，"歌拜伦《哀希腊》之篇。歌已哭，哭复歌"①。这是一个典型的感伤的浪漫主义者形象。《过若松町有感示仲兄》其二云："契阔生死君莫问，行云流水一孤僧。无端狂笑无端哭，纵有欢肠已似冰。"洒脱与豪放之中的孤独、忧郁，活画出曼殊迷人的魅力来。曼殊的诗，尤其是那些抒写离愁别恨、感慨飘零人生、记载缠绵爱情的篇什，"其哀在心，其艳在骨"②，雪莱式的浪漫风韵，最令五四青年倾倒。他的爱情诗，在表达情爱的真率、大胆和热烈上，大有拜伦之风；而其情绪的低回、感伤，意象的幽美轻灵，又颇似雪莱——是晚唐诗风与雪莱的结合。

曼殊所译拜伦《答美人所赠束发毡带诗》中有"朱唇一相就，汋液皆芬香"③ 句，其创作的诗中便有"偷尝天女唇中露"句，这种大胆、真诚而毫无道德重负的诗句，来自作者单纯热烈的浪漫情怀，对五四初期的读者来说，具有非常大的震撼力。但如果仅仅是爱的大胆表白，苏曼殊的诗可能就会流于古典风流才子的艳情诗一类。然而，他居无定所、漂泊不定、穷困潦倒的流浪生涯，削发受戒的僧人身份，使他往往在歆享或幻想美好爱情的时候，常常因为爱情的不自由而黯然神伤。于是就有了"几度临风拭泪痕"的悲情跃然纸上，使常规的爱情诗升华成为表现人生悲剧感受与悲剧情怀的孤诣之作。这首被王以仁在《神游病者》中引用的诗，原诗题作《水户观梅有寄》，是苏曼殊写给一位叫百助枫子的日本艺伎的④。他的爱情诗，差不多都是这种因飘零的身世、无奈的现实而充满悲剧情愫，使原本惯用"胭脂"一类意象而具有某种古典"艳情"特征的爱情诗，演绎成表达现代孤独者爱情的绝唱。

苏曼殊一生与许多青楼女子有过交往，他的真率和单纯，往往使双方产生纯洁的爱情，这些经验成为他感情生活中最丰富的内容，也成就了他的爱情诗。曼殊的爱情诗，最动人的是记录他与歌伎百助枫子缠绵感伤爱情的诗篇。1909年，曼殊在日本期间结识了百助枫子，为她作过画（《静女调筝

---

① 《苏曼殊文集》上册，花城出版社1991年，第311页。
② 高旭：《愿无尽庐诗话》，柳亚子编：《曼殊全集》第五卷，北新书局1929年，第234页。
③ 见《曼殊全集》第一卷，标题作《译拜伦答美人赠束发毡带诗》，北新书局1932年版，第85页。
④ 原诗为："偷尝天女唇中露，几度临风拭泪痕。日日思卿令人老，孤窗无那正黄昏。"

图》),并写下许多以"调筝人"为题的佳句。如《题〈静女调筝图〉》:"无量春愁无量恨,一时都向指尖鸣。我已袈裟全湿透,那堪重听割鸡筝。"多情而又不能尽情享受爱情的痛苦,在苏曼殊夹杂着典故与禅心的诗句中,清丽婉转,自成标格,动人心魄。这些诗中有10首《本事诗》流传最广。

> 春雨楼头尺八箫,何时归看浙江潮。芒鞋破钵无人识,踏过樱花第几桥。
> 碧玉莫愁身世贱,同乡仙子独销魂。袈裟点点疑樱瓣,半是脂痕半泪痕。
> 乌舍凌波肌似雪,亲持红叶属题诗。还卿一体无情泪,恨不相逢未剃时。

这些诗,最体现苏曼殊浪漫主义的自由风度与奇异不羁的想象力。正如拜伦和雪莱,爱情与自由,就是苏曼殊全部精神的实质。它们滋养了曼殊独特的气质,也注定了他悲剧的人生体验。他的诗在意象的古典性上,营造出别具色彩的鲜明优美的意境;而感伤凄绝的优美,又往往得雪莱诗的真味,贯穿诗中的抒情主人公,多情、忧郁而又真挚缠绵,呼之欲出。"僧"的身份,为苏曼殊抒发悲剧体验创造了独特的条件。于是,苏曼殊诗这种孤独飘零、感伤怀旧的情调,恰好切合了五四落潮梦醒之后无路可走的浪漫青年孤苦彷徨、归依无所的心灵。"袈裟点点疑樱瓣,半是脂痕半泪痕",这些意象、色彩,可谓香艳;然而苏曼殊的诗决不同于古典的香艳诗,它不事雕琢,自然率真,写出了赤裸裸的人性。从意象、用典看,苏曼殊是古典的;但从表现的真诚、大胆,感情的细腻纯洁看,苏曼殊的诗是现代的,既不乏拜伦式激越的浪漫情怀,更具有雪莱式幽远的独特感伤。

我们强调苏曼殊与中国现代浪漫主义思潮的关系,并不意味着要将他抬高到"鼻祖""泰斗"的地位。苏曼殊的文学活动,与他从事革命、研究佛经一样,出诸感情,而非"信仰",既有行云流水的连贯,又有闲云野鹤的飘忽。与晚清的其他文学家如林纾、曾朴等不同,苏曼殊并没有笃志于文学翻译。他的翻译与他的诗、小说创作一样,都是偶然为之,没有理论,也没有目标。由于精通英文,又由于身处东西方文化交汇的良好环境(这些环境因素包括:他常在日本或香港,数次游历南亚数国,友人赠送拜伦诗集等)。苏曼殊天然地亲近拜伦、雪莱,于是有了《拜伦诗选》《潮音》等几部译著。

文学史论类

他写诗,写《断鸿零雁记》,都没有脱离自我抒怀的范围,因而基本上都取材于"身边"。与同时代的其他从事文学创作的人相比,苏曼殊的文学活动最接近自然和"非功利",这与晚清以来的主流启蒙文学是有着明显差异的。也正因为如此,他的作品在启蒙派作家那里,始终不会有太高的评价①——除了少数朋友陈独秀、章士钊等;但他的浪漫主义风格及其内在精神,却赢得了多情善感的年轻浪漫派作家的普遍认同。

正如郁达夫所说,苏曼殊的浪漫主义,主要是一种精神、一种"气质",而不完全代表文学上的成就。苏曼殊"在文学史上可以不朽的成绩,是指他的浪漫气质,继承拜伦那一个时代的浪漫气质而言,并非指他的哪一首诗,或哪一篇小说"②。事实上,苏曼殊自己也不曾有过领衔中国浪漫主义的野心,甚至,他本来就没有文学上的远大抱负。他的诗,都是"缘情"而发,随写随散,因而遗失的不少。他之与五四浪漫派"接上",应当说是一种源于浪漫主义精神的历史因缘。

谈及五四狂飙突进的浪漫主义文学,我们自然联想到欧洲浪漫主义文学运动对它的催生与影响。我们在惊讶与感叹西方浪漫主义文学伟大的作家群体宏富不朽的作品,持久的影响力时,不禁对五四浪漫文学感到遗憾。历史传统与社会政治现实所提供的、允许它自然生长的土壤,的确是太贫乏了。浪漫主义文学在中国太过狭窄的生存空间,使其不是在现实的重扼下窒息,就是在现实的诱惑下分化。拙文本止于史料的爬梳与甄析,但是,苏曼殊敏感、忧郁而短暂的人生,以及他流星一样倏忽即来、飘然而逝的创作生命,在历史的语境中,是否恰好预演了五四浪漫派绚丽而脆弱的宿命呢?

【原刊《陕西师范大学学报》2004 年第 3 期】

---

① 胡适在与钱玄同通信时,认为苏曼殊的小说没有价值,他 1923 年著的《五十年来中国之文学》也没有提苏曼殊。鲁迅、周作人是曼殊的老朋友,周作人还在《语丝》上有一些纪念、考证曼殊的文章,但他们对曼殊的作品评价也不甚高。

② 《郁达夫杂评曼殊的作品》,柳亚子编:《曼殊全集》第五卷,北新书局 1929 年,第 115 页。

文学革命与苏曼殊之文坛境遇

敖光旭

苏曼殊被称为清末民初文坛"不可无一,不可有二"之人物,其思想与作品蕴含古典与现代、出世与入世、浪漫与理性诸多冲突。其与新文化派之间,存在极为复杂之人脉关联和思想互动。① 早在清末,苏曼殊即与早期新文化派(包括陈独秀、鲁迅、周作人、钱玄同、刘半农、沈尹默、沈兼士等),聚集于民报社和章太炎周围。② 即在新文化运动发起之初,仍算是新文化派之圈内人。不过随运动之逐步推演,苏曼殊及其作品旋成困扰文学革命之难题。对其文学之不同态度和评价,直接体现新文化派文学革命之运思及矛盾。总体而言,苏曼殊与新文化派问题尚颇具发散研究之空间。③ 从此切入,有助于深化对文学革命、新文化运动及新旧社会思潮转换之认知。

一

《新青年》从2卷1号起,封面出现"陈独秀先生主撰"之醒目提示。此前《社告》代之以如下《通告》:"本志自出版以来,颇蒙国人称许。第一卷六册已经完竣。自第二卷起,欲益加策励,勉副读者诸君属望,因更名为

---

① 敖光旭:《苏曼殊文化取向析论》,《历史研究》2010年第5期。
② 关于苏曼殊与早期新文化派问题,笔者将另文专述。
③ 以往虽有涉及苏曼殊与鲁迅、陈独秀之文字,但多侧重于叙述个人交谊,将苏曼殊与整体新文化派作为考察对象尚付阙如。

文学史论类　261

《新青年》。且得当代名流之助,如温宗尧、吴敬恒、张继、马君武、胡适、苏曼殊。诸君允许关于青年文字皆由本志发表。嗣后内容,当较前尤有精彩。此不独本志之私幸,亦读者诸君文字之缘也。"① 吴稚晖、张继系新世纪派核心成员,以主张废除汉字和否决传统文化而震悚士林。马君武精通国学,留学日本、西欧近 10 年,通拉丁及英、德、法诸国文字。1905 年留日期间,即编印《新文学》一册,译载歌德、胡德、拜伦诗若干首,亦为输入域外文学之先行者。② 胡适则正在美国与南社梅光迪、胡先骕、任鸿隽、杨杏佛往来辩难,酝酿发动文学革命。温宗尧曾为新锐之士,早年任香港皇仁书院英文教员,参与组织革命团体辅仁文社,尝与蔡元培合办《外交报》。1912 年任南京临时政府外交代表,嗣后参加护国运动。陈独秀将 6 人并列,无疑折射出新文化运动及文学革命之构想,亦与一般新派之期许相合。《新青年》3 卷 3 号(1917 年 5 月 1 日)即有读者通信建议:"孑民(蔡元培)秋桐(章士钊)曼殊诸先生,均为当代文士所宗仰。倘表同意,宜请其多作提倡改良文学之文字。"陈独秀答曰:"所陈各条,均力谋实行。"③

在发表鲁迅《狂人日记》之前,《新青年》所载国人自作小说,仅苏曼殊之《碎簪记》(载 1916 年 11、12 月 2 卷 3、4 号)。《碎簪记》描写了庄湜与杜灵芳、莲佩间之情感纠葛。庄湜在未识莲佩之前,即由友人杜灵运做媒,与其妹杜灵芳订婚,之后庄湜叔婶强其与莲佩联姻,庄湜以"信义"为重拒之,结局是莲佩、灵芳自杀,庄湜哀伤过度而死。小说强调"发乎情而止乎礼义""一丝既定,万死不更"等义,盖鉴于"方今时移俗易,长妇姹女,皆竞侈邪,心醉自由之风"。④ 陈独秀于 2 卷 4 号发表《碎簪记·后序》,曰:"食色性也,况夫终身配偶,笃爱之情耶?人类未出黑暗野蛮时代,个人意志之自由,迫压于社会恶习者又何仅此?而此则其最痛切者。古今中外之说部,多为此而说也。前者吾友曼殊造《绛纱记》,秋桐造《双枰记》,都是说明此义,余皆叙之。今曼殊造《碎簪记》,复命余叙,余复作如是观,不审吾友笑

---

① 《新青年》第 2 卷第 1 号,1916 年 9 月 1 日,扉页。
② 柳亚子:《新刊介绍》,郭长海、金菊贞编:《柳亚子文集补编》,北京:社会科学文献出版社 2004 年,第 74-75 页。
③ 《通信》,《新青年》第 3 卷第 3 号,1917 年 5 月 1 日,第 12-13 页。
④ 苏曼殊:《碎簪记》,《苏曼殊全集》第 2 卷,北京:当代中国出版社 2007 年,第 268-269 页。

余穿凿有失作者之意否耶?"① 以《碎簪记》立意在反抗"社会恶习",实在不免"穿凿有失作者之意",亦可见两人思想日渐隔膜。作者所究心者乃形质与精神、情感与道义、古典与现代之冲突,及对中西文化交汇之时代焦虑。另一方面,刊载《绛纱记》表明,初期《新青年》之旨趣,与《甲寅周刊》并无大异。

1916年陈独秀《现代欧洲文艺史谭》论及,欧洲文学已由古典主义、理想主义,进至写实主义时代。吾国文艺犹在古典主义时代,今后当趋向写实主义。② 其所谓"理想主义(Romanticism)"即浪漫主义。陈虽否定古典主义,主张今后当趋向写实主义,至如何处理浪漫主义与现今中国文学之关系,该文并未深究。胡适致函表示"此言是也",然对陈发表南社诗人谢无量古典长诗,并在按语中称之为"稀世之音"极表不满。该函攻击"南社诸人,夸而无实,滥而不精,浮夸淫琐,几无足称者"③。陈复函称:"以提倡写实主义之杂志,而录古典主义之诗,一经足下指斥,曷胜惭感! 惟今之文艺界写实作品,以仆寡闻,实未尝获觏。本志文艺栏,罕录国人自作之诗文,即职此故。不得已偶录一二诗,乃以其为写景叙情之作,非同无病而呻。其所以盛称谢诗者,谓其继迹古人,非谓其专美来者。若以西洋文学眼光,批评工部及元、白、柳、刘诸人之作,即不必吹毛求疵,其拙劣不通之处,又焉能免? 望足下平心察之。"④ 陈独秀既对文坛现状强烈不满,但也强调尊重历史,"继迹古人",不能"专美来者"。此层在致钱玄同函中另有说明:"仆对于吾国近代文学,本不满足,然方之前世,觉其内容与社会实际生活,日渐接近,斯为可贵耳……夫善写人情,岂非文字之大本领乎。""善写人情"本为浪漫文学之基本特征,陈独秀实已充分肯定此点,而胡适以进化之理,非但否定古典主义,浪漫主义亦在摈斥之列。对胡适所言文学革命"八事",陈复函表示"须言之有物"一条不妥,"鄙意欲救国文浮夸空泛之弊,只第六项'不

---

① 独秀:《为苏曼殊〈碎簪记〉作后叙》,任建树主编:《陈独秀著作选编》第1卷,上海:上海人民出版社2009年,第258页。
② 陈独秀:《现代欧洲文艺史谭》,任建树主编:《陈独秀著作选编》第1卷,第182-185页。
③ 胡适:《寄陈独秀》(1916年10月),《胡适文存》第1集,台北:远东图书公司1983年,第2页。
④ 《陈独秀答胡适之》,水如编:《陈独秀书信集》,北京:新华出版社1987年,第39页。

文学史论类　263

作无病之呻吟'一语足矣。若专求'言之有物',其流弊将毋同于'文以载道'之说?以文学为手段为器械,必附他物以生存。窃以为文学之作品,与应用文字作用不同。其美感与伎俩,所谓文学、美术自身独立存在之价值,是否可以轻轻抹杀,岂无研究之余地?况乎自然派文学,义在如实描写社会,不许别有寄托,自堕理障。盖写实主义之与理想主义不同也以此。"在陈独秀看来,胡适所谓"言之有物"盖为写实,情感、美感与理想则不能囊括在内,因而指出浪漫主义亦有可取之处,写实主义未必尽善。10月5日,陈独秀再答胡适,赞同文学革命之写实方向,但仍强调"文学之文,尚须有斟酌处"。文学革命一开始,陈独秀与胡适即出现不小歧异。

钱玄同对苏曼殊小说之看法,殆与陈独秀相近。其1917年2月10日写道:"阅寂寞程生之《西泠异简记》,情节尚佳,而文笔冗滥,所书远不逮章士钊之《双枰记》、苏子谷之《绛纱记》《碎簪记》矣。"①"寂寞程生"即程演生。2月25日,钱玄同致函陈独秀云:"弟以为旧小说之有价值者,不过施耐庵之《水浒》,曹雪芹之《红楼梦》,吴敬梓之《儒林外史》,李伯元之《官场现形记》,吴趼人之《二十年目睹之怪现状》,曾孟朴之《孽海花》六书耳。曼殊上人思想高洁,所为小说,足为新文学之始基乎。此外作者,皆所谓公等碌碌,无足置齿者矣。"② 钱玄同注重甄别旧文学之流品高下,反对割断新旧文学之历史连续。正因将曼殊作品置于新文学之源流中审视,始与陈独秀存在更多共识。其《论白话小说》进而说:"故玄同以为但令吾侪今日,则诋《金瓶梅》《品花宝鉴》为淫书,二十一世纪时代之人,则诋《碎簪记》《双枰记》《绛纱记》为淫书,便是在轨道上天天走不错的路。如是,则无论世界到了三十世纪,四十世纪……一百世纪,而《金瓶梅》自是十六世纪中叶有价值之文学,《品花宝鉴》自是十九世纪初年有价值之文学,《碎簪记》《双枰记》《绛纱记》自是二十世纪初年有价值之文学。"此论深致胡适不满,自为意中事。1917年12月20日,胡适函钱玄同曰:"先生屡称苏曼殊所著小说。吾在上海时,特取而细读之,实不能知其好处。《绛纱记》所

---

① 北京鲁迅图书馆编:《钱玄同日记》第3卷,福州:福建教育出版社2002年,第1553页。
② 钱玄同:《寄陈独秀》(1917年2月25日),《胡适说文学变迁》,上海:上海古籍出版社1999年,第33页。《钱玄同文集》第1卷所收此函经过改动。

记,全是兽性的肉欲。其中又硬拉入几段绝无关系的材料,以凑篇幅,盖受今日几块钱一千字之恶俗之影响者也。《焚剑记》直是一篇胡说。其书尚不可比《聊斋志异》之百一,有何价值可言耶?"完全可以推测,胡适对陈独秀《碎簪记·后序》,亦颇不以为然。

二

胡适1917年7月10日由纽约抵上海,旋返绩溪老家小住,8月即赴北京大学应聘教授职。① 因应酬颇多且停留时间有限,胡适在上海不大可能通观曼殊所有说部,其所"细读"者最可能是《绛纱记》与《焚剑记》,或两记合本。《断鸿零雁记》此时尚无单行本,极可能没有见到。通阅《绛纱记》,涉嫌胡适所谓"兽性的肉欲"者,不过如下三处:其一,一日五姑陪重病在身之昙鸾于户外闲坐,"举皓腕直揽余(昙鸾)颈,亲余以吻者数四,余故为若弗解也者"。其二,因麦家毁婚约,昙鸾欲赴水死,之前阴约五姑诀别。"五姑淡妆箩带,悄出而含泪亲吾颊"。其三,作者为讽刺卢氏水性杨花、以色骗财之丑态,转引罗霏玉之自述:"(卢氏)明日复来,引臂替枕,以指检莫尔登糖纳吾口内,重复亲吾吻,嘱吾珍重而去。如是者十数次,吾病果霍然脱体。"胡适指《焚剑记》"是一篇胡说",就更显武断。该记虽不离儿女情长之义,却非中心旨趣所在。小说以绝大部分篇幅,描写辛亥后广东社会失控、民生多艰、道德沦丧、人心险恶、为富不仁之状况,兵祸、匪患、瘟疫、水灾、食人等人间地狱景象交替转换,显露出哀民生多艰之关怀和强烈的批判意识。尤其是将众多女性之悲惨命运,置于历史演进和社会土壤中解剖,与一般言情小说风马牛不相及。尽管作者尚未找到解救乱世之途径,小说节奏转换过骤,戏剧化过于突出,然其写实特征非但在曼殊说部为异数,即在当时小说界亦不多见。力倡"写实主义"之胡适,竟至熟视无睹,实另有原因在焉。

以中国旧小说之通病在"淫"或"淫亵",盖为新文化派之共识。钱玄

---

① 耿云志编:《胡适年谱》,北京:中华书局1986年,第47页。

同认为《金瓶梅》尽管描写淫亵过度,然从文学艺术上讲,仍不失为旧小说之上品。1917年8月,钱函胡适曰:"《金瓶梅》一书,断不可与一切专谈淫猥之书同日而语……故若抛弃一切世俗见解,专用文学的眼光去观察,则《金瓶梅》之位置固亦在第一流也。"① 同年11月20日,胡适就评价《金瓶梅》问题复函钱玄同:"先生与独秀先生所论《金瓶梅》诸语,我殊不敢赞成。我以为今日中国人所谓男女情爱,尚全是兽性的肉欲。今日一面正宜力排《金瓶梅》一类之书,一面积极译著高尚的言情之作。"② 看来胡适并不绝对排斥"言情之作",其所崇尚者乃域外之物。需要注意的是,胡适在痛诋"中国人所谓男女情爱,尚全是兽性的肉欲"之后,紧接着即言曼殊小说"全是兽性的肉欲"。辛亥后苏曼殊对社会政治之基本主张,可以"以理制欲"括之。通观其所有说部,可见其处理男女关系之准则,均主张"以礼法自持"。陈平原指出,民国初期言情小说特别强调"言情之正","所谓'言情之正',说到底一句话,就是'发乎情止乎礼义'。五四作家批评鸳蝴作家'诲淫',可以说是一种不必要的误解。几个主要的鸳蝴作家,其言情小说的毛病不是太淫荡,而是太圣洁了——不但没有挑逗性的场面,连稍为肉欲一点的镜头都没有,至多只是男女主人公的一点'非分之想'……这种只有思念之意而无肌肤之亲的精神恋爱,最能适应那个时代半新不旧读者的审美趣味。"③ 其所指"民初言情小说",即包括曼殊说部在内。与胡适不同,周作人对"淫"则另有一解。汪静之《蕙的风》发表后,颇引起旧派反对,以其"故意公布自己兽性的冲动","变相的提倡淫业"。1922年周作人发表《什么是不道德的文学》予以反驳,并举例说:"曼殊大师译《留别雅典女郎》第二三节中的'骈首试香腮'和'朱唇生异香,猥近侬情切'又何如?"④ 显然是将此类描写,视作"言情之正"的典范。

---

① 钱玄同:《论白话小说》(1917年8月1日),《钱玄同文集》第1卷,北京:人民大学出版社1999年,第48页。
② 胡适:《答钱玄同书》(1917年11月20日),《胡适文存》第1集,上海:亚东图书馆1921年,第42-43页。
③ 陈平原:《中国现代小说的起点》,北京:北京大学出版社2010年,第223页。
④ 周作人:《什么是不道德的文学》,《周作人散文全集》第2卷,桂林:广西师范大学出版社2009年,第791-792页。

胡适贬斥曼殊小说之另一根由，源于对"聊斋体"或"某生体"之反感。其对"聊斋体"之界定，见于《建设的文学革命论》："现在的小说（单指中国人自己著的），看来看去，只有两派。一派最下流的，是那些学《聊斋志异》的札记小说。篇篇都是'某生，某处人，生有异禀，下笔千言……一日于某地遇一女郎……好事多磨……遂为情死'；或是'某地某生，游某地，眷某妓，情好綦笃，遂订白头之约。……而大妇妒甚，不能相容，女抑郁以死……生抚尸一恸几绝'……此类文字，只可抹桌子，固不值一驳。""所以我说，现在的'新小说'，全是不懂得文学方法的：既不知布局，又不知结构，又不知描写人物，只做成了许多又长又臭的文字；只配与报纸的第二张充篇幅，却不配在新文学上占一个位置。"若将苏曼殊六篇小说与胡适所言"聊斋体""某生体"比照，两者之故事模式确实有些相像。在前文中，胡适更称曼殊说部"尚不可比《聊斋志异》之百一"，"受今日几块钱一千字之恶俗之影响者也"，将其视为"聊斋体"之末流，已是明白无误。其实，曼殊所作均可谓短篇，与同时鸳蝴派作家相比，已是少之又少。其视名利如粪土，时人有口皆碑。章太炎《书苏元瑛事》云："凡委琐功利之事，视之蔑如也。……广东之士，儒有简朝亮，佛有苏元瑛，可谓厉高节，抗浮云者矣。"有人误解曼殊，太炎更谓："元瑛可诬，乾坤或几乎息矣。"作为画僧，曼殊很早即卓然成家，然从不卖画治食。杨沧白即曰："其山水乃超轶绝尘，萧廖有世外致。居平不屑为人役，虽槁卧，不以片缣求鬻，世尤以此珍视之。"[1]至曼殊说部之新文学因素，更非胡适所愿寓目。《断鸿零雁记》以第一人称叙事，刻意展示方外人的"难言之恫"，堪称五四抒情小说之直接先驱，留下中国小说叙事结构转换之醒目痕迹。有论者曰，民初出现苏曼殊等一批短篇小说名家，"其作品明显借鉴西洋短篇小说结构技巧，为长期停滞的中国短篇小说输入了新鲜血液，打开了一条生路"[2]。

　　胡适所称"真正的'短篇小说'"，除不是"某生体"之外，尚须是白话。其《论短篇小说》曰："聊斋的小说，平心而论，实在高出唐人的小说。

---

[1] 李蔚：《苏曼殊的绘画和画跋》(下)，《兰州学刊》1989年第1期。
[2] 陈平原：《中国现代小说的起点》，北京：北京大学出版社2010年，第154页。

蒲松龄虽喜说鬼狐，但他写鬼狐却都是人情世故，于理想主义之中，却带几分写实的性质。这实在是他的长处。只可惜文言不是能写人情世故的利器。"胡适甚至将白话标准绝对化，譬如说："我们所提倡的文学革命，只是要替中国创造一种国语的文学。""用死了的文言决不能做出有生命有价值的文学来。"在胡适看来，没有白话就不可能有"高远的思想，真挚之情感"。其后所撰《中国新文学大系》第 1 集导言，对此有更直白之诠释："在那个贫乏的时期，我们实在不配谈文学内容的更新，因为文学内容是不能悬空谈的，悬空谈了也绝不会发生有力的影响。例如我在《文学改良刍议》里曾说文学必须有'高远的思想，真挚之情感'，那就是悬空谈文学内容了。"① 曼殊自作小说均以文言出之，即有钱玄同所谓"高洁"之"思想"，亦难入胡适法眼。梁实秋在总结文学革命之经验教训时指出："若是有人模仿蒲留仙，必将遭时人的痛骂，斥为滥调，诋为'某生体'。盖据浪漫主义者的眼光看来，凡是模仿本国的古典则为模仿，为陈腐；凡是模仿外国作品，则为新颖，为创造。例如中国章回体长篇小说，在艺术上讲本无可非议，即在外国小说也有类似的体裁，而所谓新文学运动者必摈斥不遗余力，以为'话说''且听下回分解''正是'是绝对的可笑。处处都表现出浪漫主义者之一方面全部推翻中国文学的正统，一方面全部的承受外国的影响。"② 梁氏批评显然针对以胡适为代表之西化派，不过所指"浪漫主义"，与欧陆抵抗现代性之浪漫主义含义有别。

三

深一层而言，胡适对曼殊文学横扫无忌，实另有潜因。新文化运动前之中国文坛，诚为"南社的天下"③。胡适对南社文学早已不满，在美酝酿文学

---

① 胡适：《〈中国新文学大系〉第一集导言》，《胡适学术文集·新文学运动》，北京：中华书局 1993 年，第 254—255 页。
② 梁实秋：《现代中国文学之浪漫的趋势》，《浪漫的与古典的·文学的纪律》，北京：人民文学出版社 1988 年，第 10 页。
③ 柳无忌：《苏曼殊与拜伦"哀希腊"诗——兼论各家中文译本》，《佛山科学技术学院院报》（社会科学版）1985 年第 1 期。

革命之际，对《南社丛刻》亦颇留意。除说部而外，苏曼殊绝大部分诗文即重刊或首刊于《南社丛刻》。笔者曾指出，翻译拜伦诗几成各派展示"新文学"之竞技场。1914年初，因不满马君武、苏曼殊所译《哀希腊》，胡适遂决定重译。其日记记曰："君武所译多讹误，有全章尽失原意者；曼殊所译，似大谬之处尚少。而两家于诗中故实似皆不甚晓，故词旨幽晦，读者不能了然。"① 日记通篇充斥"全失原意""殊失之""尤弱""马苏二家都失之""全章尽误""稍得之""误读"字样。客观地说，胡适点评虽言过其实，亦确有所据。然集矢苏、马二家，显有门户之见。文末特别提到，"此诗全篇吾以四时之力译之，自视较胜马苏两家译本。一以吾所用体较恣肆自如，一以吾于原文神情不敢稍失，每委曲以达之。至于原意，更不待言矣。能读原文者，自能知吾言非自矜妄为大言也。"② 自以神思快捷，洞悉原文，神情通达，骄矜之态溢于言表。《胡适年谱》记曰，1914年7月13日，"译就拜伦《哀希腊》，寄许怡荪，使印售之"。③ 所谓"译就"应是修改，然"印售"一事似未果。胡适所言改良文学八事，在对准南社开刀。1916年正与南社诸人往来辩难之际，将译稿寄送陈独秀。10年之前在中国公学，胡适与马君武曾有师生之谊，然此时不满渐增。1916年5月30日，马君武由欧洲赴纽约。胡适日记记曰："先生留此五日，聚谈之时甚多，其所专治之学术，非吾所能测其浅深。然颇觉其通常之思想眼光，十年以来，似无甚进步。其于欧洲之思想文学，似亦无所心得。先生负国中重望，大可有为，顾十年之预备不过如此，吾不独为先生惜，亦为社会国家惜也。"对文学革命问题，两人显然话不投机。

陈独秀拟将胡适所译拜伦诗，刊诸《新青年》，8月13日致书胡适云："马君武君顷应为《青年》撰文，第八号当可录至，足下所译摆伦诗……语有侵马处，可稍改之乎？"所言马君武为杂志所撰之文，应是发表于《新青年》2卷2、3、4、5号之译著《赫克尔之一元哲学》，"赫克尔（E. Haeckel）"

---

① 胡适：《裴伦·哀希腊歌》（1914年2月3日），《胡适日记全编》第1册，合肥：安徽教育出版社2001年，第230页。
② 胡适：《裴伦·哀希腊歌》（1914年2月3日），《胡适日记全编》第1册，合肥：安徽教育出版社，2001年，第230-238页。
③ 耿云志编：《胡适年谱》，北京：中华书局1986年，第29页。

今译海格尔。笔者未在《新青年》见到《哀希腊歌》，原因不得其详。该文收入1920年出版之《尝试集》附录，保留1916年5月11日夜所作序文，中有如下句："颇嫌君武失之讹，而曼殊失之晦。讹则失真，晦则不达，均非善译也。"而删去日记中对苏、马之点评。① 1916年之前，马君武已翻译黑格尔、歌德、拜伦、列夫·托尔斯泰、席勒等人之著作或作品。早在1903年即发表《法兰西文学说例》，对法国文学之体例门类予以介绍，在国内实属空谷足音。② 南社本不避讳新思潮和文学革命，马氏更为新锐。1915年5月7日函高天梅曰："图强之真原因为智识进步，科学发明，而新文明之输入，实吾国图存之最先着。共和国老辈，终不能与此潮流相敌也。"③ 马氏所欲输入之"新文明"，内核实不脱欧陆非理性主义，与胡适所崇奉之实验主义不免扞格。胡适称其"于欧洲之思想文学"无所心得，原因盖在于此。欧陆派与美国实验派、浪漫主义与理性主义之矛盾，一开始即萌生于新文化运动之中，此后在知识界日渐放大。1935年国家主义派机关刊物《国论月刊》即指出："现在中国因为留学错误政策的结果，以致美国思想充分支配了中国，养成一类浅薄功利的观念，把理想生活完全视为空谈……我们今后应努力介绍欧洲大陆的纯理风气，特别是坚苦深沉的德国学风，以期矫正弊习。"④ 其实梅光迪、胡先骕所以与胡适出现分歧，与其崇奉新人文主义大师白璧德极有关联。南社时为国粹主义、非理性主义、浪漫主义之渊薮，马君武、苏曼殊皆为南社名士，胡适必加贬抑而后快，实隐含更深思想对抗。陈独秀于2卷1号所标举者6人，在胡适进身为文学革命旗手之时，南社在新文化运动舞台上，唯有扫地以尽。

---

① 胡适：《哀希腊歌》，《尝试集》，杭州：浙江文艺出版社1997年，第84-85页。
② 马君武：《法兰西文学说例》，莫世祥编：《马君武集：1900—1919》，武汉：华中师范大学出版社1991年，第176-180页。
③ 马君武：《与高天梅书》(1915年5月7日)，杨天石、王学庄编著：《南社史长编》，北京：中国人民大学出版社1995年，第387页。
④ 《编完后记》，《国论月刊》第1卷第4期，1935年10月20日，第2页。

四

　　新文化一旦演为社会运动，艺术与学理即不能不受政治考量之冲击。钱氏本肯定《聊斋志异》之"作意"，然数月后即对胡适表示："玄同以为就作意而言，此书尚有可取之处。惟专用典故堆砌成文，专从字面上弄巧，则实欲令人作恶，故斥之为'全篇不通'耳。"既肯定其"作意"，复斥为"全篇不通"，矛盾背后是对胡适之顺应。及1918年初，钱玄同继而放弃此前对《金瓶梅》之正面评价，表示"我自己取消前说"，"且我以为不但《金瓶梅》流弊甚大，就是《红楼》《水浒》，亦非青年所宜读"。在致陈独秀函中更谓，从青年良好读物着想，"实在可以说，中国小说，没有一部好的，没有一部应该读的"。依此类推，苏曼殊小说自然不是"应该读的"，此后钱氏几不再言及苏曼殊。在文学革命臻于高潮之际，1918年5月，苏曼殊于上海悄然离世。除沈尹默、刘半农在《新青年》5卷6号为诗悼念外，陈独秀、钱玄同、周氏兄弟等老友，未留下任何悼念文字，斯亦无怪其然。此后数年，苏曼殊似被新文化派所遗忘。

　　其实，新文化派内部不仅人事上矛盾重重，学养与思想构成亦相当分殊，其所以形成派别，乃社会运动之合力使然，其价值认同层面则相当脆弱。胡适与陈独秀之分歧，虽局外人亦能明察。1917年4月，柳亚子致函杨杏佛谓："《新青年》陈独秀弟亦相识，所撰《非孔》诸篇，先得我心，至论文学革命，则未免为胡适所卖。"1917年10月16日，刘半农致钱玄同书提及文学革命事，云："然前天适之说，'独秀近来颇不起劲'，不知是何道理？"[①] 至少可以肯定，陈独秀与胡适之分歧，显然不限于枝节问题。及1922年，胡适发表《五十年来中国之文学》，对苏曼殊不赞一词，反成触发"曼殊热"之契机之一。郁达夫即指出："因为胡适之氏的《最近五十年的中国文学》里，没有苏曼殊的名氏，一般年轻气盛的文学家，都起了反感，竭力地在为曼殊出

---

① 徐瑞岳编著：《刘半农年谱》，北京：中国矿业大学出版社1989年，第44页。

气。"① 其实，周作人与沈尹默、刘半农悼诗同期发表《人的文学》，已为"曼殊热"埋下伏笔。1926年前后，其本人适成"曼殊热"之重要推助者。前已述及，迨1921年，钱玄同公开在影响甚大之《觉悟》副刊声称"我和曼殊也是朋友"。1921年12月《胡适文存》结集出版，收入钱氏论及苏曼殊函，原函"曼殊上人思想高洁，所为小说，足为新文学之始基乎"之句，改为"曼殊上人思想高洁，所为小说，描写人生真处，足为新文学之始基乎"。胡适《序例》特别说明："卷一附录钱玄同先生的两篇通信是钱先生自己修改过的。"此表明钱氏评价曼殊说部，仍回复前说。1926年陈独秀与柳亚子谈话，大赞"曼殊是一个绝顶聪明的人，真是所谓天才"。鲁迅在1931年前后，亦称曼殊是"同志"和"朋友"。理性和政治运动尘埃落定之时，浪漫与情感之魂，依旧归附文学。

【原刊《学术研究》2012年第8期】

---

① 郁达夫：《杂评曼殊的作品》，《郁达夫文集》第5卷，广州：花城出版社1982年，第256页。

古典抒情主义的没落

——再论苏曼殊与五四文学革命的关系

陈志华

早期《新青年》（第一卷名为《青年杂志》）的原创文学作品非常少：从创刊至第二卷发起"文学革命"，仅有谢无量、方澍的三首古体诗和苏曼殊文言小说《碎簪记》发表。究其原因，除刊物同人缺少"职业作家"外，更主要的是主编陈独秀苦苦寻求中国文学变革之路，却没有相应的文学创作作为呼应和支持。

即使这少数作品也饱受争议，对于苏曼殊小说，更有"思想高洁"和"所记全是兽性的肉欲"这样截然相反的评价。苏曼殊为什么能出现在《新青年》的视野中？断言世界文学潮流已由理想主义（Romanticism）转为写实主义的陈独秀，为何会推出"浪漫主义"作家？与当初将其列为"襄助本刊"的当代名流反差巨大，《新青年》在苏曼殊去世半年后才登出两首悼亡短诗，该如何解释和评价新文化阵营前恭后倨的矛盾态度？

一、苏曼殊的诗歌为何没进入《新青年》视野

1915 年年底，群益书社重版苏曼殊《文学因缘》而改名为《汉英文学因缘》，广告刊登在《新青年》一卷三号上：

是书为中人之通英文及英人之通中文者，杂译中国及英国极优美之诗词而成。中国之诗词，上溯周秦，下迄近世，皆有选录，悉英译之；英人之著

作，则又以汉文译之，都七十余首。中国译界，得未曾有。译事中惟诗词最难显达，而此书之作，则皆词气凑泊、神情宛肖，不失原文意旨。特前此散见群籍，未尝成书。曼殊室主人，吾国之夙于世界文学者也，见而惜之，因集录以成是册。名之文学因缘，意盖谓文学界中不可多得之事也。

《新青年》初创时社内文字多由主编担任，加之陈独秀和苏曼殊关系密切，此广告应该就出自陈独秀之手。《汉英文学因缘》以英文翻译的中国古典诗歌为主，夹杂有英文、梵文的汉译作品。该书将翻译梵文的《阿输迦王表彰佛诞生处碑》置于卷首，一是表达对梵文、汉文等东方文字"字体甚茂密""八转十罗微妙傀琦"的赞叹，二是缅怀当初见到碑文古迹时所生发的怅远追昔之慨，所谓"忆昔舟经锡兰，凭吊断塔颓垣，凄然泪下，有'恒河落日千山碧，王舍号风万木烟'句，不亦重可哀耶"①，即表达了厚古薄今的怀古幽思。但出版广告似乎有意忽略了《汉英文学因缘》的整体抒情倾向，对译文语言风格和审美趣味未作过多评价。同一页还有为陈仲（陈独秀）《汉译英文选》所做的广告，认为该书"所言多西欧风俗，文章幽秀娴雅，美若诗画。且骋辞轻妙，绝无艰深难解之病……汉释之文，清洁无滓，尤为可贵"②，更多从现实和读者接受的角度立论。"幽秀娴雅"的文风概括似乎与《文学因缘》无甚差别，但联系苏曼殊译诗喜用古字僻字营造幽远高深的意境，不难看出"艰深难解之病"和"清洁无滓"都实有所指。

除了文风上的去古典化，初期《新青年》在作品选择上也偏向现实主义和内涵模糊的"自然主义"，而和注重主观抒情和传奇色彩的浪漫主义渐行渐远。一卷三号刊有谢无量的《寄会稽山人八十四韵》，该诗不仅用长篇排律铺张，渲染沿长江所见景色，而且用意也不在抒发羁旅愁思或悲春伤秋之感，"马上诗书废，人间战伐盈"等句可看出老南社"激昂慷慨之气"的延续。诗前小序显示这是六年前的旧作③，能被《新青年》选中，和它展现长江沿

---

① 朱少璋：《曼殊外集——苏曼殊编译集四种》，北京：学苑出版社 2009 年，第 54 页。
② 《汉译英文选》（陈仲编撰）出版广告，《新青年》1 卷 3 号，1915 年 11 月。
③ "己酉岁未尽，七日自芜湖溯江还蜀，入春淹泊峡中。观物叙怀辄露鄙音，略不诠理，奉寄会稽山人冀资唱噱。"按：《新青年》及《南社丛刻》均作"巳酉岁"，今按干支纪年改正。己酉岁即 1909 年，当时谢无量二十六岁，刚刚结束在上海的编书生涯，赴蜀出任学堂监督。

岸蹈武扬厉的民风有很大关系。陈独秀附于诗后的"记者志"认为:"文学者,国民最高精神之表现也。国人此种精神委顿久矣……吾国人伟大精神,犹未丧失也欤? 于此征之。"① 可见,他评价文学的最高标准是能否代表"国民最高精神",结构和词句等都要服从对国人伟大精神的表现。这种"最高国民精神",从大处说是《敬告青年》所列的"自主的而非奴隶的"等青年精神改造"六义",从小处说则是非抒情非想象的写实主义文风。谢诗的大量景物描写突显了诗歌的叙事功能,同时所抒之情也超越个人层面而上升为国家民族的大我情感。这就可以解释,早期《新青年》为何选择了谢无量和方澍的诗歌,却放弃了同为南社中人且诗名更盛的苏曼殊。

  苏曼殊一生钟情英国浪漫主义诗人拜伦,引起他强烈共鸣的是拜伦对于爱情和自由的追求,以及遭祖国离弃后所产生的悲愤之情。身上流着中日两国的血脉,无论是个人身世还是国家认同都给苏曼殊带来巨大困惑与痛苦,这是他在日本养病时"泛舟中禅寺湖,歌拜伦《哀希腊》之篇,歌已哭,哭复歌"② 的真正原因。柳无忌曾将《潮音·自序》翻译为中文:"拜伦……是个热情真诚的自由信仰者;——他敢于要求每件事物的自由——大的小的、社会或政治的。他不知道怎样或哪里是到了极端。……他是个坦白而高尚的人。当正从事于一件伟大的事业,他就到了末日。他去过希腊,在那里曾助着几个为自由而奋斗的爱国者。他一生的生活、境遇与著作,都缠结在恋爱和自由之中。"③ 苏曼殊的一生也是"缠结在恋爱和自由之中",只不过他所谓"自由"更多指向一种似是而非的宗教性追求。一方面,他的"以情求道"十分认真,无论是《儆告十方佛弟子启》这样改造佛教制度的宣告书,还是将僧装照放在所编著的书里,都表明佛教于他不仅是文化象征符号,更是真实生命的一部分。另一方面,由于与同时代知识分子"求道"方式迥异,"不知道怎样或哪里是到了极端",又给他带来无尽的困惑、失落乃至绝望。佛家以内省冥想的方式追求精神超脱,和拜伦的放纵情感及不羁行为无法相容,这在苏曼殊心灵深处产生了

---

① 陈独秀:《寄会稽山人八十四韵·记者附识》,《新青年》1卷3号,1915年11月。
② 朱少璋:《曼殊外集——苏曼殊编译集四种》,学苑出版社2009年,第315页。
③ 朱少璋:《曼殊外集——苏曼殊编译集四种》,学苑出版社2009年,第319页。

剧烈冲突。有人认为苏曼殊的嗜食"底里总不免带有自残的意味"①,但据诗人自己所说,贪食也是"悟道"的一部分,"虽餐啖无禁,亦犹志公之茹鱼脍,六祖之在猎群耳"②,自虐自戕实际成了缓解内在紧张的极端手段,又给他带来无尽的困惑、失落乃至绝望。

《新青年》其实早就有意推介拜伦。陈独秀曾问胡适"足下所译摆伦(即拜伦:引者注)诗,拟载之《青年》,可乎"③,说的就是胡适翻译的《哀希腊歌》。在作为"个人思想草稿"的《藏晖室劄记》中,胡适为《哀希腊歌》作序,认为拜伦的诗歌"富于情性气魄,而铸词炼句,颇失之粗豪",一经翻译,则"其词句小疵,往往为其深情奇气所掩,读者仅见其所长,而不觉其所短矣";又评论马、苏两家的翻译,"君武失之讹,而曼殊失之晦,讹则失真,晦则不达"④。即使苏曼殊的译诗也未出现在《新青年》上,表明他暗含"深情奇气"而颇具晚唐气象的抒情风格,已和"文学革命"的崇尚浅露直白根本不同;他珍视的"拜伦式"浪漫抒情风格,也早为陈独秀、胡适等人抛弃。刘半农的《拜伦遗事》发表在《新青年》二卷四号上,看重的是拜伦不背离世俗道德伦理的一面,为说明拜伦是"性喜漫游而笃于天伦之人",而重点介绍了他游历欧亚大陆时写给母亲的书信。我们不知道这种价值取向多大程度上受到《新青年》编辑方针的影响,但从陈独秀对《决斗》这类写实小说的渴求⑤,以及对理想主义的批评⑥来看,拜伦的浪漫主义色彩被有意无意地抹去,显然不是简单的个人行为,而和当时的整体文学风气转向有关。

---

① 柳亚子:《苏曼殊全集》(四),中国书店 1985 年,386 页。
② 《潮音·跋》,《曼殊外集苏曼殊编译集四种》,学苑出版社 2009 年,第 316 页。有研究者指出,《潮音·跋》对曼殊身世异常熟悉,从写作风格判断,其作者飞锡很可能就是苏曼殊自己。
③ 水如:《陈独秀书信集》,新华出版社 1987 年,第 27 页。
④ 欧阳哲生:《胡适文集》第 9 卷,北京大学出版社 1987 年,第 190 页。
⑤ 陈独秀致胡适信:"足下功课之暇,尚求为《青年》多译短篇名著若《决斗》者,以为改良文学之先导。"见水如编《陈独秀书信集》,北京:新华出版社 1987 年,第 26 页。
⑥ 陈独秀答张永言:"理想之义,视此较有活气,不为古人所囿;然或悬拟人格,或描写神圣,脱离现实,梦入想象之黄金世界。写实主义自然主义乃与自然科学实证哲学同时进步,此乃人类思想由虚入实之一贯精神也。"见《新青年》1 卷 6 号"通信"栏。

二、《碎簪记》：冲突于传统小说模式的现代情思

苏曼殊与唯美主义作家王尔德的关联早已为论者注意到。1915 年《绛纱记》揭载于《甲寅》杂志，章士钊即提到其中的"人生之真"，"方今世道虽有进，而其虚伪罪恶，尚不容真人生者存；即之而不得，处豚笠而梦游天国，非有情者所堪也，是宜死矣"，其表征，则是女优岳丽艳"彼已知人生之真，使不得即，不死何待"。① 陈独秀也提到王尔德的《莎乐美》，以此证明柯姆特（Comte）"爱情者，生活之本源"的说法。他们将苏曼殊和王尔德相提并论，是因为他们都有颓唐迷惘、困于情而惑于行的世纪末色彩，"昙鸾此书，殆亦怀疑之义欤"，"其书写爱与死，可谓淋漓尽致矣"②。王尔德的世纪末情绪引起苏曼殊的强烈共鸣，他所表现出的苦闷、彷徨和悲观颓废的思想情绪，都与对非理性主义、神秘主义和下意识的崇拜有密切关系。

较之《甲寅》，《新青年》对王尔德的判断退后了一大步。薛琪瑛认为王尔德的创作属于"晚近欧洲著名之自然派文学"，而视之为讽喻世风人情的批判现实主义③。陈独秀也认为王尔德主要"以自然派文学驰声今世"，至于其明显的唯美主义倾向，只以"服装之美，文思之奇，世之评者毁誉各半"等含糊带过。这里的自然主义（Naturalism）实指介于现实主义和现代主义之间的文学流派，其核心特征是与理想主义"勇战苦斗"，"凡属自然现象，莫不有艺术之价值；梦想理想之人生，不若取夫世事人情、诚实描写之有以发挥真美也"。④ 有意剥离其现代主义成分，过分强调对"世事人情"的"诚实描写"，使陈独秀们忽略了王尔德以个人情感抒发为中心的颓废倾向。

苏曼殊富于抒情色彩的小说也常被当作写实文学对待。柳亚子写作《苏玄瑛新传》而采纳《潮音·跋》和《断鸿零雁记》的内容，就是把"小说家

---

① 章士钊：《绛纱记·序》，《甲寅》1 卷 7 号，1915 年 7 月。
② 陈独秀：《现代欧洲文艺史谭》，《新青年》1 卷 3 号，1915 年 11 月。
③ 薛琪瑛认为，《意中人》"曲中之义，乃指吾人对于他人德行的缺点。谓吾人应存仁爱宽恕之心，不可只知憎恶他人之过，尤当因人过失而生怜爱心，谋扶掖之。夫妇之间，亦应尔也"。见《意中人·译者识》，《新青年》1 卷 2 号，1915 年 10 月。
④ 陈独秀：《现代欧洲文艺史谭》，《新青年》1 卷 3 号，1915 年 11 月。

文学史论类　277

言"当作事实的最好例证。陈独秀评论《碎簪记》说,"食色性也,况夫终身配偶,笃爱之情耶？人类未出黑暗野蛮时代,个人意志之自由,迫压于社会恶习者又何仅此",也从小说与现实合一的角度立论。但他接着又说,"不审吾友笑余穿凿有失作者之意否耶"①,可见对小说究竟以描写爱情悲剧还是控诉"社会恶习"为主产生了怀疑。有研究者指出,由于第一叙述者"余"的强力介入,《碎簪记》的主角庄湜被挤压得扁平化了②；但反过来看,这也正是苏曼殊强烈的主观抒情性和写实小说的冷静客观叙述之间不能融合的结果。故事开头交代"余"与友人游西湖的经历,这些人或实有其人或在其他小说里出现过,其目的,在于把真实的人生体验投射到虚构的故事③中,以营造全篇的似真幻觉。

《碎簪记》确实增加了表现社会生活和时代背景的内容,无论庄湜因反对袁世凯称帝被羁押,还是小说人物批评美国"利用物质文明,而使平民日趋于贫",或作者直接抨击因"时移俗易"而"长妇姹女""其实假自由之名而行越货",都能看出苏曼殊在反思前期小说过分注重一己悲欢的偏颇。但是,《碎簪记》的现代启蒙思想被拘囿于古典小说的表达方式中,而无法自由地显露出来。有人指出苏曼殊和屈原之间的联系,认为他"文情并丽,踵武楚骚,得香草美人之意"④。与庄湜相恋的两个美女（莲佩和灵芳）的名字的确能让人联想到"制芰荷以为衣兮,集芙蓉以为裳""佩缤纷其繁饰兮,芳菲菲其弥章"等古典诗歌。《碎簪记》写"我"和庄湜、灵芳、莲佩共同游西湖的梦境,其中已有几分现代主义的味道,残破的荷叶和岸边的小花,似乎都是人生苦短的暗示。但也仅此而已,梦中景象实际和现实差别不大,很难从中看出潜隐于人意识深处的恐惧和欲望：生之温馨和死之黑暗,在这人与花、生机与凋零、现实和梦境之间达成了暂时的和解。作者说,"顾梦境之事,似与真境无有差别。但以我私心而论,梦境之味,实长于真境滋多",但此处梦境只是营造、延伸小说意境的手段,而无法和意识流、象征主义等现代表现手

---

① 陈独秀：《〈碎簪记〉后序》,《新青年》2卷4号,1916年12月。
② 余杰：《尴尬的叙述者——苏曼殊〈碎簪记〉细读》,《中国现代文学研究丛刊》1998年第2期。
③ 苏曼殊曾致信刘半农,"来示过誉,诚惶诚恐。所记固属子虚,望先生不必问也",可见,刘半农也曾怀疑《碎簪记》所记确有其事。见《苏曼殊全集》(一),中国书店1985年。
④ 柳亚子：《苏曼殊全集》(四),中国书店1985年,第99页。

法等同起来。

《碎簪记》对包括基督教文化在内的整个西方文化的接受更为明显。燕莲佩是沐浴过欧风美雨的现代女性,她对欧美文化有深入了解,打算两三年后到欧洲"一吊新战场"。在博物院剧场观看"泰西名剧"时,她竟能够边看边为庄湜的婶母口译台词。剧中人物对"上帝之爱"的慨叹使她深受震撼:

What the world calls love, I neither know nor want. I know God's love, and that is not weak or mild. That is hard even unto the terror of death; it offers caresses which leave wounds. What did God answer in the olive-grove, when the Son lay sweating in agony, and prayed and prayed: "Let this cup pass from me?" Did he take the cup of pain from His mouth? No, child; He had to drain it to the depth. (我不知道也不想要所谓世人之爱。我知道上帝的爱,它既不脆弱也不温和。它留下爱抚的伤口,甚至让人在面对死亡恐惧时难以忍受。人子耶稣痛苦而汗流浃背地祷告:"请让这杯离开我吧!"痛苦之杯是不是从他嘴边拿走了?没有,孩子;他不得不深深地喝了下去。)①

这段独白引用了《圣经》耶稣受难前在客西马尼园的祷告,真正打动莲佩的,是其中传递出的面对死亡时焦灼紧张而痛苦的情感。基督教认为人类为上帝所创造,死亡是对神不顺服及犯罪的结果。战胜死亡的唯一方法,就是相信上帝差派自己的独生子耶稣基督,为救赎人类的罪而被钉死在十字架上。作为完全的神之子和人之子,耶稣面对即将受死的命运倍感痛苦,祈求从他嘴边拿走苦杯;但为了完成使命,他最终选择了顺服父神的旨意走向十字架。庄湜的软弱性格和人生悲剧,在根源上和基督宗教的牺牲精神有相通之处。一方面,他以报恩心理爱着灵芳,虽然两人很少见面,一支定情的玉簪就将他们紧紧联系在一起;另一方面,莲佩的美丽多情当然也打动了他,加上对叔婶的顺服隐忍,他无法拒绝莲佩的不断示爱,而在痛苦中越陷越深。他被赋予了太多自身难以承受的意义,因此一生都处在困惑和矛盾中。

---

① 苏曼殊:《碎簪记》(续),《新青年》2卷4号。括号内为笔者试译。

《碎簪记》显示，苏曼殊正经历思想情感和文学创作的重大转变，却无法找到合适的表达方式与故事模式完成根本性突破。僧人身份已成为早年的遗产，佛教也不再是他安身立命的终极归宿，新的包含社会批判和启蒙主义思想的人生观世界观正在形成。由于能够直接阅读外国文学作品，流行于西方的现实主义和现代主义对他形成冲击，文学风格的改变势在必然。爱情故事是苏曼殊文学世界的基本架构，他借才子佳人故事完成对人生意义的悲观主义参悟。形成其支撑的，是个性解放、恋爱自由和封建家长阻碍这样对立统一却颇为脆弱的三个支柱，一旦其中之一作局部改变，他就不得不面临失语的窘境。这使得苏曼殊难以实现根本突变而融入新文学改革潮流中；之后的《非梦记》，又完全退回到"某生"爱情加传奇的旧小说套路里了。

三、《新青年》同人对苏曼殊的接受与批评

《碎簪记》最初在《新青年》上发表时并未引起太大反响，除陈独秀所作"后序"，几乎看不到公开的评论文字。这和杂志当初宣称的，因苏曼殊等襄助而"嗣后内容，当较前尤有精彩"极不相称。因此有读者建议，"子民、秋桐、曼殊诸先生，均为当代文士所宗仰。倘表同意，宜请其多作提倡改良文学之文字"①。其中，蔡元培有关于欧战和孔教的演说发表，章士钊也有和"改良文学"无关的《经济学之总原则》出现，反倒是苏曼殊在《碎簪记》后便杳无踪迹了。

其实，在如何处理和评价苏曼殊作品方面，《新青年》同人的争论一直没有停止过。胡适的尖刻批评已广为人知："苏曼殊所著小说……实不能知其好处。《绛纱记》所记，全是兽性的肉欲……《焚剑记》直是一篇胡说。其书尚不可比《聊斋志异》之百一，有何价值可言耶？"②这种接近咒骂的语言与攻击古文派的"选学妖孽，桐城谬种"几乎如出一辙。以温和著称的胡适，竟以如此激烈的态度对待《新青年》阵营的作家，的确让人费解。有人将此

---

① 佚名：《致陈独秀》，见《新青年》3卷3号"通信"栏，1917年5月。
② 胡适：《论小说及白话韵文》，见《新青年》4卷1号"通信"栏，1918年1月。

归结为宗派之争,认为胡适急需以攻击文坛敌人上位,对苏曼殊等南社名士"必加贬抑而后快"①。但这无法解释,何以同为南社中人的刘半农、沈尹默很快融入文学革新潮流,而苏曼殊却被摒弃于新文学阵营外,乃至在后来的新文学史自我建构中逐渐消失。

胡适的《文学改良刍议》发表后,在究竟以语言形式还是思想内容作为评价旧文学、建构新文学的最高标准方面,新青年同人存在很大分歧。钱玄同提出,应以"思想"和"情感"为标准筛选中国小说,这样真正有价值的旧白话小说只有《水浒传》《红楼梦》和《官场现形记》等几部,其余不是"诲淫诲盗之作"就是"神怪不经之谈"。他恰恰忽略了胡适的白话"为将来文学必用之利器"这一根本命题,而从文学思想评价出发,认为"曼殊上人思想高洁,所为小说,描写人生真处,足为新文学之始基乎"②。可见,钱玄同所设想和描述的新文学理想特质,是以表现现代人的思想情感为中心的,至于选择怎样的表达形式,则属次要问题。这在一定程度上契合了陈独秀的评价标准:《红楼梦》等"善写人情,岂非文字之大本领乎",不移除鄙夷戏曲小说的风气,则"文学界决无进步之可言"。③ 以此看来,同样描写爱情的小说就有了高下之分,"唐代小说,描画淫亵,称道鬼怪,乃轻薄文人浮艳之作",《聊斋志异》托狐鬼故事寄寓读书人的恋爱幻想,也"于文学上实无大价值"④,无法与《金瓶梅》《红楼梦》等描写社会百象的"写实派"小说相比。

这当然和胡适以语言形式改革旧文学的思路有根本差别,"适以为论文学者固当注重内容,然亦不当忽略其文学的结构",《二十年目睹之怪现状》好就好在以"我"来统摄"种种不相关属之材料",全书因此"乃有所附着有所统系"⑤。至于爱情小说,"我以为今日中国人所谓男女情爱,尚全是兽性的肉欲,今日一面正宜立排《金瓶梅》一类之书,一面积极译著高尚的言情

---

① 敖光旭:《文学革命与苏曼殊之文坛境遇》,《学术研究》2012年第8期。
② 钱玄同:《致胡适》,见《新青年》三卷一号"通信"栏,1917年3月。
③ 陈独秀:《答钱玄同》,见《新青年》三卷一号"通信"栏,1917年3月。
④ 水如:《陈独秀书信集》,新华出版社1987年,第91页。
⑤ 胡适:《致陈独秀》,《新青年》3卷4号,1917年6月。

之作"①。说到底,中国旧小说的男女情爱故事都无法体现文学"美感",以文言写作的《碎簪记》也当然包括其中;理想的新白话小说尚未出现,只能是"先译后著",从外国作品中寻找范本。以其选译的《决斗》《二渔夫》等来看,胡适在有意排斥表达男女间炽热恋情的作品,而将爱的范围扩展为家庭亲情、为国牺牲的人类大爱。②他认为《梅吕哀》"不足以代表莫氏之自然主义,然其情韵独厚,尤近东方人心理",所指乃是"哀而不伤,乐而不淫"的古代田园式情感,与浪漫主义、非理性主义文学所表达的现代情感有根本不同。

陈独秀对胡适的主张深表赞同,他倡导的"自然派文学"不出客观写实的藩篱,因为它"义在如实描写社会,不许别有寄托,自堕理障"③。钱玄同也认为,"若是拿十九、二十世纪的西洋新文学眼光去评判,就是施耐庵、曹雪芹、吴敬梓,也还不能算做第一等",因为他们的小说"虽然配得上称'写实体小说',但是笔墨总嫌不干净"④。所谓"不干净"者,情色描写也,"往昔道德未进化,兽性肉欲犹极强烈之时,文学家不务撰述理想高尚之小说",这只能归咎于"前世文学家理想之幼稚"。道德标准因时代变迁而差别极大,虽然这些小说在当时被认定是"有价值之文学",但"二十一世纪时代之人"必定会"诋《碎簪记》《双枰记》《绛纱记》为淫书",正如当下认定《金瓶梅》《品花宝鉴》是淫书一样。⑤

贫病交加的苏曼殊于1918年5月在上海一家教会医院黯然离世。大概是他旧小说家的形象与文学革新格格不入,《新青年》对苏曼殊的死未作特别表示,直到年底出版的五卷六号,才有两首悼亡诗夹杂在"新诗"栏中刊出。沈尹默的《刘三来言,子谷死矣》充满戏谑味道,整首诗除了"当此见风力"外几乎看不到对逝者生前行状的表彰⑥,甚至没有一般悼亡之作的严肃庄

---

① 欧阳哲生:《胡适文集》第2卷,北京大学出版社1987年,第34页。
② 李宗刚:《胡适早期翻译小说〈决斗〉的文化解读》,《中国现代文学研究丛刊》2014年第4期。
③ 水如:《陈独秀书信集》,新华出版社1987年,第40页。
④ 水如:《陈独秀书信集》,新华出版社1987年,第195页。
⑤ 钱玄同:《致胡适》,《新青年》3卷6号,1917年8月。
⑥ 沈尹默:《刘三来言,子谷死矣》,《新青年》5卷6号。笔者按:杂志标注的出版日期为1918年12月,但据考证,该期《新青年》可能到1919年2月才出版。

重。对这位"不游方外"的诗僧,绝口不提其文学创作成就,而只是给出"任性行游,关心食色"这样形而下的判断,本身就表明一种态度。陈独秀大概不在沈尹默所谓"满座谈笑人"中,由于短期内无法理清苏曼殊文学遗产与文学革命间的关系,他对这位"畏友"的死始终未赞一词。鲁迅后来评价苏曼殊是个"古怪的人","与其说他是虚无主义者,倒应说是颓废派"①,也是从其日常行为立论:就外在表现看,集愚痴和狡黠为一体的"可怜人"身份,使苏曼殊难以完全融入僧界或俗界;而诗文小说的以旧格局容纳新思想,又使新、旧两个文学阵营都无法接受这样的边缘人。

刘半农对苏曼殊的"奇人"遭遇"庸死"更多感到同情和惋惜,他回忆了和苏曼殊仅有的一次会面②,当时因袁世凯称帝而国内政治气氛异常紧张,曼殊关心时局、耻谈学问的愤激之情溢于言表。通过和苏曼殊不多的交往,刘半农感到,无论是对"达吐"这一梵语名词的考证,还是对时人"犹是阿房三月泥,烧作未央千片瓦"句的激赏,都可看到他的诗人本色:扑朔迷离的身世和飘忽不定的行踪使苏曼殊成为传奇性人物,痴、黠、率真等都不过是他留给世人的多重面影中的一个。到19世纪20年代末,周作人对苏曼殊的人格和文学作出评价,相对要客观和公允些:以创作来看,"曼殊是一个很有天分的人,看他的绝句与小品文可以知道";个性上,他"又生就一副浪漫的性情,颇足以代表革命前后的文艺界的风气";然而"思想平常,或者有点像旧日读书人",难以完全摆脱过去时代的文人趣味。他充满古典抒情意味的文言小说被人不断模仿,末流逐渐流为格调不高的"鸳鸯蝴蝶派";而他始终走不出才子佳人的框架,"一半固然是由于传统的生长,一半则由于革命顿挫的反动,自然倾向颓废",已经和新文学走向完全不同的路径。③

就语言的使用来说,苏曼殊的创作大体上仍属古典抒情主义范畴。一方面,诗歌创作(包括译诗)对婉丽典雅风格的自觉追求,使他的整体审美倾向带有浓郁的古典抒情色彩,不仅与谢无量等的叙写生活场景有所不同,也和西方浪漫主义的偏爱热烈外显情感和奇崛瑰丽想象有本质区别。另一方面,

---

① 钟敬文:《寻找鲁迅·鲁迅印象》,北京出版社2002年,第316页。
② 刘半农:《悼曼殊》,《新青年》5卷6号。
③ 柳亚子:《苏曼殊全集》(五),中国书店1985年,第126—128页。

其小说局部的现代主义手法被陷入传统道德泥沼的爱情悲剧所掩盖，尤其是那些晚期作品，追求爱情满足、思想自由和有意识的社会讽刺之间形成了强烈冲突，当它们无法解决时，苏曼殊又不得不回到旧文人小说的叙述语言和故事框架中。

这样，《新青年》及新文学阵营对苏曼殊的疏远和批评就有了标本意义。指责他书写的爱情故事含有"兽性的肉欲"，实是对旧小说和旧道德观念的批判，以此为基点，理想的以社会"人"为中心的文学写实主义观念才得以确立。批评苏曼殊的行为方式和生存方式，乃是否定其文学审美范型的一种延伸。

《碎簪记》是"前五四"时期文学发展的一个界碑，对小说思想格调的评价由"高洁"急转为"低俗"，暗示着语言形式代替思想情感而成为文学作品评估的第一标准；直到"人的文学"观念正式提出后，这一偏置才真正得到纠正。

【原刊《山西师大学报》2018年第6期】

还原起点：现代文学肇端于南社

黄 轶

一、问题的提出：从"晚清模式"到"民国文学"的起点

20世纪八九十年代以来，中国现代文学价值重建和文学史重构一个重要学术路径是"20世纪中国文学整体观"与"晚清现代性"的论述。这一文学史建构思路最具代表性的成果是孔范今主编的《二十世纪中国文学史》。该著以"戊戌变法"作为现代文学的开端，以"现代性的发现"为鹄的，而且贯彻了"历史结构的悖论性选择"和"多元互补"的学术观念，着重强调了"历史发展的复杂性和多重性"[①]，具有重要的学术开拓意义。1997年，王德威《被压抑的现代性——晚清小说新论》由斯坦福大学出版社出版（中文版2005年由北京大学出版社出版）。如此，中国现代文学研究前沿出现了两个"高地"：一是传统的文学史叙事模式以"五四"为丰碑；二是为"晚清"树立了一座"现代性"的纪念碑。两个"高地"中间是不被学术史家赏识的辛亥革命文学，形成了叙述新文学创始初期的U字形结构。

"晚清模式"是20世纪末中国现当代文学研究领域出现的学术生长点，极大地推动了现当代文学研究的深入发展，海外学者"没有晚清，何来五四"的论断影响了不少学人。晚清的"现代性"当然不容忽视，这正是推重中国

---

① 孔范今主编：《二十世纪中国文学史》，山东文艺出版社1997年，第139页。

文学现代转型研究的意义。但"晚清模式"只是一种"缓兵之计",在此叙事逻辑中,一些海外学者以"撇清政治"来探讨"现代性"的种种可能,用"浪漫"或"抒情"的史学传统来阐释新文学传统。而当一切都被"纯粹"所置换,那么"历史发展的复杂性和多重性"就难以得到应有的尊重;文学史研究的对象不是"想象史",当"反思与重构"陷入"想象"的怪圈,为历史主义而历史主义的海外研究也无法为现代文学研究带来新机遇。

在"断代"问题上,学术界的另一大困扰则是"民国"与"现代"的分治。各类"民国史"如"民国经济史""民国军事史"均从1912开始,但撰写"现代经济史""现代军事史"却从"五四"为肇端,这便搁置辛亥革命到"五四"这几年历史。如史仲文、胡晓林主编的《中国全史·文学卷》"民国分卷"(葛留、张占国著),作者指出,民国文学史"是指从1911年辛亥革命至民国三十八年(1949)这一历史时期的文学发展史。它是中国文学从近代跨入现代的文学史"。期间又划分为"民国初期""'五四'时期""三十年代"和"抗日战争及抗日战争胜利后"四个时期,明确指出:"民国初期文学"则为"近代文学的尾声、新文学的前奏,带有过渡性,具有承上启下的作用","中国现代文学发端于'五四'新文化运动和文学革命"[①]。将"民国"与"现代"做此区分可谓学术界共识,但这显然值得怀疑。现代性的诉求如民主、科学、契约精神以及人文主义等现代理念,正是通过辛亥革命推翻皇权专制政体、最终以政令和典律的形式确立下来,成为以后的"典范"。蔡元培曾指出:"辛亥革命,实行'恢复中华建立民国'的宣言,当时思想言论的自由,几达极点。"后虽经袁世凯"洪宪帝制",但"自由思想的勃兴,仍不能遏抑,代表他的是陈独秀的《新青年》"[②]。可见,新文化运动正是酝酿于"辛亥"阶段所带来的风气。在这种学术语境下,近年来,几位学者各自从不同的学术理论提出了"民国文学"的概念,以此重新厘定"现代"的开端与现代文学史新的叙述模式。作为一种新的阐释框架,"民国文学"这一概念及其相关论述真正廓清了"现代文学"的前边界,从根本上突

[①] 史仲文、胡晓林主编:《中国全史》,中国书籍出版社2011年,第1104、1106、1112页。
[②] 蔡元培:《中国新文学大系·总序》,上海文艺出版社2003年,第7—8页。

破了"晚清现代性"的暧昧叙述和周全逻辑。①

有了"1912"这个界分和"民国文学"这一学术概念,就有了相应的文学史书写。目前有两部以 1912 年为前界的文学史值得关注,其中一部是顾彬 2008 年出版的《二十世纪中国文学史》。该著以 1912 年为"现代"的前端,之前为"现代前夜的中国文学",1912—1949 年为"民国时期文学"(未用"民国文学")。但顾彬仍陷入"民国"与"现代"分治的困惑,他说"一般来说,中国现代文学的真正开端被确定在两个时间点上":一是胡适提出"文章八事"的 1916 年,一是 1918 年《狂人日记》发表,但是"在它之前有一个既非有意为之也不无自相矛盾之处的长期准备过程","粗略说来从 1895 年(甲午战败)及 1898 年(变法维新)到 1915 年之间的年岁",民国初那几年显然也包含在这一"准备过程"中。② 可见,顾彬利用"民国时期文学"这一分界时就和《中国全史·文学卷·民国分卷》的作者一样,并非有意建构"民国文学"这个学术概念,可能也没有意识到"民国文学"是一个需要再论证的概念,而是在"20 世纪中国文学"的框架下书写这部文学史的。

真正尝试将"现代"与"民国"弥合的是丁帆主编的《中国新文学史》。该著在"绪论"中即廓清了新文学前沿边界划定的几种不同切分法,并指出了这些切分法的先天不足。这是当代文学史家首次明确对 20 世纪八九十年代以来的文学研究与文学史重构提出质疑,并从时间界分、语言形式、现代意义、汉语语体等方面阐释了所谓"新文学"的内涵:"民国以来以白话为主干但绝不完全排斥其他语言形式(如文言、方言)的具有现代意义的古汉语文学创作。"③ 然后又明确阐述了将"民国文学"即"1912 年的民国元年作为中国新文学起点"的三个重要理由:文学史的断代与政体分期的客观事实、资产阶级民主核心价值理念与"五四人的文学"的诞生、《临时约法》的制度建设与新的文学审美的开端。这三个理由为"新文学的民国元年起点"提供了掷地有声的依据。有论者认为,《中国新文学史》"把政治史与文学史相映

---

① 黄轶:《八九十年代以来现代文学的价值重建和文学史重构与海外研究》,《文艺理论研究》2014 年第 4 期。
② 顾彬:《二十世纪中国文学史》,华东师范大学出版社 2008 年,第 10 页。
③ 丁帆主编:《中国新文学史·绪论》,高等教育出版社 2013 年,第 1 页。

照,这是之前的文学史书所回避的,其间涉及文学与政治关系的看法"①,体现了编者对之前现代文学史观纠偏的意识。或许因目前关于"民国文学"的阶段性和政治文化区隔依然是个不好处理的论题,"民国文学"的表述还需再斟酌,教材"上编"分大陆文学、台港文学、离散文学,正文没有直接使用"民国文学";另外,该著在创制新体例的基础上,具体内容并未贯彻"1912年"为起点,开卷是"新文学三十年的晚清因素",从王国维的《红楼梦评论》开篇到通俗小说期刊的兴盛;接着的"新文学潮"是以"五四"新诗的诞生为起始的。这中间似乎有意遗落了"辛亥文学"即 1912—1919 年文学这重要一环——但忽略被称为"新旧文学的分水岭"的一环并非编写者的粗疏。著作提到的原因是:民初几年的文学以消闲娱乐的"鸳鸯蝴蝶派"小说为主体,其中体现的一点点现代启蒙意识无甚可观。

无论"民国文学史"在操作层面上存在着怎样的困难,民国文学的讨论对现代文学前端的重新确立其实已获学术界共识。同时,这两部以 1912 年为中国现代文学开端的文学史著的为难、犹疑之处也引发我们去思考:以"晚清"为界曾经带来关于维新派和"旧派文学"如何入史?以"五四"为起点的文学史是把鲁迅《狂人日记》作为现代文学史的开卷之作,现在以"1912"为前界,如何认定开局作家的入史标准才更像"现代文学史"?哪位作家或哪部作品堪称中国新文学肇始呢?

二、南社何以为现代文学开端?——以南社知识分子结构为中心

中国现代文学的肇端应是南社及其文学创作。要理清这个问题,首先要分析南社及其知识分子群体构成。南社是 1909 年成立于苏州的一个文化-文学社团,发起人为陈去病、柳亚子、高旭等,而其主要活动地和刊物《南社丛刻》的编撰在上海。中国近代文学研究者王飙曾这样界定"南社":"南社,是 20 世纪初以民主革命启蒙思想宣传家、文学家为中坚,以推翻清朝统治为共同政治基础,以振起国魂、弘扬国粹为主导文化思想的全国性、近代

---

① 王尧、张蕾:《评丁帆主编的〈中国新文学史〉》,《中国现代文学研究丛刊》2013 年第 12 期。

性文学和文化社团。"南社以当时一批文化界、政治界精英为主体,几乎囊括了20世纪初中国各方面尤其是江南各省叱咤风云的知识分子。"武昌起义前夕,南社成员已有228人。民国初建,南社声望大增,迅速扩大,社员至1916年达825人。1917年后继续增加,最多时达1180余人。"① 据说,当时中国最高学府的北京大学文科学者有80%的都是南方人,其中许多人都与南社有关,这正反映了社会激变期知识分子探索中国出路的急切,查阅《南社名录》,可以发现鲁迅、茅盾等也赫然在册。

南社成员大致可以分为三类:

第一,具有强烈政治情怀的革命人士,如追随孙中山进行民族、民主革命的诗人陈去病、柳亚子、高旭等,政法界的黄兴、沈钧儒、马君武、陈布雷、何香凝、廖仲恺、张志让、戴季陶、邵元冲、宋教仁等,教育界的马叙伦、陈望道、胡蕴、郑之蕃等,很多是后来国民党中坚分子。这一派后来发生了分裂,柳亚子、何香凝等转向新民主主义或社会主义革命,并在1949年中华人民共和国成立后成为人民民主统一战线的重要活动家。正由于这批人的存在,新南社于1949年4月在北平(今北京)举行了最后一次雅集。

第二,学术界、文化界、宗教界、新闻出版界的知识分子代表,如黄人、姚石子、林白水、蔡守、胡朴安、刘三、李叔同、杨杏佛、夏丏尊、邵飘萍、成舍我等。黄人是当时的东吴大学教授,是首部《中国文学史》的编写者,浩浩巨著达170万言。李叔同1911年在上海结识了柳亚子等南社社友,翌年2月由朱少屏引荐加入南社,多次参加雅集,并组织文美会和乐石社。而邵飘萍则是民国时期著名的报人和摄影家,是中国新闻业先驱之一。1918年,邵飘萍开办中国首家新闻通讯社,创办《京报》,倡导成立了中国第一个新闻学研究团体北京大学新闻研究会,曾经资助当时在北大图书馆做助理员的毛泽东。1925年,邵飘萍加入中国共产党,翌年被张作霖杀害,为争取言论和出版自由奉献了生命。

第三,"辛亥"前后一批富有成就的文学家,其中包括通俗作家群体即所谓"鸳鸯蝴蝶派"的主力作家如徐枕亚、胡寄尘、范烟桥、姚鹓雏、包天笑、

---

① 王飙:《再论南社》,见张夷主编:《南社钩沉》,山东画报出版社2009年,第22、27页。

周瘦鹃等,也有一些著名的文人艺术家,如苏曼殊、高旭、吴梅、黄宾虹、曹聚仁等,也包括后来成为五四新文学运动中坚力量的作家如鲁迅、茅盾、沈尹默、刘半农、欧阳予倩等。1911年3月14日,鲁迅在致好友许寿裳的信函中提到:"迩又拟立一社,集资刊越先正著述,次第流布,已得同志数人,亦是蚊子负山之业,然此蚊不自量力之勇,亦尚可嘉。"① 4—5月间,陈去病、宋琳在绍兴成立南社分社越社,《越社简章》曰:"本社由南社分设于越,故以越名。"②鲁迅加入越社,参与创办《越铎日报》,并为该社编辑《越社丛刊》第1辑。辛亥革命时,鲁迅参与绍兴光复。"以光复会会员为骨干的革命派,由越社出面,在开元寺开会,公推鲁迅为主席,鲁迅提议了若干临时办法……11月8日,王金发率领革命军进入绍兴,鲁迅组织越社社员出城迎接。受绍兴军政分府任命,为山会师范学堂监督。为《越铎日报》撰写《出世辞》,以极大的革命热情欢呼辛亥革命的胜利。"③ 由此见,鲁迅后来数篇日记中都记到的关于"越铎报"或"越铎报馆"事件,与其在辛亥革命时期参加的社团活动是分不开的;其《怀旧》《头发的故事》《阿Q正传》《风波》《狂人日记》等数篇小说写到"辛亥革命"的荒唐,但嘲讽中更带着英雄失路的悲凉,也不足为奇了。鲁迅后来出任中华民国南京临时政府、北京政府教育部部员、佥事,也并非空穴来风、一时机缘,其前期的"革命活动"与其后来参加"左联"的诸项工作,似乎也是一脉相承的。1923年5月,茅盾与柳亚子、廖仲恺等组建"新南社",之后参与该社诸多工作。1949年4月16日下午,柳亚子在北平(今北京)中山公园来今雨轩主持南社、新南社联合临时雅集,茅盾与欧阳予倩、邵力子、郑桐荪、胡先骕等社友与会。

从以上三类知识分子构成可以看出,南社成员大部分都是文坛中人。南社的文学家主体主要有三大类别:一是诗人群体,旧体诗是南社文学的魂魄,柳亚子、陈去病、苏曼殊、高旭、谢无量、刘三等都有大量诗作传世,在"辛亥"前后形成旧体诗"最后的盛宴",在思想主张方面宣扬现代理念,所谓"旧瓶装新酒";二是小说家群体,最主要的即"鸳鸯蝴蝶派"和"新小

---

① 鲁迅:《致许寿裳》,《鲁迅全集》第11卷,人民文学出版社2005年,第346页。
② 《越社简章》,《帝国日报》1911年5月26日。
③ 张夷、蔡镜浩主编:《南社百位辛亥人物与苏州·山塘》,中国美术出版社2011年,第302页。

说家",形成了声势浩大的"民国旧派小说"作家群;三是以鲁迅、茅盾、沈尹默等为代表、一向被归入"五四"一代的新文学家。由此可见,当时南社被时人称为"中国文学界之中心"① 可谓名正言顺,南社实为民初文学的肇造者。

这里仅以苏曼殊的交游、创作与思想为例,来谈谈南社与民初文学的关系。

三、异代之际的知识分子及其文学选择——以苏曼殊为中心

苏曼殊是"辛亥"前后异代之际知识分子的典型代表,其短暂的一生注解了晚清民初那个过渡时代知识者追寻家国理想的艰难步履及其心路历程。同鲁迅一样,苏曼殊1903年开始从事文学创作与翻译。1902年,苏曼殊与陈独秀在日本相识于"青年会",一起参加"拒俄义勇军",反对沙俄侵占中国东北,陈独秀被遣返回国后,苏曼殊也回到国内。1903年,陈独秀等在上海创办《国民日日报》,苏曼殊曾任英文翻译,并意译了雨果的《悲惨世界》(译名《惨世界》),这是雨果这部名著的首部中译本。作为民国文学初创阶段的重要作家,苏曼殊可谓"译介之虹",他对雨果《悲惨世界》、印度文学、西方浪漫主义诗歌尤其是对拜伦、雪莱等的译介以及其中所体现的译学思想,在中国现代文学翻译史和中西文化交流史上都具有重要先驱意义;作为"浪漫之桥",他出入中国古典与现代审美间的浪漫绝句以及自叙传式的诗情小说开启了五四的浪漫抒情派文学,尤其是对创造社作家群的影响更为深远;作为"'鸳蝴'之渡",苏曼殊的哀情小说在民初小说格局中高标独异,贯通雅俗的品质赢得了雅文学界与俗文学界共同的好评。尤其是在1912年5月12日至8月7日,其长篇小说《断鸿零雁记》重刊于上海《太平洋报》,更一时洛阳纸贵。《断鸿零雁记》是标志中国小说叙事模式现代转型的重要著作,其自叙传体的第一人称叙事,包括该文本对爱情的发现和意义重估以及对于对现代审美意识的开拓,均使之成为1912年文坛上一个特别重要的文学

---

① 宋教仁、景耀月等:《告在京南社诸社友》,《民主报》1912年8月13日。

现象。1916年，苏曼殊在《新青年》上发表小说《碎簪记》，这是该刊自创办以来刊登的首篇创作小说。

苏曼殊曾经是披发长歌的革命者；也曾将佛学当作一项文化事业地渴望成为佛学家，甚而执着追求"断惑证真、悟入真如"，努力向高僧大德的目标迈进；更曾经试图以体现西方人文精神的浪漫主义诗歌来启迪民智。但苏曼殊终究没有成为名垂青史的革命家，也未成为像他的朋友陈独秀、鲁迅那种坚定的启蒙主义者，未如章太炎所期待的成为"佛教界的马丁·路德"，更没能"断惑证真、悟入真如"成为佛门高士。他最终以艺术的、审美的力量，而不是政治的、启蒙的以及宗教的力量参与了审美现代转化工程。换言之，作为富有浪漫气质和才情的知识者，他最注重文学家的自我身份定位，并最终以"审美主义"的文艺家的姿态切入了中国文化现代转型的历史进程。无论是苏曼殊具有"清新的近代味"的古体诗，还是促动了浪漫主义小说的萌动与勃兴和鸳鸯蝴蝶派的最终形成的写情小说，特别是他的对于拜伦、雨果等西方文艺家的引进，苏曼殊的文学成为现代审美主义追求的一枝报春花。苏曼殊以文学艺术抱慰其生存悖论中的个体挣扎，深深地影响了"五四"一代的浪漫主义写作和行为风度。

苏曼殊与中国新文学圈的陈独秀、鲁迅、周作人、刘半农等素有交集，也是郁达夫、沈尹默、冯至、田汉等热烈追慕的文学偶像，影响波及徐志摩、施蛰存、王统照、林语堂、俞平伯、许地山、无名氏等后来者。但在以后新文学经典化的过程中，却丧失了"先驱"的位置，其中的原因值得加以探讨。

第一个因素是五四新文学的雅俗对峙观。反对"游戏的消遣的金钱主义的文学观念"① 的五四新文学首先是靠晚清文学以"通俗化"为特征的文化叛离，从中国传统文学中解脱出来的，但随着"五四"对于服务于历史目的的严肃主题的强调，这种通俗文学在屡遭挞伐后便自然而然地游离于文学主潮之外。南社作为20世纪第一个爱国文学社团，许多成名的鸳鸯蝴蝶派作家跻身其内，如包天笑、徐枕亚、刘铁冷、陈蝶仙、许指严、贡少芹、周瘦鹃、朱鸳雏等，在经历了革命的洗练以后，对时代的触摸从形而上的家国关怀转

---

① 《茅盾全集》第18卷，人民文学出版社1989年，第233页。

向形而下的生存现实体贴,从社群之家的文学载道转向个人之家的文学自慰,对传统思想习俗及文学文体审美观念、文言形式的继承惯性使他们很快找到了言情、侠义、狭邪等传统之路。作为南社成员之一,苏曼殊到达上海之后常与这些文人一起吃花酒、听戏曲,在文字上也多有交流。1912 年对于鸳鸯蝴蝶派有着非同寻常的意义:在写情小说渐次流行的基础上,出现了对"鸳蝴派"最终形成和发展有重大影响的作品,即苏曼殊的《断鸿零雁记》和徐枕亚的《玉梨魂》。但根本上言,苏曼殊与这个通俗作家群又有区隔。① 即苏曼殊的文字是贯通雅俗的。退一步讲,如果我们无法否定自新文学诞生起,通俗文学就一直与其共存于一体,承担着文学"经国之大业"之外的另一重要使命,即文学之"另一翼",那就无可否定民初通俗文学乃晚清"新小说潮"之必然结果,也是极力张扬文学之历史功利性的"小说界革命"之反动。

苏曼殊不受"五四"写实派待见的第二个原因,是其文学语言是文言。五四新文学一个最大的"实绩",就是确立了白话文的正宗地位,这一实绩,经《中国新文学大系》得以巩固。但这种放弃对思想内容的观照而仅从形式主义所作的论断,一直就有质疑的声音。在今天的文学研究中,我们不得不正视新文学的现代化既有文学语言之嬗变,也有文学市场之需求,还有审美向度之追求,亦有思想启蒙的历史要求,这些书写一起构成了新文学史多边对峙的文学空间。

1918 年 5 月苏曼殊驾鹤西去,此时"新文化运动"和"文学革命"正方兴未艾。苏曼殊圆寂后,中国新文学界纷纷以诗文抒哀悼之情,表追慕之意,刘半农有《悼曼殊》等 8 首、沈尹默有《读子谷遗稿感题》等 8 首、刘大白有《十七年十二月十六日访曼殊塔》诗 4 首;田汉在《苏曼殊与可怜的侣离雁》中曾把苏曼殊与法国 19 世纪最伟大的抒情诗人魏尔伦等相提并论,称许他们同是绝代愁人,"才能同作这样绝代伤心的愁句"②;熊润桐在《苏曼殊及其燕子龛诗》中称赞苏曼殊的诗"最是抒情诗中上乘的作品",曼殊遗诗是他"最好的朋友"③。可以说,苏曼殊是清末民初文坛"不可无一,不可有

---

① 黄轶:《苏曼殊与鸳鸯蝴蝶派关系重论》,《江苏社会科学》2007 年第 3 期。
② 柳亚子编:《苏曼殊全集》(影印本四),北京书店 1985 年,第 234 页。
③ 柳亚子编:《苏曼殊全集》(影印本四),北京书店 1985 年,第 252、238 页。

二"的文学家①,是研究中国文学现代转型一条不可逾越的风景带,他的文本对于历史的双向叩问丰富了中国文学的历史维度。中国文学发展到苏曼殊,是中西文化交流会通、冲突撞击的结果,并不是传统或者现代所能单独成就的。因此,若要郑重其事地为"民国文学史"立定一个开端,南社文学家苏曼殊及其创造可当仁不让。

四、我们何以拒绝南社?——兼及"新文学"的经典化问题

在"晚清模式""五四模式"以及民国文学史书写中,南社均被有意无意地"冷落"乃至"遗忘",其原因是多方面的,从中亦可一窥中国"新文学"经典化的纷繁复杂。

第一,首当其冲的原因是在1940年代"延安文艺座谈会"以后的现代思想史建构和文学经典化过程中,"五四"成为"中国文化战线或思想战线上"一个特殊的界分点,其"新民主主义"革命开端的性质被确认,"五四"文学的价值被充分肯定,其历史地位已经约定俗成,这一论述作为意识形态的一部分,顺理成章地成为后世文学史 叙事模式的基点。因此,当1950年代初,中国现代文学学科作为中国当代文学学科的"对应物"被提出时,必然要以"五四"为起点,南社自然不在其列,并由此奠定了中国现代文学史的叙述模式。而中国古代文学叙述到"南社",颇为尴尬,因为此前的明清小说四大名著已够灿烂,晚清"谴责小说"的政治文化批判色彩也尤其合乎意识形态需要,一个文学史阶段以此为结篇也很光彩,"南社"这个政治色彩过于复杂的社团,只能成为中国古代文学一个不动声色的尾巴。

第二,1980年代后期以来的文学史重写偏向将文学史从思想政治史的拉拔中解脱出来,回避文学与政治意识形态的密切关系,而南社恰恰是具有鲜明政治倾向性甚而革命实践性的文化-文学社团,南社的"排满革命"早已不合时宜,南社对政治的热情成为它被自由主义知识分子接受的屏障,甚至在以后的文化反思中柳亚子与政治人物的结缘被视为知识分子趋附的一个缩影。

---

① 柳无忌编:《苏曼殊研究》,上海人民出版社1987年,第435页。

关于"革命"与"文学"的关系,尤其是"辛亥"前后南社与"革命文学"的关系,当年南社成员汪精卫还是一个革命者时曾为《南社丛选》作序,他说:"中国之革命文学,自庚子以后,始自日著,其影响所及,当日之人心,为之转移,而中华民国于此形成,此治中国文学史者,所必不容忽也。近世各国之革命,必有革命文学为之前驱,其革命文学之采色,必灿然有异于其时代之前后,中国之革命文学亦然。"① 其分析颇为中肯。

第三,南社文人是由长袍马褂别别扭扭地改穿西装革履的一代,行为举止上旧知识分子习气较为浓厚,思想文化上更为倾向于旧学,这也阻隔了后人对南社知识分子精神现代性的认识。汪精卫在《南社丛选·序》中还认为,革命文学从民族、民权、民生之内容到"形式之范成",皆根柢于国学之菁华"为其枝干"、西学之义蕴"为其条理",由此,"一变三百年来奄奄不振之士气"。但在"五四"人看来,南社人更多是名士风流和才子气,性情、修养、思想、行为还在"那个世界",当然这里边也有"五四"一代"亲远疏近"的策略——所谓"师承",其实就是一个从敬佩到师从再到选择和超越的递进链条。鲁迅对南社文人在辛亥革命前后的变化有过略显尖刻的揭示:"希望革命的文人,革命一到,反而沉没下去的例子,在中国便曾有过的。即如清末的南社,便是鼓吹革命的文学团体,他们叹汉族的被压制,愤满人的凶横,渴望着'光复旧物'。但民国成立以后,倒寂然无声了。我想,这是因为他们的理想,是在革命以后,'重见汉官威仪',峨冠博带。而事实并不这样,所以反而索然无味,不想执笔了。"② 鲁迅"一生矢志于对虚伪道德人格的批判,其批判的不是具体的个人,而是传统文化体系的消极功能以及这一消极功能所造成的道德虚伪"③,他显然将这批文人视为借助革命以博取"功名厚禄"的旧式读书人。胡适早年在上海中国公学曾与傅君剑学古体诗,天天抱着《诗韵合璧》看得如痴如醉,他在《四十自述》中曾写道:"我在病脚气的几个月之中发现了一个新世界,同时也决定了我一生的命运。我从此走上

---

① 胡朴安编:《南社丛选》,佛学书局1924年。
② 《鲁迅全集》第4卷,人民文学出版社2005年,第137—138页。
③ 张福贵:《鲁迅研究的三种范式与当下的价值选择》,《中国社会科学》2013年第11期。

了文学史学的路……终无法挽回了。"① 但他在新文化运动时期对南社批评尤力。1916年，胡适曾经针对1915年《新青年》发表南社诗人谢无量长律，公开宣称："如南社诸人夸而不实，滥而不精，浮夸淫琐，几无足称者？"② 李敖在《胡适评传》中很是替南社和傅君剑抱不平："当然他（傅）没想到，他这位身边的小朋友，竟在十年后大骂他所参加的诗社——'南社'，说它'淫滥'！也没想到这位被他刺激出来的小诗人，竟在十年后耍出了什么'白话诗'，并且否认'南社'团体在文学史中的地位。"③ 其实，南社文人一个方面承继了江南士子如明末清初东林党人"坚挺"的一面，失败后的落拓又有江南才子柔婉一面的爆发。有学者在肯定南社作为"新文化前驱"的基础上，指认"南社的文化保守也体现了中华民族在现代化历程中对本民族内在'自我'的顽强守护，承担了民族文化的薪火相传，并非可以一笔抹杀"④。从文化地理角度考察，其实是晚清以上海为中心的文化话语权随着大批知识分子北移到了北京，"新青年"后来成为北京新文化圈的执牛耳者。柳亚子、叶楚伧成立的"新南社"曾经尝试弥合"旧文学"与"新文学"的缝隙，甚至改造"旧文学"为"新文学"，把"旧文学的南社"改造为"新文学的南社"。但是由于其成员结构基本上依然是南社的乡谊网络，且组织者也过于在意"领导权"或"主导权"，无法更理性、客观地反思南社的成败与得失，以致新南社一时成为"聚集国民党官员、社会贤达的短期文化俱乐部"⑤。

第四，南社诗文以文言为主，这不仅与"五四"的白话理念冲突，也与后来的"旧诗文如何入史"的争论有关。晚清国语运动的目标是普及教育、言文合一到统一语言，逐渐"国语"（白话）与"国文"并举："国语者，由祖先传来精神上之财产也"，是"吸集"国民团结力、爱国心以及启慧之具。⑥ 1910年，资政院议员江谦在《质问学部分年筹办国语教育说帖》中对学部分年筹办国语教育事项提出质问说帖，将"国语"与"国文"合并，正

---

① 胡适：《四十自述》，安徽教育出版社2006年，第73页。
② 胡适：《寄陈独秀》，《新青年》第2卷第2号，1916年10月1日。
③ 李敖：《胡适评传》，台北远景出版社1979。
④ 卢文芸：《南社——新文化的前驱》，《南京理工大学学报》2005年第2期。
⑤ 孙之梅：《新南社：文学转型的青果》，《求是学刊》2008年第1期。
⑥ 悲观生：《论国语统一之关系及统一之法》，《大公报》1904年10月28日。

式为国语正名。① 1913年,"读音统一会"决议"请教育部将初等小学'国文'一科改为'国语',或另添'国语'一门"。② "五四"以白话文为文学正宗和正统,从此奠定了现代文学的白话书写传统。到1920年,教育部发文:"自本年秋季起,凡国民学校一二年级,先改国文为语体文,以期收言文一致之效。"③ 胡适后来在《中国新文学大系〈建设理论集〉导言》中总结,"文学革命的主要意义实在只是文学工具的革命"④。

第五,南社与鸳鸯蝴蝶派的关系以及新文学史叙事对通俗文学的否定性批评也是阻碍人们正面认识南社的原因之一。现代文学界对商品化的娱乐消遣文艺的批评源远流长。1916年,陈独秀将《青年杂志》改刊为《新青年》,在第2卷1—6号上刊有同一则《通告》,特意指出该杂志"且得当代名流之助……允许关于青年文字,皆由本志发表。嗣后内容,当较前大有精彩。此不独本志之私幸,亦读者诸君文字之缘也",苏曼殊与胡适并列"当代名流"之列。改制后《新青年》第3、4号上连载有苏曼殊的《碎簪记》,胡适著名的《文学改良刍议》则刊于第5号上,可见苏曼殊与胡适在文学道路上是有交集的。但以启蒙主义为鹄的胡适在1917年11月给钱玄同的信中称:"先生屡称苏曼殊所作小说。吾在上海时,特取而细读之,实不能知其好处。《绛纱记》所记,全是兽性的肉欲。其中拉入几段绝无关系的材料,以凑篇幅,盖受今日几块钱一千字之恶俗之影响者。《焚剑记》直是一篇胡说。"⑤ 茅盾本来曾经是早期通俗文学刊物《小说月报》的编辑,后来他批评该派的艺术观时直言:"替他说得好些,是中了中国成语所谓'书中自有黄金屋,书中自有颜如玉'的毒,若要老实不客气说,简直是中了'拜金主义'的毒,是真艺术的仇敌。"因为他们思想上存在一大错误"就是游戏的消遣的金钱主义的文学观念"。⑥ 可能也正因此,鲁迅、茅盾等新文学家的南社经历在后来的文学史叙述中被有意无意地遮蔽了。

---

① 文字改革出版社编:《清末文字改革文集》,北京文字改革出版社1958年,第116-117页。
② 黎锦熙:《国语运动》,商务印书馆1933年,第66页。
③ 黎锦熙:《国语运动》,商务印书馆1933年,第75-76页。
④ 胡适:《中国新文学大系·建设理论集》(影印本),上海文艺出版社2003年,第31页。
⑤ 胡适:《胡适文存》第1册,台北远东图书公司1953年,第43页。
⑥ 茅盾:《自然主义与中国现代小说》,《小说月报》13卷第7期。

由于上述种种原因,南社在中国现代文学史书写中一直若隐若显。但正如鲁迅研究中"如果单纯'把鲁迅还给鲁迅'的口号作历史性理解的话,最后结果可能就是鲁迅只是属于鲁迅"①,同样,我们重新认识南社,比较包容地看待这一代知识分子的"旧",择取他们在创建新的政治文化秩序和文学格局上所体现的"新",不再回避南社与辛亥革命的关系,不再遮蔽南社与"五四"文学家群体的关联,不再埋没南社文学在民初文学肇造中的价值和意义,正是为了更好、更全面地认识和理解中国现代文学的开创和流变。唐德刚当年在谈到"五四"的"问题与主义"之争时说,"专凭常识抬杠,是不可能有深度的",而是需要"精湛的(输入的)学理,和有充分资料的研究做背景"②。其实,确立中国现代文学史的开局也是如此"大问题",这里提出"南社乃现代文学肇端"的论题,实乃抛砖引玉之论。

【原刊《河北学刊》2019年第3期】

---

① 张福贵:《鲁迅研究的三种范式与当下的价值选择》,《中国社会科学》2013年第11期。
② 唐德刚译注:《胡适口述自传》,广西师范大学出版社2005年,第198页。

附录一

苏曼殊作品集目录

黄 轶

沈尹默辑:《曼殊上人诗稿》,上海:亚东图书馆1921年

周瘦鹃编:《燕子龛残稿》,上海:大东书局1923年

段菴旋编:《燕子山僧集》,上海:中原中局初版,长沙:湘益出版社(再版)1926年

柳亚子编:《苏曼殊全集》,上海:北新书局1928年,北京书店1985年影印本

周瘦鹃编:《曼殊遗集》,上海:大东书局1928年

柳亚子编:《曼殊遗迹》,上海:北新书局1929年

时希圣编:《曼殊小丛书》,上海:北新书局1929年

柳亚子编:《曼殊全集》(普及版),上海:北新书局1933年

柳亚子选编:《曼殊作品选集》上海:光华书局1933年

平襟亚编:《苏曼殊译作集》,上海:开华书局1933年

文公直编:《曼殊大师全集》,上海:新文化书社1935年

储菊人编:《苏曼殊全集》,上海:中央书店1935年

罗芳洲编:《苏曼殊遗著》,上海:亚西亚书局1937年

刘斯奋笺注:《苏曼殊诗笺注》,广州:广东人民出版社1981年

施蛰存辑录:《燕子龛诗》,南昌:江西人民出版社1981年

浙江人民出版社编:《苏曼殊小说集》,杭州:浙江人民出版社1981年

裴效维编选：《苏曼殊小说诗歌集》，北京：中国社会科学出版社 1982 年

马以君笺注：《燕子龛诗笺注》，成都：四川人民出版社 1983 年

陈平原：《苏曼殊小说集》，杭州：浙江文艺出版社 1983 年

柳亚子编：《苏曼殊全集》，北京：中国书店 1985 年

陈平原编：《苏曼殊小说全编》，珠海：珠海出版社 1985 年

曾德珪编注：《苏曼殊诗文选注》，太原：山西人民出版社 1986 年

马以君编：《苏曼殊文集》，广州：花城出版社 1991 年

姜静楠编著：《苏曼殊评传作品选》，北京：中国文史出版社 1998 年

查振科选编：《苏曼殊集》，沈阳：沈阳出版社 1998 年

姜德铭编：《中国现代名家经典文库·苏曼殊卷》，北京：中国戏剧出版社 2001 年

汪树东、龙红莲选编：《苏曼殊作品精选》，武汉：长江文艺出版社 2002 年

王宁主编：《苏曼殊作品》，长春：时代文艺出版社 2004 年

瑞峰主编：《苏曼殊作品选》，北京：中央民族大学出版社 2005 年

柳亚子编：《苏曼殊全集》，北京：当代中国出版社 2007 年

张竟无编：《苏曼殊集》，北京：东方出版社 2008 年

书林主编：《苏曼殊文集》，北京：线装书局 2009 年

朱少璋编：《曼殊外集：苏曼殊编译集四种》，北京：学苑出版社 2009 年

柳亚子编订：《苏曼殊全集》，哈尔滨：哈尔滨出版社 2011 年

邵盈午注：《苏曼殊诗集》，北京：北京十月文艺出版社 2013 年

邵盈午编注：《苏曼殊诗全注全解》，哈尔滨：北方文艺出版社 2019 年

周然校：《燕子山僧诗集》（全一册），上海：三联书店 2020 年

黄轶编注：《苏曼殊文学译作全集》，郑州：河南古籍出版社（编审中）

附录二

苏曼殊研究资料目录汇编

黄 轶

1. 论著、评传类

柳亚子：《苏曼殊年谱及其他》，上海：北新书局 1927 年

柳无忌编：《曼殊大师纪念集》，重庆：重庆正风出版社 1944 年

黄鸣岐：《苏曼殊评传》，上海：百新书店 1949 年

[美] 李欧梵：The Romantic Ceneration of Modern Chinese Writers，Harverd University，1973

[中国台湾] 朱传誉主编：《苏曼殊传记资料》，台北：天一出版社 1979 年

[中国台湾] 唐润钿：《革命诗僧苏曼殊传》，台北：近代中国出版社 1980 年

[中国台湾] 刘心皇：《苏曼殊大师新传》，台北：近代中国出版社 1984 年

中国人民政治协商会议珠海市委员会编：《苏曼殊诞生一百周年纪念专刊》，1984 年

陆爱玲：《苏曼殊的浪漫》，台北：精美出版社 1985 年

[美] 柳无忌编：《苏曼殊研究》，上海：上海人民出版社 1987 年

宋益乔：《情僧长恨——苏曼殊》，太原：北岳文艺出版社 1987 年

李蔚：《苏曼殊评传》，北京：社会科学文献出版社 1990 年

［日］饭冢朗：《诗僧苏曼殊》，甄西译，太原：山西教育出版社 1990 年

邵迎武：《苏曼殊新论》，天津：百花文艺出版社 1990 年

［美］柳无忌：《苏曼殊传》，王晶垚、李芸译，北京：生活·读书·新知三联书店 1992 年

张国安：《红尘孤旅——苏曼殊传》，台北：业强出版社 1992 年

朱少璋：《苏曼殊散论》，香港：下风堂文化事业出版公司 1994 年

陈星：《孤云野鹤苏曼殊》，济南：山东画报出版社 1995 年

陈星：《多情乃佛心——曼殊大师传》，台北：佛光出版社 1995 年

王长元：《沉沦的菩提——苏曼殊传》，长春：长春出版社 1995 年

毛策：《苏曼殊传论》，北京：中国人民大学出版社 1995 年

何士夫：《心魔·苏曼殊》，成都：四川人民出版社 1995 年

［中国香港］慕容羽军：《诗僧苏曼殊评传》，香港：当代文艺出版社 1996 年

［中国香港］朱少璋：《燕子山僧传》，香港：获益出版事业有限公司 1997 年

邵盈午：《苏曼殊传》，北京：团结出版社 1998 年

姜静楠：《苏曼殊评传作品选》，北京：中国文史出版社 1998 年

［日］中薗英助：《诗僧苏曼殊》，甄西译，太原：山西教育出版社 1999 年

黄永健：《苏曼殊诗画论》，北京：中国社会科学出版社 2001 年

刘诚、盛晓玲：《情僧诗僧苏曼殊》，上海：学林出版社 2004 年

大荒、隐尘：《苏曼殊说禅》，北京：中国广播电视出版社 2006 年

邵盈午：《情僧梦露：苏曼殊画传》，北京：团结出版社 2006 年

黄轶：《现代启蒙语境下的审美开创：苏曼殊文学论》，上海：上海人民出版社 2008 年

敖光旭：《亦僧亦俗的文化奇人——苏曼殊》，广州：广东人民出版社 2008 年

陈世强：《苏曼殊图像：画家·诗人·僧徒·情侣的一生》，北京：中国青年出版社 2008 年

李蔚：《苏曼殊》，珠海：珠海出版社 2008 年

林律光：《苏曼殊之文艺特色研究》，台北：花木兰文化出版社 2010 年

邵盈午：《尘梦禅心：苏曼殊画传》，天津：百花文艺出版社 2010 年

崔久成：《爱别离：民国游子苏曼殊的红尘往事》，长沙：岳麓书社 2011 年

白落梅：《恨不相逢未剃时　情僧苏曼殊的红尘游历》，北京：华文出版社 2011 年

彭训文：《忏尽情禅空色相：苏曼殊传》，北京：北京联合出版公司 2012 年

邵盈午：《苏曼殊新传》，北京：东方出版社 2012 年

孟语嫣：《欢也飘零，悲也飘零：苏曼殊的红尘游记》，北京：中国华侨出版社 2013 年

徐星平：《苏曼殊传》，北京：中国青年出版社 2014 年

董上德：《苏曼殊》，广州：广东人民出版社 2014 年

涂国文：《苏曼殊情传》，北京：知识出版社 2015 年

黄轶：《苏曼殊与中国文学现代转型研究》，上海：东方出版中心 2016 年

黄轶：《由苏曼殊看晚清民初文学变革》，新北：花木兰文化事业有限公司 2018 年

白落梅：《今生只做红尘客：苏曼殊传》，长沙：湖南文艺出版社 2019 年

唐珂：《跨文化的行者苏曼殊》，上海：复旦大学出版社 2019 年

张伟：《苏曼殊：诗心寄禅思》，济南：济南出版社 2020 年

2. 期刊、报纸论文类

马静之：《读曼殊诗有感》，《南州国学专修院校刊》1911 年

章炳麟：《自题造像赠曼殊师》，《甲寅（东京）》第 1 卷第 10 期，1915 年

《敬悼苏曼殊先生》，《北京大学日刊》第 132 期，1918 年 5 月 9 日

章父译：《曼殊画谱序》，《诗声》第 4 卷第 2 期，1919 年

郑逸梅：《逸梅丛拾》，《礼拜六》第 129 期，1921 年

郑逸梅：《曼殊上人燕子龛随笔》，《礼拜六》第 136 期，1921 年

竹林：《为苏曼殊先生辩白》，《民国日报·觉悟》第 10 卷第 27 期，1921 年 10 月 27 日

《曼殊谐札》，《紫兰花片》第 8 期，1923 年

杨鸿烈：《苏曼殊传》，《晨报附镌》1923 年 11 月 23—26 日

周作人：《致苏曼殊传的作者》，《晨报附镌》1923 年 11 月 23 日

胡寄尘：《说海感旧录之二：苏曼殊》，《半月》第 2 卷第 21 期，1923 年 7 月 14 日

柳无忌：《译苏曼殊潮音序》，《新南社社刊》第 1 期，1924 年

熊润桐：《苏曼殊及其燕子龛诗》，《革新（广东）》第 1 卷第 5 期，1924 年 2 月

章太炎：《曼殊画谱序》，《海潮音》第 5 卷第 9 期，1924 年 10 月 18 日

《僧曼殊诗》，《恩平公报》第 4 卷第 31 期，1925 年 12 月 13 日

时甫：《关于研究苏曼殊的重要书籍介绍（为国民新闻报曼殊特号作）》，《海天潮》1925 年 11 月 10 日

柳弃疾：《苏玄瑛传》，《小说世界》第 13 卷第 19 期，1926 年 5 月

章炳麟：《苏玄瑛传》，《小说世界》第 13 卷第 19 期，1926 年 5 月

德：《曼殊与梦殊》，《良友》第 4 期，1926 年 5 月 15 日

啸霞：《苏曼殊潮音集英文自叙》，《清华文艺》第 6 期，1926 年 6 月 4 日

秋山：《章太炎为苏曼殊译诗》，《小说世界》第 14 卷第 5 期，1926 年 7 月 30 日

柳亚子：《关于段菴旋〈燕子山僧集〉的我见种种》，《语丝》第 101 期，1926 年 10 月

赵景深：《关于曼殊大师》，《语丝》第 105 期，1926 年 11 月

柳亚子：《苏曼殊之我观》，《语丝》第 108 期，1926 年 12 月

柳无忌：《日本僧飞锡〈潮音跋〉及其考证》，《语丝》第 109 期，1926 年 12 月

柳亚子：《对于飞锡〈潮音跋〉的意见》，《语丝》第 109 期，1926 年 12 月

柳亚子：《苏曼殊〈绛纱记〉之考证》，《语丝》第 112 期，1927 年 1 月

玄瑛：《曼殊大师遗牍（三通）》，《语丝》第 119 期，1927 年 2 月

学昭：《关于曼殊大师的卒年》，《语丝》第 124 期，1927 年 3 月

顾醉萸：《关于苏曼殊之记述》，《紫罗兰》第 2 卷第 7 期，1927 年 3 月 18 日

逸梅：《曼殊遗诗》，《新上海》第 2 卷第 7 期，1927 年 4 月 1 日

郁达夫：《杂评曼殊的作品》，《洪水》第 3 卷第 31 期，1927 年 4 月 15 日

沈燕谋：《谈曼殊弄玄虚》，《世界日报副刊》1927 年 5 月 3 日

罗建业：《曼殊研究草稿》，《世界日报副刊》1927 年 5 月 3 日

庐冀野：《曼殊研究草稿》，《世界日报副刊》1927 年 5 月 3 日

柳无忌：《苏曼殊的年谱》，《清华周刊》第 27 卷第 12、13 号，1927 年 5 月 6、13 日

柳无忌：《苏曼殊及其友人》，《语丝》第 131、132、135 期，1927 年 5、6 月

岂明：《答芸深先生》，《语丝》第 135 期，1927 年 6 月 11 日

柳无忌：《关于焚剑记等》，《语丝》第 140 期，1927 年 7 月

何世玲：《关于曼殊大师的几句话》，《语丝》第 140 期，1927 年 7 月

柳无忌：《苏曼殊年谱（续）》，《小说世界》第 16 卷第 6 期，1927 年 8 月 5 日

姚鹓雏：《感旧诗》，《紫罗兰》第 3 卷第 2 期，1928 年 4 月 20 日

周瘦鹃：《曼殊忆语》，《紫罗兰》第 3 卷第 2 期，1928 年 4 月 20 日

顾悼秋：《年华风柳》，《紫罗兰》第 3 卷第 2 期，1928 年 4 月 20 日

记者：《中外书报介绍与批评：苏曼殊年谱及其他》，《国闻周报》第 5 卷第 20 期，1928 年 5 月 27 日

红石：《苏曼殊的血统》，《骆驼画报》第 29 起，1928 年 5 月 30 日

邵元冲：《曼殊遗载》，《建国（广州）》第 19 期，1928 年 9 月 22 日

稚子：《茶花女与苏曼殊》，《伴侣杂志》第 4 期，1928 年 10 月 1 日

亚子：《苏曼殊年谱后记》，《北新月刊》第 3 卷第 1 期，1929 年 1 月 1 日

大郎：《苏曼殊诗集中之一疑点》，《大晶画报》第 3 期，1929 年 3 月 27 日

林晓：《曼殊作品及其品质之评价》，《益世报》1929 年 8 月 20 日

曹恩藻：《曼殊上人侄女苏绍琼之死》，《紫罗兰》第 4 卷第 7 期，1929 年 10 月 1 日

陆笔军：《曼殊与敬安》，《紫罗兰》第 4 卷第 19 期，1930 年 4 月

希圣：《曼殊轶事》，《紫罗兰》第 4 卷第 22 期，1930 年 5 月 15 日

陆丹林：《苏曼殊》，《江苏革命博物馆月刊》第 11/12 期，1930 年 6/7 月

视高：《长眠孤山之曼殊上人》，《乐园》第 4 期，1930 年 8 月

何佐仁：《苏曼殊》，《江苏革命博物馆月刊》第 2 卷第 4 期，1930 年 11 月

黄连清：《参拜曼殊大师墓记》，《第九中学校刊》1931 年 6 月

李云山：《读曼殊传志感》，《新民》第 1 卷第 5 期，1931 年 6 月 15 日

《苏曼殊大师的天才》，《同泽月刊》第 3 卷第 3 期，1931 年 6 月 17 日

柳亚子：《重订苏曼殊年表》，《文艺杂志（沪）》第 1 卷第 2 期，1931 年 7 月

《胡寄尘替苏曼殊续撰遗稿的一篇旧账》，《中国新书月报》第 1 卷第 6/7 期，1931 年

王孙承：《西山落日吊曼殊》，《市中学生》第 2 期，1932 年

《曼殊底浪漫的故事》，《絮茜》第 1 卷第 2 期，1932 年 9 月 15 日

柳亚子：《苏曼殊略传》，《文艺茶话》第 1 卷第 4 期，1932 年 11 月

张默君：《忆曼殊》，《法制周报》第 1 卷第 18 期，1933 年 4 月 30 日

焰生：《曼殊十五周年祭》，《新垒》第 1 卷第 5 期，1933 年 5 月 15 日

华严一丐：《关于苏曼殊》，《珊瑚》第 3 卷第 4 期，1933 年 8 月 14 日

佛兰：《苏曼殊别传》，《新会沙堆侨安月报》第 82 期，1933 年 9 月 15 日

诸宗元：《曼殊逸事》，《珊瑚》第 3 卷第 5 期，1933 年 9 月

张健华：《读曼殊遗著感言》，《弘法社刊》第 23 期，1933 年 11 月

钮因沂：《苏曼殊》，《蕙兰》第 2 期，1934 年 1 月 17 日

《苏曼殊喜食糖果》，《摄影画报》第 10 卷第 37 期，1934 年

《苏曼殊的幽默》,《行健月刊》第 4 卷第 6 期,1934 年 6 月

寂公:《在现在中国文人心眼中的和尚》,《海潮音》第 15 卷第 10 期,1934 年 10 月

隆祥:《曼殊大师之我评》,《人海灯》第 2 卷第 6 期,1935 年 2 月 15 日

诗农:《纪念曼殊》,《人民周报》第 182 期,1935 年 7 月 20 日

徐沄秋:《苏曼殊之革命画册》,《国学论衡》第 6 期,1935 年 12 月 31 日

《苏曼殊的雪茄与巧格力糖》,《娱乐周报(上海)》第 2 卷第 23 期,1936 年

齐衍:《苏曼殊》,《人间世》第 2 期,1936 年

童祖安:《苏曼殊和八指头陀》,《效实学生》第 2/3 期,1936 年

邵元冲:《曼殊遗载》,《越风》第 11 期,1936 年 4 月 2 日

陈明章:《曼殊一生》,《鸣凤月刊》第 1 卷第 1 期,1936 年 4 月 6 日

饭塚朗:《苏曼殊论》,《读书青年》第 1 卷第 1 期,1936 年 7 月 1 日

冬藏:《章太炎与曼殊和尚》,《越风》第 18 期,1936 年 7 月 30 日

杨霁云:《曼殊诗出封神榜考》,《逸经》第 12 期,1936 年 8 月 20 日

孙湜:《关于苏曼殊之点点滴滴(附柳亚子考证函)》,方纪生译,《逸经》第 12 期,1936 年 8 月 20 日

温一如:《曼殊遗事》,《逸经》第 12 期,1936 年 8 月 20 日

陆丹林:《曼殊零墨》,《逸经》第 13 期,1936 年 9 月 5 日

唐蕴玉:《嚁班时代之苏曼殊及其他》,《逸经》第 13 期,1936 年 9 月 5 日

轶菴:《谈苏曼殊》,《北洋画报》第 32 卷第 1569 期,1937 年

冯自由:《苏曼殊之真面目》,《逸经》第 21 期,1937 年 1 月 5 日

慧云:《曼殊大师的佛教思想》,《佛教公论》第 1 卷第 10 期,1937 年 5 月 15 日

窦树百:《清凉诗话初稿》,《海潮音》第 18 卷第 6 期,1937 年 6 月 15 日

编者:《卷头致词》,《人间觉》第 2 卷第 12/13 期合刊,1937 年 7 月 5 日

迦陵:《谈曼殊上人的小说》第 2 卷第 12/13 期合刊,1937 年 7 月 5 日

饭塚朗著，顾凤城译：《苏曼殊论》第 2 卷第 12/13 期合刊，1937 年 7 月 5 日

大醒：《偶谈曼殊》第 2 卷第 12/13 期合刊，1937 年 7 月 5 日

湘僧：《泛论苏玄瑛的历史地位》第 2 卷第 12/13 期合刊，1937 年 7 月 5 日

通一：《我对于曼殊大师的观感》第 2 卷第 12/13 期合刊，1937 年 7 月 5 日

慧云：《曼殊大师生平思想之我观》第 2 卷第 12/13 期合刊，1937 年 7 月 5 日

化莊：《沉在"祸水"中底牺牲者》第 2 卷第 12/13 期合刊，1937 年 7 月 5 日

抛砖：《苏曼殊人物抉定之商确》第 2 卷第 12/13 期合刊，1937 年 7 月 5 日

邵元冲：《曼殊遗载》第 2 卷第 12/13 期合刊，1937 年 7 月 5 日
白秋：《憔悴了的柏叶》第 2 卷第 12/13 期合刊，1937 年 7 月 5 日
炎：《读断鸿零雁记书后》第 2 卷第 12/13 期合刊，1937 年 7 月 5 日
各加：《曼殊全集读后感》第 2 卷第 12/13 期合刊，1937 年 7 月 5 日
百衲：《我对曼殊大师之认识》第 2 卷第 12/13 期合刊，1937 年 7 月 5 日
半僧：《哭曼殊和尚》第 2 卷第 12/13 期合刊，1937 年 7 月 5 日
半僧：《仿曼殊和尚本事诗诗意十首》第 2 卷第 12/13 期合刊，1937 年 7 月 5 日

乌目山僧：《曼殊东归省母追赠以诗》第 2 卷第 12/13 期合刊，1937 年 7 月 5 日

张默君：《读曼殊遗载题后》第 2 卷第 12/13 期合刊，1937 年 7 月 5 日
萧梦霞：《读曼殊全集后题》第 2 卷第 12/13 期合刊，1937 年 7 月 5 日
萧梦霞：《曼殊上人墓前口占》第 2 卷第 12/13 期合刊，1937 年 7 月 5 日
林夕：《秋夜诵曼殊遗著》第 2 卷第 12/13 期合刊，1937 年 7 月 5 日
林秋湘：《曼殊上人墓前作》第 2 卷第 12/13 期合刊，1937 年 7 月 5 日

窦树百：《孤山吊曼殊大师墓》第 2 卷第 12/13 期合刊，1937 年 7 月 5 日

窦树百：《题曼殊大师集用集中句》第 2 卷第 12/13 期合刊，1937 年 7 月 5 日

东衡：《瞻礼曼殊大师墓塔有感》第 2 卷第 12/13 期合刊，1937 年 7 月 5 日

《曼殊的诗艺及身世》，《健康生活》第 17 卷第 2 期，1939 年 7 月 16 日

柳亚子：《曼殊的戒牒问题》，《大风（香港）》第 53 期，1939 年 11 月 5 日

亚子：《曼殊佚诗存疑》，《青年（上海）》第 6/7 期，1940 年 1 月 1 日

柳亚子：《冯自由"苏曼殊之真面目"笺注》，《大风（香港）》第 63、64 期，1940 年 3 月 5、20 日

桑瓦：《曼殊思想的评价》，《人间佛教》第 1 卷第 6 期，1940 年 6 月 20 日

孟玖：《曼殊大师与文学》，《中国文艺（北京）》第 2 卷第 6 期，1940 年 8 月 1 日

吻玉：《曼殊和尚的画》，《新民报半月刊》第 2 卷第 17 期，1940 年 9 月 1 日

许啸天：《秋瑾和曼殊：忘不了的两个革命诗人》，《逸史》第 10 期，1940 年 9 月 15 日

村上知行：《苏曼殊与我》，《中国月刊》第 6 卷第 2 期，1941 年 3 月

谢人堡：《曼殊大师（1884—1918）》，《三六九画报》第 8 卷第 5 期，1941 年 3 月 16 日

丁丁：《诗僧曼殊》，《作家》1942 年第 2 卷第 4 期

劲士：《曼殊上人之隐痛》，《万象》第 6 期，1942 年 6 月 21 日

徐蔚南：《苏曼殊的小说》，《文艺先锋》第 3 卷第 5 期，1943 年

柳无忌：《苏曼殊与我：为"曼殊大师纪念集"所作》，《时与潮副刊》第 3 卷第 2 期，1943 年 9 月

丁隼：《追念曼殊上人》，《醒光》第 1 卷第 9 期，1943 年 11 月 1 日

翊若：《苏曼殊身世异说考》，《妇女世界》第 4 卷第 12 期，1943 年 12 月

沈君默：《苏曼殊事迹考及其作品》，《紫罗兰》第 11 期，1944 年 2 月

老凤：《记南社诗僧苏曼殊》，《人文（上海）》第 2 期，1944 年 11 月 10 日

窦树百：《复通一法师论僧诗书》，《佛教文艺》11—12（1944）

周越然：《苏曼殊与我》，《杂志》第 14 卷第 6 期，1945 年 3 月 10 日

黄念田：《家藏曼殊上人遗物室梨诗集题记节录》，《志学》第 19/20 期，1945 年 5 月 15 日

梅瘦：《章士钊与苏曼殊》，《星光》创刊号，1946 年 3 月 20 日

枫园：《刘三与苏曼殊》，《永安月刊》第 89 期，1946 年 10 月

林燮寰：《曼殊大师底诗的研究》，《文坛（广州）》新 10 期总第 22 号，1946 年 11 月 1 日

黄鸣歧：《曼殊的身世：苏曼殊评传之一》，《文化先锋》第 6 卷第 16 期，1947 年 1 月 25 日

仪曾：《曼殊诗简》，《京沪周刊》第 1 卷第 4 期，1947 年 2 月 2 日

黄鸣歧：《曼殊的名号：苏曼殊评传之二》，《文化先锋》第 6 卷第 17 期，1947 年 2 月 10 日

陈青云：《苏曼殊与张资平》，《天下（上海）》创刊号，1947 年 2 月 15 日

《苏曼殊未刊稿》，《文物周刊》第 1—40 期合订本，1947 年 3 月 20 日

柏翁：《苏曼殊妹妹拍戏之谜》，《快活林》第 54 期，1947 年 3 月 31 日

逸夫：《苏曼殊画之代笔者》，《快活林》第 55 期，1947 年 4 月 7 日

《苏曼殊的禅语绮情》，《扶风画报》第 1 卷第 3 期，1947 年

庖丁：《曼殊做官问题》，《公平报》第 1 卷第 5 期，1947 年 5 月 16 日

王霆：《诗僧苏曼殊》，《前锋（上海）》第 2 期，1947 年 7 月 31 日

丹林：《苏曼殊与康有为》，《天文台》第 1 卷第 1 期，1947 年 9 月

黄栩：《诗僧苏曼殊》，《人物杂志》第 1 卷第 7 期，1948 年

《苏曼殊与康有为》，《宇宙文摘》第 2 卷第 2/3 期，1948 年 4 月 30 日

补拙：《关于苏曼殊的二三事》，《文艺学习》1957 年第 1 期

徐敏：《苏曼殊的遗物〈室利诗集〉》，《光明日报》1961 年 7 月 15 日

北京大学中文系一九五五级《中国小说史稿》编辑委员会：《中国小说史

稿》，人民文学出版社，1973 年

徐重庆：《鲁迅论苏曼殊》，《语文教学研究》1978 年第 3 期

锡金：《鲁迅与苏曼殊》，《东海》1979 年第 9 期

游国恩等主编：《中国文学史》（第 4 卷），人民文学出版社 1979 年

台湾：《有关苏曼殊的诗文》，《中国诗季刊》1980 年第 1 期

任访秋：《苏曼殊论》，《河南师大学报》，1980 年第 2 期

杨天石、刘彦成：《南社》，中华书局 1980 年

冯自由：《革命逸史·苏曼殊之真面目》，中华书局 1981 年

曹旭：《苏曼殊诗歌简论》，《上海师院学报》1981 年第 4 期

张如法：《略论苏曼殊的创作中州学刊》1982 年第 1 期

姜乐赋：《苏曼殊》，《天津师大学报》1982 年第 5 期

黄忏华：《苏曼殊的生平》，《文化史料丛刊》第 4 辑 1983 年 1 月

马以君：《生母·情僧·诗作——苏曼殊研究三题》，《中国近代文学研究第一辑》，中山大学中文系中国近代文学研究编辑部，广东人民出版社 1983 年

林辰：《评新编两种苏曼殊诗集》，《文学遗产》1983 年第 1 期

时萌：《苏曼殊诗漫评》，《南京大学学报》1983 年第 4 期

裴效维：《苏曼殊作品辨误二则》，《艺谭》1983 年第 4 期

林岗之：《彷徨于两个世界之间——苏曼殊小说浅评》，《光明日报》1983 年 8 月 9 日

任访秋：《苏曼殊》，《中国近代文学作家论》，河南人民出版社 1984 年

周荷初：《古典之美与近代之美的巧妙结合——苏曼殊诗歌诗论》，《零陵师专学报》1984 年第 2 期

陆草试：《论苏曼殊的诗》，《中州学刊》1984 年第 2 期

张如法：《〈河南〉杂志上苏曼殊的画及画跋》，《中州今古》1984 年第 3 期

柳无忌：《苏曼殊研究的三个阶段》，《华南师大学报》1984 年第 3 期

章明寿：《古代第一人称小说向现代发展的桥梁——谈苏曼殊的〈断鸿零雁记〉》，《淮阴师专学报》1984 年第 3 期

苏曼殊：《〈潮音〉序》，王晶垚译，《社会科学战线》1984 年第 4 期

柳亚子：《曼殊佚诗存疑》，《社会科学战线》，1984 年第 4 期

王玉祥：《苏曼殊的感时忧国诗》，《北方论丛（哈尔滨师大学报）》1984 年第 5 期

潘受（新加坡）：《题苏曼殊任务立轴〈雪蝶倩影〉七绝八首》，《中国近代文学》（第二辑），广东人民出版社 1985 年

柳无忌：《苏曼殊与拜伦"哀希腊"诗——兼论各家中文译本》，《佛山师专学报》1985 年第 1 期

克石：《千秋绝笔曼殊画》，《华声报》1985 年 6 月 4 日

裴效维：《苏曼殊研究中的几个问题》，时萌编《中国近代文学研究论集》，中国文联出版公司 1986 年

时萌：《晚清文坛论翻译》，《中国近代文学论稿》，上海古籍出版社 1986 年

时萌：《苏曼殊诗漫评》，《中国近代文学论稿》，上海古籍出版社 1986 年

裴效维：《苏曼殊研究中的几个问题》，中国社科院文学研究所近代文学研究组编《中国近代文学研究文集》，中国文联出版公司 1986 年出版

邵迎武：《"凡心"与"禅心"的搏击——论苏曼殊的爱情诗》，《徐州师院学报》1986 年第 2 期

邓经武：《芒鞋破钵无人识——记传奇人物苏曼殊》，《文史杂志》1987 年第 2 期

毛策：《苏曼殊〈断鸿零雁记〉最初发表时地考》，《中国文学研究》，1987 年第 3 期

王霆：《诗僧苏曼殊》，《中国近代文学论文集 1919—1949》（概论、诗文卷），牛仰山编，中国社会科学出版社 1988 年

毛策：《苏曼殊史事考辨五题》，《中国文学研究》1989 年第 3 期

陆惠云：《其哀在心，其艳在骨——简谈曼殊的爱情诗》，《昆明师专学报》1989 年第 4 期

李蔚：《苏曼殊的绘画与画跋（上）》，《兰州学刊》1988 年第 6 期

李蔚：《苏曼殊的绘画与画跋（下）》，《兰州学刊》1989 年第 1 期

王永福：《苏曼殊研究述评》，《广东社会科学》1990 年第 2 期

李蔚：《苏曼殊的绘画与画跋（补遗）》，《兰州学刊》1990 年第 4 期

徐重庆：《陈独秀与苏曼殊》，《香港文学》1990 年第 10 期

台静农：《酒旗风暖少年狂》，《联合报》（台湾）1990 年 11 月 10 日

李存煜：《苏曼殊论》，《徐州师范学院学报》1991 年第 1 期

马以君：《苏曼殊年谱（十）》，《佛山大学、师专学报》1991 年第 1 期

蔚江：《章太炎与苏曼殊在东京》，《名人传记》1991 年第 2 期

朱小平：《曼殊大师在香港》，《团结报》1991 年 3 月 9 日

蔚江：《秋月夜曼殊悲歌》，《西湖》1991 年第 4 期

王辽生：《灼见缘情——邵迎武和他的〈苏曼殊新论〉》，《文艺学习》1991 年第 5 期

王永福：《水云深处着吟身——南社作家苏曼殊艺术风格初探之一》，《广东社会科学》1991 年第 5 期

荻枫：《性格怪异 文章千古——读〈苏曼殊评传〉》，《博览群书》1991 年第 6 期

林辰：《赵伯先与苏曼殊》，《团结报》1991 年 11 月 27 日

张目寒：《江楼话曼殊遗事》，《流畅》（台湾）第 4 卷第 9 期

裴效维：《略论苏曼殊作品的爱国主义》，郭延礼主编《爱国主义与近代文学》，山东教育出版社 1992 年

孙之梅：《论苏曼殊诗歌的近代性现代味》，郭延礼主编《爱国主义与近代文学》，山东教育出版社 1992 年

张如法：《处于中西文化夹流中的苏曼殊小说》，马以君主编《南社研究》（2），中山大学出版社 1992 年

郭长海：《苏曼殊集外书信一则》，马以君主编《南社研究》（2），中山大学出版社 1992 年

[中国香港]朱少璋：《〈苏曼殊年谱〉补遗》，马以君主编《南社研究》（2），中山大学出版社 1992 年

[中国香港]朱少璋：《苏曼殊诗格律与声律的特点》，马以君主编《南社研究》（2），中山大学出版社 1992 年

［中国香港］朱少璋：《两份雷同的苏曼殊史料》，马以君主编《南社研究》（2），中山大学出版社1992年

马以君：《苏曼殊与南社》，马以君主编《南社研究》（2），中山大学出版社1992年

丁赋生：《苏曼殊诗歌新探》，《南通师专学报》1992年第3期

王建明：《苏曼殊的小说看他的爱情婚姻理想》，《中国文学研究》1992年第4期

宋益乔：《论佛教对王国维、苏曼殊、李叔同思想和创作的影响》，《徐州师院学报》1992年第4期

蒋淑贤：《苏曼殊的悲剧与创作》，《贵州师大学报》1993年第1期

陈重：《无计逃禅奈有情——漫论苏曼殊的诗》，《贵州大学学报》1993年第2期

袁荻涌：《苏曼殊与英国浪漫主义文学》，《昭通师专学报》1993年第2期

王建明：《战友·文友·畏友》，《中国现代文学研究丛刊》1993年第4期

李炳华：《柳亚子〈苏曼殊之我观〉考》，马以君主编《南社研究》（6），中山大学出版社1994年

朱少璋（香港）：《曼殊研究琐记》，马以君主编《南社研究》（6），中山大学出版社1994年

马以君：《陈去病与苏曼殊》，马以君主编《南社研究》（6），中山大学出版社1994年

袁凯声：《文化冲突·二元人格·感伤主义——苏曼殊与郁达夫比较片论》，《江海学刊》1994年第1期

金勇：《情与佛：走不出的生存困境——苏曼殊小说新论》，《河南大学学报》1994年第1期

靳树鹏：《诗人陈独秀和他的诗》，《新文学史料》1994年第1期

程翔章：《近代翻译诗歌论略》，《外国文学研究》1994年第2期

谭桂林：《郁达夫与佛教文化》，《东岳论丛》1994年第2期

李坚:《柳亚子——与南社广东社友》,《岭南文史》1994年第2期

谭桂林:《陈独秀与佛教文化》,《青海师范大学学报》(哲学社会科学版)1994年第2期

李康化:《荒野孤魂——论苏曼殊对生命价值真实的追求》,《枣庄师专学报》1994年第3期

郑逸梅:《我所知道的刘三》,《民国春秋》1994年第3期

何建明:《清末苏曼殊的振兴佛教思想简论》,《华中师范大学学报》1994年第5期

骆寒超:《论中国诗歌向现代转型前夕的格局》,《浙江学刊》1994年第5期

冯坤:《多才多艺的南社作家——苏曼殊》,《百科知识》1994年第5期

柳无忌:《姚鹓雏诗词集》序,《南京理工大学学报》(社会科学版)1994年第6期

许淇:《淇竹斋随笔三题》,《朔方》1994年第11期

伍立场:《参尽情悝空色相》,《时代潮》1994年第12期

陈建中:《诗歌翻译中的模仿和超模仿》,《外语教学与研究》1995年第1期

张国安:《苏曼殊的生平及与鸳鸯蝴蝶派之关系论考》,《通俗文学评论》,1995年第1期

袁荻涌:《苏曼殊与英国浪漫主义文学》,《岭南文史》1995年第1期

区鉷:《敞开历史的襟怀——评〈岭南文学史〉》,《学术研究》1995年第1期

王尔龄:《柳亚子"孤岛"诗五首考述——因校读而钩稽史事》,《天津师大学报》(社会科学版)1995年第1期

陈平原:《关于苏曼殊小说》,《杭州师院学报》1995年第2期

丁赋生:《陈独秀对苏曼殊文学创作的贡献》,《南通师范学院学报》1995年第2期

台益燕:《杖藜原为文字交——陈独秀与台静农》,《江淮文史》1995年第2期

鲁德俊：《论旧格律的新影响》，《常熟高专学报》1995 年第 2 期

台益燕：《杖藜原为文字交——陈独秀与台静农》，《江淮文史》1995 年第 2 期

鲁德俊：《论旧格律的新影响》，《常熟高专学报》1995 年第 2 期

伍立杨：《风檐展书读》，《当代文坛》1995 年第 4 期

余平：《名人怪癖》，《心理世界》1995 年第 4 期

徐剑：《初期英诗汉译述评》，《中国翻译》1995 年第 4 期

伍立杨：《风檐展书读》，《当代文坛》1995 年第 4 期

余平：《名人怪癖》，《心理世界》1995 年第 4 期

徐剑：《初期英诗汉译述评》，《中国翻译》1995 年第 4 期

王宝童：《也谈英诗汉译的方向》，《外国语》（上海外国语学院学报）1995 年第 5 期

武华：《绿柳深处佛子归》，《佛教文化》1995 年第 5 期

杨天石：《苏、陈译本〈惨世界〉与近代中国早期的社会主义思潮》，《中国社会科学院研究生院学报》1995 年第 6 期

周安平：《天国的断想——梵蒂冈散记》，《世界博览》1995 年第 12 期

章培恒、骆玉明主编：《清代文学第八编》，复旦大学出版社 1996 年

裴效维：《苏曼殊作品杂考·晚清民国文学研究集刊》（4），张正吾主编，漓江出版社 1996 年

晏立豪：《"南方才子"何诹与〈碎琴楼〉》，《文史春秋》1996 年第 1 期

任广田：《论苏曼殊的思想》，《西北大学学报》1996 年第 1 期

李河新：《与时俱进　精益求精——评彭斯诗〈一朵红红的玫瑰〉不同时期的几个版本》，《大同职业技术学院学报》1996 年第 1 期

郭延礼：《中国近代文学翻译理论初探》，《文史哲》1996 年第 2 期

符家钦：《拜伦诗最早译者》，《译林》1996 年第 2 期

符家钦：《曼殊月旦英诗坛》，《译林》1996 年第 2 期

符家钦：《译诗之妙在传神》，《译林》1996 年第 2 期

沈潜：《乌目山僧黄宗仰与南社》，《常熟高专学报》1996 年第 3 期

史雯：《一代诗僧苏曼殊的爱情足迹》，《中国电视戏曲》1996 年第 3 期

武在平：《柳亚子与毛泽东、鲁迅、苏曼殊》，《党史博采》1996 年第 3 期

郭长海：《试论中国近代的译诗》，《社会科学战线》1996 年第 4 期

钟杨：《从〈惨世界〉到〈黑天国〉——论陈独秀的小说创作》，《安庆师范学院学报》（社会科学版）1996 年第 4 期

陈九安：《试论珠海近代名人思想之成因》，《广东史志》1996 年第 4 期

刘勇：《对现实人生与终极人生的双重关注——试论中国现代文学的一个重要特征》，《北京师范大学学报》（社会科学版）1996 年第 5 期

贺祥麟：《跑马看花：文学翻译今昔谈》，《南方文坛》1996 年第 5 期

朱徽：《20 世纪初中英诗在中国的传播与影响》，《外国语》（上海外国语学院学报）1996 年第 5 期

非文：《佛家的级别》，《领导文萃》1996 年第 5 期

王建平：《〈断鸿零雁记〉艺术得失谈》，《阅读与写作》1996 年第 5 期

马以君：《关于刘三与苏曼殊的两组唱和诗》，《华南师范大学学报》1996 年第 6 期

陈平原：《论苏曼殊、许地山小说的宗教色彩》，《陈平原自选集》，广西师范大学出版社 1997 年

许淇：《弘一和曼殊》，《文学自由谈》1997 年第 1 期

张家康：《陈独秀的五次日本之行》，《党史纵览》1997 年第 1 期

袁荻涌：《苏曼殊——翻译外国诗歌的先驱》，《中国翻译》1997 年第 2 期

丁赋生：《苏曼殊小说中的少女形象》，《南通师范学院学报》1997 年第 3 期

晏立豪：《〈碎琴楼〉作者何诹考评》，《明清小说研究》1997 年第 3 期

孙玉石：《读林庚的〈秋之色〉》，《名作欣赏》1997 年第 3 期

子云：《自笑禅心如枯木　花枝相伴也无妨——读〈燕子龛随笔〉》，《中国图书评论》1997 年第 3 期

武润婷：《"鸳鸯蝴蝶派"小说与明清"以情抗理"的文学思潮》，《山东

大学学报》1997年第4期

余杰：《论苏曼殊小说〈碎簪记〉中尴尬的叙述者》，《海南大学学报》1997年第4期

陶尔夫：《〈中国古典诗歌的自我审视〉序》，《北方论丛》1997年第4期

陈思和：《雨果及其作品在中国》，《中国比较文学》1997年第4期

李长林：《中国对莎士比亚的了解与研究——〈中国莎学简史〉补遗》，《中国比较文学》1997年第4期

陈世强：《苏曼殊与南京》，《紫金岁月》1997年第5期

马以君：《论苏曼殊》，《文艺理论与批评》1997年第5期

张征联：《苏曼殊审美心理与创作》，《广西师范大学学报》1997年增刊

袁荻涌：《苏曼殊与中外文化交流》，《岭南文史》1998年第1期

余杰：《尴尬的叙述者：苏曼殊〈碎簪记〉细读》，《中国现代文学研究丛刊》1998年第1期

程文超：《〈惨世界〉的"乱添乱造"》，《南方文坛》1998年第2期

石在中：《试论日本私小说对苏曼殊的影响》，《外国文学研究》1998年第2期

石在中：《论拜伦对苏曼殊的影响》，《培训与研究——湖北教育学院学报》1998年第3期

刘纳：《说说〈新青年〉的关系稿》，《书屋》1998年第4期

吴澄：《主体价值的凸现——评邵盈午的〈苏曼殊传〉》，《上海师范大学学报》（哲学社会科学版）1998年第4期

丁赋生：《论苏曼殊的"难言之恫"》，《齐齐哈尔大学学报》1998年第4期

石在中：《论苏曼殊与佛教——兼与弘一大师（李叔同）比较》，《华中师范大学学报》1998年第4期

袁荻涌：《苏曼殊与印度文学》，《贵州文史丛刊》1998年第6期

张家康：《陈独秀的日本之行》，《文史精华》1998年第6期

一勺：《苏曼殊·章太炎·陈独秀》，《了望》1998年第17期

紫衣：《"牧师"与"神父"的不同》，《了望》1998年第21期

吴冠民：《谈谈苏曼殊的绝句》，《纪念南社成立90周年暨学术讨论会论文集》1999年

陈平原：《关于苏曼殊小说》，《文学史的形成与建构》，广西教育出版社，1999年

朱少璋：《舞台上的苏曼殊——简报〈小谪红尘〉的排演点滴》，《纪念南社成立90周年暨学术讨论会论文集》，1999年

陈世强：《叶楚伧与〈汾堤吊梦图〉》，《南京理工大学学报》1999年第1期

王萌：《无法超越的自卑——浅析苏曼殊小说的创作心理》，《中州学刊》1999年第1期

丁赋生：《〈断鸿零雁记〉：佛教文学的一朵奇葩》，《南通师范学院学报》1999年第1期

金建陵、张末梅：《"南社"小说的勃兴和创作成就》，《南京理工大学学报》1999年第2期

孙宜学：《断鸿零雁苏曼殊的感伤之旅》，《中国文学研究》1999年第2期

金梅：《文坛随感录（续）》，《文学自由谈》1999年第2期

吴学：《诗僧苏曼殊还画债》，《文史精华》1999年第4期

李继凯：《趋向主动接受的文化姿态——略论清末民初的翻译文学》，《咸阳师范专科学校学报》，1999年第5期

肖向明：《论郁达夫文艺观对传统诗学的认同及转化》，《广东社会科学》1999年第6期

李海珉：《〈新黎里〉报风波》，《民国春秋》1999年第6期

余杰：《狂飙中的拜伦之歌——以梁启超、苏曼殊、鲁迅为中心探讨民初文人的拜伦观》，《鲁迅研究月刊》1999年第9期

范伯群：《"袈裟点点疑樱瓣，半是脂痕半泪痕"——近代哀情小说先驱者苏曼殊》，《中国近现代通俗文学史》，江苏教育出版社，2000年

孙绪敏：《苏曼殊诗文中的佛教意识》，《南京师范大学学报》2000年第2期

武润婷：《论苏曼殊的哀情小说》，《河北师范大学学报》2000年第2期

袁荻涌：《苏曼殊与日本私小说》，《毕节师范高等专科学校学报》2000年第2期

王晓初：《中西悲剧艺术之比较与中国悲剧艺术的发展》，《重庆大学学报》（社会科学版）2000年第2期

陈世强：《论苏曼殊的绘画》，《南京理工大学学报》2000年第3期

王向阳、易前良：《转型期的小说叙事——苏曼殊〈绛纱记〉细读》，《娄底师范专科学校学报》2000年第3期

陈东林、薛贤荣：《柳亚子编辑生涯论要》，《南京理工大学学报》（社会科学版）2000年第3期

常景忠：《苏曼殊与华夏国学名学》，《西安电子科技大学学报》（社会科学版）2000年第3期

朱曦：《达夫情结与新文学浪漫主义的流变》，《云南师范大学学报》（哲学社会科学版）2000年第3期

沈庆利：《从〈断鸿零雁记〉看苏曼殊独特的文化心理冲突》，《中国现代文学研究丛刊》2000年第4期

金梅：《柳亚子诗中的李叔同》，《文学自由谈》2000年第4期

寇加：《彭斯〈红红的玫瑰〉汉译评述》，《湖州师范学院学报》2000年第5期

金克木：《自撰火化铭》，《民主与科学》2000年第5期

金建陵、张末梅：《南社与五四运动》，《南京理工大学学报》（社会科学版）2000年第5期

郭延礼：《苏曼殊、马君武和辜鸿铭》，《中国近代文学发展史》（第三卷），高等教育出版社，2001年

陈世强：《早期南社画家行状考》，《东南文化》2001年第1期

胡青善：《论苏曼殊的悲剧精神》，《岭南文史》2001年第1期

丁赋生：《苏曼殊文章署时点评》，《齐齐哈尔大学学报》2001年第1期

王少杰：《城市旅居与留学生作家的精神个性》，《苏州铁道师范学院学报》（社会科学版）2001年第1期

陈世强：《末世异才，恨海悲歌——论苏曼殊的绘画》，《美术研究》

2001年第2期

杨丽芳：《论苏曼殊在中西文化冲撞中的心灵眩晕》，《晋东南师范专科学校学报》2001年第2期

袁荻涌：《苏曼殊研究三题》，《贵州师范大学学报》2001年第2期

王向远：《近百年来我国对印度古典文学的翻译与研究》，《北京师范大学学报》2001年第3期

王少杰：《断鸿零雁：佛光学影里的弥天幽恨》，《新疆大学学报》2001年第3期

乐黛云：《真情　真思　真美——我读季羡林先生的散文》，《中国文化研究》2001年第3期

游友基：《超越鸳蝴派　走向浪漫抒情——苏曼殊小说论》，《漳州师范学院学报》（哲学社会科学版）2001年第3期

蒲昭和：《苏曼殊英年早逝的教训》，《心理与健康》2001年第3期

李诠林：《论苏曼殊对中国20世纪通俗小说发展的影响》，《甘肃教育学院学报》2001年第4期

许海燕：《论〈巴黎茶花女遗事〉对清末民初小说创作的影响》，《明清小说研究》2001年第4期

李诠林：《论苏曼殊对中国20世纪通俗小说发展的影响》，《甘肃教育学院学报》2001年第4期

吴清波：《亦诗亦画亦情的苏曼殊》，《民国春秋》2001年第5期

袁荻涌：《苏曼殊与外国文学》，《青海社会科学》2001年第5期

唐月琴：《苏曼殊塑造的女性形象及他的女性观》，《阅读与写作》2001年第5期

陈星：《弘一大师交游四题》，《杭州师范学院学报》2001年第6期

实藤惠秀：《鲁迅与日本歌人——论〈集外集〉中的诗》，《鲁迅研究月刊》2001年第9期

陈永标：《论苏曼殊及其文学创作》，《中国近代文学评林》，华南师范大学中文系《中国近代文学》研究室编，广东人民出版社，2002年

李金涛、李志生：《苏曼殊诗歌的现代特征》，《河北学刊》2002年第

1 期

卢文芸：《爱情、死亡与革命——论苏曼殊小说及其他》，《南京理工大学学报》2002 年第 1 期

马以君：《诠诗反疑》，《广东广播电视大学学报》2002 年第 1 期

熊罗生：《守护心灵》，《书屋》2002 年第 1 期

曾远鸿：《苏曼殊诗歌的"情""佛"冲突及意义》，《淮北煤师院学报》（哲学社会科学版）2002 年第 2 期

龚喜平：《南社诗人与中国诗歌近代化》，《兰州大学学报》2002 年第 2 期

游友基：《古典向现代的转型——苏曼殊小说论》，《福建师专学报》2002 年第 3 期

丁赋生：《〈潮音跋〉的作者就是苏曼殊》，《南通师范学院学报》2002 年第 3 期

游友基：《古典向现代的转型——苏曼殊小说论》，《福州师专学报》2002 年第 3 期

倪正芳：《国内近二十年来拜伦研究述评》，《娄底师专学报》2002 年第 3 期

刘立：《权力话语理论和晚清外国诗歌翻译》，《山东师范大学外国语学院学报》（基础英语教育）2002 年第 4 期

戴从容：《拜伦在五四时期的中国》，《苏州大学学报》2003 年第 1 期

龚喜平：《南社译诗与中国诗歌近代化简论》，《外国文学研究》2003 年第 1 期

夏新宇：《英国浪漫主义诗歌对五四时期中国新诗的影响》，《重庆工学院学报》2003 年第 1 期

倪正芳、唐湘从：《〈哀希腊〉在中国的百年接受》，《湖南工程学院学报》（社会科学版）2003 年第 2 期

袁荻涌：《雨果作品在近代中国的译介》，《贵州师范大学学报》（社会科学版）2003 年第 2 期

唐月琴：《论苏曼殊的小说创作》，《湖南社会科学》2003 年第 3 期

唐月琴:《特立独行　始终如一——论苏曼殊小说的人物设置》,《广东青年干部学院学报》2003 年 3 期

郑波光:《20 世纪中国小说叙事之流变》,《厦门大学学报》(哲学社会科学版) 2003 年第 4 期

李怡:《〈甲寅〉月刊:五四新文学运动的思想先声》,《中国现代文学研究丛刊》2003 年第 4 期

伍立杨:《愁如大海酒边生——论郁达夫的旧体诗》,《海南师范学院学报》(社会科学版) 2003 年第 4 期

林威:《苏曼殊作品的感伤之因》,《南通师范学院学报》(哲学社会科学版) 2003 年第 4 期

高志林:《苏曼殊与李叔同的玄妙人生》,《文史精华》2003 年第 4 期

林威:《苏曼殊:一个失落精神家园的漂泊者》,《江西教育学院学报》2003 年第 5 期

白忠懋:《暴饮暴食惹的祸——诗人苏曼殊之死》,《科学养生》2003 年第 5 期

郑欢:《关于翻译的对话性思考——从巴赫金的超语言学看翻译》,《乐山师范学院学报》2003 年第 5 期

王珂:《论新诗诗人误读西方浪漫主义诗歌的原因及后果》,《首都师范大学学报》(社会科学版) 2003 年第 6 期

李特夫:《诗歌翻译的社会属性》,《云南师范大学学报》(哲学社会科学版) 2003 年第 6 期

黄永健:《苏曼殊诗画的禅佛色彩》,《深圳大学学报》(人文社会科学版) 2003 年第 6 期

王世家:《林辰先生书信笺——读札记往之一》,《鲁迅研究月刊》2003 年第 8 期

丁富生:《悲苦身世的艺术再现——论苏曼殊小说人物形象的主观色彩》,《前沿》2003 年第 11 期

张家康:《陈独秀与苏曼殊的真挚友情》,《党史博采》2003 年第 11 期

龚喜平:《南社译诗与中国诗歌近代化简论》,《中国近代文学学会第十二

届年会暨翻译文学与中国文学近代化学术研讨会诗文集》，2004年

达亮：《走近大师苏曼殊》，《甘露》2004年第1期

罗嘉慧：《悲哀之美的历史投影——重读民初哀情小说》，《中山大学学报》（社会科学版）2004年第1期

刘纳：《研究的根据》，《学习与探索》2004年第1期

杨联芬：《逃禅与脱俗：也谈苏曼殊的"宗教信仰"》，《中国文化研究》2004年第1期

梁涛：《烟雨人生：迷茫在探寻之后——苏曼殊情感历程探析》，《吕梁高等专科学校学报》2004年第1期

李金涛：《略论苏曼殊诗歌的艺术创新》，《青年思想家》2004年第1期

高珊：《论苏曼殊小说的悲剧性》，《青海师专学报》2004年第2期

达亮：《解读曼殊五部曲》，《五台山研究》2004年第2期

邱冠：《蜕变、逆转中的现代曙光——论苏曼殊小说的现代性品格》，《玉林师范学院学报》2004年第2期

杨联芬：《苏曼殊与五四浪漫文学》，《陕西师范大学学报》（哲学社会科学版）2004年第3期

陈国恩：《20世纪中国浪漫主义文学思潮概观（上）》，《四川外语学院学报》2004年第3期

卢天玉：《走不出的情与佛——从〈降纱记〉看苏曼殊的思想矛盾》，《广东工业大学学报》（社会科学版）2004年第3期

严家炎：《论20世纪中国文学的现代性——兼〈晚清至五四：中国文学现代性的发展〉序》，《东方论坛》2004年第3期

李诠林：《谈苏曼殊作为世界华文文学学科研究对象的可行性——兼论该学科的研究范畴》，《华文文学》2004年第4期

黄轶：《苏曼殊与中国文学现代转型》，《南都学坛》2004年第4期

童然星：《诗僧·画僧·情僧·革命僧——记苏曼殊》，《档案与史学》2004年第4期

李诠林：《谈苏曼殊作为世界华文文学学科研究对象的可行性——兼论该

学科的研究范畴》,《华文文学》2004 年第 4 期

达亮:《解读曼殊五部曲(续)》,《五台山研究》2004 年第 4 期

左文:《苏曼殊:无法救赎的自我——兼与李叔同比较》,《湖南文理学院学报(社会科学版)》2004 年第 4 期

王卫民:《古代戏曲考辨三题》,《戏曲艺术》2004 年第 4 期

丁富生:《苏曼殊"难言之恫"新解》,《南通大学学报》(哲学社会科学版) 2004 年第 4 期

王平:《论古今"自叙传"小说的演变》,《文学评论》2004 年第 5 期

丁磊:《边缘世界的呻吟——苏曼殊诗歌浅论》,《重庆工学院学报》2004 年第 5 期

龙应台:《诗人刚走,马上回来》,《福建论坛》(社科教育版) 2004 年第 5 期

董艳:《论苏曼殊爱情小说中的佛性》,《韶关学院学报》2004 年第 11 期

赵焕:《论苏曼殊对拜伦的接受》,《福建论坛》2005 年 S1 期

张恩和:《林辰〈跋涉集〉书后》,《鲁迅研究月刊》2005 年第 1 期

李金涛:《苏曼殊诗歌的艺术创新》,《河北师范大学学报》(哲学社会科学版) 2005 年第 1 期

邢博:《解读苏曼殊的人格之谜》,《临沂师范学院学报》2005 年第 1 期

李金涛:《苏曼殊诗歌的艺术创新》,《河北师范大学》2005 年第 1 期

王向阳:《孤独·颓废·情爱世界——苏曼殊、郁达夫情爱小说比较论》,《吉首大学学报》2005 年第 2 期

武延康:《太虚大量与祇洹(祇洹)精舍》,《法音》2005 年第 2 期

王开林:《尚留微命做诗僧》,《书屋》2005 年第 2 期

韩雪涛:《透过精神分析的镜片解读苏曼殊人格之谜(一)》,《医学心理指导》(校园心理) 2005 年第 2 期

王向阳:《文化价值取向·个性主义·情爱世界——苏曼殊、郁达夫情爱小说比较论(四)》,《淮北煤炭师范学院学报》(哲学社会科学版) 2005 年第 2 期

王琼:《雨果作品在旧中国的译介和研究》,《同济大学学报》(社会科学

版）2005年第2期

陈捷：《接受与过滤：审视苏曼殊与拜伦之间的传承关系》，《龙岩师专学报》2005年第2期

王向阳：《文化价值取向·个性主义·情爱世界——苏曼殊、郁达夫情爱小说比较论（四）》，《淮北煤炭师范学院学报》2005年第2期

韩雪涛：《透过精神分析的镜片解读苏曼殊人格之谜（二）》，《医学心理指导》（校园心理）2005年第3期

夏雨清：《诗僧西湖》，《风景名胜》2005年第3期

杨洪承：《传统与现代的抉择——中国现代文学文化资源的精神寻踪之一》，《内蒙古师范大学学报》2005年第3期

吴松山：《论苏曼殊小说的悲剧意识及其形成原因》，《广东行政学院学报》2005年第3期

丁磊：《矛盾的独行者——苏曼殊思想管见》，《成都教育学院学报》2005年第4期

袁获涌：《苏曼殊的比较文学研究及其特点》，《贵州师范大学学报》（社会科学版）2005年第4期

孙聆波：《苏曼殊的绝笔画》，《钟山风雨》2005年第4期

李丽：《从意识形态的视角看苏曼殊翻译的〈悲惨世界〉》，《外国语言文学》2005年第4期

张琴凤：《个性·矛盾·悲鸣——论苏曼殊的感伤之旅》，《江西教育学院学报》2005年第5期

刘纪新：《以小说抒情——评苏曼殊小说的抒情化追求》，《哈尔滨学院学报》2005第6期

吴颖：《无端狂笑无端哭——苏曼殊与魏晋风度》，《成都教育学院学报》2005年第6期

吴松山：《论苏曼殊小说的悲剧意识》，《广州大学学报》（社会科学版）2005年第6期

陈星：《苏曼殊图话（一）》，《荣宝斋》2005年第6期

李威：《王国维、苏曼殊的文本创作与中国文化现代性转向之初的个性化

思潮》,《河北师范大学学报》2005 年第 6 期

王本道:《辜负韶光二月天——漫说苏曼殊》,《鸭绿江》(上半月版) 2005 年第 7 期

王向阳:《个性主义与情爱世界——苏曼殊、郁达夫情爱小说比较论(三)》,《广西社会科学》2005 年第 7 期

廖楚燕:《从创作及翻译作品对比看苏曼殊翻译思想》,《韶关学院学报》2005 年第 11 期

刘纪新:《以小说抒情——评苏曼殊小说的抒情化追求》,《哈尔滨学院学报》2005 年第 12 期

孙盛仙:《"半"字诗趣》,《语文天地》2005 年第 15 期

张家廉:《陈独秀与苏曼殊》,《党史文苑》2005 年第 17 期

刘运峰:《〈苏曼殊全集〉为鲁迅所拟考》,《鲁迅研究月刊》2006 年第 1 期

卢晶:《从审美活动的自律性和他律性看苏曼殊对拜伦诗的译介》,《天津外国语学院学报》2006 年第 1 期

吴福辉:《"五四"白话之前的多元准备》,《中国现代文学研究丛刊》2006 年第 1 期

陈星:《苏曼殊图话（二）》,《荣宝斋》2006 年第 1 期

代亚松:《苏曼殊与无政府主义》,《台声·新视角》2006 年第 1 期

刘运峰:《〈苏曼殊全集〉为鲁迅所拟考》,《鲁迅研究月刊》2006 年第 1 期

张琴凤:《论苏曼殊的感伤之旅》,《青海师专学报》2006 年第 2 期

黎小冰:《从苏曼殊的小说看情僧之"情"》,《湛江海洋大学学报》2006 年第 2 期

黄轶:《苏曼殊与〈拜伦诗选〉》,《文艺报》2006 年 3 月 30 日

高力夫:《名园与名刹》,《散文百家》2006 年第 3 期

张家庚:《陈独秀与苏曼殊》,《文史天地》2006 年第 3 期

丁富生:《苏曼殊:〈惨世界〉的译作者》,《南通大学学报》(社会科学版) 2006 年第 3 期

张静:《自西至东的云雀——中国文学界（1908-1937）对雪莱的译介与接受》,《中国现代文学研究丛刊》2006 年第 3 期

丁富生：《〈惨世界〉的译作者》，《南通大学学报》2006年第3期

张家廉：《陈独秀与苏曼殊》，《文史天地》2006年第3期

张文举：《笑对人生》，《江淮》2006年第4期

张松才：《论苏曼殊小说的漂泊感和孤独感》，《番禺职业技术学院学报》2006年第4期

王向阳：《悲剧人生与情爱世界——苏曼殊、郁达夫情爱小说比较论》，《湖南社会科学》2006年第5期

黄轶：《苏曼殊小说的悲剧意识及其意义》，《山东大学中国小说通识国际研讨会论文集》，2006年9月

陈亚平：《从苏曼殊到郁达夫的现代感伤》，《中国现代文学研究丛刊》2006年第6期

黄轶：《对"意译"末流的抵制——苏曼殊译学思想论》，《郑州大学学报》2006年第6期

黄轶：《苏曼殊思想新论》，《中州学刊》2006年第6期

胡翠娥：《拜伦〈赞大海〉等三诗译者辨析》，《南开学报》2006年第6期

张淑君：《近代浪漫主义文学的先驱——苏曼殊》，《时代文学》2006年第6期

陈星：《苏曼殊图话（三）》，《荣宝斋》2006年第6期

王玉祥：《诗僧苏曼殊的自伤身世诗》，《海内与海外》2006年第7期

黄轶：《苏曼殊印度文学译介论》，《中国比较文学》2007年第1期

黄轶：《苏曼殊与五四浪漫抒情文学的勃兴》，《文艺理论与批评》2007年第1期

黄红春：《情佛两难的茅盾与天性自然的和谐——苏曼殊〈断鸿零雁记〉与汪曾祺〈受戒〉文化意识比较》，《南昌大学学报》2007年第1期

廖七一：《现代诗歌翻译的"独行之士"——论苏曼殊译诗的"晦"与价值取向》，《中国比较文学》2007年第1期

彭映艳：《论佛学思想对苏曼殊诗歌的影响》，《湖南学院学报》2007年第1期

卢晶晶、张德让：《"文化过滤"在苏曼殊的〈哀希腊〉译本中的体现》，《合肥工业大学学报》2007 年第 2 期

黄轶：《抱慰生存悖论中的个体生命——苏曼殊文学审美论》，《语文知识》2007 年第 2 期

黎小冰：《"孤愤"与"酸情"——苏曼殊诗歌论》，《成都大学学报》2007 年第 2 期

黄轶：《重论苏曼殊与鸳鸯蝴蝶派之关系》，《江苏社会科学》，2007 年第 3 期

胡方红：《"情"为核心的生命之旅——以〈绛纱记〉为例重读苏曼殊》，《重庆工学院学报》2007 年第 3 期

邓庆周：《翻译他者与建构自我——论拜伦、雪莱对苏曼殊的影响》，《河南社会科学》2007 年第 3 期

张晴：《论苏曼殊的拜伦情结》，《湖南工业职业技术学院学报》2007 年第 4 期

徐军新：《苏曼殊的性格与其小说创作》，《甘肃政法成人教育学院学报》2007 年第 5 期

黄轶：《审美视野的开拓——论苏曼殊文本自叙性及文学转型意义》，《郑州大学学报》2007 年第 6 期

黄轶：《寻绎新文学的精神资源——论苏曼殊翻译的史学意义》《郑州大学学报》2007 年第 6 期

熊龙英：《情与佛的冲突——苏曼殊小说的情感探析》，《湖南科技学院学报》2007 年第 10 期

黄轶：《出入古典与现代间的浪漫绝句——苏曼殊诗论》，《福建论坛》2007 年第 12 期

李玉华、赵述颖：《苏曼殊的佛学思想与其人格》，《兰台世界》2007 年第 18 期

黄轶：《苏曼殊文本的自叙性及文学转型意义》，《郑州大学学报》2008 年第 1 期

李萱：《殊途却同归——苏曼殊〈断鸿零雁记〉与郁达夫早期小说比较》，《广东广播电视大学学报》2008 年第 1 期

戴惠：《苏曼殊小说新论》，《学海》2008年第3期

倪进：《苏曼殊的文学翻译与英国浪漫主义》，《南京理工大学学报》2008年第3期

倪进：《论苏曼殊与英国浪漫主义》，《徐州师范大学学报》2008年第4期

鹿义霞：《苏曼殊：近代浪漫主义文学的先行者》，《语文知识》2008年第4期

齐瑞成：《论〈茶花女〉对〈断鸿零雁记〉创作的影响》，《山东省青年管理干部学院学报》2008年第4期

陈春香：《苏曼殊的外国诗歌翻译与日本》，《长江学术》2008年第4期

向贵云：《〈断鸿零雁记〉之转型期叙事特征》，《沧桑》2008年第4期

陈庆妃：《苏曼殊禅诗的士大夫品味》，《安徽文学》（下半月）2008年第4期

冯永玲：《论苏曼殊〈碎簪记〉的叙事艺术》，《盐城师范学院学报》2008年第6期

陈庆妃：《士大夫理想的现代变异——论苏曼殊的社会人格》，《重庆工学院学报》2008年第7期

刘雪琪：《译介主体的"前理解"和苏曼殊对爱情诗的译介》，《吉林省教育学院学报》2008年第7期

冯新华：《苏曼殊与印度文化》，《怀化学院学报》2008年第8期

蒋芬：《从政治审美到文学审美——论苏曼殊的翻译》，《玉林师范学院学报》2009年第1期

毛闯宇：《诗僧苏曼殊轶事》，《世纪》2009年第2期

孙鑫熠：《现代意识与传统观念的碰撞——苏曼殊思想观念上的两重性》，《河北经贸大学学报》2009年第3期

李敏杰、朱薇：《近代外国文学译介的先驱——苏曼殊》，《长春工业大学学报》2009年第3期

顾玉凤、丁富生：《苏曼殊对译介外国文学文本的选择》，《安徽文学（下半月）》，2009年第3期

李金凤：《〈断鸿零雁记〉与五四浪漫小说——以"飘零者"形象为例》，《濮阳职业技术学院学报》2009年第4期

丁富生：《苏曼殊：〈娑罗海滨遁迹记〉的创作者》，《南通大学学报》2009年第4期

李红梅：《主客观因素驱动下译者的创造性叛逆——马君武、苏曼殊〈哀希腊〉译本对比分析》，《辽宁工业大学学报》2009年第4期

彭林祥：《辑佚当求证据——〈《苏曼殊全集》为鲁迅拟考〉质疑》，《博览群书》2009年第11期

李慧娟、刘洪亮：《试论苏曼殊的革命文化活动及业绩》，《长春师范学院学报》2009年第11期

黄元军、覃军：《苏曼殊翻译实践述评》，《佛山科学技术学院学报》2010年第1期

邓红顺：《论意识形态对苏曼殊翻译的影响》，《郑州航空工业管理学院学报》2010年第1期

萧晓阳：《苏曼数十个的现代情韵》，《衡阳师范学院学报》2010年第1期

廖七一：《〈哀希腊〉的译介与符号化》，《外国语（上海外国语大学学报）》2010年第1期

潘艳慧、陈晓霞：《〈哀希腊〉与救中国——从翻译的角度喀中国知识分子对拜伦的想象》，《浙江工业大学学报》2010年第1期

李莉：《文学翻译中译者的目的性——苏曼殊翻译〈悲惨世界〉的个案研究》，《湖北广播电视大学学报》2010年第2期

罗文军：《最初的拜伦译介与军国民意识的关系》，《中国现代文学研究丛刊》2010年第2期

李公文、罗文军：《论清末"拜伦"译介中的文学性想象》，《西南大学学报》2010年第2期

谢颖：《从〈惨世界〉看苏曼殊翻译选材的动机》，《宁波工程学院学报》2010年第3期

刘云：《〈惨世界〉：启蒙文本的根本性阙失》，《明清小说研究》2010年第4期

苟欢：《生命真实与人格理想的分野——苏曼殊创作与译诗》，《濮阳职业技术学院学报》2010年第4期

敖光旭：《苏曼殊文化取向析论》，《历史研究》2010年第5期

李莉：《文学翻译中译者的读者意识——苏曼殊翻译的个案研究》，《吉林省教育学院学报》2010年第5期

薛祖清：《苏曼殊和郁达夫早期小说中的"哭泣"意象之比较》，《福建论坛》2010年第6期

谭君华：《由诗文看苏曼殊的传奇人生》，《科教导刊（中旬刊）》2010年第8期

林进桃：《论苏曼殊性格的复杂性与矛盾性》，《赤峰学院学报》2010年第10期

刘茉琳：《戴着镣铐跳舞的苏曼殊》，《名作欣赏》2010年第12期

陈巧玲：《唐寅与苏曼殊比较浅论》，《齐齐哈尔师范高等专科学校学报》2011年第1期

罗兰：《论苏曼殊翻译的政治性》，《兴义民族师范学院学报》2011年第1期

黄轶：《民初小说对爱情的"发现"与意义重估——以苏曼殊为中心》，《郑州大学学报》2011年第2期

陈杨桂：《孤僻怪异的苏曼殊轶事》，《文史天地》2011年第2期

孙宜学：《"婆须蜜多"：苏曼殊的涅槃情结》，《同济大学学报》2011年第2期

徐旭水：《苏曼殊爱情诗的现代审美意蕴》，《剑南文学》2011年第2期

古明惠：《苏曼殊及〈苏曼殊全集〉散议》，《河南工业大学学报》2011年第3期

肖赛辉：《从诗学角度看苏曼殊译作〈惨世界〉》，《宿州教育学院学报》2011年第3期

戴海光：《论苏曼殊小说中的恋母仇父情结》，《铜仁学院学报》2011年第4期

伍丽云、张汨：《从语言顺应论看苏曼殊翻译的创作型叛逆》，《湖南工业职业技术学院学报》2011年第4期

王恒展：《近代"新体文言小说"散论》，《山东师范大学学报》2011年第4期

肖赛辉：《论意识形态对苏曼殊翻译〈悲惨世界〉的影响》，《湖北广播电视大学学报》2011年第5期

谢锦文：《苏曼殊〈吴门依易生韵〉咏史怀古诗中的爱国情怀》，《北方文学》2011年第5期

王东风：《一首小诗撼动了一座大厦：清末民初〈哀希腊〉之六大名译》，《中国翻译》2011年第5期

唐丽丽：《从斯坦纳阐释翻译理论看〈别雅典女郎〉的汉译》，《内蒙古农业大学学报》2011年第5期

钱雯：《"五四"新小说与苏曼殊资源》，《文学评论》2011年第6期

肖霞：《论〈绛纱记〉的自叙性及悲剧意蕴》，《天水师范学院学报》2011年第6期

尹穗琼：《旧瓶新酒话心声——曼殊译雪莱的描写性研究》，《北京第二外国语学院学报》2011年第8期

江南：《我再来时君已去》，《文史月刊》2011年第8期

佚名：《贪吃害死苏曼殊》，《文史博览》2011年第8期

郭建鹏：《觉世与规避：南社小说的爱情观》，《安庆师范学院学报》2011年第8期

赵华：《论苏曼殊绘画的现代感伤》，《文艺研究》2011年第9期

王雪琴、彭静飞：《拜伦〈哀希腊〉四篇译文的比较分析》，《长春理工大学学报》2011年第9期

孙放远、赵亚宏：《苏曼殊"三次出家"考及出家深层原因探析》，《通化师范学院学报》2011年第9期

李俊丽：《苏曼殊的浪漫主义情怀》，《电影文学》2011年第16期

曹晓丽：《诗意的悲哀——论苏曼殊小说的悲哀之美及其成因》，《名作欣

赏》2011 年第 23 期

朱兴和：《论苏曼殊笔墨中的忠烈与移民意象》，《中山大学学报》2012 年第 2 期

罗春磊：《浅论〈红楼梦〉对苏曼殊小说的影响》，《广西职业技术学院学报》2012 年第 2 期

向阳：《苏曼殊诗歌翻译选材原因探析》，《湖南工程学院学报》2012 年第 3 期

敖光旭：《苏曼殊与早期新文化派》，《中山大学学报》2012 年第 4 期

孟晖：《苏曼殊传记研究探析》，《忻州师范学院学报》2012 年第 4 期

敖光旭：《文学革命与苏曼殊之文坛境遇》，《学术研究》2012 年第 8 期

夏莲：《作为一个革命者和佛教徒的翻译——苏曼殊翻译作品解读》，《名作欣赏》2012 年第 9 期

司聃：《试论苏曼殊对李商隐诗风的继承与创新》，《理论界》2012 年第 10 期

葛胜君：《论苏曼殊小说的张力构成》，《通化师范学院学报》2012 年第 11 期

王娟娟：《女性意识与苏曼殊小说中的女性建构》，《湖北广播电视大学学报》2013 年第 3 期

伍丽云、张汨：《从布迪厄社会学理论视角看苏曼殊〈惨世界〉的翻译动机和策略》，《井冈山大学学报》2013 年第 4 期

陈春香：《苏曼殊早期文学活动与日本》，《山西大学学报》2013 年第 5 期

李静、屠国元：《人格像似与镜像自我——苏曼殊译介拜伦的文学姻缘论》，《湖南科技大学学报》2013 年第 6 期

卢文婷、何锡章：《从"哀希腊"的译介看晚清与"五四"时期的浪漫主义革命话语建构》，《外国文学研究》2013 年第 6 期

李静、屠国元：《人格像似与镜像自我——苏曼殊译介拜伦的文学姻缘》，《湖南科技大学学报》2013 年第 6 期

闫晓昀：《"新文学之始基"——从小说创作看苏曼殊的文学史意义》，《中国现代文学研究丛刊》2013 年第 9 期

付贵贞：《字字珠玑　声声哀婉——苏曼殊〈断鸿零雁记〉初探》，《安徽文学》2013 年第 9 期

王念益：《论苏曼殊对民歌、爱情类诗歌的关注》，《科技风》2013 年第 20 期

蔡报文：《徘徊在新旧之间的感伤——苏曼殊的美学风格初探》，《中共珠海市委党校珠海市行政学院学报》2014 年第 1 期

张更祯：《苏曼殊小说中的人物形象》，《兰州文理学院学报》2014 年第 2 期

乔佳：《苏曼殊佛教改革思想探析——以〈儆告十方佛弟子启〉和〈告宰官白衣启〉为例》，《青藏高原论坛》2014 年第 3 期

王桂妹、林栋：《论〈甲寅〉月刊中的小说》，《长江学术》2014 年第 3 期

姚明明：《岭南近代文学研究综述（1919–1979）》，《西华大学学报》2014 年第 4 期

唐珂：《兼译而作的互文系统——再论苏曼殊的诗歌翻译》，《信阳师范学院学报》2014 年第 4 期

孙宜学：《中国的雪莱观与雪莱的中国观》，《上海师范大学学报》2014 年第 4 期

张晶、钟信跃：《从生态翻译学视角看苏曼殊的外国诗歌翻译》，《宁夏大学学报》2014 年第 4 期

彭松：《文明危机年代的全球体验与空间重塑——论晚清文学中的海洋书写》，《中国文学研究》2014 年第 4 期

陶禹含：《以情求道的哀婉和以理入禅的冲淡——苏曼殊〈断鸿零雁记〉与废名〈桥〉之比较》，《景德镇高专学报》2014 年第 4 期

邓若文：《论苏曼殊小说的价值体现——以〈碎簪记〉为例》，《安阳师范学院学报》2014 年第 4 期

唐珂：《论苏曼殊小说的空间表意实践——一种地志符号学的考察》，《齐鲁学刊》2014 年第 5 期

张更祯：《凄苦人生的艺术再现——试论苏曼殊小说中的男性形象》，《甘肃广播电视大学学报》2014年第6期

李静、屠国元：《近代拜伦〈哀希腊〉译介的救国话语书写》，《文艺争鸣》2014年第7期

宋慧平：《苏曼殊的小说创作摭谈》，《文学教育（上）》2014年第11期

曹艳艳：《苏曼殊翻译实践与翻译成就述论》，《兰台世界》2014年第13期

孙嘉雯：《苏曼殊的文学翻译与英国浪漫主义》，《普洱学院学报》2015年第2期

李静、屠国元：《借译载道：苏曼殊外国文学译介论》，《东疆学刊》2015年第3期

常洪欢：《论苏曼殊小说中的女性观》，《淄博师专学报》2015年第3期

邹本劲、蓝色：《从生态翻译学视角看苏曼殊的翻译实践》，《河池学院学报》2015年第3期

朱兴和：《论苏曼殊小说的〈断鸿零雁记〉中的水云意象及其生成原因》，《河南师范大学学报》2015年第5期

韩旭：《浅析苏曼殊诗歌翻译思想》，《赤子》（上中旬）2015年第6期

黄轶、张杨：《从〈哀希腊〉四译本看清末民初文学变革》，《江苏社会科学》2015年第6期

梁春丽：《冲突标准，力臻完美：谈苏曼殊诗歌翻译风格》，《语文建设》2015年第23期

赵霞：《慷慨论交廿七年——论南社领袖陈去病与苏曼殊的交往》，《河南理工大学学报（社会科学版）》2016年第1期

刘雨潇：《从雪莱诗歌译介看苏曼殊的文学审美追求》，《河北工业大学学报（社科版）》2016年第1期

刘雨潇：《从雪莱诗歌译介看苏曼殊的文学审美追求》，《河北工业大学学报（社会科学版）》2016年第1期

那耘：《不忍卒读的打油诗》，《中外文摘》2016年第1期

蟠桃叔：《穿越到民国名字还可以这样起》，《时代人物》2016年第1期

《〈豫报〉〈河南〉与中国现代文化》,《中国现代文学研究丛刊》2016 年第 1 期

李舒:《苏曼殊破戒》,《晚报文萃》2016 年第 1 期

冯瑾:《从苏曼殊文化边际性看〈断鸿零雁记〉悲哀美》,《山西广播电视大学学报》2016 年第 2 期

金琼、纪德君:《启蒙与浪漫:西风东渐与苏曼殊的文学创作》,《文学评论丛刊》2016 年第 2 期

金琼、纪德君:《启蒙与浪漫:西风东渐与苏曼殊的文学创作》,《文学研究》2016 年第 2 期

陈事美:《和诗人谈恋爱是一种怎样的体验?》,《新城乡》2016 年第 2 期

谭特立、朔木:《民国"奇僧"苏曼殊》,《佛教文化》2016 年第 2 期

邹本劲:《苏曼殊文学翻译实践研究》,《语文学刊》2016 年第 3 期

仲雷:《论苏曼殊小说的传奇叙事》,《新疆大学学报(哲学·人文社会科学版)》2016 年第 3 期

曾珊:《〈留白之美〉阅读训练》,《读写月报》2016 年第 C4 期

古滕客:《孝顺在行》,《金桥》2016 年第 4 期

沈淦:《性情中人苏曼殊》,《文存阅刊》2016 年第 4 期

刘诚龙:《文人群纪律》,《小品文选刊》2016 年第 4 期

付鹏飞:《苏曼殊文风悲剧倾向成因探析》,《西江文艺》2016 第 5 期

徐长才:《友者,友其德》,《做人与处世》2016 年第 5 期

彦之:《孙中山与苏曼殊》,《海内与海外》2016 年第 5 期

范玉香、钟信跃、张晶:《论译者主体性在译诗过程中的体现——以苏曼殊与加里·斯奈德为例》,《宁夏大学学报(人文社会科学版)》2016 年第 6 期

张小平:《不敢乱画》,《百柳(简妙作文中学生必读)》2016 年第 6 期

狄青:《作家与忏悔》,《杂文月刊(文摘版)》2016 年第 6 期

贾国宝:《民国时期"僧人小说"的主题叙事》,《学术交流》2016 年第 7 期

沈淦:《性情中人苏曼殊》,《青岛文学》2016 年第 7 期

张西源：《春游鼋头渚》，《东方少年（阅读与作文）》2016年第8期

余显斌：《苏曼殊：用书籍治饿的人》，《各界》2016年第8期

石顺江：《老舍求画》，《财会月刊（上）》2016年第9期

江上吹箫：《老舍难倒齐白石》，《环球人物》2016年第9期

沈淦：《性情中人苏曼殊》，《各界》2016年第10期

张燕：《因食而亡的"第一食客"》，《炎黄纵横》2016年第10期

汗漫：《大暑盛泽》，《人民文学》2016年第10期

余显斌：《忘却饥饿的读书人》，《影响孩子一生的经典阅读（中学版）》2016年第10期

许应田：《苏曼殊的"非寿征"探析》，《北方文学（下旬刊）》2016年第11期

伏涛：《从苏曼殊小说反观其心灵世界的困境与难局》，《楚雄师范学院学报》2016年第11期

高旭东：《拟古的现代性：从章太炎到苏曼殊》，《江汉论坛》2016年第11期

余显斌：《用书籍治饿的人》，《做人与处世》2016年第11期

金俊贤：《大师的孝顺》，《先锋队》2016年第13期

张家康：《陈独秀与苏曼殊》，《工会信息》2016年第14期

高佳敏：《浅谈苏曼殊哀情小说的艺术风格——以〈断鸿零雁记〉为例》，《北方文学》2016年第14期

李利：《幽默"吃"出来》，《中学生》2016年第17期

石嘉欣：《苏曼殊诗歌中的印度》，《山西青年》2016年第20期

潘启聪：《习得无助感对苏曼殊及其写作风格之影响》，《彰化师大国文学志》2016年第32期

许应田：《苏曼殊的"非寿征"探析》，《北方文学》2016年第33期

余显斌：《忘却饥饿的读书人》，《政府法制》2016年第35期

伏涛：《从苏曼殊小说观其人生关怀》，《重庆三峡学院学报》2017年第1期

潘琴：《译海拾遗：苏曼殊译诗艺术特点研究》，《凯里学院学报》2017

年第 1 期

季淑凤：《论苏曼殊诗歌译介与创作的现代性》，《辽东学院学报（社会科学版）》2017 年第 1 期

唐珂：《语言符号学视域下的"诗性"与"散文性"——以中国诗歌古今演变之际的苏曼殊创作为例》，《信阳师范学院学报（哲学社会科学版）》2017 年第 1 期

伏自文：《"辛亥前夜"的苦闷——苏曼殊译作〈悲惨世界〉〈娑罗海滨遁迹记〉管窥》，《云南档案》2017 年第 1 期

陈汝洁：《苏曼殊〈本事诗·春雨楼头尺八箫〉探源——兼谈王士禛"十年旧约江南梦"的笺释》，《泰山学院学报》2017 年第 1 期

李元洛：《壮士横刀，美人挟瑟——清诗之旅》，《湖南文学》2017 年第 1 期

潘启聪：《试论文艺心理学研究之科学性》，《台湾科技大学人文社会学报》2017 年第 2 期

管继平：《姚鹓雏致柳亚子信札》，《中华书画家》2017 年第 3 期

平瑶：《译名骂名满天下，一生侠义又谁知?》，《书屋》2017 年第 3 期

张勇：《论苏曼殊的禅诗》，《宁波广播电视大学学报》2017 年第 4 期

郭战涛：《苏曼殊与佛教》，《温州大学学报（社会科学版）》2017 年第 4 期

伏涛：《风尘倦客苏曼殊与新文化运动》，《南京理工大学学报（社会科学版）》2017 年第 6 期

米丽宏：《一尺八寸的禅意》，《青年博览》2017 年第 9 期

章诗依、郑桐荪：《写诗的数学家》，《各界》2017 年第 23 期

陈卫卫：《南社奇人黄摩西》，《书屋》2018 年第 1 期

强勇杰：《苏曼殊英文能力之再议》，《编译论丛》2018 年第 2 期

陈杨桂：《用女人照片换画作》，《山海经（故事）（上）》2018 年第 2 期

蔡报文：《徘徊在新旧之间的感伤——苏曼殊美学风格与精神世界初探》，《珠江论丛》2018 年第 3 期

唐珂：《翻译研究的语言学诗学视角——以苏曼殊的诗性创译为例》，《信阳师范学院学报（哲学社会科学版）》2018年第3期

雪融花：《蘋花鬼灯——苏曼殊从青岛到青冢的最后步履》，《青岛文学》2018年第3期

廖晶、李静：《译者人格与择译之本——以翻译家苏曼殊与诗人拜伦的翻译姻缘为例》，《外语教学》2018年第4期

钟慧：《基于吉迪恩·图里翻译规范理论的苏曼殊翻译作品描述性研究》，《辽宁广播电视大学学报》2018年第4期

薛维敏：《瑞鹤仙·读〈苏曼殊诗集〉》，《东坡赤壁诗词》2018年第4期

江弱水：《微命作诗僧：苏曼殊百年祭》，《大家》2018年第4期

史飞翔：《"国学凤凰"刘师培》，《各界》2018年第5期

李修文：《苏曼殊，我实在喜欢这个人》，《书摘》2018年第6期

陈志华：《古典抒情主义的没落——再论苏曼殊与五四文学革命的关系》，《山西师大学报（社会科学版）》2018年第6期

张春羊：《民国"诗僧"首译〈悲惨世界〉》，《炎黄纵横》2018年第7期

张熙原：《觅渡》，《作文通讯（高中版）》2018年第9期

陆林森：《"革命和尚"苏曼殊死于暴食》，《各界》2018年第9期

黄轶：《苏曼殊任教金陵刻经处事迹考辨》，《鲁迅研究月刊》2018年第11期

苏金玲：《苏曼殊小说的继承与创新研究》，《语文课内外》2018年第17期

钟慧：《描述性视角下的苏曼殊译介作品规范重构研究》，《海外英语》2018年第18期

曹洁：《指冷玉笙寒》，《作文与考试（初中版）》2018年第27期

李娟：《留白之美》，《党员生活（湖北）》2018年第35期

朱小平：《壮士横刀看草檄》，《海内与海外》2019年第1期

桑克：《桑克诗选》，《诗林》2019年第1期

张伟：《苏曼殊小说中的现代曙光》，《中国文化论衡》2019年第1期

牛学智：《重读李泽厚及其"文艺一瞥"的现代性批评启示》，《宁夏社会科学（银川）》2019年第1期

慕江伟：《走进复杂的灵魂——论苏曼殊传记的创作及其特点》，《现代传记研究》2019年第1期

牛学智：《重读李泽厚及其"文艺一瞥"的现代性批评启示》，《宁夏社会科学》2019年第1期

杨璧合：《红尘佛心苏曼殊》，《广东第二课堂（中学版）》2019年第1期

张松才：《论苏曼殊小说的男性人物形象》，《嘉应学院学报》2019年第1期

牛学智：《从李泽厚的现代思想结构看今天现代性批评问题》，《百家评论》2019年第1期

黄轶：《百年已逝，我们何以要谈苏曼殊？》，《关东学刊》2019年第1期

蔡维忠：《尺八之诺》，《当代》2019年第2期

伏涛：《从苏曼殊的书信寻绎其红尘悲苦与"失格人间"》，《中山大学研究生学刊（社会科学版）》2019年第2期

戴秋月：《论〈惨世界〉的译思——从新历史主义视角看苏曼殊的〈惨世界〉》，《长江丛刊》2019年第2期

伏涛：《从苏曼殊的书信寻绎其红尘悲苦与"失格人间"》，《中山大学研究生学刊》2019年第2期

黄轶：《还原起点：中国现代文学肇端于南社》，《河北学刊》2019年第3期

张梦婷：《苏曼殊译介〈拜伦诗选〉原因探析》，《北方文学》2019年第3期

黄元军：《诗学的钳制：苏曼殊文学翻译变脸考辨》，《中国翻译》2019年第4期

岑嵘：《生死连线的秘密》，《意林》2019年第4期

罗立群、郑祝荣：《苏曼殊小说的"双姝"模式与两难情境》，《苏州教

育学院学报》2019 年第 6 期

张纪州：《论苏曼殊身世的"难言之恫"》，《社会科学论坛》2019 年第 6 期

吴晓东：《尺八的故事》，《书摘》2019 年第 7 期

吴秉勋：《叙事学角度下中国小说从古典过渡至近代体现的独特性——以苏曼殊〈断鸿零雁记〉的两个叙事技巧为例》，《厦大中文学报》（第六辑），厦门大学出版社 2019 年 7 月

查骁桐：《汪曾祺的"括号幽默"》，《作文成功之路（高考冲刺）》2019 年第 8 期

刘冻：《大堂小雅：把玩间的留青竹刻》，《东方文化周刊》2019 年第 9 期

陈东敏：《论苏曼殊爱情小说中的少女形象》，《试题与研究（教学论坛）》2019 年第 12 期

刘仰东：《苏曼殊为绝世美人，损及一衣》，《中外文摘》2019 年第 22 期

扎西·刘：《竹刻：登堂入室，大堂小雅》，《东方文化周刊》2019 年第 24 期

张松才：《论苏曼殊小说的女性人物形象》，《宜春学院学报》2020 年第 1 期

伏涛：《南社情僧苏曼殊小说中的爱情观》，《南京理工大学学报（社会科学版）》2020 年第 1 期

陈超：《沉哀》，《诗选刊》2020 年第 1 期

王振滔：《论苏曼殊创作中的"浪漫主义"表现》，《江苏社会科学》2020 年第 3 期

陈扬桂：《爱集邮的许寿裳》，《文存阅刊》2020 年第 4 期

酷读：《忘记饥饿的读书人》，《快乐青春（经典阅读 小学生必读）》2020 年第 8 期

顾镶瑶：《苏曼殊〈断鸿零雁记〉对欧洲浪漫主义的接受》，《西部学刊》2020 年第 19 期

钟慧：《改写理论视域下的苏曼殊翻译作品诗学研究》，《今古文创》2020 年第 37 期

3. 硕博学位论文类

易前良：《论苏曼殊、郁达夫的情爱小说》，湖南师范大学 2001 年硕士学位论文

倪正芳：《拜伦悲剧精神论》，湘潭大学 2002 年硕士学位论文

李丽：《苏曼殊译作的多维度描述性研究》，广东外语外贸大学 2003 年硕士学位论文

左文：《二十世纪中国文学与佛教应对苦难的三种方式》，湖南师范大学 2003 年硕士学位论文

陈庆妃：《论苏曼殊的多元人格与艺术的多元选择》，华侨大学 2004 年硕士学位论文

李敏杰：《苏曼殊翻译的描述性研究》，华中师范大学 2004 年硕士学位论文

张松才：《苏曼殊小说创作病态心理论》，华南师范大学 2004 年硕士学位论文

林威：《颓废与抗争的双重变奏——论苏曼殊》，山东师范大学 2004 年硕士学位论文

朱晨：《苏曼殊与英国浪漫主义》，华中科技大学 2005 年硕士学位论文

黄轶：《苏曼殊文学论》山东大学 2005 年博士学位论文

黄进：《文化迁移、文本误读与翻译策略》，西南交通大学 2005 年硕士学位论文

张娟平：《拜伦的形象：从欧洲到中国—以 1900—1917 年间拜伦在中国的译介为重点来考察》，首都师范大学 2006 年硕士学位论文

张静：《自西至东的云雀——英国浪漫主义诗人雪莱在中国（1908—1937）》，清华大学 2006 年硕士学位论文

何媛媛：《"欲凭文字播风潮"——论南社文学"现代性"过渡》，苏州大学 2007 年硕士学位论文

邓晶华：《和汉合璧苏曼殊》，四川大学 2007 年硕士学位论文

程月利：《朦胧的觉醒——论民初言情小说中情与理的冲突》，河北师范大学 2007 年硕士学位论文

邓庆周：《外国诗歌译介对中国新诗发生的影响研究》，首都师范大学 2007 年博士学位论文

钟琼：《十字路口的徘徊》，中南大学 2007 年硕士学位论文

熊娟：《情佛困境下的诗性矛盾——苏曼殊文学研究》，华中科技大学 2008 年硕士学位论文

李莉：《文学翻译中译者的主体性——苏曼殊翻译的个案研究》，天津师范大学 2008 年硕士学位论文

郝长柏：《"难言之恫"与"悲欣交集"——苏曼殊与李叔同比较论》，苏州大学 2009 年硕士学位论文

万文娴：《苏曼殊小说"六记"之研究》，复旦大学 2009 年硕士学位论文

肖赛辉：《论意识形态、诗学对苏曼殊翻译〈惨世界〉的影响》，中南大学 2009 年硕士学位论文

尹巍：《苏曼殊与中国文学的现代转型》，延边大学 2009 年硕士学位论文

张晴：《翻译诗歌与近代诗歌革新研究》，西北师范大学 2009 年硕士学位论文

夏维红：《翻译他者 构建自我》，四川外语学院 2010 年硕士学位论文

张弄影：《从操纵角度看苏曼殊译拜伦诗歌》，长沙理工大学 2010 年硕士学位论文

张艳茹：《晚清创作与现代叙事意识的觉醒》，浙江大学 2010 年硕士学位论文

潘冬珂：《〈河南〉杂志的外省籍作者思想研究》，河南大学 2011 年硕士学位论文

陈毅清：《宗教视域中的审美世界》，陕西师范大学 2011 年硕士学位论文

黄朵朵：《译者主体性发挥与苏曼殊诗歌翻译》，湘潭大学 2011 年硕士学位论文

陈雪梅：《苏曼殊小说中的女性崇拜和死亡意识》，广西师范大学 2011 年

硕士学位论文

贾国宝：《传统僧人文学近代以来的转型》，复旦大学 2011 年博士学位论文

苏金玲：《苏曼殊及他的"六记"在中国小说史上的影响研究》，西北大学 2012 年硕士学位论文

石伟：《以生命见证文学》，山东师范大学 2012 年硕士学位论文

陈孟清：《从改写理论看苏曼殊译作〈拜伦诗选〉》，苏州大学 2012 年硕士学位论文

马尔克：《论苏曼殊作品中的佛教精神》，杭州师范大学 2013 年硕士学位论文

刘建树：《印度梵剧〈沙恭达罗〉英汉译本变异研究》，陕西师范大学 2013 年博士学位论文

芦海燕：《论苏曼殊"六记"中的女性恐惧意识》，广西师范大学 2014 年硕士学位论文

吴丹丹：《论苏曼殊的悲剧意识及其小说创作》，陕西师范大学 2014 年硕士学位论文

刘晨：《论诗歌的汉译与诗体移植问题》，天津商业大学 2014 年硕士学位论文

陈志华：《宗教视野中的文学变革（1915—1919）》，山东师范大学 2015 年博士学位论文

唐珂：《重访苏曼殊：一种语言符号学的探索》，复旦大学 2015 年博士学位论文

苗学瑶：《理想者的悲哀》，南京大学 2015 年硕士学位论文

张琦：《苏曼殊、郁达夫小说比较论》，辽宁师范大学 2016 年硕士学位论文

张杨：《清末民初文学现代转型视野下的拜伦译介研究》，苏州大学 2016 年硕士学位论文

蒋淑香：《英汉文言译诗的中国化研究》，苏州大学 2017 年硕士学位论文

林获：《柳无忌与中西文学交流》，福建师范大学 2017 年硕士学位论文

朱佰全：《布迪厄社会学视角下的苏曼殊诗歌翻译选择研究》，四川外国语大学 2018 年硕士学位论文

杨春武：《论苏曼殊作品中的游侠精神》，中南民族大学 2018 年硕士学位论文

罗净：《视域融合视角下清末民初拜伦诗歌翻译主体间性研究》，武汉大学 2018 年硕士学位论文

王莹：《〈希腊〉三个汉译本的译者主体性对比分析》，北方民族大学 2019 年硕士学位论文

徐振华：《清末民初上海文化空间中的苏曼殊》，上海师范大学 2020 年硕士学位论文

黄曦：《苏曼殊对拜伦的接受研究》，湖南师范大学 2020 硕士学位论文